Cordelia Schmidt-Hellerau ist Privatdozentin für Klinische Psychologie mit Schwerpunkt Psychoanalyse an der Universität Zürich, Lehranalytikerin und Supervisorin der Schweizerischen Gesellschaft für Psychoanalyse und Mitglied der Amerikanischen Psychoanalytischen Assoziation. Veröffentlichungen zur theoretischen und klinischen Psychoanalyse, u.a. »Lebenstrieb und Todestrieb, Libido und Lethe« (1995/2003). Sie arbeitet in freier Praxis in Boston.

Sigmund Freud

Das große Lesebuch

Schriften aus vier Jahrzehnten

Herausgegeben, eingeleitet
und mit Begleittexten versehen von
Cordelia Schmidt-Hellerau

Fischer Taschenbuch Verlag

Veröffentlicht im Fischer Taschenbuch Verlag,
einem Unternehmen der S. Fischer Verlag GmbH,
Frankfurt am Main, März 2009

Satz: Dörlemann Satz, Lemförde
Druck und Bindung: Clausen & Bosse, Leck
Printed in Germany
ISBN 978-3-596-90171-5

Unsere Adressen im Internet:
www.fischerverlage.de
www.fischer-klassik.de

Inhalt

Einleitung

von Cordelia Schmidt-Hellerau

Als ich siebzehn Jahre alt war, schenkte mir ein Freund eines Tages am Ende eines langen Sommerspaziergangs ein kleines Taschenbuch. »Da, lies das mal«, sagte er, »das wird dich bestimmt interessieren.« Es war Freuds späte Schrift »Abriß der Psychoanalyse« (1940a*). Der Begriff *Abriß* schien eine handliche Zusammenfassung zu versprechen, und ich nahm an, ich könnte mir damit einen raschen Überblick verschaffen über das, was Psychoanalyse ist. Es war das Jahr 1968, und in den Berichten, Interviews und Diskussionen rund um die Studentenunruhen tauchten immer wieder der Name *Sigmund Freud* und der Begriff *Psychoanalyse* auf. Ich begann zu lesen – nein, zu studieren, eigentlich richtig zu arbeiten, und kämpfte mich Seite für Seite durch diese kompakte Schrift. Ich war fasziniert, auch wenn ich vieles damals nicht verstand. Der *Abriß* ist kein guter, oder jedenfalls ein sehr schwieriger Einstieg in das Werk Freuds. Immerhin, seit diesem Sommerabend habe ich gleichsam nicht mehr aufgehört, Freud zu lesen. Inzwischen bin ich seit vielen Jahren Psychoanalytikerin; ich habe Freud während meines Studiums und während meiner psychoanalytischen Ausbildung gelesen. Ich habe über Freud geschrieben und unterrichte Freud an der Zürcher Universität sowie an verschiedenen psychoanalytischen Instituten. Und wenn ich für die Vorbereitung eines Seminars oder beim Schreiben eines Aufsatzes oder eben für die Zusammenstellung dieses Lesebuchs Freuds Aufsätze wiederlese – manche wohl bald zum hundertsten Male –, entdecke ich doch jedesmal etwas Neues: einen Gedanken, der mich überrascht und anregt, einen

* Alle Freud-Titel in diesem und den folgenden Einleitungstexten sind am Ende des Buches nachgewiesen; die Jahreszahlen mit Buchstaben beziehen sich auf die »Freud-Bibliographie mit Werkkonkordanz«, bearbeitet von Ingeborg Meyer-Palmedo und Gerhard Fichtner, 1989, S. Fischer Verlag, Frankfurt; die Seitenzahlen beziehen sich auf Sigmund Freud, Gesammelte Werke. Chronologisch geordnet. S. Fischer Verlag, Frankfurt. Zitate in den Einleitungstexten zu den Freud-Aufsätzen, die nicht eigens ausgewiesen sind, stammen aus dem gerade eingeleiteten und folgenden Freud-Aufsatz.

Zusammenhang, den ich so noch nicht gesehen hatte, eine Formulierung, die mich freut, amüsiert oder beeindruckt. Noch nie ist mir das Wiederlesen seiner Texte langweilig geworden. Ein Autor wird ein Klassiker genannt, wenn sein Werk unerschöpflich ist. Freud ist zweifellos einer der großen Klassiker des 20. Jahrhunderts.

Wie soll man den Einstieg in Freuds Werk finden? Soll man mit der berühmten *Traumdeutung* (1900a) beginnen? Soll man vielleicht eher zuerst seine »Vorlesungen zur Einführung in die Psychoanalyse« (1916/17a und 1933a) lesen? Oder würden die berühmten Fallgeschichten der *Dora* (1905e), des *Kleinen Hans* (1909b), des *Rattenmanns* (1909d), des *Dr. Schreber* (1911c) und des *Wolfsmanns* (1918b) einen besseren Einblick vermitteln in das, was Freud »Psychoanalyse« nannte? Oder soll man einfach am Anfang anfangen und am Ende aufhören? Es gibt viele Wege in das Freudsche Werk. Der Weg, den ich mit Ihnen in diesem Freud-Lesebuch gehen möchte, wird uns chronologisch durch vier Jahrzehnte des Freudschen Denkens führen. Im ersten Text begegnen wir Freud 1892 im Alter von 36 Jahren, noch in seiner vor-analytischen Zeit, in der er mit Hypnose gearbeitet hat. Dann bewegen wir uns mit ihm und seinen sich entwickelnden Ideen über die Vorstellungen und Wünsche auf sein großes Buch *Die Traumdeutung* zu. Weiter können wir Einblicke gewinnen in Freuds Verständnis der Hysterie, der Zwangsneurose, der Paranoia und der Psychosen. Wir treffen im Original auf die Schlagworte zur Psychoanalyse, die – oft mit einem abfälligen, aber zugleich neugierigen Unterton – ein fester Bestandteil unserer populären Kultur geworden sind, wie etwa der *Ödipuskomplex,* die *Kastrationsangst,* der *Penisneid,* das *Unbewußte,* die *Verdrängung,* die *Übertragungsliebe etc.,* und können nachlesen, wie sich Freud selber darüber geäußert hat. Wir werden auf unserem Weg auf einige der schönsten Beispiele von Freuds psychoanalytischer Deutung der Kunst und Literatur, der Religion und der Kultur stoßen. Und wir werden Freud, immer noch auf der vollen Höhe seiner intellektuellen Kraft, am Ende dieses Buches, 1932, im Alter von 76 Jahren, mit seiner nach wie vor aktuellen Antwort zu Einsteins Frage »Warum Krieg?« (1933b) hören.

Ich habe alle Texte mit einigen wenigen Anmerkungen eingeleitet. Diese Anmerkungen wollen nicht biographisch, historisch oder wissenschaftlich umfassend sein; sie sind lediglich als Begleitung auf dem Weg durch dieses Buch gedacht. Manchmal weise ich auf etwas hin, was mir besonderes schön oder wichtig im Text erscheint, oder auf einen Zusammenhang mit einer anderen Freudschen Arbeit, die Sie vielleicht anschließend lesen wollen, oder auf wichtige Bücher, die Freud in dieser Zeit publiziert hat. Freuds Produktivität war enorm, und die Spanne an Themen, die er mit seinem analytischen Verständnis erschlossen hat, ist ungeheuer breit. Sie umfaßt Alltag, Liebe, Krieg und Tod, das Unbewußte und Bewußte, Trieb und Verdrängung, Wünsche und Ängste, Normalität und Neurosen, Kunst, Literatur, Mythos, Märchen, Religion, Gesellschaft, Kultur und einiges mehr. Daß so viele verschiedene Bereiche sein analytisches Interesse wecken konnten, ist nicht verwunderlich: Sie alle sind Ausdruck der Kreativität unserer Psyche und unseres Geistes und damit der Gegenstand der Psychoanalyse.

Verschiedene Gesichtspunkte haben mich bei der Auswahl dieser Texte geleitet. Die Zugänglichkeit eines Textes für den Neueinsteiger in Freuds Werk war ein wichtiger Aspekt. Auch die Kürze eines Textes und damit seine Lesbarkeit in unserer zeitbeschränkten Lebensweise war ein Kriterium – womit ich zugleich vermeiden wollte, daß ein paar umfangreichere Texte die übrigen kürzeren dominieren würden. Im weiteren wollte ich die Vielfalt der Themen repräsentieren, mit denen Freud sich befaßt hat; das hat mich dazu geführt, den einen oder anderen Text, den ich auch gern dabeigehabt hätte, nicht in diese Sammlung aufzunehmen, weil ein anderer ähnlicher darin schon seinen Platz gefunden hatte. Die Zugänglichkeit, Kürze und thematische Vielfalt der hier versammelten Texte sollen aber nicht zu der Meinung verleiten, mit diesem Lesebuch eine Art *Freud light oder* einen *Reader's Digest* in den Händen zu haben. Abgesehen von zwei Texten – »Katharina« (aus *Studien über Hysterie*) und »Typische Träume« (aus *Die Traumdeutung*) – sind alle Arbeiten als in sich geschlossene, eigenständige Aufsätze publiziert worden, und so leicht sie scheinbar daherkommen, im Nachdenken über sie können wir erleben, daß sie alle einen Reichtum an Gedanken umfassen, der sich oft bei einer ersten Lektüre noch gar nicht erschließt.

Ein weiteres Kriterium für die Auswahl der Texte war mein Wunsch, die poetische Schönheit von Freuds *Stil* zu Wort kommen zu lassen. Warum Freuds Sprache oft so bezaubernd ist, so amüsant und unterhaltsam, so tiefgründig wie aufschlußreich, das ist schwer, in wenige Worte zu fassen. Ich glaube, es hat etwas mit der Offenheit zu tun, mit der Freud jeden noch so verschämten oder unverschämten Gedanken, jede befürchtete oder ersehnte Interaktion, jede neurotische wie psychotische Entgleisung einfühlsam erfaßt und unverblümt beschreibt – und beschreiben heißt hier: zu ihrem Recht kommen zu lassen, verständlich und sinnvoll zu machen. Oft versetzt Freud sich dabei in die Gedankenwelt des Kindes, des Wilden, des Neurotikers und schaut aus deren Augen auf die erwachsene Welt, die so viel Anlaß bietet für Angst, Ärger, Neugier, Sehnsucht und vieles mehr. Es ist der empathische Respekt vor der großen psychischen Leistung des noch unentwickelten oder neurotisch geschwächten beziehungsweise regredierten Intellekts, der Freuds Sprache so viel Feingefühl und Überzeugungskraft verleiht. Freud findet den richtigen Ton, wenn er von den Wirren der menschlichen Seele spricht, von den sonderbaren und scheinbar unannehmbaren Ausgeburten des menschlichen Treibens, und er schreckt nicht zurück vor den Abgründen der menschlichen Seele. Worauf immer er seine Aufmerksamkeit richtet, in seinen Texten verbinden sich die Klarheit des Intellekts mit dem Gefühl für die menschlichen Schwächen, was uns erlaubt, uns und andere in unserem geheimen Elend und in unseren uneingestandenen Phantasien wiederzufinden und anzunehmen. Der, der da spricht, spricht immer mit seinem Leser. »Ich möchte hier den Versuch wagen ...«, sagt Freud, oder: »Sie werden jetzt einwenden ...«, oder: »aber besinnen wir uns ...« *Ich* und *Sie* und *wir* sind die Teilnehmer an diesem über vier Jahrzehnte fortgesetzten Dialog, und ich glaube, daß das kein bloßes Stilmittel ist. Freud spricht mit uns, seinen Lesern, er wirbt um uns, fragt uns, respektiert unsere Einwände, will unser Interesse gewinnen, uns überzeugen. Und Freud bringt sich selbst ein mit seiner Freude an neuen Entdeckungen, seinen Zweifeln, seinen Eingeständnissen und manchmal auch mit seinen eigenen Träumen,

Erlebnissen, Befindlichkeiten, Vorlieben und Grenzen. Das macht diesen Dialog so persönlich. Wir kennen den, der da spricht, nach einiger Zeit, selbst wenn wir nichts von Freuds Biographie wissen.

Für diejenigen, die sich doch an ein paar wenigen Daten über Freuds Leben orientieren möchten, seien hier einige wichtige Stationen aufgelistet (die Erscheinungsdaten seiner vielen Werke sind hier nicht mitaufgeführt). Sigismund Freud wurde am 6. Mai 1856 im mährischen Freiberg geboren als erstes von insgesamt acht Kindern aus der dritten Ehe seines Vaters Jacob Freud mit der um zwanzig Jahre jüngeren Amalia Nathansohn. 1859 zog die Familie über Leipzig nach Wien, wo Freud fast sein ganzes Leben verbrachte. Von 1873 bis 1881 studierte Freud Medizin an der Wiener Universität, arbeitete anschließend noch ein weiteres Jahr an Ernst Brückes Physiologischem Institut und entschied sich schließlich 1882 für die ärztlich-psychiatrische Laufbahn. Am 14. September 1886 heiratete Sigmund Freud Martha Bernays und eröffnete am 1. Oktober desselben Jahres seine Ordination beziehungsweise Privatpraxis an der Maria Theresienstraße 8; fünf Jahre später, im September 1891 zog die Familie mit der Praxis in die seither berühmt gewordene Berggasse 19 um, wo Freud bis zu seiner Emigration bleiben sollte. Zwischen 1887 und 1895 wurden sechs Kinder geboren, Mathilde, Martin, Oliver, Ernst, Sophie und Anna, die später vor allem als Kinderanalytikerin eigenständige Beiträge zur Psychoanalyse leistete und ebenfalls ein umfangreiches Werk hinterließ. 1902 gründete Freud die »Psychologische Mittwoch-Vereinigung«, die 1908 ihren Namen zu »Wiener Psychoanalytische Vereinigung« änderte. 1908 tagte der erste Internationale Psychoanalytische Kongreß in Salzburg. 1909 gründete Freud das *Jahrbuch der Psychoanalyse,* 1910 das *Zentralblatt für Psychoanalyse,* 1912 die Zeitschrift *Imago,* 1913 die *Zeitschrift für Psychoanalyse,* 1919 wurde der »Internationale Psychoanalytische Verlag« gegründet, und 1920 die *Internationale Zeitschrift für Psychoanalyse.* 1923 wurde Freud erstmals an Gaumenkrebs operiert. 1930 wurde ihm der Goethe-Preis der Stadt Frankfurt verliehen, und 1935 wurde er zum Ehrenmitglied der »Royal Society of Medicine« gewählt. 1938, nach dem Einmarsch der Nazis in Wien, organisierte Marie Bonaparte zusammen mit ihrem Mann, dem Prinzen von Griechenland, daß die Familie Freud Österreich verlassen konnte. Am 4. Juni 1938 emigrierte Sigmund Freud zusammen mit Martha und Anna über Paris nach London. 1938 wurde sein letztes großes Werk, *Der Mann Moses und der Monotheismus* (1939a), veröffentlicht. Freud starb am 23. September 1939 im Alter von 83 Jahren nach sechzehnjährigem Krebsleiden in Übereinstimmung mit seiner Familie und seinem Freund und Arzt Max Schur an einer Überdosis Morphin in seinem Haus im Londoner Stadtteil Hampstead, 20, Maresfield Gardens.

Diese wenigen Daten lassen erahnen, was für ein reiches und erfülltes Leben Freud gelebt hat, und seine Biographie* zu lesen ist gleichbedeutend mit einem faszinierenden Gang durch die Kultur- und Geistesgeschichte des ausgehenden 19. und der ersten Hälfte des 20. Jahrhunderts. Mit vielen bedeutsamen Persönlichkeiten seiner Zeit stand Freud in regem Kontakt (seine Briefbände sind nahezu ebenso umfangreich wie die 18 Bände seiner *Gesammelten Werke*), viele gingen bei ihm ein und aus, mit einigen war Freud über lange Jahre befreundet. Es gab auch tiefgreifende Brüche in seinen Freundschaften, wobei einem die Namen Josef Breuer, Wilhelm Fliess, Alfred Adler, Wilhelm Stekel und Carl Gustav Jung einfallen mögen. Und es gab die platonischen oder intellektuellen Freundschaften mit Frauen, über die so viel spekuliert wurde, wozu seine Schwägerin Minna Bernays gehörte, sowie Lou Andreas-Salomé, Marie Bonaparte, Ruth Mack Brunswick, Jeanne Lampl de Groot, Hilda Doolittle und in ihren erwachsenen Jahren seine Tochter Anna Freud. Schließlich gab es die Wissenschaftler, Dichter und Philosophen, die Denker und ihre Bücher, die Freuds Welt immer reich bevölkert haben: Aristoteles, Darwin, Diderot, Dostojewski, Goethe, Heine, Herodot, E. T. A. Hoffmann, Homer, Ibsen, Kant, Lichtenberg, C. F. Meyer, Nietzsche, Plato, Schiller, Schopenhauer,

* Aus der großen Reihe an Freud-Biographien möchte ich hier nur zwei herausgreifen: Peter Gay, Freud. Eine Biographie für unsere Zeit. 1989, S. Fischer Verlag, Frankfurt, und Ernst Freud, Lucie Freud und Ilse Grubrich-Simitis (Hsg.), Sigmund Freud. Sein Leben in Bildern und Texten. Revidierte Neuausgabe, 2006, Suhrkamp Taschenbuch Verlag, Frankfurt.

Shakespeare, Sophokles und viele andere. Das, was er aus all diesen Begegnungen gemacht hat, begegnet uns heute in seinem Werk.

Und damit komme ich zum letzten Kriterium, das meine Sammlung der hier vorliegenden Texte bestimmt hat: Ich wollte die besondere Art des Freudschen Denkens, die mich immer wieder begeistert, in dieser Auswahl erfahrbar machen. Da ist so viel Freiheit am Werk, da gibt es nichts, was nicht gedacht werden könnte, spielerisch, suchend, versuchend, vergleichend, in Beziehung setzend und dabei immer wieder auch kritisch, selbstkritisch, revidierend und konsolidierend. Freuds wissenschaftliches Denken räumt der Phantasie einen wichtigen Platz ein, und damit mag auch zusammenhängen, daß er die Spekulation nicht scheute. Daß ihm dies zum Vorwurf gemacht wurde, zeugt meines Erachtens von einem Mißverständnis in bezug auf den Prozeß wissenschaftlicher Entdeckungen. Ist es nicht letztlich immer eine Idee – so spekulativ wie faszinierend die am Anfang einer langen Forschungsreise steht? Freud gesteht offen ein, wenn er sich auf das Feld der Spekulation begibt, und seine Spekulationen sind niemals beliebig, sondern immer argumentativ in bezug auf ihren Sinn und Zweck als solche ausgewiesen; auch nimmt er sie ohne weiteres wieder zurück und korrigiert sich, wenn die Fortschritte in seiner Arbeit dies erforderlich machen. Das Spekulative seines Denkens ist somit nicht Zeichen eines denkerischen Wildwuchses oder ein Mangel an wissenschaftlicher Disziplin, sondern ein vitaler Ausdruck seiner intellektuellen Kreativität, mit der er so weit gekommen ist in der Erschließung der menschlichen Psyche. Ich glaube, es ist nicht zum mindesten der Einsatz seiner wissenschaftlichen Phantasie, der die Lektüre seiner Texte bis heute so spannend und für die nachfolgenden Generationen von Lesern und Analytikern so anregend macht.

So wie die Freiheit seines Phantasierens und Spekulierens eine Beweglichkeit des Denkens erzeugt, die auf uns übergreift, so gibt uns Freuds beharrliche Geduld im Hinschauen und Hinhören, im Nachprüfen und Nachdenken Halt und Grund, gleichsam einen sicheren Boden unter die Füße. Freud läßt uns immer teilhaben an der Entwicklung seiner Gedanken, er bezieht uns Schritt für Schritt ein in seine Fragen und Überlegungen. Seine Argumentation ist jederzeit einsehbar und damit prinzipiell widerlegbar. Wir werden durch sein Denken *geführt* – nicht *verführt*. Und indem wir mit ihm zusammen einen Gegenstand der Forschung erschließen, wird das *Freud lesen* eine Erfahrung, die unsere Wahrnehmung, unsere Geduld und unser eigenes Denken schult.

Ist dies nun eine Art Liebeserklärung für Freud? Vielleicht könnte man es so nennen. Bin ich darum völlig unkritisch gegenüber seinem Werk? Ich glaube nicht. Ich habe in meinen wissenschaftlichen Arbeiten entscheidende Aspekte des Freudschen Denkens kritisiert oder bin für andere Lösungen oder Konzepte eingetreten. Das aber muß hier nicht zur Sprache kommen. Ich finde, wenn man Freud vermitteln will, dann gilt es zunächst einmal, seine Stärken hervorzuheben – und diese überwiegen ohnehin seine Schwächen bei weitem. Freud ist zu Lebzeiten und bis zum heutigen Tag immer wieder kritisiert, attackiert, für überholt und widerlegt erklärt worden – und wurde doch andererseits nie aufgegeben und immer wieder neu bestätigt, in jüngster Zeit sogar von den Neurowissenschaften. Die von ihm ausgehende psychoanalytische Bewegung, organisiert in der »Internationalen Psychoanalytischen Vereinigung«, hat weltweit über zehntausend Mitglieder; ihre unzähligen Publikationen in Fachzeitschriften und Buchverlagen haben Freuds Psychoanalyse erweitert und vertieft und legen damit Zeugnis ab für die enorme Fruchtbarkeit seines Denkens. Wer wissen möchte, wie heute über die menschliche Psyche gedacht wird, kommt um Freud nicht herum.

Zuletzt noch dies: Der Anlaß für die Herausgabe dieses Lesebuchs ist Freuds 150. Geburtstag am 6. Mai 2006, und an einem Geburtstag darf und soll man den Jubilar unumschränkt hochleben lassen. Indem wir dies tun, ehren und anerkennen wir das große Werk, das er uns hinterlassen hat und mit dem wir weiterarbeiten können. So haben wir allen Grund, uns zu diesem Anlaß nun auch selber zu gratulieren, denn wie sähe unsere Welt und unser Bild vom Menschen aus ohne die Einsichten, die Freuds Psychoanalyse uns eröffnet hat?

Boston im September 2005

Ein Fall von hypnotischer Heilung nebst Bemerkungen über die Entstehung hysterischer Symptome durch den »Gegenwillen«

In diesem 1892–93 im ersten Band der *Zeitschrift für Hypnotismus* erschienenen Aufsatz erleben wir Freud gleichsam am Beginn seiner Entwicklung der Psychoanalyse. Er nimmt uns mit zu einem Hausbesuch bei einer ihm seit Kindheit vertrauten jungen Frau, die gerade ihr zweites Kind geboren hat, und nun, obwohl sie möchte und sich alle Mühe gibt, den Säugling nicht stillen kann. Freud hilft ihr durch die seinerzeit in ärztlichen Kreisen salonfähig gewordene Hypnose und Suggestion, ihre »Unfähigkeit« zu überwinden. Interessant ist hier, wie er über die Möglichkeit dieser »Heilung« nachdenkt. Zwar hat Freud zu diesem Zeitpunkt noch kein umfassendes Konzept des Unbewußten, aber er setzt doch schon voraus, daß es neben den bewußten Vorstellungen auch unbewußte geben müsse, sogenannte »peinliche Kontrastvorstellungen«, die sich unter bestimmten Bedingungen als »Gegenwille« manifestieren – aber auch unter Hypnose beeinflussen lassen.

* * *

Ich entschließe mich hier, einen einzelnen Fall von Heilung durch hypnotische Suggestion zu veröffentlichen, weil derselbe durch eine Reihe von Nebenumständen beweiskräftiger und durchsichtiger geworden ist, als die Mehrzahl unserer Heilerfolge zu sein pflegt.

Die Frau, welcher ich in einem für sie bedeutsamen Moment ihrer Existenz Hilfe leisten konnte, war mir seit Jahren bekannt und blieb mehrere Jahre später unter meiner Beobachtung; die Störung, von welcher sie die hypnotische Suggestion befreite, war einige Zeit vorher zum erstenmal aufgetreten, erfolglos bekämpft worden und hatte der Kranken einen Verzicht abgenötigt, dessen sie das zweitemal durch meine Hilfe enthoben war, während ein Jahr später dieselbe Störung sich neuerdings einstellte, und auf dieselbe Weise neuerdings überwunden wurde. Der Erfolg der Therapie war ein für die Kranke wertvoller, der auch so lange anhielt, als die Kranke die der Störung unterworfene Funktion ausüben wollte; und endlich dürfte es für diesen Fall gelungen sein, den einfachen psychischen Mechanismus der Störung nachzuweisen und ihn mit ähnlichen Vorgängen auf dem Gebiete der Nervenpathologie in Beziehung zu setzen.

Es handelt sich, um nicht länger in Rätseln sprechen zu müssen, um einen Fall, in dem eine Mutter ihr Neugeborenes nicht zu nähren vermochte, ehe sich die hypnotische Suggestion eingemengt hatte, und in dem die Vorgänge bei einem früheren und einem späteren Kinde eine nur selten mögliche Kontrolle des therapeutischen Erfolges gestatteten.

Das Objekt der nachstehenden Krankengeschichte ist eine junge Frau zwischen zwanzig und dreißig Jahren, mit der ich zufällig seit den Kinderjahren in Verkehr gestanden hatte, und die infolge ihrer Tüchtigkeit, ruhigen Besonnenheit und Natürlichkeit bei niemandem, auch nicht bei ihrem Hausarzte, im Rufe einer Nervösen stand. Mit Rücksicht auf die hier erzählten Begebenheiten muß ich sie als eine *hystérique d'occasion* nach Charcots glücklichem Ausdruck bezeichnen. Man weiß, daß diese Kategorie der vortrefflichsten Mischung von Eigenschaften und einer sonst ungestörten nervösen Gesundheit nicht widerspricht. Von ihrer Familie kenne ich die in keiner Weise nervöse Mutter und eine ähnlich geartete, gesunde, jüngere Schwester. Ein Bruder hat eine typische Jugendneurasthenie durchgemacht, die ihn auch zum Scheitern in seinen Lebensplänen gebracht hat. Ich kenne die Ätiologie und den Verlauf dieser Erkrankung, die sich in meiner ärztlichen Erfahrung alljährlich mehrmals in der nämlichen Weise wiederholt. Bei ursprünglich guter Anlage die gewöhnliche sexuelle Verirrung der Pubertätszeit, dann die Überarbeitung der Studentenjahre, das Prüfungsstudium, eine Gonorrhoe und im Anschluß an diese der plötzliche Ausbruch einer Dyspepsie in Begleitung jener hartnäckigen, fast unbegreiflichen Stuhlverstopfung. Nach Monaten Ablösung dieser Verstopfung durch Kopfdruck, Verstimmung, Arbeitsunfähigkeit, und von da an entwickelt sich jene Charaktereinschränkung und egoistische Verkümmerung, welche den Kranken zur Geißel seiner Familie machen. Es ist mir nicht sicher, ob diese Form von Neurasthenie nicht in allen Stücken erworben werden kann, und ich lasse daher, zumal da ich die anderen Verwandten meiner Patientin nicht kenne, die Frage offen, ob in ihrer Familie eine hereditäre Disposition für Neurosen anzunehmen ist.

Die Patientin hatte, als die Geburt des ersten Kindes aus ihrer glücklichen Ehe herannahte, die Absicht, dasselbe selbst zu nähren. Der Geburtsakt verlief nicht schwieriger, als es bei älteren Erstgebärenden zu sein pflegt, wurde durch Forceps beendigt. Der Wöchnerin gelang es aber nicht, trotz ihres günstigen Körperbaues, dem Kinde eine gute Nährmutter zu sein. Die Milch kam nicht reichlich, das Anlegen verursachte Schmerzen, der Appetit mangelte, ein bedenklicher Widerwille gegen die Nahrungsaufnahme stellte sich ein, die Nächte waren erregt und schlaflos, und um Mutter und Kind nicht weiter zu gefährden, wurde der Versuch nach vierzehn Tagen als mißglückt abgebrochen und das Kind einer Amme übergeben, wonach alle Beschwerden der Mutter rasch verschwanden. Ich bemerkte, daß ich von diesem ersten Laktationsversuch nicht als Arzt und Augenzeuge berichten kann.

Drei Jahre später erfolgte die Geburt eines zweiten Kindes und diesmal ließen auch äußere Umstände es wünschenswert erscheinen, eine Amme zu umgehen. Die Bemühungen der Mutter, selbst zu nähren, schienen aber weniger Erfolg zu haben und peinlichere Erscheinungen hervorzurufen als das erstemal. Die junge Mutter erbrach alle Nahrung, geriet in Aufregung, wenn sie dieselbe an ihr Bett bringen sah, war absolut schlaflos und so verstimmt über ihre Unfähigkeit, daß die beiden Ärzte der Familie, die in dieser Stadt so allgemein bekannten Arzte Dr. Breuer und Dr. Lott, diesmal von einer längeren Fortsetzung des

Versuches nichts wissen wollten. Sie rieten nur noch zu einem Versuch mit hypnotischer Suggestion und setzten durch, daß ich am Abend des vierten Tages als Arzt zu der mir befreundeten Frau geholt wurde.

Ich fand sie mit hochgeröteten Wangen zu Bette liegend, wütend über ihre Unfähigkeit, das Kind zu nähren, die sich bei jedem Versuch steigerte und der sie doch mit allen Kräften widerstrebte. Um das Erbrechen zu vermeiden, hatte sie diesen Tag über nichts zu sich genommen. Das Epigastrium war vorgewölbt, auf Druck empfindlich, die aufgelegte Hand fühlte den Magen unruhig, von Zeit zu Zeit erfolgte geruchloses Aufstoßen, die Kranke klagte über beständigen üblen Geschmack im Munde. Die Ära des hochtympanitischen Magenschalles war erheblich vergrößert. Ich wurde nicht als willkommener Retter aus der Not begrüßt, sondern offenbar nur widerwillig angenommen und durfte auf nicht viel Zutrauen rechnen.

Ich versuchte sofort, die Hypnose durch Fixierenlassen bei beständigem Einreden der Symptome des Schlafes herbeizuführen. Nach drei Minuten lag die Kranke mit dem ruhigen Gesichtsausdruck einer tief Schlafenden da. Ich weiß mich nicht zu erinnern, ob ich auf Katalepsie und andere Erscheinungen von Folgsamkeit geprüft habe. Ich bediente mich der Suggestion, um allen ihren Befürchtungen und den Empfindungen, auf welche sich die Befürchtungen stützten, zu widersprechen. »Haben Sie keine Angst, Sie werden eine ausgezeichnete Amme sein, bei der das Kind prächtig gedeihen wird. Ihr Magen ist ganz ruhig, Ihr Appetit ausgezeichnet, Sie sehnen sich nach einer Mahlzeit u. dgl.« Die Kranke schlief weiter, als ich sie für einige Minuten verließ, und zeigte sich amnestisch, nachdem ich sie erweckt hatte. Ehe ich fortging, mußte ich noch einer besorgten Bemerkung des Mannes widersprechen, daß die Hypnose wohl die Nerven einer Frau gründlich ruinieren könne.

Am nächsten Abend erfuhr ich, was mir als ein Unterpfand des Erfolges galt, den Angehörigen und der Kranken aber merkwürdigerweise keinen Eindruck gemacht hatte. Die Wöchnerin hatte ohne Beschwerde zu Abend gegessen, ruhig geschlafen und auch am Vormittag sich wie das Kind tadellos ernährt. Die etwas reichliche Mittagsmahlzeit war aber zuviel für sie gewesen. Kaum daß dieselbe aufgetragen war, erwachte in ihr der frühere Widerwille, es trat Erbrechen ein, noch ehe sie etwas berührt hatte, das Kind anzulegen war unmöglich geworden, und alle objektiven Zeichen waren bei meinem Erscheinen wieder wie am Vorabend. Mein Argument, daß jetzt alles gewonnen sei, nachdem sie sich überzeugt hätte, daß die Störung weichen könne und auch für einen halben Tag gewichen sei, blieb wirkungslos. Ich war nun bei der zweiten Hypnose, die ebenso rasch zum Somnambulismus führte, energischer und zuversichtlicher. Die Kranke werde fünf Minuten nach meinem Fortgehen die Ihrigen etwas unwillig anfahren: wo denn das Essen bleibe, ob man denn die Absicht habe, sie auszuhungern, woher sie denn das Kind nähren solle, wenn sie nichts bekäme u.dgl. Als ich am dritten Abend wiederkehrte, ließ die Wöchnerin keine weitere Behandlung zu. Es fehle ihr nichts mehr, sie habe ausgezeichneten Appetit und reichlich Milch für das Kind, das Anlegen des Kindes mache ihr nicht die geringsten Schwierigkeiten u.dgl. Dem Manne war es etwas unheimlich erschienen, daß sie gestern Abend bald nach meinem Fortgehen so ungestüm nach Nahrung verlangt und der Mutter Vorwürfe gemacht habe, wie es niemals ihre Art gewesen. Seither gehe aber alles gut.

Ich hatte nichts mehr dabei zu tun. Die Frau nährte das Kind acht Monate lang, und ich hatte häufig Gelegenheit, mich freundschaftlich von dem Wohlbefinden beider Personen zu überzeugen. Nur fand ich es unverständlich und verdrießlich, daß von jener merkwürdigen Leistung niemals zwischen uns die Rede war.

Indessen kam meine Zeit ein Jahr später, als ein drittes Kind dieselben Ansprüche an die Mutter stellte, welche sie ebenso wenig wie die vorigen Male zu befriedigen vermochte. Ich traf die Frau in demselben Zustande wie voriges Jahr, und geradezu erbittert gegen sich, daß sie gegen die Eßabneigung und die anderen Symptome mit ihrem Willen nichts vermochte. Die Hypnose des ersten Abends hatte auch nur den Erfolg, die Kranke noch hoffnungsloser zu machen. Nach der zweiten Hypnose war der Symptomkomplex wiederum so vollständig abgeschnitten, daß es einer dritten nicht bedurfte. Die Frau hat auch dieses Kind, das heute eineinhalb Jahre alt ist, ohne alle Beschwerde genährt und sich des ungestörtesten Wohlbefindens erfreut.

Angesichts dieser Wiederholung des Erfolges tauten nun auch die beiden Eheleute auf und bekannten das Motiv, welches ihr Benehmen gegen mich geleitet hatte. Ich habe mich geschämt, sagte mir die Frau, daß so etwas wie die Hypnose nützen soll, da, wo ich mit all meiner Willenskraft machtlos war. Ich glaube indes nicht, daß sie oder ihr Mann ihre Abneigung gegen die Hypnose überwunden haben.

*

Ich gehe nun zu der Erörterung über, welches wohl der psychische Mechanismus jener durch Suggestion behobenen Störung bei meiner Patientin war. Ich habe nicht wie in anderen Fällen, von denen ein andermal die Rede sein soll, direkte Auskunft darüber, sondern bin darauf angewiesen, ihn zu erraten.

Es gibt Vorstellungen, mit denen ein Erwartungsaffekt verbunden ist, und zwar sind dieselben von zweierlei Art, Vorstellungen, daß ich dies oder jenes tun werde, sogenannte Vorsätze und Vorstellungen, daß dies oder jenes mit mir geschehen wird, eigentlich *Erwartungen.* Der daran geknüpfte Affekt hängt von zwei Faktoren ab, erstens von der Bedeutung, den der Ausfall für mich hat, zweitens von dem Grade von Unsicherheit, mit welchem die Erwartung desselben behaftet ist. Die subjektive Unsicherheit, die Gegenerwartung, wird selbst durch eine Summe von Vorstellungen dargestellt, welche wir als *»peinliche Kontrastvorstellungen«* bezeichnen wollen. Für den Fall des Vorsatzes lauten diese Kontrastvorstellungen so: Es wird mir nicht gelingen, meinen Vorsatz auszuführen, weil dies oder jenes für mich zu schwer ist, ich dafür ungeeignet bin; auch weiß ich, daß es bestimmten anderen Personen in ähnlicher Lage gleichfalls mißlungen ist. Der andere Fall, der der Erwartung, ist ohneweiters klar; die Gegenerwartung beruht auf der Erwägung aller anderen Möglichkeiten, die mir zustoßen können, bis auf die eine, die ich wünsche. Die weitere Erörterung dieses Falles führt zu den *Phobien,* die in der Symptomatologie der Neurosen eine so große Rolle spielen. Wir verbleiben bei der ersten Kategorie, bei den Vorsätzen. Was tut nun ein gesundes Vorstellungsleben mit den Kontrastvorstellungen gegen den Vorsatz? Es unterdrückt und hemmt dieselben nach Möglichkeit, wie es dem kräftigen Selbstbewußtsein der Gesundheit entspricht, schließt sie von der Assoziation aus, und dies gelingt häufig in so hohem Grade, daß die Existenz der Kontrastvorstellung gegen den Vorsatz meist nicht evident ist, sondern erst durch die Betrachtung der Neurosen wahrscheinlich gemacht wird. Bei den Neurosen hingegen, – und ich beziehe mich durchaus nicht allein auf die Hysterie, sondern auf den Status nervosus im allgemeinen, – ist als *primär vorhanden* eine Tendenz zur Verstimmung, zur Herabsetzung des Selbstbewußtseins anzunehmen, wie wir sie als höchstentwickeltes und vereinzeltes Symptom bei der Melancholie kennen. Bei den Neurosen fällt nun auch den Kontrastvorstellungen gegen den Vorsatz eine große Beachtung zu, vielleicht weil deren Inhalt zu der Stimmungsfärbung der Neurose paßt, oder vielleicht in der Weise, daß auf dem Boden der Neurose Kontrastvorstellungen entstehen, die sonst unterblieben wären.

Diese Kräftigung der Kontrastvorstellungen zeigt sich nun beim einfachen Status nervosus auf die Erwartung bezogen als allgemein pessimistische Neigung, bei der Neurasthenie gibt sie durch Assoziation mit den zufälligsten Empfindungen Anlaß zu den mannigfachen Phobien der Neurastheniker. Auf die Vorsätze übertragen, erzeugt dieser Faktor jene Störungen, die als *folie de doute* zusammengefaßt werden, und die das Mißtrauen des Individuums in die eigene Leistung zum Inhalt haben. Gerade hier verhalten sich die beiden großen Neurosen, Neurasthenie und Hysterie, in einer für jede charakteristischen Weise verschieden. Bei der Neurasthenie wird die krankhaft gesteigerte Kontrastvorstellung mit der Willensvorstellung zu *einem* Bewußtseinsakt verknüpft, sie zieht sich von letzterer ab und erzeugt die auffällige Willensschwäche der Neurastheniker, die ihnen selbst bewußt ist. Der Vorgang bei der Hysterie hingegen weicht in zwei Punkten ab, oder vielleicht nur in einem einzigen. Wie es der Neigung der Hysterie zur *Dissoziation des Bewußtseins* entspricht, wird die peinliche Kontrastvorstellung, die anscheinend gehemmt ist, außer Assoziation mit dem Vorsatz gebracht und besteht, oft dem Kranken selbst unbewußt, als abgesonderte Vorstellung weiter. Exquisit hysterisch ist es nun, daß sich diese gehemmte Kontrastvorstellung, wenn es zur Ausführung des Vorsatzes kommen soll, mit derselben Leichtigkeit durch Innervation des Körpers objektiviert wie im normalen Zustande die Willensvorstellung. Die Kontrastvorstellung etabliert sich sozusagen als *»Gegenwille«*, während sich der Kranke mit Erstaunen eines entschiedenen aber machtlosen Willens bewußt ist. Vielleicht sind, wie gesagt, die beiden Momente im Grunde nur eines, etwa so, daß die Kontrastvorstellung nur darum den Weg zur Objektivierung findet, weil sie nicht durch die Verknüpfung mit dem Vorsatz selbst gehemmt ist, wie sie diesen hemmt.[1]

In unserem Falle einer Mutter, die durch nervöse Schwierigkeit am Säuggeschäft verhindert wird, hätte sich eine Neurasthenica etwa so benommen: Sie hätte sich mit Bewußtsein vor der ihr gestellten Aufgabe gefürchtet, sich viel mit den möglichen Zwischenfällen und Gefahren beschäftigt und nach vielem Zaudern unter Bangen und Zweifeln doch das Säugen ohne Schwierigkeit durchgeführt, oder wenn die Kontrastvorstellung die Oberhand behalten hätte, es unterlassen, weil sie sich dessen nicht getraut. Die Hysterica benimmt sich dabei anders, sie ist sich ihrer Furcht vielleicht nicht bewußt, hat den festen Vorsatz es durchzuführen und geht ohne Zögern daran. Dann aber benimmt sie sich so, als ob sie den Willen hätte, das Kind auf keinen Fall zu säugen, und dieser Wille ruft bei ihr alle jene subjektiven Symptome hervor, welche eine Simulantin angeben würde, um sich dem Säuggeschäft zu entziehen: Die Appetitlosigkeit, den Abscheu vor der Speise, die Schmerzen beim Anlegen des Kindes und außerdem, da der Gegenwille der bewußten Simulation in der Beherrschung des Körpers überlegen ist, eine Reihe von objektiven Zeichen am Verdauungstrakt, welche die Simulation nicht herzustellen vermag. Im Gegensatz zur *Willensschwäche* der Neurasthenie besteht hier *Willensperversion,* und im Gegensatz zur resignierten Unentschlossenheit dort, hier Staunen und Erbitterung über den der Kranken unverständlichen Zwiespalt.

Ich halte mich also für berechtigt, meine Kranke als eine *hystérique d'occasion* zu bezeichnen, da sie unter dem Einfluß einer Gelegenheitsursache einen Symptomkomplex von so exquisit hysterischem Mechanismus zu produzieren imstande war. Als Gelegenheitsursache mag hier die Erregung vor der ersten Entbindung oder die Erschöpfung nach derselben angenommen werden, wie denn die erste Entbindung der größten Erschütterung entspricht, welcher der weibliche Organismus ausgesetzt ist, in deren Gefolge auch die Frau alle neurotischen Symptome zu produzieren pflegt, zu denen die Anlage in ihr schlummert.

Wahrscheinlich ist der Fall meiner Patientin vorbildlich und aufklärend für eine große Reihe anderer Fälle, in denen das Säuggeschäft oder ähnliche Verrichtungen durch nervöse Einflüsse verhindert werden. Da ich aber den psychischen Mechanismus des von mir beschriebenen Falles bloß erschlossen habe, beeile ich mich mit der Versicherung fortzusetzen, daß es mir durch Ausforschung der Kranken in der Hypnose wiederholt gelungen ist, einen derartigen psychischen Mechanismus für hysterische Symptome direkt nachzuweisen.[2]

Ich führe nur eines der auffälligsten Beispiele hier an: Vor Jahren behandelte ich eine hysterische Dame, die ebenso willensstark in all den Stücken war, in welche sich ihre Krankheit nicht eingemengt hatte, wie anderseits schwer belastet mit mannigfaltigen und drückenden hysterischen Verhinderungen und Unfähigkeiten. Unter anderem fiel sie durch ein eigentümliches Geräusch auf, welches sie ticartig in ihre Konversation einschob, und das ich als ein besonderes Zungenschnalzen mit plötzlichem Durchbruch des krampfhaften Lippenverschlusses beschreiben möchte. Nachdem ich es wochenlang mitangehört hatte, erkundigte ich mich einmal, wann und bei welcher Gelegenheit es entstanden sei. Die Antwort war: »Ich weiß nicht wann, o schon seit langer Zeit.« Ich hielt es darum auch für einen echten Tic, bis es mir einmal einfiel, der Kranken in tiefer Hypnose dieselbe Frage zu stellen. In der Hypnose verfügte diese Kranke – ohne daß man sie dazu suggerieren mußte – sofort über ihr ganzes Erinnerungsvermögen; ich möchte sagen über den ganzen, im Wachen eingeengten Umfang ihres Bewußtseins. Sie antwortete prompt: »Wie mein kleineres Kind so krank war, den ganzen Tag Krämpfe gehabt hatte und endlich am Abend eingeschlafen war, und wie ich dann am Bette saß und mir dachte: Jetzt mußt du aber recht ruhig sein, um sie nicht aufzuwecken, da ... bekam ich das Schnalzen zum erstenmal. Es verging dann wieder; wie wir aber viele Jahre später einmal nachts durch den Wald bei ** fuhren, und ein großes Gewitter losbrach und der Blitz gerade in einen Baumstamm vor uns am Wege einschlug, so daß der Kutscher die Pferde zurückreißen mußte, und ich mir dachte: Jetzt darfst du nur ja nicht schreien, sonst werden die Pferde scheu, da – kam es wieder und ist seitdem geblieben.« Ich konnte mich überzeugen, daß jenes Schnalzen kein echter Tic war, denn es war von dieser Zurückführung auf seinen Grund an beseitigt und blieb so durch Jahre, so lange ich die Kranke verfolgen konnte. Ich hatte aber damals zum erstenmal Gelegenheit, die Entstehung hysterischer Symptome durch die Objektivierung der peinlichen Kontrastvorstellung, durch den Gegenwillen zu erfassen. Die durch Angst und Krankenpflege erschöpfte Mutter nimmt sich vor, ja keinen Laut über ihre Lippen zu bringen, um das Kind nicht in dem so spät eingetretenen Schlaf zu stören. In ihrer Erschöpfung erweist sich die begleitende Kontrastvorstellung, sie werde es doch tun, als die stärkere, gelangt zur Innervation der Zunge, welche zu hemmen der Vorsatz lautlos zu bleiben, vielleicht vergessen hatte, durchbricht den Verschluß der Lippen und erzeugt ein Geräusch, welches sich von nun an, zumal seit einer Wiederholung desselben Vorganges, für viele Jahre fixiert.

Das Verständnis dieses Vorganges ist kein vollkommenes, so lange nicht *ein* bestimmter Einwand erledigt worden ist. Man wird fragen dürfen, wie es komme, daß bei einer allgemeinen Erschöpfung – die doch die Disposition für jenen Vorgang darstellt – gerade die Kontrastvorstellung die Oberhand gewinnt? Ich möchte darauf mit der Annahme erwidern, daß diese Erschöpfung eine bloß partielle ist. Erschöpft sind diejenigen Elemente des Nervensystems, welche die materiellen Grundlagen der zum primären Bewußtsein assoziierten Vorstellungen sind; die von dieser Assoziationskette – des normalen Ichs – ausgeschlossenen, die gehemmten und unterdrückten Vorstellungen sind nicht erschöpft und überwiegen daher im Momente der hysterischen Disposition.

Jeder Kenner der Hysterie wird aber bemerken, daß der hier geschilderte psychische Mechanismus nicht bloß vereinzelte hysterische Zufälle, sondern große Stücke des Symptombildes der Hysterie sowie einen geradezu auffälligen Charakterzug derselben aufzuklären vermag. Halten wir fest, daß es die peinlichen Kontrastvorstellungen, welche das normale Bewußtsein hemmt und zurückweist, waren, die im Momente der hysterischen Disposition hervortraten und den Weg zur Körperinnervation fanden, so haben wir den Schlüssel auch zum Verständnis der Eigentümlichkeit hysterischer Anfallsdelirien in der Hand. Es ist nicht zufällig, daß die hysterischen Delirien der Nonnen in den Epidemien des Mittelalters aus schweren Gotteslästerungen und ungezügelter Erotik bestanden, oder daß gerade bei wohlerzogenen und artigen Knaben, wie Charcot (Leçons du Mardi, vol.

I.) hervorhebt, hysterische Anfälle vorkommen, in denen jeder Gassenbüberei, jeder Bubentollheit und Unart freier Lauf gelassen wird. Die unterdrückten und mühsam unterdrückten Vorstellungsreihen sind es, die hier infolge einer Art von Gegenwillen in Aktion umgesetzt werden, wenn die Person der hysterischen Erschöpfung verfallen ist. Ja der Zusammenhang ist vielleicht mitunter ein intimerer, indem gerade durch die mühevolle Unterdrückung jener hysterische Zustand erzeugt wird, – auf dessen psychologische Kennzeichnung ich hier übrigens nicht eingegangen bin. Ich habe es hier nur mit der Erklärung zu tun, warum – jenen Zustand hysterischer Disposition vorausgesetzt – die Symptome so ausfallen, wie wir sie tatsächlich beobachten.

Im ganzen verdankt die Hysterie diesem Hervortreten des Gegenwillens jenen dämonischen Zug, der ihr so häufig zukommt, der sich darin äußert, daß die Kranken gerade dann und dort etwas nicht können, wo sie es am sehnlichsten wollen, daß sie das genaue Gegenteil von dem tun, um was man sie gebeten hat, und daß sie, was ihnen am teuersten ist, beschimpfen und verdächtigen müssen. Die Charakterperversion der Hysterie, der Kitzel, das Schlechte zu tun, sich krank stellen zu müssen, wo sie sehnlichst die Gesundheit wünschen, – wer hysterische Kranke kennt, weiß, daß dieser Zwang oft genug die tadellosesten Charaktere betrifft, die ihren Kontrastvorstellungen für eine Zeit hilflos preisgegeben sind.

Die Frage: Was wird aus den gehemmten Vorsätzen? scheint für das normale Vorstellungsleben sinnlos zu sein. Man möchte darauf antworten, sie kommen eben nicht zustande. Das Studium der Hysterie zeigt, daß sie dennoch Zustandekommen, d.h. daß die ihnen entsprechende materielle Veränderung erhalten bleibt, und daß sie aufbewahrt werden, in einer Art von Schattenreich eine ungeahnte Existenz fristen, bis sie als Spuk hervortreten und sich des Körpers bemächtigen, der sonst dem herrschenden Ichbewußtsein gedient hat.

Ich habe vorhin gesagt, daß dieser Mechanismus ein exquisit hysterischer ist; ich muß hinzufügen, daß er nicht ausschließlich der Hysterie zukommt. Er findet sich in auffälliger Weise beim *tic convulsif* wieder, einer Neurose, die so viel symptomatische Ähnlichkeit mit der Hysterie hat, daß ihr ganzes Bild als Teilerscheinung der Hysterie auftreten kann, so daß Charcot, wenn ich seine Lehren darüber nicht von Grund aus mißverstanden habe, nach längerer Sonderung kein anderes Unterscheidungsmerkmal gelten lassen kann, als daß der hysterische Tic sich wieder einmal löst, der echte fortbestehen bleibt. Das Bild eines schweren *tic convulsif* setzt sich bekanntlich zusammen aus unwillkürlichen Bewegungen, häufig (nach Charcot und Guinon immer) vom Charakter der Grimassen oder einmal zweckmäßig gewesener Verrichtungen, aus Koprolalie, Echolalie und Zwangsvorstellungen aus der Reihe der *folie de doute.* Es ist nun überraschend zu hören, daß Guinon, dem das Eingehen in den psychischen Mechanismus dieser Symptome ferne liegt, von einigen seiner Kranken berichtet, sie seien zu ihren Zuckungen und Grimassen auf dem Wege der Objektivierung der Kontrastvorstellung gelangt. Diese Kranken geben an, sie hätten bei einer bestimmten Gelegenheit einen ähnlichen Tic oder einen Komiker, der seine Mienen absichtlich so verzerrte, gesehen und dabei die Furcht empfunden, diese häßlichen Bewegungen nachahmen zu müssen. Von da an hätten sie auch wirklich mit der Nachahmung begonnen. Gewiß entsteht nur ein kleiner Teil der unwillkürlichen Bewegungen bei den *tiqueurs* auf diese Weise. Dagegen könnte man versucht sein, diesen Mechanismus der Entstehung der Koprolalie unterzulegen, mit welchem Terminus bekanntlich das unwillkürliche, besser widerwillige Hervorstoßen der unflätigsten Worte bei den *tiqueurs* bezeichnet wird. Die Wurzel der Koprolalie wäre die Wahrnehmung des Kranken, daß er es nicht unterlassen kann, gewisse Laute, meist ein hm, hm, hervorzustoßen. Daran würde sich die Furcht schließen, auch die Herrschaft über andere Laute, besonders über jene Worte zu verlieren, die der wohlerzogene Mensch auszusprechen sich hütet, und diese Furcht würde zur Verwirklichung des Gefürchteten führen. Ich finde bei Guinon keine Anamnese, welche diese Vermutung bestätigt und habe selbst nie Gelegenheit gehabt, einen Kranken mit Koprolalie auszufragen. Dagegen finde ich bei demselben Autor den Bericht über einen anderen Fall von Tic, bei dem das unwillkürlich ausgesprochene Wort ausnahmsweise nicht dem Sprachschatz der Koprolalie angehörte. Dieser Fall betrifft einen erwachsenen Mann, der mit dem Ausruf »Maria« behaftet war. Er hatte als Schüler eine Schwärmerei für ein Mädchen dieses Namens gehabt, die ihn damals ganz in Anspruch nahm, wie wir annehmen wollen, zur Neurose disponierte. Damals begann er den Namen seiner Angebeteten mitten in den Schulstunden laut zu rufen, und dieser Name verblieb ihm als Tic, nachdem seine Liebschaft seit einem halben Menschenleben überwunden war. Ich denke, es kann kaum anders zugegangen sein, als daß das ernsthafteste Bemühen, den Namen geheim zu halten, in einem Moment besonderer Erregung in den Gegenwillen umschlug, und daß von da ab der Tic verblieb, ähnlich wie im Falle meiner zweiten Kranken.

Ist die Erklärung dieses Beispiels richtig, so liegt die Versuchung nahe, den eigentlich koprolalischen Tic auf denselben Mechanismus zurückzuführen, denn die unflätigen Worte sind Geheimnisse, die wir alle kennen, und deren Kenntnis wir stets voreinander zu verbergen streben.[3]

Die Abwehr-Neuropsychosen

Versuch einer psychologischen Theorie der acquirierten Hysterie, vieler Phobien und Zwangsvorstellungen und gewisser hallucinatorischer Psychosen

In den letzten Jahren des 19. Jahrhunderts arbeitet Freud noch gewissermaßen zweigleisig: Einerseits publiziert er als Neurologe (z. B. die 1893 erschienene und bis heute in Fachkreisen geschätzte Schrift *Zur Kenntniß der cerebralen Diplegien des Kindesalters* [1893b]), andererseits baut er unter Anregung von und in Zusammenarbeit mit einigen der berühmtesten Fachkollegen seiner Zeit (Charcot, Janet, Bernheim, Brücke und Breuer) weiter an seiner psychologischen Theorie zur Hysterie, Zwangsneurose und den Phobien. Dabei ist es gerade die vergleichende Untersuchung der Symptome und ihre Zurückführung auf die jeweils auslösende Ursache (neurologisch oder psychologisch), die ihm die Eigenständigkeit des Psychischen erschließt. Die *Macht der Vorstellungen* rückt nun ins Zentrum seiner Überlegungen. Mehr noch als in dem vorigen Aufsatz beschäftigt er sich in dieser 1894 publizierten Schrift mit der *Stärke* der Vorstellung, die sich im begleitenden Affekt ausdrückt und die einer Person gegebenenfalls unerträglich werden kann. In der Idee der Unerträglichkeit bestimmter (zumeist sexueller) Vorstellungen ist indirekt auch schon sein Interesse für den psychischen Konflikt angesprochen. Freud beschreibt verschiedene »Mechanismen«, wie sich das Individuum (beziehungsweise die Psyche) solcher unerträglicher Vorstellungen zu entledigen versucht: die Trennung von Vorstellung und Affekt, die Konversion des letzteren ins Somatische, seine »falsche Verknüpfung« mit einer anderen Vorstellung, aber auch von »verdrängten Vorstellungen« ist hier bereits die Rede – alles Ideen, die er in den nächsten vierzig Jahren weiterentwickeln und verfeinern wird.

* * *

Bei eingehendem Studium mehrerer mit Phobien und Zwangsvorstellungen behafteter Nervöser hat sich mir ein Erklärungsversuch dieser Symptome aufgedrängt, der mir dann gestattete, die Herkunft solcher krankhafter Vorstellungen in neuen, anderen Fällen glücklich zu erraten, und den ich darum der Mitteilung und weiteren Prüfung würdig erachte. Gleichzeitig mit dieser *»psychologischen Theorie der Phobien und Zwangsvorstellungen«* ergab sich aus der Beobachtung der Kranken ein Beitrag zur Theorie der Hysterie oder vielmehr eine Abänderung derselben, welche einem wichtigen, der Hysterie wie den genannten Neurosen gemeinsamen Charakter Rechnung zu tragen scheint. Ferner hatte ich Gelegenheit, in den psychologischen Mechanismus einer Form von unzweifelhaft psychischer Erkrankung Einsicht zu nehmen, und fand dabei, daß die von mir versuchte Betrachtungsweise eine einsichtliche Verknüpfung zwischen diesen Psychosen und den beiden angeführten Neurosen herstellt. Eine Hilfshypothese, deren ich mich in allen drei Fällen bedient habe, werde ich zum Schlusse dieses Aufsatzes hervorheben.

I

Ich beginne mit jener Abänderung, die mir an der Theorie der hysterischen Neurose erforderlich scheint:

Daß der Symptomkomplex der Hysterie, soweit er bis jetzt ein Verständnis zuläßt, die Annahme einer Spaltung des Bewußtseins mit Bildung separater psychischer Gruppen rechtfertigt, dürfte seit den schönen Arbeiten von P. Janet, J. Breuer u.a. bereits zur allgemeinen Anerkennung gelangt sein. Weniger geklärt sind die Meinungen über die Herkunft dieser Bewußtseinsspaltung und über die Rolle, welche dieser Charakter im Gefüge der hysterischen Neurose spielt.

Nach der Lehre von Janet[1] ist die Bewußtseinsspaltung ein primärer Zug der hysterischen Veränderung. Sie beruht auf einer angeborenen Schwäche der Fähigkeit zur psychischen Synthese, auf der Enge des »Bewußtseinsfeldes« *(champ de conscience)*, welche als psychisches Stigma die Degeneration der hysterischen Individuen bezeugt.

Im Gegensatz zur Anschauung Janets, welche mir die mannigfaltigsten Einwände zuzulassen scheint, steht jene, die J. Breuer in unserer gemeinsamen Mitteilung[2] vertreten hat. Nach Breuer ist »Grundlage und Bedingung« der Hysterie das Vorkommen von eigentümlichen traumartigen Bewußtseinszuständen mit eingeschränkter Assoziationsfähigkeit, für welche er den Namen *»hypnoide* Zustände« vorschlägt. Die Bewußtseinsspaltung ist dann eine sekundäre, erworbene; sie kommt dadurch zustande, daß die in hypnoiden Zuständen aufgetauchten Vorstellungen vom assoziativen Verkehr mit dem übrigen Bewußtseinsinhalte abgeschnitten sind.

Ich kann nun den Nachweis zweier weiterer extremer Formen von Hysterie erbringen, bei welchen die Bewußtseinsspaltung unmöglich als eine primäre im Sinne von Janet gedeutet werden kann. Bei der ersteren dieser Formen gelang es mir wiederholt, zu zeigen, daß *die Spaltung des Bewußtseinsinhaltes die Folge eines Willensaktes des Kranken ist,* d.h. durch eine Willensanstrengung eingeleitet wird, deren Motiv man angeben kann. Ich behaupte damit natürlich nicht, daß der Kranke eine Spaltung seines Bewußtseins herbeizuführen beabsichtigt; die Absicht des Kranken ist eine andere, sie erreicht aber nicht ihr Ziel, sondern ruft eine Spaltung des Bewußtseins hervor.

Bei der dritten Form der Hysterie, die wir durch psychische Analyse von intelligenten Kranken erwiesen haben, spielt die Bewußtseinsspaltung eine geringfügige, vielleicht überhaupt keine Rolle. Es sind dies jene Fälle, in denen bloß die Reaktion auf traumatische Reize unterblieben ist, die dann auch durch »Abreagieren«[3] erledigt und geheilt werden, die reinen *Retentionshysterien.*

Für die Anknüpfung an die Phobien und Zwangsvorstellungen habe ich es hier nur mit der zweiten Form der Hysterie zu tun, die ich aus bald ersichtlichen Gründen als *Abwehr*hysterie bezeichnen und durch diesen Namen von den *Hypnoid-* und *Retentions*hysterien sondern will. Ich kann meine Fälle von Abwehrhysterie auch vorläufig als »akquirierte« Hysterie aufführen, weil bei ihnen weder von schwerer hereditärer Belastung, noch von eigener degenerativer Verkümmerung die Rede war.

Bei den von mir analysierten Patienten hatte nämlich psychische Gesundheit bis zu dem Moment bestanden, in dem *ein Fall von Unverträglichkeit in ihrem Vorstellungsleben vorfiel,* d.h. bis ein Erlebnis, eine Vorstellung, Empfindung an ihr Ich herantrat, welches einen so peinlichen Affekt erweckte, daß die Person beschloß, daran zu vergessen, weil sie sich nicht die Kraft zutraute, den Widerspruch dieser unverträglichen Vorstellung mit ihrem Ich durch Denkarbeit zu lösen.

Solche unverträgliche Vorstellungen erwachsen bei weiblichen Personen zumeist auf dem Boden des sexualen Erlebens und Empfindens, und die Erkrankten erinnern sich auch mit aller wünschenswerten Bestimmtheit ihrer Bemühungen zur Abwehr, ihrer Absicht, das Ding »fortzuschieben«, nicht daran zu denken, es zu unterdrücken. Hieher gehörige Beispiele aus meiner Erfahrung, deren Anzahl ich mühelos vermehren könnte, sind etwa: Der Fall eines jungen Mädchens, welches es sich verübelt, während der Pflege ihres kranken Vaters an den jungen Mann zu denken, der ihr einen leisen erotischen Eindruck gemacht hat; der Fall einer Erzieherin, die sich in ihren Herrn verliebt hatte, und die beschloß, sich diese Neigung aus dem Sinne zu schlagen, weil sie ihr mit ihrem Stolze unverträglich schien u.dgl.m.[4]

Ich kann nun nicht behaupten, daß die Willensanstrengung, etwas Derartiges aus seinen Gedanken zu drängen, ein pathologischer Akt ist, auch weiß ich nicht zu sagen, ob und auf welche Weise das beabsichtigte Vergessen jenen Personen gelingt, welche unter denselben psychischen Einwirkungen gesund bleiben. Ich weiß nur, daß ein solches »Vergessen« den von mir analysierten Patienten nicht gelungen ist, sondern zu verschiedenen pathologischen Reaktionen geführt hat, die entweder eine Hysterie oder eine Zwangsvorstellung, oder eine halluzinatorische Psychose erzeugten. In der Fähigkeit, durch jene Willensanstrengung einen dieser Zustände hervorzurufen, die sämtlich mit Bewußtseinsspaltung verbunden sind, ist der Ausdruck einer pathologischen Disposition zu sehen, die aber nicht notwendig mit persönlicher oder hereditärer »Degeneration« identisch zu sein braucht.

Über den Weg, der von der Willensanstrengung des Patienten bis zur Entstehung des neurotischen Symptoms führt, habe ich mir eine Meinung gebildet, die sich in den gebräuchlichen psychologischen Abstraktionen etwa so ausdrücken läßt: Die Aufgabe, welche sich das abwehrende Ich stellt, die unverträgliche Vorstellung als *»non arrivée«* zu behandeln, ist für dasselbe direkt unlösbar; sowohl die Gedächtnisspur als auch der der Vorstellung anhaftende Affekt sind einmal da und nicht mehr auszutilgen. Es kommt aber einer ungefähren Lösung dieser Aufgabe gleich, wenn es gelingt, *aus dieser starken Vorstellung eine schwache zu machen,* ihr den Affekt, die Erregungssumme, mit der sie behaftet ist, zu entreißen. Die schwache Vorstellung wird dann so gut wie keine Ansprüche an die Assoziationsarbeit zu stellen haben; *die von ihr abgetrennte Erregungssumme muß aber einer andern Verwendung zugeführt werden.*

Soweit sind die Vorgänge bei der Hysterie und bei den Phobien und Zwangsvorstellungen die gleichen; von nun an scheiden sich die Wege. Bei der Hysterie erfolgt die Unschädlichmachung der unverträglichen Vorstellung dadurch, daß deren *Erregungssumme ins Körperliche umgesetzt* wird, wofür ich den Namen der *Konversion* vorschlagen möchte.

Die Konversion kann eine totale oder partielle sein und erfolgt auf jene motorische oder sensorische Intervention hin, die in einem innigen oder mehr lockeren Zusammenhang mit dem traumatischen Erlebnis steht. Das Ich hat damit erreicht, daß es widerspruchsfrei geworden ist, es hat sich aber dafür mit einem

Erinnerungssymbol belastet, welches als unlösbare motorische Innervation oder als stets wiederkehrende halluzinatorische Sensation nach Art eines Parasiten im Bewußtsein haust, und welches bestehen bleibt, bis eine Konversion in umgekehrter Richtung stattfindet. Die Gedächtnisspur der verdrängten Vorstellung ist darum doch nicht untergegangen, sondern bildet von nun an den Kern einer zweiten psychischen Gruppe.

Ich will diese Anschauung von den psycho-physischen Vorgängen bei der Hysterie nur noch mit wenigen Worten ausführen: Wenn einmal ein solcher Kern für eine hysterische Abspaltung in einem »traumatischen Moment« gebildet worden ist, so erfolgt dessen Vergrößerung in anderen Momenten, die man *»auxiliär traumatische«* nennen könnte, sobald es einem neu anlangenden Eindruck gleicher Art gelingt, die vom Willen hergestellte Schranke zu durchbrechen, der geschwächten Vorstellung neuen Affekt zuzuführen und für eine Weile die assoziative Verknüpfung beider psychischer Gruppen zu erzwingen, bis eine neuerliche Konversion Abwehr schafft. – Der so bei der Hysterie erzielte Zustand in der Verteilung der Erregung stellt sich dann zumeist als ein labiler heraus; die auf einen falschen Weg (in die Körperinnervation) gedrängte Erregung gelangt mitunter zur Vorstellung zurück, von der sie abgelöst wurde, und nötigt dann die Person zur assoziativen Verarbeitung oder zur Erledigung in hysterischen Anfällen, wie der bekannte Gegensatz der Anfälle und der Dauersymptome beweist. Die Wirkung der kathartischen Methode Breuers besteht darin, daß sie eine solche Zurückleitung der Erregung aus dem Körperlichen ins Psychische zielbewußt erzeugt, um dann den Ausgleich des Widerspruches durch Denkarbeit und die Abfuhr der Erregung durch Sprechen zu erzwingen.

Wenn die Bewußtseinsspaltung der akquirierten Hysterie auf einem Willensakt beruht, so erklärt sich überraschend leicht die merkwürdige Tatsache, daß die Hypnose regelmäßig das eingeengte Bewußtsein der Hysterischen erweitert und die abgespaltene psychische Gruppe zugänglich macht. Wir kennen es ja als Eigentümlichkeit aller schlafähnlichen Zustände, daß sie jene Verteilung der Erregung aufheben, auf welcher der »Wille« der bewußten Persönlichkeit beruht.

Wir erkennen demnach das für die Hysterie charakteristische Moment nicht in der Bewußtseinsspaltung, sondern in der *Fähigkeit zur Konversion* und dürfen als ein wichtiges Stück der sonst noch unbekannten Disposition zur Hysterie die psychophysische Eignung zur Verlegung so großer Erregungssummen in die Körperinnervation anführen.

Diese Eignung schließt an und für sich psychische Gesundheit nicht aus und führt zur Hysterie nur im Falle einer psychischen Unverträglichkeit oder einer Aufspeicherung der Erregung. Mit dieser Wendung nähern wir, Breuer und ich, uns den bekannten Definitionen der Hysterie von Oppenheim[5] und Strümpell[6] und sind von Janet abgewichen, welcher der Bewußtseinsspaltung eine übergroße Rolle in der Charakteristik der Hysterie zuweist.[7] Die hier gegebene Darstellung darf den Anspruch erheben, daß sie den Zusammenhang der Konversion mit der hysterischen Bewußtseinsspaltung verstehen läßt.

II

Wenn bei einer disponierten Person die Eignung zur Konversion nicht vorhanden ist und doch zur Abwehr einer unerträglichen Vorstellung die Trennung derselben von ihrem Affekt vorgenommen wird, dann *muß dieser Affekt auf psychischem Gebiet verbleiben.* Die nun geschwächte Vorstellung bleibt abseits von aller Assoziation im Bewußtsein übrig, *ihr frei gewordener Affekt aber hängt sich an andere, an sich nicht unverträgliche Vorstellungen an, die durch diese »falsche Verknüpfung« zu Zwangsvorstellungen werden.* Dies ist in wenig Worten die psychologische Theorie der Zwangsvorstellungen und Phobien, von der ich eingangs gesprochen habe.

Ich werde nun angeben, welche von den Stücken, die in dieser

Theorie gefordert sind, sich direkt nachweisen lassen, welche andere ich ergänzt habe. Direkt nachweisbar ist außer dem Endpunkt des Vorganges, eben der Zwangsvorstellung, zunächst die Quelle, aus welcher der in falscher Verknüpfung befindliche Affekt stammt. In allen von mir analysierten Fällen war es das *Sexualleben*, welches einen peinlichen Affekt von genau der nämlichen Beschaffenheit geliefert hatte, wie er der Zwangsvorstellung anhing. Es ist theoretisch nicht ausgeschlossen, daß dieser Affekt nicht gelegentlich auf anderem Gebiete entstehen könnte; ich habe bloß mitzuteilen, daß eine andere Herkunft sich mir bisher nicht ergeben hat. Übrigens versteht man es leicht, daß gerade das Sexualleben die reichlichsten Anlässe zum Auftauchen unverträglicher Vorstellungen mit sich bringt.

Nachweisbar ist ferner durch die unzweideutigsten Äußerungen der Kranken die Willensanstrengung, der Versuch zur Abwehr, auf den die Theorie Gewicht legt, und wenigstens in einer Reihe von Fällen gaben die Kranken selbst darüber Aufschluß, daß die Phobie oder Zwangsvorstellung erst dann auftrat, nachdem die Willensanstrengung scheinbar ihre Absicht erreicht hatte. »Mir ist einmal etwas sehr Unangenehmes passiert, ich habe mich mit Macht bemüht, es fortzuschieben, nicht mehr daran zu denken. Endlich ist es mir gelungen, da bekam ich das andere, das ich seither nicht losgeworden bin.« Mit diesen Worten bestätigte mir eine Patientin die Hauptpunkte der hier entwickelten Theorie.

Nicht alle, die an Zwangsvorstellungen leiden, machen sich die Herkunft derselben so klar. In der Regel bekommt man, wenn man den Kranken auf die ursprüngliche Vorstellung sexueller Natur aufmerksam macht, die Antwort: »Davon kann es ja doch nicht kommen. Ich habe ja gar nicht viel daran gedacht. Einen Moment war ich erschrocken, dann habe ich mich abgelenkt und seither Ruhe davor gehabt.« In dieser so häufigen Einwendung liegt ein Beweis, daß die Zwangsvorstellung einen Ersatz oder ein Surrogat der unverträglichen sexuellen Vorstellung darstellt und sie im Bewußtsein abgelöst hat.

Zwischen der Willensanstrengung des Patienten, der es gelingt, die unannehmbare sexuelle Vorstellung zu verdrängen, und dem Auftauchen der Zwangsvorstellung, die, an sich wenig intensiv, hier mit unbegreiflich starkem Affekt ausgestattet ist, klafft die Lücke, welche die hier entwickelte Theorie ausfüllen will. Die Trennung der sexuellen Vorstellung von ihrem Affekt und die Verknüpfung des letzteren mit einer anderen, passenden, aber nicht unverträglichen Vorstellung – dies sind Vorgänge, die ohne Bewußtsein geschehen, die man nur supponieren, aber durch keine klinisch-psychologische Analyse erweisen kann. Vielleicht wäre es richtiger zu sagen: Dies sind überhaupt nicht Vorgänge psychischer Natur, sondern physische Vorgänge, deren psychische Folge sich so darstellt, als wäre das durch die Redensarten: »Trennung der Vorstellung von ihrem Affekt und falsche Verknüpfung des letzteren«, Ausgedrückte wirklich geschehen.

Neben den Fällen, die ein Nacheinander der sexuellen unverträglichen Vorstellung und der Zwangsvorstellung beweisen, findet man eine Reihe anderer, in denen gleichzeitig Zwangsvorstellungen und peinlich betonte sexuelle Vorstellungen vorhanden sind. Letztere »sexuelle Zwangsvorstellungen« zu heißen, geht nicht gut an; es mangelt ihnen *ein* wesentlicher Charakter der Zwangsvorstellungen; sie erweisen sich als vollberechtigt, während die Peinlichkeit der gemeinen Zwangsvorstellungen ein Problem für den Arzt und den Kranken bildet. Soweit ich mir in Fälle dieser Art Einsicht verschaffen konnte, handelt es sich hier um eine fortgesetzte Abwehr gegen beständig neu anlangende sexuelle Vorstellungen, eine Arbeit also, die noch nicht zum Abschluß gekommen war.

Die Kranken verheimlichen häufig ihre Zwangsvorstellungen, solange sie sich der sexuellen Abkunft derselben bewußt sind. Wenn sie darüber klagen, so geben sie zumeist ihrer Verwunderung darüber Ausdruck, daß sie dem betreffenden Affekt unterliegen, daß sie sich ängstigen, bestimmte Impulse haben u. dgl. Dem kundigen Arzt dagegen erscheint dieser Affekt berechtigt und verständlich; er findet das Auffällige nur in der Verknüpfung eines solchen Affekts mit einer hiefür nicht würdigen Vorstellung. Der Affekt der Zwangsvorstellung erscheint ihm – mit anderen Worten – als ein *dislozierter* oder *transponierter*, und wenn er die hier niedergelegten Bemerkungen angenommen hat, kann er für eine Reihe von Fällen von Zwangsvorstellung die *Rückübersetzung ins Sexuelle* versuchen.

Zur sekundären Verknüpfung des frei gewordenen Affekts kann jede Vorstellung benützt werden, die entweder ihrer Natur nach mit einem Affekt von solcher *Qualität* vereinbar ist, oder die gewisse Beziehungen zur unverträglichen hat, denen zufolge sie als Surrogat derselben brauchbar erscheint. So z.B. wirft sich frei gewordene Angst, deren sexuelle Herkunft nicht erinnert werden soll, auf die gemeinen primären Phobien des Menschen vor Tieren, Gewitter, Dunkelheit u.dgl., oder auf Dinge, die unverkennbar mit dem Sexuellen in irgend einer Art assoziiert sind, auf das Urinieren, die Defäkation, auf Beschmutzung und Ansteckung überhaupt.

Der Vorteil, den das Ich erreicht, indem es zur Abwehr den Weg der *Transposition* des Affekts einschlägt, ist ein weit geringerer als bei der hysterischen *Konversion* psychischer Erregung in somatische Innervation. Der Affekt, unter dem das Ich gelitten hat, bleibt unverändert und unverringert nach wie vor, nur daß die unverträgliche Vorstellung niedergehalten, vom Erinnern ausgeschlossen ist. Die verdrängten Vorstellungen bilden wiederum den Kern einer zweiten psychischen Gruppe, die, wie mir scheint, auch ohne Zuhilfenahme der Hypnose zugänglich ist. Wenn bei den Phobien und Zwangsvorstellungen die auffälligen Symptome ausbleiben, welche bei der Hysterie die Bildung einer unabhängigen psychischen Gruppe begleiten, so rührt dies wohl daher, daß im ersteren Falle die gesamte Veränderung auf psychischem Gebiete geblieben ist, die Beziehung zwischen psychischer Erregung und somatischer Innervation keine Änderung erfahren hat.

Ich will das hier über die Zwangsvorstellungen Gesagte durch einige Beispiele erläutern, die wahrscheinlich typischer Natur sind:

1) Ein junges Mädchen leidet an Zwangsvorwürfen. Las sie in der Zeitung von Falschmünzern, so kam ihr der Gedanke, sie habe auch falsches Geld gemacht; war irgendwo von einem unbekannten Täter eine Mordtat geschehen, so fragte sie sich ängstlich, ob sie nicht diesen Mord begangen habe. Dabei war sie sich der Ungereimtheit dieser Zwangsvorwürfe klar bewußt. Eine Zeitlang gewann das Schuldbewußtsein solche Macht über sie, daß ihre Kritik erstickt wurde und sie sich vor ihren Verwandten und vor dem Arzt anklagte, sie habe alle diese Untaten wirklich begangen (Psychose durch einfache Steigerung – *Überwältigungspsychose*). Ein scharfes Verhör deckte jetzt die Quelle auf, aus der ihr Schuldbewußtsein stammte: Durch eine zufällige wollüstige Empfindung angeregt, hatte sie sich von einer Freundin zur Masturbation verleiten lassen und betrieb diese seit Jahren mit dem vollen Bewußtsein ihres Unrechts und unter den heftigsten, aber wie gewöhnlich nutzlosen Selbstvorwürfen. Ein Exzeß nach dem Besuche eines Balles hatte die Steigerung zur Psychose hervorgerufen. – Das Mädchen heilte nach einigen Monaten Behandlung und strengster Überwachung.

2) Ein anderes Mädchen litt unter der Furcht, von Harndrang überfallen zu werden und sich nässen zu müssen, seitdem ein solcher Drang sie wirklich einmal genötigt hatte, einen Konzertsaal während der Aufführung zu verlassen. Diese Phobie hatte sie allmählich völlig genuß- und verkehrsunfähig gemacht. Sie fühlte sich nur wohl, wenn sie ein Klosett in der Nähe wußte, zu dem sie unauffällig gelangen konnte. Ein organisches Leiden, welches dieses Mißtrauen in die Beherrschung der Blase gerechtfertigt hätte, war ausgeschlossen. Der Harndrang war zu Hause unter ruhigen Verhältnissen und zur Nachtzeit nicht vorhanden. Eingehendes Examen wies nach, daß der Harndrang zum ersten Male unter folgenden Verhältnissen aufgetreten war: In dem Konzertsaale hatte ein Herr nicht weit von ihr Platz genommen, der ihrem Empfinden nicht gleichgültig war. Sie begann an ihn zu denken und sich auszumalen, wie sie als seine Frau neben ihm sitzen würde. In dieser erotischen Träumerei bekam sie jene körperliche Empfindung, die man mit der Erektion des Mannes vergleichen muß, und die bei ihr – ich weiß nicht, ob allgemein – mit einem leichten Harndrang abschloß. Sie erschrak jetzt heftig über die ihr sonst gewohnte sexuelle Empfindung, weil sie bei sich beschlossen hatte, diese wie jede andere Neigung zu bekämpfen, und im nächsten Moment hatte sich der Affekt auf den begleitenden Harndrang übertragen und nötigte sie, nach qualvollem Kampf den Saal zu verlassen. Sie war im Leben so prüde, daß sie sich vor allem Sexuellen intensiv grauste, und den Gedanken, je zu heiraten, nicht fassen konnte; anderseits war sie sexuell so hyperästhetisch, daß bei jeder erotischen Träumerei, die sie sich gerne gestattete, jene wollüstige Empfindung auftrat. Der Harndrang hatte die Erektion jedesmal begleitet, ohne ihr bis zu der Szene im Konzertsaal einen Eindruck zu machen. Die Behandlung führte zu einer fast vollkommenen Beherrschung der Phobie.

3) Eine junge Frau, die aus fünfjähriger Ehe nur ein Kind hatte, klagte mir über den Zwangsimpuls, sich vom Fenster oder Balkon zu stürzen, und über die Furcht, die sie beim Anblick eines scharfen Messers ergreife, ihr Kind damit zu erstechen. Der eheliche Verkehr, gestand sie zu, werde selten und nur mit Vorsicht gegen die Konzeption ausgeübt; allein das fehle ihr nicht, sie sei keine sinnliche Natur. Ich getraute mich darauf, ihr zu sagen, daß sie beim Anblicke eines Mannes erotische Vorstellungen bekomme, daß sie darum das Vertrauen zu sich verloren habe und sich als eine verworfene Person vorkomme, die zu allem fähig sei. Die Rückübersetzung der Zwangsvorstellung ins Sexuelle war gelungen; sie gestand sofort weinend ihr lange verborgenes eheliches Elend ein und teilte später auch peinliche Vorstellungen von unverändert sexuellem Charakter mit, so die häufig wiederkehrende Empfindung, als ob sich etwas unter ihre Röcke dränge.

Ich habe mir derartige Erfahrungen für die Therapie zunutze

gemacht, um bei Phobien und Zwangsvorstellungen trotz alles Sträubens der Kranken die Aufmerksamkeit auf die verdrängten sexuellen Vorstellungen zurückzulenken und, wo es anging, die Quellen, aus denen dieselben stammten, zu verstopfen. Ich kann natürlich nicht behaupten, daß *alle* Phobien und Zwangsvorstellungen auf die hier aufgedeckte Weise entstehen; erstens umfaßt meine Erfahrung eine im Verhältnis zur Reichhaltigkeit dieser Neurosen nur beschränkte Anzahl, und zweitens weiß ich selbst, daß diese *»psychasthenischen«* Symptome (nach Janets Bezeichnung) nicht alle gleichwertig sind.[8] Es gibt z.B. rein hysterische Phobien. Ich meine aber, daß der Mechanismus der *Transposition* des Affekts bei der großen Mehrzahl der Phobien und Zwangsvorstellungen nachzuweisen sein wird, und möchte dafür eintreten, diese Neurosen, die sich ebenso oft isoliert als mit Hysterie oder Neurasthenie kombiniert finden, nicht mit der gemeinen Neurasthenie zusammenzuwerfen, für deren Grundsymptome ein *psychischer* Mechanismus gar nicht anzunehmen ist.

III

In beiden bisher betrachteten Fällen war die Abwehr der unverträglichen Vorstellung durch Trennung derselben von ihrem Affekt geschehen; die Vorstellung war, wenngleich geschwächt und isoliert, dem Bewußtsein verblieben. Es gibt nun eine weit energischere und erfolgreichere Art der Abwehr, die darin besteht, daß das Ich die unerträgliche Vorstellung mitsamt ihrem Affekt verwirft und sich so benimmt, als ob die Vorstellung nie an das Ich herangetreten wäre. *Allein in dem Moment, in dem dies gelungen ist, befindet sich die Person in einer Psychose, die man wohl nur als »halluzinatorische Verworrenheit« klassifizieren kann.* Ein einziges Beispiel soll diese Behauptung erläutern:

Ein junges Mädchen hat einem Mann eine erste impulsive Neigung geschenkt und glaubt fest an seine Gegenliebe. Tatsächlich befindet sie sich im Irrtum; der junge Mann hat ein anderes Motiv, ihr Haus aufzusuchen. Die Enttäuschungen bleiben auch nicht aus; sie erwehrt sich ihrer zunächst, indem sie die entsprechenden Erfahrungen hysterisch konvertiert, erhält so ihren Glauben, daß er eines Tages kommen und um sie anhalten werde, fühlt sich aber dabei infolge unvollständiger Konversion und beständigen Andranges neuer schmerzlicher Eindrücke unglücklich und krank. Sie erwartet ihn endlich in höchster Spannung für einen bestimmten Tag, den Tag einer Familienfeier. Der Tag verrinnt, ohne daß er gekommen wäre. Nachdem alle Züge, mit denen er ankommen könnte, vorüber sind, schlägt sie in halluzinatorische Verworrenheit um. Er ist angekommen, sie hört seine Stimme im Garten, eilt in Nachtkleidung herunter, ihn zu empfangen. Von da an lebt sie durch zwei Monate in einem glücklichen Traum, dessen Inhalt ist: er sei da, sei immer um sie, es sei alles so wie vorhin (vor der Zeit der mühsam abgewehrten Enttäuschungen). Hysterie und Verstimmung sind überwunden; von der ganzen letzten Zeit des Zweifels und der Leiden wird während der Krankheit nicht gesprochen; sie ist glücklich, solange man sie ungestört läßt, und tobt nur dann, wenn eine Maßregel ihrer Umgebung sie an etwas hindert, was sie ganz konsequent aus ihrem seligen Traum folgern will. Diese seinerzeit unverständliche Psychose wurde zehn Jahre später durch eine hypnotische Analyse aufgedeckt.

Die Tatsache, auf die ich aufmerksam mache, ist die, daß der Inhalt einer solchen halluzinatorischen Psychose *gerade in der Hervorhebung jener Vorstellung besteht,* die durch den Anlaß der Erkrankung bedroht war. Man ist also berechtigt zu sagen, daß das Ich durch die Flucht in die Psychose die unerträgliche Vorstellung abgewehrt hat; der Vorgang, durch den dies erreicht worden ist, entzieht sich wiederum der Selbstwahrnehmung wie der psychologisch-klinischen Analyse. Er ist als der Ausdruck einer pathologischen Disposition höheren Grades anzusehen und läßt sich etwa wie folgt umschreiben: Das Ich reißt sich von der unerträglichen Vorstellung los, diese hängt aber untrennbar mit einem Stück der Realität zusammen, und indem das Ich diese Leistung vollbringt, hat es sich auch von der Realität ganz oder teilweise losgelöst. Letzteres ist nach meiner Meinung die Bedingung, unter der eigenen Vorstellungen halluzinatorische Lebhaftigkeit zuerkannt wird, und somit befindet sich die Person nach glücklich gelungener Abwehr in halluzinatorischer Verworrenheit.

Ich verfüge nur über sehr wenige Analysen von derartigen Psychosen; ich meine aber, es muß sich um einen sehr häufig benützten Typus psychischer Erkrankung handeln, denn die als analog aufzufassenden Beispiele der Mutter, die, über den Verlust ihres Kindes erkrankt, jetzt unablässig ein Stück Holz im Arme wiegt, oder der verschmähten Braut, die seit Jahren im Putz ihren Bräutigam erwartet, fehlen in keinem Irrenhause.

Es ist vielleicht nicht überflüssig hervorzuheben, daß die drei hier geschilderten Arten der Abwehr und somit die drei Formen von Erkrankung, zu denen diese Abwehr führt, an derselben Person vereinigt sein können. Das gleichzeitige Vorkommen von Phobien und hysterischen Symptomen, das *in praxi* so häufig beobachtet wird, gehört ja mit zu den Momenten, die eine reinliche Trennung der Hysterie von anderen Neurosen erschweren und zur Aufstellung der »gemischten Neurosen« nötigen. Die halluzinatorische Verworrenheit zwar verträgt sich häufig nicht mit dem Fortbestand der Hysterie, in der Regel nicht mit dem der Zwangsvorstellungen. Dafür ist es nichts Seltenes, daß eine Abwehrpsychose den Verlauf einer hysterischen oder gemischten Neurose episodisch durchbricht.

Ich will endlich mit wenigen Worten der Hilfsvorstellung gedenken, deren ich mich in dieser Darstellung der Abwehrneurosen bedient habe. Es ist dies die Vorstellung, daß an den psychischen Funktionen etwas zu unterscheiden ist (Affektbetrag, Erregungssumme), das alle Eigenschaften einer Quantität hat – wenngleich wir kein Mittel besitzen, dieselbe zu messen – etwas, das der Vergrößerung, Verminderung, der Verschiebung und der Abfuhr fähig ist und sich über die Gedächtnisspuren der Vorstellungen verbreitet, etwa wie eine elektrische Ladung über die Oberflächen der Körper.

Man kann diese Hypothese, die übrigens bereits unserer Theorie des »Abreagierens« (Vorläufige Mitteilung, 1893) zugrunde liegt, in demselben Sinne verwenden, wie es die Physiker mit der Annahme des strömenden elektrischen Fluidums tun. Gerechtfertigt ist sie vorläufig durch ihre Brauchbarkeit zur Zusammenfassung und Erklärung mannigfaltiger psychischer Zustände.

Wien, Ende Jänner 1894

Katharina

»Ich bin nicht immer Psychotherapeut gewesen, sondern bin bei Lokaldiagnosen und Elektroprognostik erzogen worden wie andere Neuropathologen, und es berührt mich selbst noch eigentümlich, daß die Krankengeschichten, die ich schreibe, wie Novellen zu lesen sind, und daß sie sozusagen des ernsten Gepräges der Wissenschaftlichkeit entbehren.«* Mit diesen sehr persönlichen Worten beginnen Freuds Überlegungen in der Epikrise von Fräulein Elisabeth v. R., nebst Emmy v. N., Lucy R. und Katharina, einer der vier Patientinnen, die in den 1895 zusammen mit Josef Breuer veröffentlichten *Studien über Hysterie* vorgestellt werden. Und in der Tat, der Fall Katharina liest sich wie ein Kapitel aus einer Novelle. Wir werden gleichsam Augen- und Ohrenzeugen einer allerdings außergewöhnlichen Sprechstunde, die Freud hoch oben in den Bergen der Hohen Tauern während eines Ferienausflugs durchführt. Zwar klärt Freud hier einen Fall von Angstneurose auf, aber es fehlt ihm doch das *kathartische* Moment in dieser Behandlung, das Abreagieren der Vorstellung in Verbindung mit ihrem »eingeklemmten Affekt« im Vorgang des Wiedererlebens. Auch ist diese Lösung, wie Freud selber einräumt, sicher keine Analyse. Aber wir können doch mitverfolgen, wie er sich hier der Psychoanalyse ein weiteres Stück annähert. Die Situation selbst macht eine Hypnose unmöglich, und so ist die Behandlungsmethode das »einfache Gespräch«. Obwohl dieses zu Beginn noch etwas inquisitorisch und suggestiv anmutet, setzt Freud doch als sicher voraus, daß Katharina genau die Einfälle produzieren werde, die zur Aufklärung ihres Falles nötig sind. So leicht dieser kurze Text auch daherkommt, spätestens in der Epikrise wird deutlich, wie Freud diese kurze Begegnung zum Anlaß nimmt, weiter darüber nachzudenken, wie sich aufgrund von »Verdrängung« und »Widerstand« Vorstellungs- und Erinnerungsreihen vom Bewußtsein abspalten, die sich später wieder kombinieren und da-

* *Studien über Hysterie*, 1895d, S. 227.

durch mit »Nachträglichkeit« zu einer traumatischen Erfahrung führen können. Solche Überlegungen tragen dann durchaus »das ernste Gepräge der Wissenschaftlichkeit«.

* * *

In den Ferien des Jahres 189* machte ich einen Ausflug in die Hohen Tauern, um für eine Weile die Medizin und besonders die Neurosen zu vergessen. Es war mir fast gelungen, als ich eines Tages von der Hauptstraße abwich, um einen abseits gelegenen Berg zu besteigen, der als Aussichtspunkt und wegen seines gut gehaltenen Schutzhauses gerühmt wurde. Nach anstrengender Wanderung oben angelangt, gestärkt und ausgeruht, saß ich dann, in die Betrachtung einer entzückenden Fernsicht versunken, so selbstvergessen da, daß ich es erst nicht auf mich beziehen wollte, als ich die Frage hörte: »Ist der Herr ein Doktor?« Die Frage galt aber mir und kam von dem etwa achtzehnjährigen Mädchen, das mich mit ziemlich mürrischer Miene zur Mahlzeit bedient hatte und von der Wirtin »Katharina« gerufen worden war. Nach ihrer Kleidung und ihrem Betragen konnte sie keine Magd, sondern mußte wohl eine Tochter oder Verwandte der Wirtin sein.

Ich antwortete, zur Selbstbesinnung gelangt: »Ja, ich bin ein Doktor. Woher wissen Sie das?«

»Der Herr hat sich ins Fremdenbuch eingeschrieben, und da hab ich mir gedacht, wenn der Herr Doktor jetzt ein bißchen Zeit hätte, – ich bin nämlich nervenkrank und war schon einmal bei einem Doktor in L…, der hat mir auch etwas gegeben, aber gut ist mir noch nicht geworden.«

Da war ich also wieder in den Neurosen, denn um etwas anderes konnte es sich bei dem großen und kräftigen Mädchen mit der vergrämten Miene kaum handeln. Es interessierte mich, daß Neurosen in der Höhe von über 2000 Metern so wohl gedeihen sollten, ich fragte also weiter.

Die Unterredung, die jetzt zwischen uns vorfiel, gebe ich so wieder, wie sie sich meinem Gedächtnisse eingeprägt hat, und lasse der Patientin ihren Dialekt.

»An was leiden Sie denn?«

»Ich hab' so Atemnot, nicht immer, aber manchmal packt's mich so, daß ich glaube, ich erstick'.«

Das klang nun zunächst nicht nervös, aber es wurde mir gleich wahrscheinlich, daß es nur eine ersetzende Bezeichnung für einen Angstanfall sein sollte. Aus dem Empfindungskomplex der Angst hob sie das eine Moment der Atembeengung ungebührlich hervor.

»Setzen Sie sich her. Beschreiben Sie mir's, wie ist denn so ein Zustand von ›Atemnot‹?«

»Es kommt plötzlich über mich. Dann legt's sich zuerst wie ein Druck auf meine Augen, der Kopf wird so schwer und sausen tut's, nicht auszuhalten, und schwindlich bin ich, daß ich glaub', ich fall' um, und dann preßt's mir die Brust zusammen, daß ich keinen Atem krieg'.«

»Und im Halse spüren Sie nichts?«

»Den Hals schnürt's mir zusammen, als ob ich ersticken sollt!«

»Und tut es sonst noch was im Kopfe?«

»Ja, hämmern tut es zum Zerspringen.«

»Ja, und fürchten Sie sich gar nicht dabei?«

»Ich glaub' immer, jetzt muß ich sterben, und ich bin sonst couragiert, ich geh' überall allein hin, in den Keller und hinunter über den ganzen Berg, aber wenn so ein Tag ist, an dem ich das hab', dann trau' ich mich nirgends hin, ich glaub' immer, es steht jemand hinter mir und packt mich plötzlich an.«

Es war wirklich ein Angstanfall, und zwar eingeleitet von den Zeichen der hysterischen Aura oder, besser gesagt, ein hysterischer Anfall, dessen Inhalt Angst war. Sollte kein anderer Inhalt dabei sein?

»Denken Sie was, immer dasselbe, oder sehen Sie was vor sich, wenn Sie den Anfall haben?«

»Ja, so ein grausliches Gesicht seh ich immer dabei, das mich so schrecklich anschaut, vor dem fürcht' ich mich dann.«

Da bot sich vielleicht ein Weg, rasch zum Kerne der Sache vorzudringen.

»Erkennen Sie das Gesicht, ich mein', ist das ein Gesicht, was Sie einmal wirklich gesehen haben?« – »Nein.«

»Wissen Sie, woher Sie die Anfälle haben?« – »Nein.« – »Wann haben Sie die denn zuerst bekommen?« – »Zuerst vor zwei Jahren, wie ich noch mit der Tant' auf dem andern Berg war, sie hat dort früher das Schutzhaus gehabt, jetzt sind wir seit eineinhalb Jahren hier, aber es kommt immer wieder.«

Sollte ich hier einen Versuch der Analyse machen? Die Hypnose zwar wagte ich nicht in diese Höhen zu verpflanzen, aber vielleicht gelingt es im einfachen Gespräche. Ich mußte glücklich raten. Angst bei jungen Mädchen hatte ich so oft als Folge des Grausens erkannt, das ein virginales Gemüt befällt, wenn sich zuerst die Welt der Sexualität vor ihm auftut.[1]

Ich sagte also: »Wenn Sie's nicht wissen, will ich Ihnen sagen, wovon ich denke, daß Sie Ihre Anfälle bekommen haben. Sie haben einmal, damals vor zwei Jahren, etwas gesehen oder gehört, was Sie sehr geniert hat, was Sie lieber nicht möchten gesehen haben.«

Sie darauf: »Jesses ja, ich hab' ja den Onkel bei dem Mädel erwischt, bei der Franziska, meiner Cousine!«

»Was ist das für eine Geschichte mit dem Mädel? Wollen Sie mir die nicht erzählen?«

»Einem Doktor darf man ja alles sagen. Also wissen Sie, der Onkel, er war der Mann von meiner Tant', die Sie da gesehen haben, hat damals mit der Tant' das Wirtshaus auf dem **kogel gehabt, jetzt sind sie geschieden, und ich bin schuld daran, daß sie geschieden sind, weil's durch mich aufgekommen ist, daß er's mit der Franziska hält.«

»Ja, wie sind Sie zu der Entdeckung gekommen?«

»Das war so. Vor zwei Jahren sind einmal ein paar Herren heraufgekommen und haben zu essen verlangt. Die Tant' war nicht zu Haus' und die Franziska war nirgends zu finden, die immer gekocht hat. Der Onkel war auch nicht zu finden. Wir suchen sie überall, da sagt der Bub, der Alois, mein Cousin: ›Am End' ist die Franziska beim Vatern.‹ Da haben wir beide gelacht, aber gedacht haben wir uns nichts Schlechtes dabei. Wir gehen zum Zimmer, wo der Onkel gewohnt hat, das ist zugesperrt. Das war mir aber auffällig. Sagt der Alois: ›Am Gang ist ein Fenster, da kann man hineinschauen ins Zimmer.‹ Wir gehen auf den Gang. Aber der Alois mag nicht zum Fenster, er sagt, er fürcht' sich. Da sag ich: ›Du dummer Bub, ich geh hin, ich fürcht' mich gar nicht.‹ Ich habe auch gar nichts Arges im Sinne gehabt. Ich schau hinein, das Zimmer war ziemlich dunkel, aber da seh ich den Onkel und die Franziska, und er liegt auf ihr.«

»Nun?«

»Ich bin gleich weg vom Fenster, hab' mich an die Mauer angelehnt, hab' die Atemnot bekommen, die ich seitdem hab', die Sinne sind mir vergangen, die Augen hat es mir zugedrückt und im Kopfe hat es gehämmert und gebraust.«

»Haben Sie's gleich am selben Tage der Tante gesagt?«

»O nein, ich hab nichts gesagt.«

»Warum sind Sie denn so erschrocken, wie Sie die beiden beisammen gefunden haben? Haben Sie denn etwas verstanden? Haben Sie sich etwas gedacht, was da geschieht?«

»O nein, ich hab' damals gar nichts verstanden, ich war erst sechzehn Jahre alt. Ich weiß nicht, worüber ich so erschrocken bin.«

»Fräulein Katharin', wenn Sie sich jetzt erinnern könnten, was damals in Ihnen vorgegangen ist, wie Sie den ersten Anfall bekommen haben, was Sie sich dabei gedacht haben, dann wäre Ihnen geholfen.«

»Ja, wenn ich könnt', ich bin aber so erschrocken gewesen, daß ich alles vergessen hab'.«

(In die Sprache unserer »vorläufigen Mitteilung« übersetzt, heißt das: Der Affekt schafft selbst den hypnoiden Zustand, dessen Produkte dann außer assoziativem Verkehre mit dem Ich-Bewußtsein stehen.)

»Sagen Sie, Fräulein, ist der Kopf, den Sie immer bei der

Atemnot sehen, vielleicht der Kopf von der Franziska, wie Sie ihn damals gesehen haben?«

»O nein, der war doch nicht so grauslich, und dann ist es ja ein Männerkopf.«

»Oder vielleicht vom Onkel?«

»Ich hab' sein Gesicht gar nicht so deutlich gesehen, es war zu finster im Zimmer und warum sollt' er denn damals ein so schreckliches Gesicht gemacht haben?«

»Sie haben Recht.« (Da schien nun plötzlich der Weg verlegt. Vielleicht findet sich in der weiteren Erzählung etwas.)

»Und was ist dann weiter geschehen?«

»Nun, die zwei müssen Geräusch gehört haben. Sie sind bald herausgekommen. Mir war die ganze Zeit recht schlecht, ich hab immer nachdenken müssen, dann ist zwei Tage später ein Sonntag gewesen, da hat's viel zu tun gegeben, ich hab den ganzen Tag gearbeitet und am Montag früh, da hab ich wieder den Schwindel gehabt und hab erbrochen und bin zu Bett geblieben und hab' drei Tage fort und fort gebrochen.«

Wir hatten oft die hysterische Symptomatologie mit einer Bilderschrift verglichen, die wir nach Entdeckung einiger bilinguer Fälle zu lesen verstünden. In diesem Alphabet bedeutet Erbrechen Ekel. Ich sagte ihr also: »Wenn Sie drei Tage später erbrochen haben, so glaub ich, Sie haben sich damals, wie Sie ins Zimmer hineingeschaut haben, geekelt.«

»Ja, geekelt werd' ich mich schon haben«, sagt sie nachdenklich. »Aber wovor denn?«

»Sie haben vielleicht etwas Nacktes gesehen? Wie waren denn die beiden Personen im Zimmer?«

»Es war zu finster, um was zu sehen und die waren ja beide angezogen (in Kleidern). Ja, wenn ich nur wüßte, wovor ich mich damals geekelt hab'.«

Das wußte ich nun auch nicht. Aber ich forderte sie auf, weiter zu erzählen, was ihr einfiele, in der sicheren Erwartung, es werde ihr gerade das einfallen, was ich zur Aufklärung des Falles brauchte.

Sie berichtet nun, daß sie endlich der Tante, die sie verändert fand und dahinter ein Geheimnis vermutete, ihre Entdeckung mitteilte, daß es darauf sehr verdrießliche Szenen zwischen Onkel und Tante gab, die Kinder Dinge zu hören bekamen, die ihnen über manches die Augen öffneten, und die sie besser hätten nicht hören sollen, bis die Tante sich entschloß, mit ihren Kindern und der Nichte die andere Wirtschaft hier zu übernehmen und den Onkel mit der unterdes gravid gewordenen Franziska allein zu lassen. Dann aber läßt sie zu meinem Erstaunen diesen Faden fallen und beginnt zwei Reihen von älteren Geschichten zu erzählen, die um zwei bis drei Jahre hinter dem traumatischen Momente zurückreichen. Die erste Reihe enthält Anlässe, bei denen derselbe Onkel ihr selbst sexuell nachgestellt, als sie erst vierzehn Jahre alt war. Wie sie einmal mit ihm im Winter eine Partie ins Tal gemacht und dort im Wirtshause übernachtet. Er blieb trinkend und kartenspielend in der Stube sitzen, sie wurde schläfrig und begab sich frühzeitig in das für beide bestimmte Zimmer im Stocke. Sie schlief nicht fest, als er hinaufkam, dann schlief sie wieder ein und plötzlich erwachte sie und »spürte seinen Körper« im Bette. Sie sprang auf, machte ihm Vorwürfe. »Was treibens denn, Onkel? Warum bleibens nicht in Ihrem Bette?« Er versuchte sie zu beschwatzen: »Geh', dumme Gredel, sei still, du weißt ja nicht, wie gut das is.« – »Ich mag Ihr Gutes nicht, nit einmal schlafen lassen's einen.« Sie bleibt bei der Türe stehen, bereit, auf den Gang hinaus zu flüchten, bis er abläßt und selbst einschläft. Dann legt sie sich in ihr Bett und schläft bis zum Morgen. Aus der Art der Abwehr, die sie berichtet, scheint sich zu ergeben, daß sie den Angriff nicht klar als einen sexuellen erkannte; danach gefragt, ob sie denn gewußt, was er mit ihr vorgehabt, antwortete sie: Damals nicht, es sei ihr viel später klar geworden. Sie hätte sich gesträubt, weil es ihr unangenehm war, im Schlafe gestört zu werden und »weil sich das nicht gehört hat«.

Ich mußte diese Begebenheit ausführlich berichten, weil sie für das Verständnis alles Späteren eine große Bedeutung besitzt. – Sie erzählt dann noch andere Erlebnisse aus etwas späterer Zeit, wie sie sich seiner abermals in einem Wirtshause zu erwehren hatte, als er vollbetrunken war u.dgl.m. Auf meine Frage, ob sie bei diesen Anlässen etwas Ähnliches verspürt wie die spätere Atemnot, antwortet sie mit Bestimmtheit, daß sie dabei jedesmal den Druck auf die Augen und auf die Brust bekam, aber lange nicht so stark wie bei der Szene der Entdeckung.

Unmittelbar nach Abschluß dieser Reihe von Erinnerungen beginnt sie eine zweite zu erzählen, in welcher es sich um Gelegenheiten handelt, wo sie auf etwas zwischen dem Onkel und der Franziska aufmerksam wurde. Wie sie einmal, die ganze Familie, die Nacht auf einem Heuboden in Kleidern verbracht und sie infolge eines Geräusches plötzlich aufwachte; sie glaubte zu bemerken, daß der Onkel, der zwischen ihr und der Franziska gelegen war, wegrückte und die Franziska sich gerade legte. Wie sie ein anderes Mal in einem Wirtshause des Dorfes N... übernachteten, sie und der Onkel in dem einen Zimmer, die Franziska in einem andern nebenan. In der Nacht erwachte sie plötzlich und sah eine lange weiße Gestalt bei der Türe, im Begriffe, die Klinke niederzudrücken: »Jesses, Onkel, sein Sie's? Was wollen's bei der Türe?« – »Sei still, ich hab' nur was gesucht.« – »Da geht man ja bei der andern Tür heraus.« – »Ich hab' mich halt verirrt« usw.

Ich frage sie, ob sie damals einen Argwohn gehabt. »Nein, gedacht hab' ich mir gar nichts dabei, es ist mir nur immer aufgefallen, aber ich hab' nichts weiter daraus gemacht.« – Ob sie bei diesen Gelegenheiten auch die Angst bekommen? – Sie glaubt, ja, aber diesmal ist sie dessen nicht so sicher.

Nachdem sie diese beiden Reihen von Erzählungen beendigt, hält sie inne. Sie ist wie verwandelt, das mürrische, leidende Gesicht hat sich belebt, die Augen sehen frisch drein, sie ist erleichtert und gehoben. Mir aber ist unterdes das Verständnis ihres Falles aufgegangen; was sie mir zuletzt anscheinend planlos erzählt hat, erklärt vortrefflich ihr Benehmen bei der Szene der Entdeckung. Sie trug damals zwei Reihen von Erlebnissen mit sich, die sie erinnerte, aber nicht verstand, zu keinem Schlusse verwertete; beim Anblicke des koitierenden Paares stellte sie sofort die Verbindung des neuen Eindruckes mit diesen beiden Reihen von Reminiszenzen her, begann zu verstehen und gleichzeitig abzuwehren. Dann folgte eine kurze Periode der Ausarbeitung, »der Inkubation«, und darauf stellten sich die Symptome der Konversion, das Erbrechen als Ersatz für den moralischen und physischen Ekel ein. Das Rätsel war damit gelöst, sie hatte sich nicht vor dem Anblick der beiden geekelt, sondern vor einer Erinnerung, die ihr jener Anblick geweckt hatte, und alles erwogen, konnte dies nur die Erinnerung an den nächtlichen Überfall sein, als sie »den Körper des Onkels spürte«.

Ich sagte ihr also, nachdem sie ihre Beichte beendigt hatte: »Jetzt weiß ich schon, was Sie sich damals gedacht haben, wie Sie ins Zimmer hineingeschaut haben. Sie haben sich gedacht: jetzt tut er mit ihr, was er damals bei Nacht und die anderen Male mit mir hat tun wollen. Davor haben Sie sich geekelt, weil Sie sich an die Empfindung erinnert haben, wie Sie in der Nacht aufgewacht sind und seinen Körper gespürt haben.«

Sie antwortet: »Das kann schon sein, daß ich mich davor geekelt und daß ich damals das gedacht hab'.«

»Sagen Sie mir einmal genau, Sie sind ja jetzt ein erwachsenes Mädchen und wissen allerlei –«

»Ja, jetzt freilich.«

»Sagen Sie mir genau, was haben Sie denn in der Nacht eigentlich von seinem Körper verspürt?«

Sie gibt aber keine bestimmtere Antwort, sie lächelt verlegen und wie überführt, wie einer, der zugeben muß, daß man jetzt auf den Grund der Dinge gekommen ist, über den sich nicht mehr viel sagen läßt. Ich kann mir denken, welches die Tastempfindung war, die sie später deuten gelernt hat; ihre Miene scheint mir auch zu sagen, daß sie von mir voraussetzt, ich denke mir das Richtige, aber ich kann nicht weiter in sie dringen; ich bin ihr ohnehin Dank dafür schuldig, daß sie soviel leichter mit sich reden läßt als die prüden Damen in meiner Stadtpraxis, für die alle *naturalia turpia* sind.

Somit wäre der Fall geklärt; aber halt, die im Anfalle wiederkehrende Halluzination des Kopfes, der ihr Schrecken einjagt, woher kommt die? Ich frage sie jetzt danach. Als hätte auch sie in diesem Gespräche ihr Verständnis erweitert, antwortet sie prompt: »Ja, das weiß ich jetzt schon, der Kopf ist der Kopf vom Onkel, ich erkenn's jetzt, aber nicht aus *der* Zeit. Später, wie dann alle die Streitigkeiten losgegangen sind, da hat der Onkel eine unsinnige Wut auf mich bekommen; er hat immer gesagt, ich bin schuld an allem; hätt' ich nicht geplauscht, so wär's nie zur Scheidung gekommen; er hat mir immer gedroht, er tut mir was an; wenn er mich von weitem gesehen hat, hat sich sein Gesicht vor Wut verzogen und er ist mit der gehobenen Hand auf mich losgegangen. Ich bin immer vor ihm davongelaufen und hab' immer die größte Angst gehabt, er packt mich irgendwo unversehens. Das Gesicht, was ich jetzt immer sehe, ist sein Gesicht, wie er in der Wut war.«

Diese Auskunft erinnert mich daran, daß ja das erste Symptom der Hysterie, das Erbrechen, vergangen ist, der Angstanfall ist geblieben und hat sich mit neuem Inhalte gefüllt. Demnach handelt es sich um eine zum guten Teil abreagierte Hysterie. Sie hat ja auch wirklich ihre Entdeckung bald hernach der Tante mitgeteilt.

»Haben Sie der Tante auch die anderen Geschichten erzählt, wie er Ihnen nachgestellt hat?«

»Ja, nicht gleich, aber später, wie schon von der Scheidung die Rede war. Da hat die Tant' gesagt: Das heben wir uns auf, wenn er Schwierigkeiten vor Gericht macht, dann sagen wir auch das.«

Ich kann verstehen, daß gerade aus der letzten Zeit, als die aufregenden Szenen im Hause sich häuften, als ihr Zustand aufhörte das Interesse der Tante zu erwecken, die von dem Zwiste vollauf in Anspruch genommen war, daß aus dieser Zeit der Häufung und Retention das Erinnerungssymbol verblieben ist.

Ich hoffe, die Aussprache mit mir hat dem in seinem sexuellen

Empfinden so frühzeitig verletzten Mädchen in etwas wohlgetan; ich habe sie nicht wiedergesehen.

Epikrise

Ich kann nichts dagegen einwenden, wenn jemand in dieser Krankengeschichte weniger einen analysierten als einen durch Erraten aufgelösten Fall von Hysterie erblicken will. Die Kranke gab zwar alles, was ich in ihren Bericht interpolierte als wahrscheinlich zu; sie war aber doch nicht imstande, es als Erlebtes wiederzuerkennen. Ich meine, dazu hätte es der Hypnose bedurft. Wenn ich annehme, ich hätte richtig geraten, und nun versuche, diesen Fall auf das Schema einer akquirierten Hysterie zu reduzieren, wie es sich uns aus Fall B* ergeben hat, so liegt es nahe, die zwei Reihen von erotischen Erlebnissen mit traumatischen Momenten, die Szene bei der Entdeckung des Paares mit einem auxiliären Momente zu vergleichen. Die Ähnlichkeit liegt darin, daß in den ersteren ein Bewußtseinsinhalt geschaffen wurde, welcher, von der Denktätigkeit des Ich ausgeschlossen, aufbewahrt blieb, während in der letzteren Szene ein neuer Eindruck die assoziative Vereinigung dieser abseits befindlichen Gruppe mit dem Ich erzwang. Anderseits finden sich auch Abweichungen, die nicht vernachlässigt werden können. Die Ursache der Isolierung ist nicht wie bei Fall B der Wille des Ich, sondern die Ignoranz des Ich, das mit sexuellen Erfahrungen noch nichts anzufangen weiß. In dieser Hinsicht ist der Fall Katharina ein typischer; man findet bei der Analyse jeder auf sexuelle Traumen begründeten Hysterie, daß Eindrücke aus der vorsexuellen Zeit, die auf das Kind wirkungslos geblieben sind, später als Erinnerung traumatische Gewalt erhalten, wenn sich der Jungfrau oder Frau das Verständnis des sexuellen Lebens erschlossen hat.

* Der »Fall B« bezieht sich auf Miss Lucy R., die zweite Fallgeschichte in den *Studien über Hysterie* [Anm. der Herausgeberin].

Die Abspaltung psychischer Gruppen ist sozusagen ein normaler Vorgang in der Entwicklung der Adoleszenten, und es wird begreiflich, daß deren spätere Aufnahme in das Ich einen häufig genug ausgenützten Anlaß zu psychischen Störungen gibt. Ferner möchte ich an dieser Stelle noch dem Zweifel Ausdruck geben, ob die Bewußtseinsspaltung durch Ignoranz wirklich von der durch bewußte Ablehnung verschieden ist, ob nicht auch die Adoleszenten viel häufiger sexuelle Kenntnis besitzen, als man von ihnen vermeint und als sie sich selbst zutrauen.

Eine weitere Abweichung im psychischen Mechanismus dieses Falles liegt darin, daß die Szene der Entdeckung, welche wir als »auxiliäre« bezeichnet haben, gleichzeitig auch den Namen einer »traumatischen« verdient. Sie wirkt durch ihren eigenen Inhalt, nicht bloß durch die Erweckung der vorhergehenden traumatischen Erlebnisse, sie vereinigt die Charaktere eines »auxiliären« und eines traumatischen Moments. Ich sehe in diesem Zusammenfallen aber keinen Grund, eine begriffliche Scheidung aufzugeben, welcher bei anderen Fällen auch eine zeitliche Scheidung entspricht. Eine andere Eigentümlichkeit des Falles Katharina, die übrigens seit langem bekannt ist, zeigt sich darin, daß die Konversion, die Erzeugung der hysterischen Phänomene nicht unmittelbar nach dem Trauma, sondern nach einem Intervalle von Inkubation vor sich geht. Charcot nannte dieses Intervall mit Vorliebe die »Zeit der psychischen Ausarbeitung«.

Die Angst, an der Katharina in ihren Anfällen leidet, ist eine hysterische, d.h. eine Reproduktion jener Angst, die bei jedem der sexuellen Traumen auftrat. Ich unterlasse es hier, den Vorgang auch zu erläutern, den ich in einer ungemein großen Anzahl von Fällen als regelmäßig zutreffend erkannt habe, daß die Ahnung sexueller Beziehungen bei virginalen Personen einen Angstaffekt hervorruft.[2]

Zum psychischen Mechanismus der Vergeßlichkeit

Wer hätte nicht schon mal einen Namen vergessen? Auch ein so alltägliches Phänomen wie das Vergessen weckt Freuds Interesse. Nach einer köstlichen Beschreibung der typischen Merkmale eines solchen Vorkommnisses erforscht er in dieser kleinen Schrift von 1898 detailliert mit der Methode der freien Assoziation ein solches Namenvergessen, das ihm selbst passiert ist. Dabei tritt das *Kräftespiel* zwischen den verschiedenen Elementen der Gedankengänge, zerlegt bis auf die Silben der involvierten Wörter, immer deutlicher hervor. Weitere Analysen zu uns allen vertrauten Phänomenen wie Versprechen, Verschreiben, Verhören, Verlegen, Vergreifen und ähnliches wird Freud drei Jahre später in seinem Buch *Zur Psychopathologie des Alltagslebens* (1901b) analysieren. Die dort beschriebenen »Fehlleistungen« sind heute als die sogenannten »Freudschen Versprecher« berühmt, womit zum Ausdruck gebracht wird, daß ihnen eine tiefere unbewußte und normalerweise verdrängte Motivation zugrunde liegt, die sich durch das »Mißgeschick« momentan verrät. Auch in seiner 1905 erschienenen Arbeit »Der Witz und seine Beziehung zum Unbewußten« (1905c) unterzieht Freud ein banales Element unserer Kommunikation einer vertieften Analyse. Es ist, als ob ihm keine geistig-seelische Bewegung zu unbedeutend gewesen wäre, um nicht die Frage nach dem *warum,* den Mechanismen ihres Zustandekommens, in ihm aufzurufen.

* * *

Wohl jedermann hat an sich selbst das Phänomen von Vergeßlichkeit erlebt, oder es an andern beobachtet, das ich hier beschreiben und sodann aufklären möchte. Es betrifft vorzugsweise den Gebrauch von Eigennamen – nomina propria – und äußert sich in folgender Weise: Mitten im Zusammenhange eines Gespräches sieht man sich genötigt, seinem Partner zu bekennen, daß man einen Namen nicht finden kann, dessen man sich eben bedienen wollte, und ihn um seine – meist erfolglose – Mithilfe zu bitten: »Wie heißt doch der …?; ein so bekannter Name; er liegt mir auf der Zunge; im Augenblick ist er mir entfallen.« Unverkennbare ärgerliche Erregung ähnlich jener der motorisch Aphasischen begleitet nun die weiteren Bemühungen, den Namen zu finden, über den man nach seinem Gefühl noch vor einem Moment hätte verfügen können. Nun sind in geeigneten Fällen zwei Nebenerscheinungen beachtenswert. Erstens, daß die energische willkürliche Anspannung jener Funktion, die wir Aufmerksamkeit heißen, sich ohnmächtig zeigt, den verlorenen Namen zu finden, so lange sie auch fortgesetzt wird. Zweitens, daß sich alsbald für den gesuchten ein anderer Name einstellt, den man als unrichtig erkennt und verwirft, während er doch beständig wiederkehrt. Oder man findet in seinem Gedächtnis anstatt eines ersetzenden Namens einen Buchstaben oder eine Silbe, die man als Bestandteile des gesuchten Namens anerkennt. Man sagt z.B.: mit B fängt er an. Ist es dann endlich auf irgendeinem Weg gelungen, den Namen zu erfahren, so zeigt es sich in der überwiegenden Mehrzahl der Fälle, daß er nicht mit B anfängt und überhaupt den Buchstaben B nicht enthält.

Das beste Verfahren, sich des gesuchten Namens zu bemächtigen, besteht bekanntlich darin, »nicht an ihn zu denken«, d.h. den Teil der Aufmerksamkeit, über den man willkürlich verfügt, von der Aufgabe abzulenken. Nach einer Weile »schießt« einem dann der gesuchte Name ein; man kann sich nicht enthalten ihn herauszuschreien, zur großen Verwunderung des Partners, der den Zwischenfall bereits vergessen und an den Bemühungen des Redners überhaupt geringen Anteil genommen hat. »Es ist doch gleichgültig, wie der Mann heißt. Erzählen Sie nur weiter«, pflegt jener sich zu äußern. Während der ganzen Zeit bis zur Erledigung und auch nach der absichtlichen Ablenkung fühlt man sich in einem Maße präokkupiert, das durch das Interesse der ganzen Angelegenheit in der Tat nicht aufzuklären ist.[1]

In einigen selbsterlebten Fällen von solchem Namenvergessen habe ich mir durch psychische Analyse Rechenschaft von dem dabei statthabenden Hergang geben können, und will den einfachsten und durchsichtigsten Fall dieser Art ausführlich berichten: Während der Sommerferien unternahm ich einmal von dem schönen Ragusa aus eine Wagenfahrt nach einer benachbarten Stadt in der Herzegowina; das Gespräch mit meinem Begleiter beschäftigte sich, wie begreiflich, mit dem Zustand der beiden Länder (Bosnien und Herzegowina) und mit dem Charakter ihrer Einwohner. Ich erzählte von verschiedenen Eigentümlichkeiten der dort lebenden Türken, wie ich sie vor Jahren von einem lieben Kollegen hatte schildern hören, der unter ihnen lange Zeit als Arzt gelebt hatte. Eine Weile später wandte sich unsere Unterhaltung auf Italien und auf Bilder, und ich hatte Anlaß, meinem Gesellschafter dringend zu empfehlen, einmal nach Orvieto zu gehen, um sich dort die Fresken vom Weltuntergang und letzten Gericht anzusehen, mit denen ein großer Maler eine Kapelle im Dom ausgeschmückt. Der Name des Malers aber entfiel mir und war nicht wieder zu haben. Ich strengte mein Gedächtnis an, ließ alle Details des in Orvieto verbrachten Tages vor meiner Erinnerung vorüberziehen, überzeugte mich, daß nicht das Mindeste davon verlöscht oder undeutlich sei. Im Gegenteile, ich konnte mir die Bilder sinnlich lebhafter vorstellen, als ich es sonst vermag; und besonders scharf stand vor meinen Augen das Selbstbildnis des Malers, – das ernste Gesicht, die verschränkten Hände, – welches er in die Ecke des einen Bildes neben dem Portrait seines Vorgängers in der Arbeit, des *Fra Angelico da Fiesole,* hingestellt hat; aber der mir sonst so geläufige Name des Künstlers verbarg sich hartnäckig. Mein Reisegefährte konnte mir nicht aushelfen; meine fortgesetzten Bemühungen hatten keinen anderen Erfolg als den, zwei andere Künstlernamen auftauchen zu lassen, von denen ich doch wußte, daß sie nicht die richtigen sein könnten: *Botticelli* und in zweiter Linie *Boltraffio*[2]. Die Wiederkehr der Lautverbindung Bo in den beiden ersetzenden Namen hätte einen Unkundigen vielleicht zur Vermutung bringen können, daß dieselbe auch dem gesuchten Namen angehöre; aber ich hütete mich wohl, dieser Erwartung Raum zu geben.

Da ich auf der Reise keinen Zugang zu Nachschlagebüchern hatte, mußte ich mir diesen Ausfall der Erinnerung und die damit verbundene, mehrmals am Tage wiederkehrende innere Qual durch mehrere Tage gefallen lassen, bis ich mit einem gebildeten Italiener zusammentraf, der mich durch die Mitteilung des Namens: *Signorelli* befreite. Ich konnte dann aus Eigenem den Vornamen des Mannes, Luca, hinzufügen. Die überdeutliche Erinnerung an die Gesichtszüge des Meisters auf seinem Bilde verblaßte bald.

Welche Einflüsse hatten mich nun den Namen *Signorelli* vergessen lassen, der mir so vertraut war und sich dem Gedächtnis so leicht einprägt? Und welche Wege hatten zu seiner Ersetzung durch die Namen *Botticelli* und *Boltraffio* geführt? Ein wenig Rückversetzung in die Umstände, unter denen das Vergessen vor sich ging, reichte hin, beides aufzuklären.

Ich hatte, kurz ehe ich auf das Thema der Fresken im Dom von Orvieto kam, meinem Reisegefährten erzählt, was ich Jahre vorher von meinem Kollegen über die Türken in Bosnien gehört hatte. Sie behandeln den Arzt mit besonderer Achtung und zeigen sich, recht im Gegensatz zu unserer Bevölkerung, ergeben angesichts der Fügung des Schicksals. Wenn der Arzt dem Familienvater mitteilen muß, daß einer seiner Angehörigen dem Tode verfallen ist, so lautet dessen Erwiderung »*Herr,* was ist da zu sagen? Ich weiß, wenn er zu retten wäre, würdest du ihm helfen.« – Nahe bei dieser Geschichte ruhte in meinem Gedächtnis eine andere Erinnerung, nämlich daß derselbe Kollege mir erzählt, welche alles überragende Wichtigkeit den Sexualgenüssen in der Schätzung dieser Bosnier zugeteilt ist. Einer seiner Patienten sagte ihm einmal: »Du weißt ja, Herr, wenn *das* nicht mehr geht, dann hat das Leben keinen Wert.« Uns schien es damals, als sei zwischen den beiden hier erläuterten Charakterzügen des bosnischen Volkes ein intimer Zusammenhang anzunehmen. Damals aber, als ich auf der Fahrt in die Herzegowina mich dieser Erzählung erinnerte, unterdrückte ich die letztere, in der das Thema der Sexualität berührt war. Kurz darauf entfiel mir der

Name *Signorelli* und stellten sich als Ersatz die Namen *Botticelli* und Boltraffio ein.

Der Einfluß, der den Namen *Signorelli* der Erinnerung unzugänglich gemacht oder, wie ich zu sagen gewohnt bin, »verdrängt« hatte, konnte nur von jener unterdrückten Geschichte über die Wertschätzung von Tod und Sexualgenuß ausgehen. War dem so, so mußten sich die Zwischenvorstellungen nachweisen lassen, die zur Verknüpfung der beiden Themata gedient hatten. Die inhaltliche Verwandtschaft – hier letztes Gericht, »jüngster Tag«, dort Tod und Sexualität – scheint geringfügig; da es sich um die Verdrängung eines Namens aus dem Gedächtnisse handelte, war es von vorneherein wahrscheinlich, daß die Verknüpfung zwischen Namen und Namen vor sich gegangen war. Nun bedeutet *Signor-Herr,* das »Herr« findet sich aber wieder im Namen *Her*zegowina. Überdies war es gewiß nicht ohne Belang, daß beide Reden der Patienten, die ich zu erinnern hatte, ein *Herr* als Anrede an den Arzt enthielten. Die Übersetzung von *Signor* in *Herr* war also der Weg, auf welchem die von mir unterdrückte Geschichte den von mir gesuchten Namen in die Verdrängung nachgezogen hatte. Der ganze Vorgang wurde offenbar dadurch erleichtert, daß ich die letzten Tage in Ragusa beständig italienisch gesprochen, d.h. mich gewöhnt hatte, in meinem Kopf aus dem Deutschen ins Italienische zu übersetzen.[3]

Als ich mich nun bemühte, den Namen des Malers wiederzufinden, ihn aus der Verdrängung zurückzurufen, mußte sich der Einfluß der Bindung geltend machen, in welche jener unterdes geraten war. Ich fand zwar einen Künstlernamen, aber nicht den richtigen, sondern einen verschobenen, und die Richtschnur der Verschiebung war durch die in dem verdrängten Thema enthaltenen Namen gegeben. Botti*celli* enthält dieselben Endsilben wie Signorelli; es waren also die Endsilben wiedergekommen, die nicht wie das Anfangsstück *Signor* eine direkte Beziehung zu dem Namen Herzegowina knüpfen konnten; der mit dem Namen Herzegowina aber regelmäßig verknüpfte Name Bosnien hatte seinen Einfluß darin gezeigt, daß er die Substitution auf zwei Künstlernamen lenkte, die mit dem gleichen Bo beginnen: *Bo*tticelli und dann *Bo*ltraffio. Die Findung des Namens Signorelli erwies sich also durch das dahinter liegende Thema, in dem die Namen *Bo*snien und *Her*zegowina vorkommen, gestört.

Damit dieses Thema solche Wirkungen äußern könne, reicht es nicht hin, daß ich es einmal im Gespräch unterdrückt habe, wofür ja zufällige Motive maßgebend waren. Es muß vielmehr angenommen werden, daß dieses Thema selbst wieder in intimer Verbindung mit Gedankengängen stehe, die sich bei mir im Zustande der Verdrängung befinden, d.h. trotz der Intensität des ihnen zufallenden Interesses einem Widerstande begegnen, der sie von der Verarbeitung durch eine gewisse psychische Instanz und damit vom Bewußtwerden fernhält. Daß es sich mit dem Thema von »Tod und Sexualität« in jener Zeit wirklich so bei mir verhielt, dafür habe ich mehrfache Beweise aus meiner Selbsterforschung, die ich hier nicht anzuführen brauche. Aber ich kann auf eine Wirkung aufmerksam machen, die von diesen in der Verdrängung befindlichen Gedanken ausgeht. Ich bin durch Erfahrung belehrt zu fordern, daß jedes psychische Ergebnis der vollen Aufklärung und selbst der Überdeterminierung zugeführt werden müsse, und nun scheint mir der zweite Ersatzname *Boltraffio,* von dem bisher nur die ersten Buchstaben durch den Anklang an *Bo*snien gerechtfertigt sind, eine weitere Determinierung zu beanspruchen. Dabei erinnere ich mich dann, daß diese verdrängten Gedanken mich zu keiner Zeit mehr beschäftigt haben, als einige Wochen vorher, nachdem ich eine gewisse Nachricht bekommen hatte. Der Ort, an dem diese Nachricht mich getroffen, heißt *Trafoi,* und dieser Name ist der zweiten Hälfte im Namen *Boltraffio* zu ähnlich, um nicht auf dessen Auswahl bestimmend eingewirkt zu haben. Man könnte versuchen, die jetzt klar gestellten Beziehungen in einem kleinen Schema wiederzugeben:

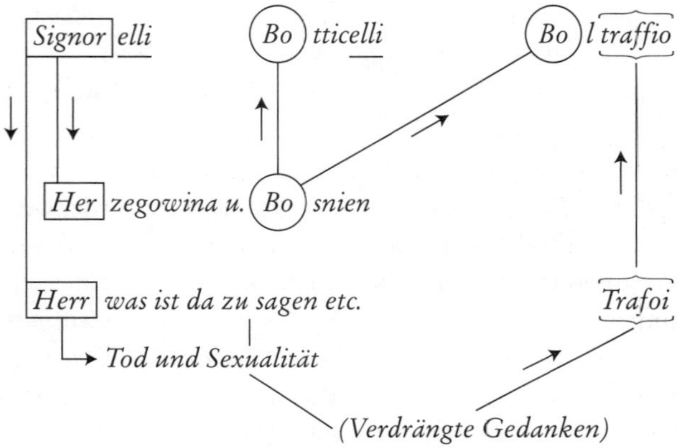

Es ist vielleicht an sich nicht ohne Interesse, den Hergang eines derartigen psychischen Vorkommnisses durchschauen zu können, welches zu den geringfügigsten Störungen in der Beherrschung des psychischen Apparates gehört und mit sonst ungetrübter psychischer Gesundheit verträglich ist. Einen mächtigen Zuwachs aber an Interesse gewinnt das hier erläuterte Beispiel, wenn man erfährt, daß es uns geradezu als Vorbild für die krankhaften Vorgänge gelten darf, denen die psychischen Symptome der Psychoneurosen – Hysterie, Zwangsvorstellen und Paranoia – ihre Entstehung verdanken. Dieselben Elemente und das nämliche Kräftespiel zwischen ihnen hier wie dort. In derselben Weise und vermittelst ähnlich oberflächlicher Assoziationen bemächtigt sich bei der Neurose ein verdrängter Gedankengang eines harmlosen rezenten Eindruckes und zieht ihn mit in die Verdrängung hinab. Derselbe Mechanismus, der aus Signorelli die Ersatznamen Botticelli und Boltraffio entstehen läßt, die Substitution durch Mittel- oder Kompromißvorstellungen, beherrscht auch die Bildung der Zwangsgedanken und der paranoischen Erinnerungstäuschungen. Die sonst unverständliche – und vom Partner in der Tat nicht verstandene – Eignung eines solchen Falles von Vergeßlichkeit, fortdauernd Unlust zu entbinden bis zum Moment der Erledigung, findet ihre volle Analogie in der Art, wie verdrängte Gedankenmassen ihre Affektfähigkeit an ein Symptom hängen, dessen psychischer Inhalt unserem Urteil völlig ungeeignet für solche Affektentbindung erscheint. Endlich ist selbst die Lösung der ganzen Spannung durch die Mitteilung des richtigen Namens von fremder Seite ein gutes Beispiel für die Wirksamkeit der psychoanalytischen Therapie, welche das Redressement der Verdrängungen und Verschiebungen anstrebt und durch die Wiedereinsetzung des eigentlichen psychischen Objektes die Symptome beseitigt.

Unter den mannigfachen Faktoren, welche zum Zustandekommen einer Gedächtnisschwäche oder eines Erinnerungsausfalles mitwirken, ist also der Anteil der Verdrängung nicht zu übersehen, der aber nicht nur bei Neurotikern, sondern in qualitativ ähnlicher Weise auch bei normalen Menschen aufgezeigt werden kann. Man darf ganz allgemein behaupten, die Leichtigkeit – in fernerer Linie auch die Treue –, mit welcher wir einen gewissen Eindruck im Gedächtnis wachrufen, hängt nicht nur ab von der psychischen Konstitution des Einzelnen, der Stärke des Eindrucks zur Zeit, als er rezent war, dem Interesse, das sich damals ihm zuwendete, der gegenwärtigen psychischen Konstellation, dem Interesse, das jetzt der Erweckung gewidmet wird, den Verknüpfungen, in welche der Eindruck einbezogen wurde usw., sondern auch von der Gunst oder Mißgunst eines besonderen psychischen Faktors, der sich dagegen sträubte, etwas zu reproduzieren, was Unlust entbinden oder in weiterer Folge zur Unlustentbindung führen kann. Die Funktion des Gedächtnisses, welches wir uns gerne wie ein allen Wißbegierigen geöffnetes Archiv vorstellen, unterliegt so der Beeinträchtigung durch eine Willenstendenz, gerade so wie irgendein Stück unseres auf die Außenwelt gerichteten Handelns. Das Halbe des Geheimnisses der hysterischen Amnesie ist damit aufgedeckt, daß wir sagen, die Hysterischen wissen nicht, was sie nicht wissen *wollen,* und die psychoanalytische Kur, welche solche Erinnerungslücken auszufüllen auf ihrem Wege bemüßigt wird, gelangt zur Einsicht, daß der Wiederbringung jeder solchen verlorenen Erinnerung ein gewisser, nach seiner Größe durch Arbeit aufzuwiegender, Widerstand entgegenwirkt. Bei den im Ganzen normalen psychischen Vorgängen kann natürlich die Forderung nicht erhoben werden, daß der Einfluß dieses parteiischen Faktors der Wiederbelebung im Gedächtnis irgendwie regelmäßig alle anderen in Betracht kommenden Momente überwinde.[4]

Von der tendenziösen Natur unseres Erinnerns und Vergessens habe ich unlängst ein lehrreiches, weil verräterisches, Beispiel erlebt, dessen Mitteilung ich hier anfügen möchte: Ich hatte vor, einen leider recht entfernt von mir lebenden Freund für 24 Stunden heimzusuchen, und war voll der Dinge, die ich ihm mitzuteilen hatte. Vorher fühlte ich mich aber verpflichtet, eine mir befreundete Familie in Wien zu besuchen, von der ein Mitglied in jene Stadt übersiedelt war, um Grüße und Botschaften für jenen Abwesenden mitzunehmen. Es wurde mir der Name der Pension genannt, in welcher er wohnte, der Straßenname und die Hausnummer, und mit Rücksicht auf mein schlechtes Gedächtnis die Adresse auf eine Karte geschrieben, die ich in mein Portefeuille steckte. Am nächsten Tag, als ich bei meinem Freund angekommen war, begann ich: Ich habe nur eine Pflicht zu erfüllen, die unser Beisammensein stören kann; ein Besuch, den ich zuerst abmachen will. Die Adresse habe ich in meiner Kartentasche. Zu meinem Erstaunen fand ich sie aber darin nicht. Nun war ich doch auf mein Gedächtnis angewiesen. Mein Gedächtnis für Namen ist nicht besonders gut, aber immerhin unvergleichlich besser als das für Zahlen und Nummern. Wenn ich ein Jahr hindurch ärztlich in ein bestimmtes Haus gekommen bin, pflege ich bei einem neuen Kutscher, der mich hinführen soll, in Verlegenheit wegen der Hausnummer zu geraten. In diesem Falle aber hatte ich mir gerade die Nummer des Hauses gemerkt; sie war überdeutlich, wie zum Hohn; vom Namen der Straße und der Pension aber war keine Spur geblieben. Ich hatte von den Daten der Adresse alles vergessen, woran sich ein Anhaltspunkt zur Auffindung der betreffenden Pension hätte knüpfen können, und ganz gegen meine Gewohnheit die für den Zweck wertlose Zahl behalten. Ich konnte den Besuch also nicht machen, war auffällig rasch getröstet und widmete mich ganz meinem Freunde. Als ich wieder in Wien vor meinem Schreibtisch stand, wußte ich auf den ersten Griff die Stelle zu finden, wohin ich »in der Zerstreuung« die Karte mit der Adresse gesteckt hatte. In diesem unbewußten Verstecken war dieselbe Absicht tätig gewesen wie in meinem eigentümlich modifizierten Vergessen.

Typische Träume

Die auf das Jahr 1900 datierte *Traumdeutung* ist wohl Freuds berühmtestes Buch. Wir alle träumen, und wir alle wollen wissen, was unsere Träume bedeuten. Nachdem sich Freud auf den ersten hundert Seiten mit den vielfältigen Antworten seiner Vorgänger auf diese Fragen befaßt hat, entwickelt er aufgrund einer sorgfältigen Analyse von zahlreichen zum Teil eigenen Träumen seine Theorie von der Ursache, der Entstehung und der Deutung der Träume. Viele seiner hier erstmals formulierten Einsichten sind heute allgemein bekannt – zum Beispiel daß der Traum eine Wunscherfüllung sei, und zwar die Erfüllung eines verdrängten, unbewußten, infantilen und zumeist sexuellen Wunsches. Und darum ist auch für Freud die Traumdeutung die »Via regia zur Kenntnis des Unbewußten im Seelenleben«.* Aus dem Kapitel »Das Traummaterial und die Traumquellen« ist der hier abgedruckte Abschnitt »Typische Träume« entnommen. In ihm kann der Leser Träume finden, die er so ähnlich auch schon geträumt hat, und er kann neue und überraschende Wege ihrer Deutung kennenlernen. Außerdem enthält dieses Kapitel die erste Darstellung des Ödipuskomplexes zusammen mit der bis heute faszinierenden Deutung von Sophokles' Drama *König Ödipus* sowie einer vergleichenden Interpretation von Shakespeares *Hamlet*-Tragödie. Es ist durchaus nicht übertrieben zu sagen, daß Freuds Deutung des Ödipus die Kunst, Philosophie und Kultur des 20. Jahrhunderts nachhaltig geprägt und verändert hat. In einem umfangreichen Schlußkapitel seiner *Traumdeutung* präsentiert Freud dann erstmals eine umfassende Theorie des psychischen Funktionierens, seinen »psychischen Apparat« mit den Systemen Unbewußt (*Ubw*), Vorbewußt (*Vbw*) und Bewußt (*Bw*), dem Primär- und Sekundärprozeß, mit Wunsch und Verdrängung, Regression und Progression sowie vielen weiteren Konzepten, an deren Entwicklung und Ausgestaltung er in den folgenden Jahrzehnten arbeiten wird.

* * *

* *Die Traumdeutung*, 1900a, S. 613

Wir sind im allgemeinen nicht imstande, den Traum eines anderen zu deuten, wenn derselbe uns nicht die hinter dem Trauminhalt stehenden unbewußten Gedanken ausliefern will, und dadurch wird die praktische Verwertbarkeit unserer Methode der Traumdeutung schwer beeinträchtigt.[1] Nun gibt es aber, so recht im Gegensatz zu der sonstigen Freiheit des Einzelnen, sich seine Traumwelt in individueller Besonderheit auszustatten und dadurch dem Verständnis der anderen unzugänglich zu machen, eine gewisse Anzahl von Träumen, die fast jedermann in derselben Weise geträumt hat, von denen wir anzunehmen gewohnt sind, daß sie auch bei jedermann dieselbe Bedeutung haben. Ein besonderes Interesse wendet sich diesen typischen Träumen auch darum zu, weil sie vermutlich bei allen Menschen aus den gleichen Quellen stammen, also besonders gut geeignet scheinen, uns über die Quellen der Träume Aufschluß zu geben.

Wir werden also mit ganz besonderen Erwartungen darangehen, unsere Technik der Traumdeutung an diesen typischen Träumen zu versuchen, und uns nur sehr ungern eingestehen, daß unsere Kunst sich gerade an diesem Material nicht recht bewährt. Bei der Deutung der typischen Träume versagen in der Regel die Einfälle des Träumers, die uns sonst zum Verständnis des Traumes geleitet haben, oder sie werden unklar und unzureichend, so daß wir unsere Aufgabe mit ihrer Hilfe nicht lösen können.

Woher dies rührt, und wie wir diesem Mangel unserer Technik abhelfen, wird sich an einer späteren Stelle unserer Arbeit ergeben. Dann wird dem Leser auch verständlich werden, warum ich hier nur einige aus der Gruppe der typischen Träume behandeln kann und die Erörterung der anderen auf jenen späteren Zusammenhang verschiebe.

α) Der Verlegenheitstraum der Nacktheit

Der Traum, daß man nackt oder schlecht bekleidet in Gegenwart Fremder sei, kommt auch mit der Zutat vor, man habe sich dessen gar nicht geschämt u. dgl. Unser Interesse gebührt aber dem Nacktheitstraum nur dann, wenn man in ihm Scham und Verlegenheit empfindet, entfliehen oder sich verbergen will und dabei der eigentümlichen Hemmung unterliegt, daß man nicht von der Stelle kann und sich unvermögend fühlt, die peinliche Situation zu verändern. Nur in dieser Verbindung ist der Traum typisch; der Kern seines Inhalts mag sonst in allerlei andere Verknüpfungen einbezogen werden oder mit individuellen Zutaten versetzt sein. Es handelt sich im wesentlichen um die peinliche Empfindung von der Natur der Scham, daß man seine Nacktheit, meist durch Lokomotion, verbergen möchte und es nicht zustande bringt. Ich glaube, die allermeisten meiner Leser werden sich in dieser Situation im Traume bereits befunden haben.

Für gewöhnlich ist die Art und Weise der Entkleidung wenig deutlich. Man hört etwa erzählen, ich war im Hemd, aber dies ist selten ein klares Bild; meist ist die Unbekleidung so unbestimmt, daß sie durch eine Alternative in der Erzählung wiedergegeben wird: »Ich war im Hemd oder im Unterrock.« In der Regel ist der Defekt der Toilette nicht so arg, daß die dazugehörige Scham gerechtfertigt schiene. Für den, der den Rock des Kaisers getragen hat, ersetzt sich die Nacktheit häufig durch eine vorschriftswidrige Adjustierung. »Ich bin ohne Säbel auf der Straße und sehe Offiziere näher kommen, oder ohne Halsbinde, oder trage eine karrierte Zivilhose u. dgl.«

Die Leute, vor denen man sich schämt, sind fast immer Fremde mit unbestimmt gelassenen Gesichtern. Niemals ereignet es sich im typischen Traum, daß man wegen der Kleidung, die einem selbst solche Verlegenheit bereitet, beanstandet oder auch nur bemerkt wird. Die Leute machen ganz im Gegenteil gleichgültige, oder wie ich es in einem besonders klaren Traum wahrnehmen konnte, feierlich steife Mienen. Das gibt zu denken.

Die Schamverlegenheit des Träumers und die Gleichgültigkeit der Leute ergeben mitsammen einen Widerspruch, wie er im Traume häufig vorkommt. Zu der Empfindung des Träumenden würde doch nur passen, daß die Fremden ihn erstaunt ansehen und verlachen oder sich über ihn entrüsten. Ich meine aber, dieser anstößige Zug ist durch die Wunscherfüllung beseitigt worden, während der andere, durch irgendwelche Macht gehalten, stehen blieb, und so stimmen die beiden Stücke dann schlecht zueinander. Wir besitzen ein interessantes Zeugnis dafür, daß der Traum in seiner durch Wunscherfüllung partiell entstellten Form das richtige Verständnis nicht gefunden hat. Er ist nämlich die Grundlage eines Märchens geworden, welches uns allen in der Andersenschen Fassung (»Des Kaisers neue Kleider«) bekannt ist, und in der jüngsten Zeit durch L. Fulda im »Talisman« poetischer Verwertung zugeführt worden ist. Im Andersenschen Märchen wird von zwei Betrügern erzählt, die für den Kaiser ein kostbares Gewand weben, das aber nur den Guten und Treuen sichtbar sein soll. Der Kaiser geht mit diesem unsichtbaren Gewand bekleidet aus, und durch die prüfsteinartige Kraft des Gewebes erschreckt, tun alle Leute, als ob sie die Nacktheit des Kaisers nicht merken.

Letzteres ist aber die Situation unseres Traumes. Es gehört wohl nicht viel Kühnheit dazu anzunehmen, daß der unverständliche Trauminhalt eine Anregung gegeben hat, um eine Einkleidung zu erfinden, in welcher die vor der Erinnerung stehende Situation sinnreich wird. Dieselbe ist dabei ihrer ursprünglichen Bedeutung beraubt und fremden Zwecken dienstbar gemacht worden. Aber wir werden hören, daß solches Mißverständnis des Trauminhalts durch die bewußte Denktätigkeit eines zweiten psychischen Systems häufig vorkommt und als ein Faktor für die endgültige Traumgestaltung anzuerkennen ist; ferner, daß bei der Bildung von Zwangsvorstellungen und Phobien ähnliche Mißverständnisse – gleichfalls innerhalb der nämlichen psychischen Persönlichkeit – eine Hauptrolle spielen. Es läßt sich auch für unseren Traum angeben, woher das Material für die Umdeutung genommen wird. Der Betrüger ist der Traum, der Kaiser der Träumer selbst, und die moralisierende Tendenz verrät eine dunkle Kenntnis davon, daß es sich im latenten Trauminhalt um unerlaubte, der Verdrängung geopferte Wünsche handelt. Der Zusammenhang, in welchem solche Träume während meiner Analysen bei Neurotikern auftreten, läßt nämlich keinen Zweifel darüber, daß dem Traume eine Erinnerung aus der frühesten Kindheit zugrunde liegt. Nur in unserer Kindheit gab es die Zeit, daß wir in mangelhafter Bekleidung von unseren Angehörigen wie von fremden Pflegepersonen, Dienstmädchen, Besuchern gesehen wurden, und wir haben uns damals unserer Nacktheit nicht geschämt.[2] An vielen Kindern kann man noch in späteren Jahren beobachten, daß ihre Entkleidung wie berauschend auf sie wirkt, anstatt sie zur Scham zu leiten. Sie lachen, springen herum, schlagen sich auf den Leib, die Mutter oder wer dabei ist, verweist es ihnen, sagt: Pfui, das ist eine Schande, das darf man nicht. Die Kinder zeigen häufig Exhibitionsgelüste; man kann kaum durch ein Dorf in unseren Gegenden gehen, ohne daß man einem zwei- bis dreijährigen Kleinen begegnete, welches vor dem Wanderer, vielleicht ihm zu Ehren, sein Hemdchen hochhebt. Einer meiner Patienten hat in seiner bewußten Erinnerung eine Szene aus seinem achten Lebensjahr bewahrt, wie er nach der Entkleidung vor dem Schlafengehen im Hemd zu seiner kleinen Schwester im nächsten Zimmer hinaustanzen will, und wie die dienende Person es ihm verwehrt. In der Jugendgeschichte von Neurotikern spielt die Entblößung vor Kindern des anderen Geschlechts eine große Rolle; in der Paranoia ist der Wahn, beim An- und Auskleiden beobachtet zu werden, auf diese Erlebnisse zurückzuführen; unter den pervers Gebliebenen ist eine Klasse, bei denen der infantile Impuls zum Symptom erhoben worden ist, die der *Exhibitionisten.*

Diese der Scham entbehrende Kindheit erscheint unserer Rückschau später als ein Paradies, und das Paradies selbst ist nichts anderes als die Massenphantasie von der Kindheit des einzelnen. Darum sind auch im Paradies die Menschen nackt und schämen sich nicht vor einander, bis ein Moment kommt, in dem die Scham und die Angst erwachen, die Vertreibung erfolgt, das Geschlechtsleben und die Kulturarbeit beginnt. In dieses Paradies kann uns nun der Traum allnächtlich zurückführen; wir haben bereits der Vermutung Ausdruck gegeben, daß die Eindrücke aus der ersten Kindheit (der prähistorischen Periode bis etwa zum vollendeten dritten Jahr) an und für sich, vielleicht ohne daß es auf ihren Inhalt weiter ankäme, nach Reproduktion verlangen, daß deren Wiederholung eine Wunscherfüllung ist. Die Nacktheitsträume sind also *Exhibitionsträume.*[3]

Den Kern des Exhibitionstraumes bildet die eigene Gestalt, die nicht als die eines Kindes, sondern wie in der Gegenwart gesehen wird, und die mangelhafte Bekleidung, welche durch die Überlagerung so vieler späterer Negligéerinnerungen oder der Zensur zu Liebe undeutlich ausfällt; dazu kommen nun die Personen, vor denen man sich schämt. Ich kenne kein Beispiel, daß die tatsächlichen Zuschauer bei jenen infantilen Exhibitionen im Traume wieder auftreten. Der Traum ist eben fast niemals eine einfache Erinnerung. Merkwürdigerweise werden jene Personen, denen unser sexuelles Interesse in der Kindheit galt, in allen Reproduktionen des Traums, der Hysterie und der Zwangsneurose ausgelassen; erst die Paranoia setzt die Zuschauer wieder ein und schließt, obwohl sie unsichtbar geblieben sind, mit fanatischer Überzeugung auf ihre Gegenwart. Was der Traum für sie einsetzt, »viele fremde Leute«, die sich nicht um das gebotene Schauspiel kümmern, ist geradezu der *Wunschgegensatz* zu jener einzelnen, wohlvertrauten Person, der man die Entblößung bot. »Viele fremde Leute« finden sich in Träumen übrigens auch häufig in beliebigem anderen Zusammenhang; sie bedeuten immer als Wunschgegensatz »Geheimnis«.[4] Man merkt, wie auch die Restitution des alten Sachverhalts, die in der Paranoia vor sich geht, diesem Gegensatze Rechnung trägt. Man ist nicht mehr allein, man wird ganz gewiß beobachtet, aber die Beobachter sind »viele, fremde, merkwürdig unbestimmt gelassene Leute«.

Außerdem kommt im Exhibitionstraum die Verdrängung zur Sprache. Die peinliche Empfindung des Traums ist ja die Reaktion des zweiten psychischen Systems dagegen, daß der von ihr verworfene Inhalt der Exhibitionsszene dennoch zur Vorstellung gelangt ist. Um sie zu ersparen, hätte die Szene nicht wieder belebt werden dürfen.

Von der Empfindung des Gehemmtseins werden wir später nochmals handeln. Sie dient im Traum vortrefflich dazu, den *Willenskonflikt,* das *Nein,* darzustellen. Nach der unbewußten Absicht soll die Exhibition fortgesetzt, nach der Forderung der Zensur unterbrochen werden.

Die Beziehungen unserer typischen Träume zu den Märchen und anderen Dichtungsstoffen sind gewiß weder vereinzelte noch zufällige. Gelegentlich hat ein scharfes Dichterauge den Umwandlungsprozeß, dessen Werkzeug sonst der Dichter ist, analytisch erkannt und ihn in umgekehrter Richtung verfolgt, also die Dichtung auf den Traum zurückgeführt. Ein Freund macht mich auf folgende Stelle aus Gottfried Kellers »Grünem Heinrich« aufmerksam: »Ich wünsche Ihnen nicht, lieber Lee, daß Sie jemals die ausgesuchte pikante Wahrheit in der Lage des Odysseus, wo er nackt und mit Schlamm bedeckt vor Nausikaa und ihren Gespielen erscheint, so recht aus Erfahrung empfinden lernen! Wollen Sie wissen, wie das zugeht? Halten wir das Beispiel einmal fest. Wenn Sie einst getrennt von Ihrer Heimat und allem, was Ihnen lieb ist, in der Fremde umherschweifen und Sie haben viel gesehen und viel erfahren, haben Kummer und Sorge, sind wohl gar elend und verlassen, so wird es Ihnen des Nachts unfehlbar träumen, daß Sie sich Ihrer Heimat nähern; Sie sehen sie glänzen und leuchten in den schönsten Farben, holde, feine und liebe Gestalten treten Ihnen entgegen; da entdecken Sie plötzlich, daß Sie zerfetzt, nackt und staubbedeckt umhergehen. Eine namenlose Scham und Angst faßt Sie, Sie suchen sich zu bedecken, zu verbergen und erwachen im Schweiße gebadet. Dies ist, so lange es Menschen gibt, der Traum des kummervollen, umhergeworfenen Mannes, und so hat Homer jene Lage aus dem tiefsten und ewigen Wesen der Menschheit herausgenommen.«

Das tiefste und ewige Wesen der Menschheit, auf dessen Erweckung der Dichter in der Regel bei seinen Hörern baut, das sind jene Regungen des Seelenlebens, die in der später prähistorisch gewordenen Kinderzeit wurzeln. Hinter den bewußtseinsfähigen und einwandfreien Wünschen des Heimatlosen brechen im Traum die unterdrückten und unerlaubt gewordenen Kinderwünsche hervor, und darum schlägt der Traum, den die Sage von der Nausikaa objektiviert, regelmäßig in einen Angsttraum um.

Mein eigener auf S. 244 erwähnter Traum von dem Eilen über die Treppe, das sich bald nachher in ein An-den-Stufen-kleben verwandelt, ist gleichfalls ein Exhibitionstraum, da er die wesentlichen Bestandstücke eines solchen aufweist. Er müßte sich also auf Kindererlebnisse zurückführen lassen, und die Kenntnis derselben müßte einen Aufschluß darüber geben, inwiefern das Benehmen des Dienstmädchens gegen mich, ihr Vorwurf, daß ich den Teppich schmutzig gemacht habe, ihr zur Stellung verhilft, die sie im Traum einnimmt. Ich kann die gewünschten Aufklärungen nun wirklich beibringen. In einer Psychoanalyse lernt man die zeitliche Annäherung auf sachlichen Zusammenhang umdeuten; zwei Gedanken, die, anscheinend zusammenhanglos, unmittelbar aufeinander folgen, gehören zu einer Einheit, die zu erraten ist, ebenso wie ein *a* und ein *b*, die ich neben einander hinschreibe, als eine Silbe: *ab* ausgesprochen werden sollen. Ähnlich mit der Aufeinanderbeziehung der Träume. Der erwähnte Traum von der Treppe ist aus einer Traumreihe herausgegriffen, deren andere Glieder mir der Deutung nach bekannt sind. Der von ihnen eingeschlossene Traum muß in denselben Zusammenhang gehören. Nun liegt jenen anderen einschließenden Träumen die Erinnerung an eine Kinderfrau zugrunde, die mich von irgendeinem Termin der Säuglingszeit bis zum Alter von zweieinhalb Jahren betreut hat, von der mir auch eine dunkle Erinnerung im Bewußtsein geblieben ist.

Nach den Auskünften, die ich unlängst von meiner Mutter eingeholt habe, war sie alt und häßlich, aber sehr klug und tüchtig; nach den Schlüssen, die ich aus meinen Träumen ziehen darf, hat sie mir nicht immer die liebevollste Behandlung angedeihen und mich harte Worte hören lassen, wenn ich der Erziehung zur Reinlichkeit kein genügendes Verständnis entgegenbrachte. Indem also das Dienstmädchen dieses Erziehungswerk fortzusetzen sich bemüht, erwirbt sie den Anspruch, von mir als Inkarnation der prähistorischen Alten im Traum behandelt zu werden. Es ist wohl anzunehmen, daß das Kind dieser Erzieherin, trotz ihrer schlechten Behandlung, seine Liebe geschenkt hat.[5]

β) Die Träume vom Tod teurer Personen

Eine andere Reihe von Träumen, die typisch genannt werden dürfen, sind die mit dem Inhalt, daß ein teurer Verwandter, Eltern oder Geschwister, Kinder usw. gestorben ist. Man muß sofort von diesen Träumen zwei Klassen unterscheiden, die einen, bei welchen man im Traum von Trauer unberührt bleibt, so daß man sich nach dem Erwachen über seine Gefühllosigkeit wundert, die anderen, bei denen man tiefen Schmerz über den Todesfall empfindet, ja ihn selbst in heißen Tränen während des Schlafes äußert.

Die Träume der ersten Gruppe dürfen wir beiseite lassen; sie haben keinen Anspruch, als typisch zu gelten. Wenn man sie analysiert, findet man, daß sie etwas anderes bedeuten, als sie enthalten, daß sie dazu bestimmt sind, irgend einen anderen Wunsch zu verdecken. So der Traum der Tante, die den einzigen Sohn ihrer Schwester aufgebahrt vor sich sieht. (S. 158.) Das bedeutet nicht, daß sie dem kleinen Neffen den Tod wünscht, sondern verbirgt nur, wie wir erfahren haben, den Wunsch, eine gewisse geliebte Person nach langer Entbehrung wieder zu sehen, dieselbe, die sie früher einmal nach ähnlich langer Pause bei der Leiche eines anderen Neffen wiedergesehen hatte. Dieser Wunsch, welcher der eigentliche Inhalt des Traumes ist, gibt keinen Anlaß zur Trauer, und darum wird auch im Traum keine Trauer verspürt. Man merkt es hier, daß die im Traum enthaltene Empfindung nicht zum manifesten Trauminhalt gehört, sondern zum latenten, daß der Affektinhalt des Traumes von der Entstellung frei geblieben ist, welche den Vorstellungsinhalt betroffen hat.

Anders die Träume, in denen der Tod einer geliebten verwandten Person vorgestellt und dabei schmerzlicher Affekt verspürt wird. Diese bedeuten, was ihr Inhalt besagt, den Wunsch, daß die betreffende Person sterben möge, und da ich hier erwarten darf, daß sich die Gefühle aller Leser und aller Personen, die Ähnliches geträumt haben, gegen meine Auslegung sträuben werden, muß ich den Beweis auf der breitesten Basis anstreben.

Wir haben bereits einen Traum erläutert, aus dem wir lernen konnten, daß die Wünsche, welche sich in Träumen als erfüllt darstellen, nicht immer aktuelle Wünsche sind. Es können auch verflossene, abgetane, überlagerte und verdrängte Wünsche sein, denen wir nur wegen ihres Wiederauftauchens im Traum doch eine Art von Fortexistenz zusprechen müssen. Sie sind nicht tot wie die Verstorbenen nach unserem Begriff, sondern wie die Schatten der Odyssee, die, sobald sie Blut getrunken haben, zu einem gewissen Leben erwachen. In jenem Traum vom toten Kind in der Schachtel (S. 160) handelte es sich um einen Wunsch, der vor fünfzehn Jahren aktuell war und von damals her unumwunden eingestanden wurde. Es ist vielleicht für die Theorie des Traumes nicht gleichgültig, wenn ich hinzufüge, daß selbst diesem Wunsche eine Erinnerung aus der frühesten Kindheit zugrunde lag. Die Träumerin hatte als kleines Kind – wann, ist nicht sicher festzustellen – gehört, daß ihre Mutter in der Schwangerschaft, deren Frucht sie wurde, in eine schwere Verstimmung verfallen war und dem Kinde in ihrem Leibe sehnlichst den Tod gewünscht hatte. Selbst erwachsen und gravid geworden, folgte sie nur dem Beispiele der Mutter.

Wenn jemand unter Schmerzensäußerungen davon träumt, sein Vater oder seine Mutter, Bruder oder Schwester seien gestorben, so werde ich diesen Traum niemals als Beweis dafür verwenden, daß er ihnen *jetzt* den Tod wünscht. Die Theorie des Traumes fordert nicht so viel; sie begnügt sich zu schließen, daß er ihnen – irgendeinmal in der Kindheit – den Tod gewünscht habe. Ich fürchte aber, diese Einschränkung wird noch wenig zur Beruhigung der Beschwerdeführer beitragen; diese dürfen ebenso energisch die Möglichkeit bestreiten, daß sie je so gedacht haben, wie sie sich sicher fühlen, nicht in der Gegenwart solche Wünsche zu hegen. Ich muß darum ein Stück vom untergegangenen Kinderseelenleben nach den Zeugnissen, die die Gegenwart noch aufweist, wieder herstellen.[6]

Fassen wir zunächst das Verhältnis der Kinder zu ihren Geschwistern ins Auge. Ich weiß nicht, warum wir voraussetzen, es müsse ein liebevolles sein, da doch die Beispiele von Geschwisterfeindschaft unter Erwachsenen in der Erfahrung eines jeden sich drängen, und wir so oft feststellen können, diese Entzweiung rühre noch aus der Kindheit her, oder habe von jeher bestanden. Aber auch sehr viele Erwachsene, die heute an ihren Geschwistern zärtlich hängen und ihnen beistehen, haben in ihrer Kindheit in kaum unterbrochener Feindschaft mit ihnen gelebt. Das ältere Kind hat das jüngere mißhandelt, angeschwärzt, es seiner Spielsachen beraubt; das jüngere hat sich in ohnmächtiger Wut gegen das ältere verzehrt, es beneidet und gefürchtet, oder seine ersten Regungen von Freiheitsdrang und Rechtsbewußtsein haben sich gegen den Unterdrücker gewendet. Die Eltern sagen, die Kinder vertragen sich nicht, und wissen den Grund hiefür nicht zu finden. Es ist nicht schwer zu sehen, daß auch der Charakter des braven Kindes ein anderer ist, als wir ihn bei einem Erwachsenen zu finden wünschen. Das Kind ist absolut egoistisch, es empfindet seine Bedürfnisse intensiv und strebt rücksichtslos nach ihrer Befriedigung, insbesondere gegen seine Mitbewerber, andere Kinder, und in erster Linie gegen seine Geschwister. Wir heißen das Kind aber darum nicht »schlecht«, wir heißen es »schlimm«; es ist unverantwortlich für seine bösen Taten vor unserem Urteil wie vor dem Strafgesetz. Und das mit Recht; denn wir dürfen erwarten, daß noch innerhalb von Lebenszeiten, die wir der Kindheit zurechnen, in dem kleinen Egoisten die altruistischen Regungen und die Moral erwachen werden, daß, mit Meynert zu reden, ein sekundäres Ich das primäre überlagern und hemmen wird. Wohl entsteht die Moralität nicht gleichzeitig auf der ganzen Linie, auch ist die Dauer der morallosen Kindheitsperiode bei den einzelnen Individuen verschieden lang. Wo die Entwicklung dieser Moralität ausbleibt, sprechen wir gerne von »Degeneration«; es handelt sich offenbar um eine Entwicklungshemmung. Wo der primäre Charakter durch die spätere Entwicklung bereits überlagert ist, kann er durch die Erkrankung an Hysterie wenigstens partiell wieder freigelegt werden. Die Übereinstimmung des sogenannten hysterischen Charakters mit dem eines schlimmen Kindes ist geradezu auffällig. Die Zwangsneurose hingegen entspricht einer Übermoralität, als verstärkende Belastung dem sich wieder regenden primären Charakter auferlegt.

Viele Personen also, die heute ihre Geschwister lieben und sich durch ihr Hinsterben beraubt fühlen würden, tragen von früher her böse Wünsche gegen dieselben in ihrem Unbewußten, welche sich in Träumen zu realisieren vermögen. Es ist aber ganz besonders interessant, kleine Kinder bis zu drei Jahren oder wenig darüber in ihrem Verhalten gegen jüngere Geschwister zu beobachten. Das Kind war bisher das einzige; nun wird ihm angekündigt, daß der Storch ein neues Kind gebracht hat. Das Kind mustert den Ankömmling und äußert dann entschieden: »Der Storch soll es wieder mitnehmen.«[7]

Ich bekenne mich in allem Ernst zur Meinung, daß das Kind abzuschätzen weiß, welche Benachteiligung es von dem Fremdling zu erwarten hat. Von einer mir nahestehenden Dame, die sich heute mit ihrer um vier Jahre jüngeren Schwester sehr gut verträgt, weiß ich, daß sie die Nachricht von deren Ankunft mit dem Vorbehalt beantwortet hat: »Aber meine rote Kappe werde ich ihr doch nicht geben.« Sollte das Kind erst später zu dieser Erkenntnis kommen, so wird seine Feindseligkeit in diesem Zeitpunkt erwachen. Ich kenne einen Fall, daß ein nicht dreijähriges Mädchen den Säugling in der Wiege zu erwürgen versuchte, von dessen weiterer Anwesenheit ihr nichts Gutes ahnte. Der Eifersucht sind Kinder um diese Lebenszeit in aller Stärke und Deutlichkeit fähig. Oder das kleine Geschwisterchen ist wirklich bald wieder verschwunden, das Kind hat wieder alle Zärtlichkeit im Hause auf sich vereinigt, nun kommt ein neues vom Storch geschickt; ist es da nicht korrekt, daß unser Liebling den Wunsch in sich erschaffen sollte, der neue Konkurrent möge dasselbe Schicksal haben wie der frühere, damit es ihm selbst wieder so gut gehe wie vorhin und in der Zwischenzeit?[8] Natürlich ist dieses Verhalten des Kindes gegen die Nachgeborenen in normalen Verhältnissen eine einfache Funktion des Altersunterschieds. Bei einem gewissen Intervall werden sich in dem älteren Mädchen bereits die mütterlichen Instinkte gegen das hilflose Neugeborene regen.

Empfindungen von Feindseligkeit gegen die Geschwister müssen im Kindesalter noch weit häufiger sein, als sie der stumpfen Beobachtung Erwachsener auffallen.[9]

Bei meinen eigenen Kindern, die einander rasch folgten, habe ich die Gelegenheit zu solchen Beobachtungen versäumt; ich hole sie jetzt bei meinem kleinen Neffen nach, dessen Alleinherrschaft nach fünfzehn Monaten durch das Auftreten einer Mitbewerberin gestört wurde. Ich höre zwar, daß der junge Mann sich sehr ritterlich gegen das Schwesterchen benimmt, ihr die Hand küßt und sie streichelt; ich überzeuge mich aber, daß er schon vor seinem vollendeten zweiten Jahr seine Sprachfähigkeit dazu benützt, um Kritik an der ihm doch nur überflüssig erscheinenden Person zu üben. So oft die Rede auf sie kommt, mengt er sich ins Gespräch und ruft unwillig: Zu k(l)ein, zu k(l)ein. In den letzten Monaten, seitdem das Kind sich durch vortreffliche Entwicklung dieser Geringschätzung entzogen hat, weiß er seine Mahnung, daß sie so viel Aufmerksamkeit nicht verdient, anders zu begründen. Er erinnert bei allen geeigneten Anlässen daran: Sie hat keine Zähne.[10] Von dem ältesten Mädchen einer anderen Schwester haben wir alle die Erinnerung bewahrt, wie das damals sechsjährige Kind sich eine halbe Stunde lang von allen Tanten bestätigen ließ: »Nicht wahr, das kann die Lucie noch nicht verstehen?« Lucie war die um zweieinhalb Jahre jüngere Konkurrentin.

Den gesteigerter Feindseligkeit entsprechenden Traum vom Tod der Geschwister habe ich z.B. bei keiner meiner Patientinnen vermißt. Ich fand nur eine Ausnahme, die sich leicht in eine Bestätigung der Regel umdeuten ließ. Als ich einst einer Dame während einer Sitzung diesen Sachverhalt erklärte, der mir bei dem Symptom an der Tagesordnung in Betracht zu kommen schien, antwortete sie zu meinem Erstaunen, sie habe solche Träume nie gehabt. Ein anderer Traum fiel ihr aber ein, der angeblich damit nichts zu schaffen hatte, ein Traum, den sie mit vier Jahren zuerst, als damals Jüngste, und dann wiederholt geträumt hatte. *»Eine Menge Kinder, alle ihre Brüder, Schwestern, Cousins und Cousinen tummelten sich auf einer Wiese. Plötzlich bekamen sie Flügel, flogen auf und waren weg.«* Von der Bedeutung dieses Traumes hatte sie keine Ahnung; es wird uns nicht schwer fallen, einen Traum vom Tod aller Geschwister in seiner ursprünglichen, durch die Zensur wenig beeinflußten Form darin zu erkennen. Ich getraue mich folgende Analyse unterzuschieben. Bei dem Tode eines aus der Kinderschar – die Kinder zweier Brüder wurden in diesem Falle in geschwisterlicher Gemeinschaft aufgezogen – wird unsere noch nicht vierjährige Träumerin eine weise erwachsene Person gefragt haben: was wird denn aus den Kindern, wenn sie tot sind? Die Antwort wird gelautet haben: Dann bekommen sie Flügel und werden Engerl. Im Traum nach dieser Aufklärung haben nun die Geschwister alle Flügel wie die Engel und – was die Hauptsache ist – sie fliegen weg. Unsere kleine Engelmacherin bleibt allein, man denke, das einzige von einer solchen Schar! Daß sich die Kinder auf einer Wiese tummeln, von der sie wegfliegen, deutet kaum mißverständlich auf Schmetterlinge hin, als ob dieselbe Gedankenverbindung das Kind geleitet hätte, welche die Alten bewog, die Psyche mit Schmetterlingsflügeln zu bilden.

Vielleicht wirft nun jemand ein, die feindseligen Impulse der Kinder gegen ihre Geschwister seien wohl zuzugeben, aber wie käme das Kindergemüt zu der Höhe von Schlechtigkeit, dem Mitbewerber oder stärkeren Spielgenossen den Tod zu wünschen, als ob alle Vergehen nur durch die Todesstrafe zu sühnen seien? Wer so spricht, erwägt nicht, daß die Vorstellung des Kindes vom »Totsein« mit der unsrigen das Wort und dann nur noch wenig anderes gemein hat. Das Kind weiß nichts von den Greueln der Verwesung, vom Frieren im kalten Grab, vom Schrecken des endlosen Nichts, das der Erwachsene, wie alle Mythen vom Jenseits zeugen, in seiner Vorstellung so schlecht verträgt. Die Furcht vor dem Tode ist ihm fremd, darum spielt es mit dem gräßlichen Wort und droht einem anderen Kind: »Wenn du das noch einmal tust, wirst du sterben, wie der Franz gestorben ist«, wobei es die arme Mutter schaudernd überläuft, die vielleicht nicht daran vergessen kann, daß die größere Hälfte der erdgeborenen Menschen ihr Leben nicht über die Jahre der Kindheit bringt. Noch mit acht Jahren kann das Kind, von einem Gang durch das Naturhistorische Museum heimgekehrt, seiner Mutter sagen: »Mama, ich habe dich so lieb; wenn du einmal stirbst, lasse ich dich ausstopfen und stelle dich hier im Zimmer auf, damit ich dich immer, immer sehen kann!« So wenig gleicht die kindliche Vorstellung vom Gestorbensein der unsrigen.[11]

Gestorben sein heißt für das Kind, welchem ja überdies die Szenen des Leidens vor dem Tode zu sehen erspart wird, so viel als »fort sein«, die Überlebenden nicht mehr stören. Es unterscheidet nicht, auf welche Art diese Abwesenheit zustande kommt, ob durch Verreisen, Entlassung, Entfremdung oder Tod.[12] Wenn in den prähistorischen Jahren eines Kindes seine Kinderfrau weggeschickt worden und einige Zeit darauf seine Mutter gestorben ist, so liegen für seine Erinnerung, wie man sie in der Analyse aufdeckt, beide Ereignisse in einer Reihe übereinander. Daß das Kind die Abwesenden nicht sehr intensiv vermißt, hat manche Mutter zu ihrem Schmerz erfahren, wenn sie nach mehrwöchentlicher Sommerreise in ihr Haus zurückkehrte und auf ihre Erkundigung hören mußte: Die Kinder haben nicht ein einziges Mal nach der Mama gefragt. Wenn sie aber wirklich in jenes »unentdeckte Land« verreist ist, »von des Bezirk kein Wanderer wiederkehrt«, so scheinen die Kinder sie zunächst vergessen zu haben und erst *nachträglich* beginnen sie, sich an die Tote zu erinnern.

Wenn das Kind also Motive hat, die Abwesenheit eines anderen Kindes zu wünschen, so mangelt ihm jede Abhaltung, diesen Wunsch in die Form zu kleiden, es möge tot sein, und die psychische Reaktion auf den Todeswunschtraum beweist, daß trotz aller Verschiedenheit im Inhalt der Wunsch beim Kinde doch irgendwie das nämliche ist wie der gleichlautende Wunsch des Erwachsenen.

Wenn nun der Todeswunsch des Kindes gegen seine Geschwister erklärt wird durch den Egoismus des Kindes, der es die Geschwister als Mitbewerber auffassen läßt, wie soll sich der Todeswunsch gegen die Eltern erklären, die für das Kind die Spender von Liebe und Erfüller seiner Bedürfnisse sind, deren Erhaltung es gerade aus egoistischen Motiven wünschen sollte?

Zur Lösung dieser Schwierigkeit leitet uns die Erfahrung, daß die Träume vom Tode der Eltern überwiegend häufig den Teil des Elternpaares betreffen, der das Geschlecht des Träumers teilt, daß also der Mann zumeist vom Tode des Vaters, das Weib vom Tode der Mutter träumt. Ich kann dies nicht als regelmäßig hinstellen, aber das Überwiegen in dem angedeuteten Sinne ist so deutlich, daß es eine Erklärung durch ein Moment von allgemeiner Bedeutung fordert.[13] Es verhält sich – grob ausgesprochen – so, als ob eine sexuelle Vorliebe sich frühzeitig geltend machen würde, als ob der Knabe im Vater, das Mädchen in der Mutter den Mitbewerber in der Liebe erblickte, durch dessen Beseitigung ihm nur Vorteil erwachsen kann.

Ehe man diese Vorstellung als ungeheuerlich verwirft, möge man auch hier die realen Beziehungen zwischen Eltern und Kindern ins Auge fassen. Man hat zu sondern, was die Kulturforderung der Pietät von diesem Verhältnis verlangt, und was die tägliche Beobachtung als tatsächlich ergibt. In der Beziehung zwischen Eltern und Kindern liegen mehr als nur ein Anlaß zur Feindseligkeit verborgen; die Bedingungen für das Zustandekommen von Wünschen, welche vor der Zensur nicht bestehen, sind im reichsten Ausmaße gegeben. Verweilen wir zunächst bei der Relation zwischen Vater und Sohn. Ich meine, die Heiligkeit, die wir den Vorschriften des Dekalogs zuerkannt haben, stumpft unseren Sinn für die Wahrnehmung der Wirklichkeit ab. Wir getrauen uns vielleicht kaum zu merken, daß der größere Teil der Menschheit sich über die Befolgung des vierten Gebots hinaussetzt. In den tiefsten wie in den höchsten Schichten der menschlichen Gesellschaft pflegt die Pietät gegen die Eltern vor anderen Interessen zurückzutreten. Die dunklen Nachrichten, die in Mythologie und Sage aus der Urzeit der menschlichen Gesellschaft auf uns gekommen sind, geben von der Machtfülle des Vaters und von der Rücksichtslosigkeit, mit der sie gebraucht wurde, eine unerfreuliche Vorstellung. Kronos verschlingt seine Kinder, etwa wie der Eber den Wurf des Mutterschweins, und Zeus entmannt den Vater[14] und setzt sich als Herrscher an seine Stelle. Je unumschränkter der Vater in der alten Familie herrschte, desto mehr muß der Sohn als berufener Nachfolger in die Lage des Feindes gerückt, desto größer muß seine Ungeduld geworden sein, durch den Tod des Vaters selbst zur Herrschaft zu gelangen. Noch in unserer bürgerlichen Familie pflegt der Vater durch die Verweigerung der Selbstbestimmung und der dazu nötigen Mittel an den Sohn dem natürlichen Keim zur Feindschaft, der in dem Verhältnisse liegt, zur Entwicklung zu verhelfen. Der Arzt kommt oft genug in die Lage zu bemerken, daß der Schmerz über den Verlust des Vaters beim Sohne die Befriedigung über die endlich erlangte Freiheit nicht unterdrücken kann. Den Rest der in unserer heutigen Gesellschaft arg antiquierten *potestas patris familias* pflegt jeder Vater krampfhaft festzuhalten, und jeder Dichter ist der Wirkung sicher, der wie Ibsen den uralten Kampf zwischen Vater und Sohn in den Vordergrund seiner Fabeln rückt. Die Anlässe zu Konflikten zwischen Tochter und Mutter ergeben sich, wenn die Tochter heranwächst und in der Mutter die Wächterin findet, während sie nach sexueller Freiheit begehrt, die Mutter aber durch das Aufblühen der Tochter gemahnt wird, daß für sie die Zeit gekommen ist, sexuellen Ansprüchen zu entsagen.

Alle diese Verhältnisse liegen offenkundig da vor jedermanns Augen. Sie fördern uns aber nicht bei der Absicht, die Träume vom Tod der Eltern zu erklären, welche sich bei Personen finden, denen die Pietät gegen die Eltern längst etwas Unantastbares geworden ist. Auch sind wir durch die vorhergehenden Erörterungen darauf vorbereitet, daß sich der Todeswunsch gegen die Eltern aus der frühesten Kindheit herleiten wird.

Mit einer alle Zweifel ausschließenden Sicherheit bestätigt sich diese Vermutung für die Psychoneurotiker bei den mit ihnen vorgenommenen Analysen. Man lernt hiebei, daß sehr frühzeitig die sexuellen Wünsche des Kindes erwachen – soweit sie im keimenden Zustande diesen Namen verdienen – und daß die erste Neigung des Mädchens dem Vater, die ersten infantilen Begierden des Knaben der Mutter gelten. Der Vater wird somit für den Knaben, die Mutter für das Mädchen zum störenden Mitbewerber, und wie wenig für das Kind dazugehört, damit diese Empfindung zum Todeswunsch führe, haben wir bereits für den Fall der Geschwister ausgeführt. Die sexuelle Auswahl macht sich in der Regel bereits bei den Eltern geltend; ein natürlicher Zug sorgt dafür, daß der Mann die kleinen Töchter verzärtelt, die Frau den Söhnen die Stange hält, während beide, wo der Zauber des Geschlechts ihr Urteil nicht verstört, mit Strenge für die Erziehung der Kleinen wirken. Das Kind bemerkt die Bevorzugung sehr wohl und lehnt sich gegen den Teil des Elternpaares auf, der sich ihr widersetzt. Liebe bei dem Erwachsenen zu finden ist ihm nicht nur die Befriedigung eines besonderen

Bedürfnisses, sondern bedeutet auch, daß in allen anderen Stükken seinem Willen nachgegeben wird. So folgt es dem eigenen sexuellen Triebe und erneuert gleichzeitig die von den Eltern ausgehende Anregung, wenn es seine Wahl zwischen den Eltern im gleichen Sinne wie diese trifft.

Von den Zeichen dieser infantilen Neigungen seitens der Kinder pflegt man die meisten zu übersehen, einige kann man auch nach den ersten Kinderjahren bemerken. Ein achtjähriges Mädchen meiner Bekanntschaft benützt die Gelegenheit, wenn die Mutter vom Tische abberufen wird, um sich als ihre Nachfolgerin zu proklamieren. »Jetzt will ich die Mama sein. Karl, willst du noch Gemüse? Nimm doch, ich bitte dich« usw. Ein besonders begabtes und lebhaftes Mädchen von vier Jahren, an der dies Stück Kinderpsychologie besonders durchsichtig ist, äußert direkt: »Jetzt kann das Muatterl einmal fortgehen, dann muß das Vaterl mich heiraten, und ich will seine Frau sein.« Im Kinderleben schließt dieser Wunsch durchaus nicht aus, daß das Kind auch seine Mutter zärtlich liebe. Wenn der kleine Knabe neben der Mutter schlafen darf, sobald der Vater verreist ist, und nach dessen Rückkehr ins Kinderzimmer zurück muß zu einer Person, die ihm weit weniger gefällt, so mag sich leicht der Wunsch bei ihm gestalten, daß der Vater immer abwesend sein möge, damit er seinen Platz bei der lieben, schönen Mama behalten kann, und ein Mittel zur Erreichung dieses Wunsches ist es offenbar, wenn der Vater tot ist, denn das eine hat ihn seine Erfahrung gelehrt: »Tote« Leute, wie der Großpapa z.B., sind immer abwesend, kommen nie wieder.

Wenn sich solche Beobachtungen an kleinen Kindern der vorgeschlagenen Deutung zwanglos fügen, so ergeben sie allerdings nicht die volle Überzeugung, welche die Psychoanalysen erwachsener Neurotiker dem Arzte aufdrängen. Die Mitteilung der betreffenden Träume erfolgt hier mit solchen Einleitungen, daß ihre Deutung als Wunschträume unausweichlich wird. Ich finde eines Tages eine Dame betrübt und verweint. Sie sagt: Ich will meine Verwandten nicht mehr sehen, es muß ihnen ja vor mir grausen. Dann erzählt sie fast ohne Übergang, daß sie sich an einen Traum erinnert, dessen Bedeutung sie natürlich nicht kennt. Sie hat ihn mit vier Jahren geträumt, er lautet folgendermaßen: *Ein Luchs oder Fuchs geht auf dem Dache spazieren, dann fällt etwas herunter oder sie fällt herunter, und dann trägt man die Mutter tot aus dem Hause,* wobei sie schmerzlich weint. Ich habe ihr kaum mitgeteilt, daß dieser Traum den Wunsch aus ihrer Kindheit bedeuten muß, die Mutter tot zu sehen, und daß sie dieses Traumes wegen meinen muß, die Verwandten grausen sich vor ihr, so liefert sie bereits etwas Material, den Traum aufzuklären. »Luchsaug« ist ein Schimpfwort, mit dem sie einmal als ganz kleines Kind von einem Gassenjungen belegt wurde; ihrer Mutter ist, als das Kind drei Jahre alt war, ein Ziegelstein vom Dach auf den Kopf gefallen, so daß sie heftig blutete.

Ich hatte einmal Gelegenheit, ein junges Mädchen, das verschiedene psychische Zustände durchmachte, eingehend zu studieren. In einer tobsüchtigen Verworrenheit, mit der die Krankheit begann, zeigte die Kranke eine ganz besondere Abneigung gegen ihre Mutter, schlug und beschimpfte sie, sobald sie sich dem Bette näherte, während sie gegen eine um vieles ältere Schwester zu derselben Zeit liebevoll und gefügig blieb. Dann folgte ein klarer, aber etwas apathischer Zustand mit sehr gestörtem Schlaf; in dieser Phase begann ich die Behandlung und analysierte ihre Träume. Eine Unzahl derselben handelte mehr oder minder verhüllt vom Tode der Mutter; bald wohnte sie dem Leichenbegängnis einer alten Frau bei, bald sah sie sich und ihre Schwester in Trauerkleidern bei Tische sitzen; es blieb über den Sinn dieser Träume kein Zweifel. Bei noch weiter fortschreitender Besserung traten hysterische Phobien auf; die quälendste darunter war, daß der Mutter etwas geschehen sei. Von wo immer sie sich befand, mußte sie dann nach Hause eilen, um sich zu überzeugen, daß die Mutter noch lebe. Der Fall war nun, zusammengehalten mit meinen sonstigen Erfahrungen, sehr lehrreich; er zeigte in gleichsam mehrsprachiger Übersetzung verschiedene Reaktionsweisen des psychischen Apparats auf dieselbe erregende Vorstellung. In der Verworrenheit, die ich als *Überwältigung* der zweiten psychischen Instanz durch die sonst unterdrückte erste auffasse, wurde die unbewußte Feindseligkeit gegen die Mutter motorisch mächtig; als dann die erste Beruhigung eintrat, der Aufruhr unterdrückt, die Herrschaft der Zensur wieder hergestellt war, blieb dieser Feindseligkeit nur mehr das Gebiet des Träumens offen, um den Wunsch nach ihrem Tod zu verwirklichen; als das Normale sich noch weiter gestärkt hatte, schuf es als hysterische Gegensatzreaktion und Abwehrerscheinung die übermäßige Sorge um die Mutter. In diesem Zusammenhange ist es nicht mehr unerklärlich, warum die hysterischen Mädchen so oft überzärtlich an ihren Müttern hängen.

Ein andermal hatte ich Gelegenheit, tiefe Einblicke in das unbewußte Seelenleben eines jungen Mannes zu tun, der durch Zwangsneurose fast existenzunfähig, nicht auf die Straße gehen konnte, weil ihn die Sorge quälte, er bringe alle Leute, die an ihm vorbeigingen, um. Er verbrachte seine Tage damit, die Beweisstücke für sein Alibi in Ordnung zu halten, falls die Anklage wegen eines der in der Stadt vorgefallenen Morde gegen ihn erhoben werden sollte. Überflüssig zu bemerken, daß er ein ebenso moralischer wie fein gebildeter Mensch war. Die – übrigens zur Heilung führende – Analyse deckte als die Begründung dieser peinlichen Zwangsvorstellung Mordimpulse gegen seinen etwas überstrengen Vater auf, die sich, als er sieben Jahre alt war, zu seinem Erstaunen bewußt geäußert hatten, aber natürlich aus weit früheren Kindesjahren stammten. Nach der qualvollen Krankheit und dem Tode des Vaters trat im 31. Lebensjahre der Zwangsvorwurf auf, der sich in Form jener Phobie auf Fremde übertrug. Wer imstande war, seinen eigenen Vater von einem Berggipfel in den Abgrund stoßen zu wollen, dem ist allerdings zuzutrauen, daß er auch das Leben ferner Stehender nicht schone; der tut darum recht daran, sich in seine Zimmer einzuschließen.

Nach meinen bereits zahlreichen Erfahrungen spielen die Eltern im Kinderseelenleben aller späteren Psychoneurotiker die Hauptrolle, und Verliebtheit gegen den einen, Haß gegen den andern Teil des Elternpaares gehören zum eisernen Bestand des in jener Zeit gebildeten und für die Symptomatik der späteren Neurose so bedeutsamen Materials an psychischen Regungen. Ich glaube aber nicht, daß die Psychoneurotiker sich hierin von anderen normal verbleibenden Menschenkindern scharf sondern, indem sie absolut Neues und ihnen Eigentümliches zu schaffen vermögen. Es ist bei weitem wahrscheinlicher und wird durch gelegentliche Beobachtungen an normalen Kindern unterstützt, daß sie auch mit diesen verliebten und feindseligen Wünschen gegen ihre Eltern uns nur durch die Vergrößerung kenntlich machen, was minder deutlich und weniger intensiv in der Seele der meisten Kinder vorgeht. Das Altertum hat uns zur Unterstützung dieser Erkenntnis einen Sagenstoff überliefert, dessen durchgreifende und allgemeingültige Wirksamkeit nur durch eine ähnliche Allgemeingültigkeit der besprochenen Voraussetzung aus der Kinderpsychologie verständlich wird.

Ich meine die Sage vom König *Ödipus* und das gleichnamige Drama des Sophokles. Ödipus, der Sohn des Laïos, Königs von Theben, und der Jokaste, wird als Säugling ausgesetzt, weil ein Orakel dem Vater verkündet hatte, der noch ungeborene Sohn werde sein Mörder sein. Er wird gerettet und wächst als Königssohn an einem fremden Hofe auf, bis er, seiner Herkunft unsicher, selbst das Orakel befragt und von ihm den Rat erhält, die Heimat zu meiden, weil er der Mörder seines Vaters und der Ehegemahl seiner Mutter werden müßte. Auf dem Wege von seiner vermeintlichen Heimat weg trifft er mit König Laïos zusammen und erschlägt ihn in rasch entbranntem Streit. Dann kommt er vor Theben, wo er die Rätsel der den Weg sperrenden Sphinx löst und zum Dank dafür von den Thebanern zum König gewählt und mit Jokastes Hand beschenkt wird. Er regiert lange Zeit in Frieden und Würde und zeugt mit der ihm unbekannten Mutter zwei Söhne und zwei Töchter, bis eine Pest ausbricht, welche eine neuerliche Befragung des Orakels von seiten der Thebaner veranlaßt. Hier setzt die Tragödie des Sophokles ein. Die Boten bringen den Bescheid, daß die Pest aufhören werde, wenn der Mörder des Laïos aus dem Lande getrieben sei. Wo aber weilt der?

> »Wo findet sich
> die schwer erkennbar dunkle Spur der alten Schuld?«
> (Übersetzung von Donner, V. 109.)

Die Handlung des Stückes besteht nun in nichts anderem als in der schrittweise gesteigerten und kunstvoll verzögerten Enthüllung – der Arbeit einer Psychoanalyse vergleichbar –, daß Ödipus selbst der Mörder des Laïos, aber auch der Sohn des Ermordeten und der Jokaste ist. Durch seine unwissentlich verübten Greuel erschüttert, blendet sich Ödipus und verläßt die Heimat. Der Orakelspruch ist erfüllt.

»König Ödipus« ist eine sogenannte Schicksalstragödie; ihre tragische Wirkung soll auf dem Gegensatz zwischen dem übermächtigen Willen der Götter und dem vergeblichen Sträuben der vom Unheil bedrohten Menschen beruhen; Ergebung in den Willen der Gottheit, Einsicht in die eigene Ohnmacht soll der tief ergriffene Zuschauer aus dem Trauerspiele lernen. Folgerichtig haben moderne Dichter es versucht, eine ähnliche tragische Wirkung zu erzielen, indem sie den nämlichen Gegensatz mit einer selbsterfundenen Fabel verwoben. Allein die Zuschauer haben ungerührt zugesehen, wie trotz alles Sträubens schuldloser Menschen ein Fluch oder Orakelspruch sich an ihnen vollzog; die späteren Schicksalstragödien sind ohne Wirkung geblieben.

Wenn der König Ödipus den modernen Menschen nicht minder zu erschüttern weiß als den zeitgenössischen Griechen, so kann die Lösung wohl nur darin liegen, daß die Wirkung der griechischen Tragödie nicht auf dem Gegensatz zwischen Schicksal und Menschenwillen ruht, sondern in der Besonderheit des Stoffes zu suchen ist, an welchem dieser Gegensatz erwiesen wird. Es muß eine Stimme in unserem Innern geben, welche die zwingende Gewalt des Schicksals im Ödipus anzuerkennen bereit ist, während wir Verfügungen wie in der »Ahnfrau« oder in anderen Schicksalstragödien als willkürliche zurückzuweisen vermögen. Und ein solches Moment ist in der Tat in der Geschichte des Königs Ödipus enthalten. Sein Schicksal ergreift uns nur darum, weil es auch das unsrige hätte werden können, weil das Orakel vor unserer Geburt denselben Fluch über uns verhängt hat wie über ihn. Uns allen vielleicht war es beschieden, die erste sexuelle Regung auf die Mutter, den ersten Haß und gewalttätigen Wunsch gegen den Vater zu richten; unsere Träume überzeugen uns davon. König Ödipus, der seinen Vater Laïos erschlagen und seine Mutter Jokaste geheiratet hat, ist nur die Wunscherfüllung unserer Kindheit. Aber glücklicher als er, ist es uns seitdem, insofern wir nicht Psychoneurotiker geworden sind, gelungen, unsere sexuellen Regungen von unseren Müttern abzulösen, unsere Eifersucht gegen unsere Väter zu vergessen. Vor der Person, an welcher sich jener urzeitliche Kindheitswunsch erfüllt hat, schaudern wir zurück mit dem ganzen Betrag der Verdrängung, welche diese Wünsche in unserem Innern seither erlitten haben. Während der Dichter in jener Untersuchung die Schuld des Ödipus ans Licht bringt, nötigt er uns zur Erkenntnis unseres eigenen Innern, in dem jene Impulse, wenn auch unterdrückt, noch immer vorhanden sind. Die Gegenüberstellung, mit der uns der Chor verläßt,

> ... »sehet, das ist Ödipus,
> der entwirrt die hohen Rätsel und der erste war an Macht,
> dessen Glück die Bürger alle priesen und beneideten;
> Seht, in welches Mißgeschickes grause Wogen er versank!«

diese Mahnung trifft uns selbst und unseren Stolz, die wir seit den Kinderjahren so weise und so mächtig geworden sind in unserer Schätzung. Wie Ödipus leben wir in Unwissenheit der die Moral beleidigenden Wünsche, welche die Natur uns aufgenötigt hat, und nach deren Enthüllung möchten wir wohl alle den Blick abwenden von den Szenen unserer Kindheit.[15]

Daß die Sage von Ödipus einem uralten Traumstoff entsprossen ist, welcher jene peinliche Störung des Verhältnisses zu den Eltern durch die ersten Regungen der Sexualität zum Inhalte hat, dafür findet sich im Texte der Sophokleischen Tragödie selbst ein nicht mißzuverstehender Hinweis. Jokaste tröstet den noch nicht aufgeklärten, aber durch die Erinnerung der Orakelsprüche besorgt gemachten Ödipus durch die Erwähnung eines Traums, den ja so viele Menschen träumen, ohne daß er, meint sie, etwas bedeute:

> »*Denn viele Menschen sahen auch in Träumen schon*
> *Sich zugesellt der Mutter:* Doch wer alles dies
> Für nichtig achtet, trägt die Last des Lebens leicht.« (V. 955 ff.)

Der Traum, mit der Mutter sexuell zu verkehren, wird ebenso wie damals auch heute vielen Menschen zuteil, die ihn empört und verwundert erzählen. Er ist, wie begreiflich, der Schlüssel der Tragödie und das Ergänzungsstück zum Traum vom Tod des Vaters. Die Ödipus-Fabel ist die Reaktion der Phantasie auf diese beiden typischen Träume, und wie die Träume von Erwachsenen mit Ablehnungsgefühlen erlebt werden, so muß die Sage Schreck und Selbstbestrafung in ihren Inhalt mit aufnehmen. Ihre weitere Gestaltung rührt wiederum von einer mißverständlichen sekundären Bearbeitung des Stoffes her, welche ihn einer theologisierenden Absicht dienstbar zu machen sucht. (Vgl. den Traumstoff von der Exhibition, S. 248.) Der Versuch, die göttliche Allmacht mit der menschlichen Verantwortlichkeit zu vereinigen, muß natürlich an diesem Material wie an jedem andern mißlingen.

Auf demselben Boden wie »König Ödipus« wurzelt eine andere der großen tragischen Dichterschöpfungen, der *»Hamlet«* Shakespeares. Aber in der veränderten Behandlung des nämlichen Stoffes offenbart sich der ganze Unterschied im Seelenleben der beiden weit auseinander liegenden Kulturperioden, das säkulare Fortschreiten der Verdrängung im Gemütsleben der Menschheit. Im »Ödipus« wird die zugrunde liegende Wunschphantasie des Kindes wie im Traum ans Licht gezogen und realisiert; im »Hamlet« bleibt sie verdrängt, und wir erfahren von ihrer Existenz – dem Sachverhalt bei einer Neurose ähnlich – nur durch die von ihr ausgehenden Hemmungswirkungen. Mit der überwältigenden Wirkung des moderneren Dramas hat es sich eigentümlicherweise als vereinbar gezeigt, daß man über den Charakter des Helden in voller Unklarheit verbleiben könne. Das Stück ist auf die Zögerung Hamlets gebaut, die ihm zugeteilte Aufgabe der Rache zu erfüllen; welches die Gründe oder Motive dieser Zögerung sind, gesteht der Text nicht ein; die vielfältigsten Deutungsversuche haben es nicht anzugeben vermocht. Nach der heute noch herrschenden, durch Goethe begründeten Auffassung stellt Hamlet den Typus des Menschen dar, dessen frische Tatkraft durch die überwuchernde Entwicklung der Gedankentätigkeit gelähmt wird (»Von des Gedankens Blässe angekränkelt«). Nach anderen hat der Dichter einen krankhaften, unentschlossenen, in das Bereich der Neurasthenie fallenden Charakter zu schildern versucht. Allein die Fabel des Stückes lehrt, daß Hamlet uns keineswegs als eine Person erscheinen soll, die des Handelns überhaupt unfähig ist. Wir sehen ihn zweimal handelnd auftreten, das einemal in rasch auffahrender Leidenschaft, wie er den Lauscher hinter der Tapete niederstößt, ein anderesmal planmäßig, ja selbst arglistig, indem er mit der vollen Unbedenklichkeit des Renaissanceprinzen die zwei Höflinge in den ihm selbst zugedachten Tod schickt. Was hemmt ihn also bei der Erfüllung der Aufgabe, die der Geist seines Vaters ihm gestellt hat? Hier bietet sich wieder die Auskunft, daß es die besondere Natur dieser Aufgabe ist. Hamlet kann alles, nur nicht die Rache an dem Mann vollziehen, der seinen Vater beseitigt und bei seiner Mutter dessen Stelle eingenommen hat, an dem Mann, der ihm die Realisierung seiner verdrängten Kinderwünsche zeigt. Der Abscheu, der ihn zur Rache drängen sollte, ersetzt sich so bei ihm durch Selbstvorwürfe, durch Gewissensskrupel, die ihm vorhalten, daß er, wörtlich verstanden, selbst nicht besser sei als der von ihm zu strafende Sünder. Ich habe dabei ins Bewußte übersetzt, was in der Seele des Helden unbewußt bleiben muß; wenn jemand Hamlet einen Hysteriker nennen will, kann ich es nur als Folgerung aus meiner Deutung anerkennen. Die Sexualabneigung stimmt sehr wohl dazu, die Hamlet dann im Gespräch mit Ophelia äußert, die nämliche Sexualabneigung, die von der Seele des Dichters in den nächsten Jahren immer mehr Besitz nehmen sollte, bis zu ihren Gipfeläußerungen im »Timon von Athen«. Es kann natürlich nur das eigene Seelenleben des Dichters gewesen sein, das uns im Hamlet entgegentritt; ich entnehme dem Werk von Georg Brandes über Shakespeare (1896) die Notiz, daß das Drama unmittelbar nach dem Tode von Shakespeares Vater (1601), also in der frischen Trauer um ihn, in der Wiederbelebung, dürfen wir annehmen, der auf den Vater bezüglichen Kindheitsempfindungen gedichtet worden ist. Bekannt ist auch, daß Shakespeares früh verstorbener Sohn den Namen Hamnet (identisch mit Hamlet) trug. Wie Hamlet das Verhältnis des Sohnes zu den Eltern behandelt, so ruht der in der Zeit nahestehende »Macbeth« auf dem Thema der Kinderlosigkeit. Wie übrigens jedes neurotische Symptom, wie selbst der Traum der Überdeutung fähig ist, ja dieselbe zu seinem vollen Verständnis fordert, so wird auch jede echte dichterische Schöpfung aus mehr als aus einem Motiv und einer Anregung in der Seele des Dichters hervorgegangen sein und mehr als eine Deutung zulassen. Ich habe hier nur die Deutung der tiefsten Schicht von Regungen in der Seele des schaffenden Dichters versucht.[16]

Ich kann die typischen Träume vom Tode teurer Verwandter nicht verlassen, ohne daß ich deren Bedeutung für die Theorie des Traumes überhaupt noch mit einigen Worten beleuchte. Diese Träume zeigen uns den recht ungewöhnlichen Fall verwirklicht, daß der durch den verdrängten Wunsch gebildete Traumgedanke jeder Zensur entgeht und unverändert in den Traum übertritt. Es müssen besondere Verhältnisse sein, die solches Schicksal ermöglichen. Ich finde die Begünstigung für diese Träume in folgenden zwei Momenten: Erstens gibt es keinen Wunsch, von dem wir uns ferner glauben, wir meinen, das zu wünschen könnte »uns auch im Traume nicht einfallen«, und darum ist die Traumzensur gegen dieses Ungeheuerliche nicht gerüstet, ähnlich etwa wie die Gesetzgebung Solons keine Strafe für den Vatermord aufzustellen wußte. Zweitens aber kommt dem verdrängten und nicht geahnten Wunsch gerade hier besonders häufig ein Tagesrest entgegen in Gestalt einer *Sorge* um das Leben der teuren Person. Diese Sorge kann sich nicht anders in den Traum eintragen, als indem sie sich des gleichlautenden Wunsches bedient; der Wunsch aber kann sich mit der am Tage rege gewordenen Sorge maskieren. Wenn man meint, daß dies alles einfacher zugeht, daß man eben bei Nacht und im Traum nur fortsetzt, was man bei Tag angesponnen hat, so läßt man die Träume vom Tode teurer Personen eben außer allem Zusammenhang mit der Traumerklärung und hält ein sehr wohl reduzierbares Rätsel überflüssigerweise fest.

Lehrreich ist es auch, die Beziehung dieser Träume zu den Angstträumen zu verfolgen. In den Träumen vom Tode teurer Personen hat der verdrängte Wunsch einen Weg gefunden, auf dem er sich der Zensur – und der durch sie bedingten Entstellung – entziehen kann. Die nie fehlende Begleiterscheinung ist dann, daß schmerzliche Empfindungen im Traume verspürt werden. Ebenso kommt der Angsttraum nur zustande, wenn die Zensur ganz oder teilweise überwältigt wird, und anderseits erleichtert es die Überwältigung der Zensur, wenn Angst als aktuelle Sensation aus somatischen Quellen bereits gegeben ist. Es wird so handgreiflich, in welcher Tendenz die Zensur ihres Amtes waltet, die Traumentstellung ausübt; es geschieht, *um die Entwicklung von Angst oder anderen Formen peinlichen Affekts zu verhüten.*

*

Ich habe im vorstehenden von dem Egoismus der Kinderseele gesprochen und knüpfe nun daran mit der Absicht, hier einen

Zusammenhang ahnen zu lassen, daß die Träume auch diesen Charakter bewahrt haben. Sie sind sämtlich absolut egoistisch, in allen tritt das liebe Ich auf, wenn auch verkleidet. Die Wünsche, die in ihnen erfüllt werden, sind regelmäßig Wünsche dieses Ichs; es ist nur ein täuschender Anschein, wenn je das Interesse für einen anderen einen Traum hervorgerufen haben sollte. Ich will einige Beispiele, welche dieser Behauptung widersprechen, der Analyse unterziehen.

I

Ein noch nicht vierjähriger Knabe erzählt: *Er hat eine große garnierte Schüssel gesehen, worauf ein großes Stück Fleisch gebraten war, und das Stück war auf einmal ganz – nicht zerschnitten – aufgegessen. Die Person, die es gegessen hat, hat er nicht gesehen.*[17]

Wer mag der fremde Mensch sein, von dessen üppiger Fleischmahlzeit unser Kleiner träumt? Die Erlebnisse des Traumtages müssen uns darüber aufklären. Der Knabe bekommt seit einigen Tagen nach ärztlicher Vorschrift Milchdiät; am Abend des Traumtages war er aber unartig, und da wurde ihm zur Strafe die Abendmahlzeit entzogen. Er hat schon früher einmal eine solche Hungerkur durchgemacht und sich sehr tapfer dabei benommen. Er wußte, daß er nichts bekommen würde, getraute sich aber auch nicht mit einem Worte anzudeuten, daß er Hunger hat. Die Erziehung fängt an, bei ihm zu wirken; sie äußert sich bereits im Traum, der einen Anfang von Traumentstellung zeigt. Es ist kein Zweifel, daß er selbst die Person ist, deren Wünsche auf eine so reiche Mahlzeit, und zwar eine Bratenmahlzeit, zielen. Da er aber weiß, daß diese ihm verboten ist, wagt er es nicht, wie die hungrigen Kinder es im Traum tun (vgl. den Erdbeertraum meiner kleinen Anna, S. 135), sich selbst zur Mahlzeit hinzusetzen. Die Person bleibt anonym.

II

Ich träume einmal, daß ich in der Auslage einer Buchhandlung ein neues Heft jener Sammlung im Liebhabereinband sehe, die ich sonst zu kaufen pflege (Künstlermonographien, Monographien zur Weltgeschichte, berühmte Kunststätten usw.). *Die neue Sammlung nennt sich: Berühmte Redner (oder Reden) und das Heft I derselben trägt den Namen Dr. Lecher.*

In der Analyse wird es mir unwahrscheinlich, daß mich der Ruhm Dr. Lechers, des Dauerredners der deutschen Obstruktion im Parlamente, während meiner Träume beschäftige. Der Sachverhalt ist der, daß ich vor einigen Tagen neue Patienten zur psychischen Kur aufgenommen habe, und nun zehn bis elf Stunden täglich zu sprechen genötigt bin. Ich bin also selbst so ein Dauerredner.

III

Ich träume ein andermal, daß ein mir bekannter Lehrer an unserer Universität sagt: *Mein Sohn, der Myop.* Dann folgt ein Dialog, aus kurzen Reden und Gegenreden bestehend. Es folgt aber dann ein drittes Traumstück, in dem ich und meine Söhne vorkommen, und für den latenten Trauminhalt sind Vater und Sohn, Professor M., nur Strohmänner, die mich und meinen Ältesten decken. Ich werde diesen Traum wegen einer anderen Eigentümlichkeit noch weiter unten behandeln.

IV

Ein Beispiel von wirklich niedrigen egoistischen Gefühlen, die sich hinter zärtlicher Sorge verbergen, gibt folgender Traum.

Mein Freund Otto schaut schlecht aus, ist braun im Gesicht und hat vortretende Augen.

Otto ist mein Hausarzt, in dessen Schuld ich hoffnungslos verbleibe, weil er seit Jahren die Gesundheit meiner Kinder überwacht, sie erfolgreich behandelt, wenn sie erkranken, und sie überdies zu allen Gelegenheiten, die einen Vorwand abgeben können, beschenkt. Er war am Traumtage zu Besuch, und da bemerkte meine Frau, daß er müde und abgespannt aussehe. Nachts kommt mein Traum und leiht ihm einige der Zeichen der *Basedowschen* Krankheit. Wer sich in der Traumdeutung von meinen Regeln freimacht, der wird diesen Traum so verstehen, daß ich um die Gesundheit meines Freundes besorgt bin, und daß diese Besorgnis sich im Traum realisiert. Es wäre ein Widerspruch nicht nur gegen die Behauptung, daß der Traum eine Wunscherfüllung ist, sondern auch gegen die andere, daß er nur egoistischen Regungen zugänglich ist. Aber wer so deutet, möge mir erklären, warum ich bei Otto die *Basedowsche* Krankheit befürchte, zu welcher Diagnose sein Aussehen auch nicht den leisesten Anlaß gibt? Meine Analyse liefert hingegen folgendes Material aus einer Begebenheit, die sich vor sechs Jahren zugetragen hat. Wir fuhren, eine kleine Gesellschaft, in der sich auch Professor R. befand, in tiefer Dunkelheit durch den Wald von N, einige Stunden weit von unserem Sommeraufenthalt entfernt. Der nicht ganz nüchterne Kutscher warf uns mit dem Wagen einen Abhang hinunter, und es war noch glücklich, daß wir alle heil davon kamen. Wir waren aber genötigt, im nächsten Wirtshause zu übernachten, wo die Kunde von unserem Unfall große Sympathie für uns erweckte. Ein Herr, der die unverkennbaren Zeichen des Morbus *Basedowii* an sich trug – übrigens nur Bräunung der Gesichtshaut und vortretende Augen, ganz wie im Traum, keine Struma – stellte sich ganz zu unserer Verfügung und fragte, was er für uns tun könne. Professor R. in seiner bestimmten Art antwortete: Nichts anderes, als daß Sie mir ein Nachthemd leihen. Darauf der Edle: Das tut mir leid, das kann ich nicht, und ging von dannen.

Zur Fortsetzung der Analyse fällt mir ein, daß Basedow nicht nur der Name eines Arztes ist, sondern auch der eines berühmten Pädagogen. (Im Wachen fühle ich mich jetzt dieses Wissens nicht recht sicher.) Freund Otto ist aber diejenige Person, die ich gebeten habe, für den Fall, daß mir etwas zustößt, die körperliche Erziehung meiner Kinder, speziell in der Pubertätszeit (daher das Nachthemd), zu überwachen. Indem ich nun Freund Otto im Traum mit den Krankheitssymptomen jenes edlen Helfers sehe, will ich offenbar sagen: Wenn mir etwas zustößt, wird von ihm ebensowenig etwas für die Kinder zu haben sein, wie damals von Herrn Baron L. trotz seiner liebenswürdigen Anerbietungen. Der egoistische Einschlag dieses Traumes dürfte nun wohl aufgedeckt sein.[18]

Wo steckt aber hier die Wunscherfüllung? Nicht in der Rache an Freund Otto, dessen Schicksal es nun einmal ist, in meinen Träumen schlecht behandelt zu werden, sondern in folgender Beziehung. Indem ich Otto als Baron L. im Traum darstellte, habe ich gleichzeitig meine eigene Person mit einer anderen identifiziert, nämlich mit der des Professors R., denn ich fordere ja etwas von Otto, wie in jener Begebenheit R. von Baron L. gefordert hat. Und daran liegt es. Professor R., dem ich mich sonst wirklich nicht zu vergleichen wage, hat ähnlich wie ich seinen Weg außerhalb der Schule selbständig verfolgt, und ist erst in späten Jahren zu dem längst verdienten Titel gelangt. Ich will also wieder einmal Professor werden! Ja selbst das »in späten Jahren« ist eine Wunscherfüllung, denn es besagt, daß ich lange genug lebe, um meine Knaben selbst durch die Pubertät zu geleiten.

Von anderen typischen Träumen, in denen man mit Behagen fliegt oder mit Angstgefühlen fällt, weiß ich nichts aus eigener Erfahrung, und verdanke alles, was ich über sie zu sagen habe, den Psychoanalysen. Aus den Auskünften, die man dort erhält, muß man schließen, daß auch diese Träume Eindrücke der Kinderzeit wiederholen, nämlich sich auf die Bewegungsspiele beziehen, die für das Kind eine so außerordentliche Anziehung haben. Welcher Onkel hat nicht schon ein Kind fliegen lassen, indem er die Arme ausstreckend durchs Zimmer mit ihm eilte, oder Fallen mit ihm gespielt, indem er es auf den Knien schaukelte und das Bein plötzlich streckte, oder es hoch hob und plötzlich tat, als ob er ihm die Unterstützung entziehen wollte. Die Kinder jauchzen dann und verlangen unermüdlich nach Wiederholung, besonders wenn etwas Schreck und Schwindel mit dabei ist; dann schaffen sie sich nach Jahren die Wiederholung im Traum, lassen aber im Traum die Hände weg, die sie gehalten haben, so daß sie nun frei schweben und fallen. Die Vorliebe aller kleinen Kinder für solche Spiele wie für Schaukeln und Wippen ist bekannt; wenn sie dann gymnastische Kunststücke im Zirkus sehen, wird die Erinnerung von neuem aufgefrischt.[19] Bei manchen Knaben besteht dann der hysterische Anfall nur aus Reproduktionen solcher Kunststücke, die sie mit großer Geschicklichkeit ausführen. Nicht selten sind bei diesen an sich harmlosen Bewegungsspielen auch sexuelle Empfindungen wachgerufen worden.[20] Um es mit einem bei uns gebräuchlichen, all diese Veranstaltungen deckenden Worte zu sagen: es ist das »Hetzen« in der Kindheit, welches die Träume vom Fliegen, Fallen, Schwindel u.dgl. wiederholen, dessen Lustgefühle jetzt in Angst verkehrt sind. Wie aber jede Mutter weiß, ist auch das Hetzen der Kinder in der Wirklichkeit häufig genug in Zwist und Weinen ausgegangen.

Ich habe also guten Grund, die Erklärung abzulehnen, daß der Zustand unserer Hautgefühle während des Schlafes, die Sensationen von der Bewegung unserer Lungen u.dgl. die Träume vom Fliegen und Fallen hervorrufen. Ich sehe, daß diese Sensationen selbst aus der Erinnerung reproduziert sind, auf welche der Traum sich bezieht, daß sie also Trauminhalt sind und nicht Traumquellen.

Ich verhehle mir aber keineswegs, daß ich für diese Reihe von typischen Träumen eine volle Aufklärung nicht erbringen kann. Mein Material hat mich gerade hiebei im Stiche gelassen. Den allgemeinen Gesichtspunkt, daß alle die Haut- und Bewegungssensationen dieser typischen Träume wachgerufen werden, sobald irgendein psychisches Motiv ihrer bedarf, und daß sie vernachlässigt werden können, wenn ihnen ein solches Bedürfnis nicht entgegenkommt, muß ich festhalten. Auch die Beziehung zu den infantilen Erlebnissen scheint mir aus den Andeutungen, die ich in der Analyse der Psychoneurotiker erhalten habe, sicher hervorzugehen. Aber welche anderen Bedeutungen sich im Laufe des Lebens an die Erinnerung jener Sensationen geknüpft haben mögen – vielleicht bei jeder Person andere trotz der typischen Erscheinung dieser Träume – weiß ich nicht anzugeben, und möchte gerne in die Lage kommen, diese Lücke durch sorgfältige Analyse von guten Beispielen auszufüllen. Wer sich darüber verwundert, daß ich trotz der Häufigkeit gerade der Träume vom Fliegen, Fallen, Zahnausziehen u.dgl. mich über Mangel an Material beklage, dem bin ich die Aufklärung schuldig, daß ich an mir selbst solche Träume nicht erfahren habe, seitdem ich dem Thema der Traumdeutung Aufmerksamkeit schenke. Die Träume der Neurotiker, die mir sonst zu Gebote stehen, sind aber nicht alle und oft nicht bis an das Ende ihrer verborgenen Absicht deutbar; eine gewisse psychische Macht, die beim Aufbau der Neurose beteiligt war und bei deren Auflösung wieder zur Wirksamkeit gebracht wird, stellt sich der Deutung bis zum letzten Rätsel entgegen.

γ) Der Prüfungstraum

Jeder, der mit der Maturitätsprüfung seine Gymnasialstudien abgeschlossen hat, klagt über die Hartnäckigkeit, mit welcher der Angsttraum, daß er durchgefallen sei, die Klasse wiederholen müsse u.dgl. ihn verfolgt. Für den Besitzer eines akademischen Grades ersetzt sich dieser typische Traum durch einen anderen, der ihm vorhält, daß er beim Rigorosum nicht bestanden habe, und gegen den er vergeblich noch im Schlaf einwendet, daß er ja schon seit Jahren praktiziere, Privatdozent sei oder Kanzleileiter. Es sind die unauslöschlichen Erinnerungen an die Strafen, die wir in der Kindheit für verübte Untaten erlitten haben, die sich so an den beiden Knotenpunkten unserer Studien, an dem *»dies irae, dies illa«* der strengen Prüfungen in unserem Inneren wieder geregt haben. Auch die »Prüfungsangst« der Neurotiker findet in dieser Kinderangst ihre Verstärkung. Nachdem wir aufgehört haben, Schüler zu sein, sind es nicht mehr wie zuerst die Eltern und Erzieher oder später die Lehrer, die unsere Bestrafung besorgen; die unerbittliche Kausalverkettung des Lebens hat unsere weitere Erziehung übernommen, und nun träumen wir von der Matura oder von dem Rigorosum, – und wer hat damals nicht selbst als Gerechter gezagt? – so oft wir erwarten, daß der Erfolg uns bestrafen werde, weil wir etwas nicht recht gemacht, nicht ordentlich zustande gebracht haben, so oft wir den Druck einer Verantwortung fühlen.

Eine weitere Aufklärung der Prüfungsträume danke ich einer Bemerkung von Seite eines kundigen Kollegen, der einmal in einer wissenschaftlichen Unterhaltung hervorhob, daß seines Wissens der Maturatraum nur bei Personen vorkomme, die diese Prüfung bestanden haben, niemals bei solchen, die an ihr gescheitert sind. Der ängstliche Prüfungstraum, der, wie sich immer mehr bestätigt, dann auftritt, wenn man vom nächsten Tage eine verantwortliche Leistung und die Möglichkeit einer Blamage erwartet, würde also eine Gelegenheit aus der Vergangenheit herausgesucht haben, bei welcher sich die große Angst als unberechtigt erwies und durch den Ausgang widerlegt wurde. Es wäre dies ein sehr auffälliges Beispiel von Mißverständnis des Trauminhalts durch die wache Instanz. Die als Empörung gegen den Traum aufgefaßte Einrede: Aber ich bin ja schon Doktor u.dgl. wäre in Wirklichkeit der Trost, den der Traum spendet, und der also lauten würde: Fürchte dich doch nicht vor morgen; denke daran, welche Angst du vor der Maturitätsprüfung gehabt hast, und es ist dir doch nichts geschehen. Heute bist du ja schon Doktor usw. Die Angst aber, die wir dem Traume anrechnen, stammte aus den Tagesresten.

Die Proben auf diese Erklärung, die ich bei mir und anderen anstellen konnte, haben, wenngleich sie nicht zahlreich genug waren, gut gestimmt. Ich bin z.B. als Rigorosant in gerichtlicher Medizin durchgefallen; niemals hat dieser Gegenstand mir im Traume zu schaffen gemacht, während ich häufig genug in Botanik, Zoologie oder Chemie geprüft wurde, in welchen Fächern ich mit gut begründeter Angst zur Prüfung gegangen, der Strafe aber durch Gunst des Schicksals oder des Prüfers entgangen bin. Im Gymnasialprüfungstraume werde ich regelmäßig aus Geschichte geprüft, wo ich damals glänzend bestanden habe, aber allerdings nur, weil mein liebenswürdiger Professor – der einäugige Helfer eines anderen Traumes, vgl. S. 18 – nicht übersehen hatte, daß auf dem Prüfungszettel, den ich ihm zurückgab, die mittlere von drei Fragen mit dem Fingernagel durchgestrichen war, zur Mahnung, daß er auf dieser Frage nicht bestehen solle. Einer meiner Patienten, der von der Matura zurückgetreten war und sie später nachgetragen hatte, dann aber bei der Offiziersprüfung durchgefallen und nicht Offizier geworden ist, berichtet mir, daß er oft genug von der ersteren, aber nie von der letzteren Prüfung träumt.

Die Prüfungsträume setzen der Deutung bereits jene Schwierigkeit entgegen, die ich vorhin als charakteristisch für die meisten der typischen Träume angegeben habe. Das Material an Assoziationen, welches uns der Träumer zur Verfügung stellt, reicht für die Deutung nur selten aus. Man muß sich das bessere Verständnis solcher Träume aus einer größeren Reihe von Beispielen zusammentragen. Vor kurzem gewann ich den sicheren Eindruck, daß die Einrede: Du bist ja schon Doktor u.dgl., nicht nur den Trost verdeckt, sondern auch einen Vorwurf andeutet. Derselbe hätte gelautet: Du bist jetzt schon so alt, schon so weit im Leben, und machst noch immer solche Dummheiten, Kindereien. Dies Gemenge von Selbstkritik und Trost würde dem latenten Inhalt der Prüfungsträume entsprechen. Es ist dann nicht weiter auffällig, wenn die Vorwürfe wegen der »Dummheiten« und »Kindereien« sich in den zuletzt analysierten Beispielen auf die Wiederholung beanständeter sexueller Akte bezogen.

W. Stekel, von dem die erste Deutung des »Maturatraumes« herrührt, vertritt die Meinung, daß er sich regelmäßig auf sexuelle Erprobung und sexuelle Reife beziehe. Meine Erfahrung hat dies oft bestätigen können.

Zwangshandlungen und Religionsübungen

In diesem 1907 veröffentlichten Aufsatz stellt Freud einen ungewöhnlichen Vergleich an. Seiner sorgfältigen Beobachtung war es nicht entgangen, daß vielen an sich unbedeutenden Handlungen eine Notwendigkeit innewohnt, die ihre Ausführung geradezu erzwingt. Wieder mögen wir überrascht sein, in einigen der von ihm aufgeführten Beispiele von Zwangshandlungen, den kleinen alltäglichen Ritualen, uns selbst wiederzufinden. Die Übergänge zwischen Normalität und Pathologie sind auch hier fließend, aber die Grenze zu den krankhaften Formen von Zwang wird dort überschritten, wo Angst entsteht, wenn die Ausführung einer bestimmten Handlung unterbleibt oder verhindert wird. Die Beispiele, die Freud aus seiner Praxis einbringt, atmen sicher die Aura des frühen 20. Jahrhunderts. Dennoch wird man leicht das Wesentliche an ihnen in andere uns aus eigener Anschauung bekannte heutige Beispiele übertragen können. Eindrücklich ist, wie Freud dem scheinbar Absurden einer Zwangshandlung den Rang eines unbewußt sinnvollen und deutbaren psychischen Ausdrucks zuerkennt. Das Zeremonielle, die Gewissenhaftigkeit, Unterlassungsschuld, Erwartungsangst und Strafe bilden dann auch die Brücke, die Freud zu den religiösen Ritualen schlägt. Seine frappierende Schlußfolgerung, welche die Zwangserkrankung als eine individuelle Religion und die Religion als eine universelle Zwangsneurose bezeichnet, ist immer noch von einer provozierenden Einsicht in die Psychologie der Religiosität, die Freud später in weiteren Aufsätzen sowie den großen Essays »Totem und Tabu« (1912–13a) und »Die Zukunft einer Illusion« (1927c) ausbaut.

* * *

Ich bin gewiß nicht der erste, dem die Ähnlichkeit der sogenannten Zwangshandlungen Nervöser mit den Verrichtungen aufgefallen ist, durch welche der Gläubige seine Frömmigkeit bezeugt. Der Name »Zeremoniell« bürgt mir dafür, mit dem man gewisse dieser Zwangshandlungen belegt hat. Doch scheint mir diese Ähnlichkeit eine mehr als oberflächliche zu sein, so daß man aus einer Einsicht in die Entstehung des neurotischen Zeremoniells Analogieschlüsse auf die seelischen Vorgänge des religiösen Lebens wagen dürfte.

Die Leute, die Zwangshandlungen oder Zeremoniell ausüben, gehören nebst jenen, die an Zwangsdenken, Zwangsvorstellungen, Zwangsimpulsen u.dgl. leiden, zu einer besonderen klinischen Einheit, für deren Affektion der Name »Zwangsneurose« gebräuchlich ist.[1] Man möge aber nicht versuchen, die Eigenart dieses Leidens aus seinem Namen abzuleiten, denn streng genommen haben andersartige krankhafte Seelenerscheinungen den gleichen Anspruch auf den sogenannten »Zwangscharakter«. An Stelle einer Definition muß derzeit noch die Detailkenntnis dieser Zustände treten, da es bisher nicht gelungen ist, das wahrscheinlich tief liegende Kriterium der Zwangsneurose aufzuzeigen, dessen Vorhandensein man doch in ihren Äußerungen allenthalben zu spüren vermeint.

Das neurotische Zeremoniell besteht in kleinen Verrichtungen, Zutaten, Einschränkungen, Anordnungen, die bei gewissen Handlungen des täglichen Lebens in immer gleicher oder gesetzmäßig abgeänderter Weise vollzogen werden. Diese Tätigkeiten machen uns den Eindruck von bloßen »Formalitäten«; sie erscheinen uns völlig bedeutungslos. Nicht anders erscheinen sie dem Kranken selbst, und doch ist er unfähig, sie zu unterlassen, denn jede Abweichung von dem Zeremoniell straft sich durch unerträgliche Angst, die sofort die Nachholung des Unterlassenen erzwingt. Ebenso kleinlich wie die Zeremoniellhandlungen selbst sind die Anlässe und Tätigkeiten, welche durch das Zeremoniell verziert, erschwert und jedenfalls auch verzögert werden, z.B. das Ankleiden und Auskleiden, das Zubettegehen, die Befriedigung der körperlichen Bedürfnisse. Man kann die Ausübung eines Zeremoniells beschreiben, indem man es gleichsam durch eine Reihe ungeschriebener Gesetze ersetzt, also z.B. für das Bettzeremoniell: der Sessel muß in solcher, bestimmter

Stellung vor dem Bette stehen, auf ihm die Kleider in gewisser Ordnung gefaltet liegen; die Bettdecke muß am Fußende eingesteckt sein, das Bettuch glatt gestrichen; die Polster müssen so und so verteilt liegen, der Körper selbst in einer genau bestimmten Lage sein; dann erst darf man einschlafen. In leichten Fällen sieht das Zeremoniell so der Übertreibung einer gewohnten und berechtigten Ordnung gleich. Aber die besondere Gewissenhaftigkeit der Ausführung und die Angst bei der Unterlassung kennzeichnen das Zeremoniell als »heilige Handlung«. Störungen derselben werden meist schlecht vertragen; die Öffentlichkeit, die Gegenwart anderer Personen während der Vollziehung ist fast immer ausgeschlossen.

Zu Zwangshandlungen im weiteren Sinne können alle beliebigen Tätigkeiten werden, wenn sie durch kleine Zutaten verziert, durch Pausen und Wiederholungen rhythmiert werden. Eine scharfe Abgrenzung des »Zeremoniells« von den »Zwangshandlungen« wird man zu finden nicht erwarten. Meist sind die Zwangshandlungen aus Zeremoniell hervorgegangen. Neben diesen beiden bilden den Inhalt des Leidens Verbote und Verhinderungen (Abulien), die ja eigentlich das Werk der Zwangshandlungen nur fortsetzen, indem dem Kranken einiges überhaupt nicht erlaubt ist, anderes nur unter Befolgung eines vorgeschriebenen Zeremoniells.

Merkwürdig ist, daß Zwang wie Verbote (das eine tun müssen, das andere nicht tun dürfen) anfänglich nur die einsamen Tätigkeiten der Menschen betreffen und deren soziales Verhalten lange Zeit unbeeinträchtigt lassen; daher können solche Kranke ihr Leiden durch viele Jahre als ihre Privatsache behandeln und verbergen. Auch leiden viel mehr Personen an solchen Formen der Zwangsneurose, als den Ärzten bekannt wird. Das Verbergen wird ferner vielen Kranken durch den Umstand erleichtert, daß sie sehr wohl imstande sind, über einen Teil des Tages ihre sozialen Pflichten zu erfüllen, nachdem sie eine Anzahl von Stunden in melusinenhafter Abgeschiedenheit ihrem geheimnisvollen Tun gewidmet haben.

Es ist leicht einzusehen, worin die Ähnlichkeit des neurotischen Zeremoniells mit den heiligen Handlungen des religiösen Ritus gelegen ist, in der Gewissensangst bei der Unterlassung, in der vollen Isolierung von allem anderen Tun (Verbot der Störung) und in der Gewissenhaftigkeit der Ausführung im kleinen. Aber ebenso augenfällig sind die Unterscheidungen, von denen einige so grell sind, daß sie den Vergleich zu einem sakrilegischen werden lassen. Die größere individuelle Mannigfaltigkeit der Zeremoniellhandlungen im Gegensatze zur Stereotypie des Ritus (Gebet, Proskinesis usw.), der Privatcharakter derselben im Gegensatze zur Öffentlichkeit und Gemeinsamkeit der Religionsübung; vor allem aber der eine Unterschied, daß die kleinen Zutaten des religiösen Zeremoniells sinnvoll und symbolisch gemeint sind, während die des neurotischen läppisch und sinnlos erscheinen. Die Zwangsneurose liefert hier ein halb komisches, halb trauriges Zerrbild einer Privatreligion. Indes wird gerade dieser einschneidendste Unterschied zwischen neurotischem und religiösem Zeremoniell beseitigt, wenn man mit Hilfe der psychoanalytischen Untersuchungstechnik zum Verständnis der Zwangshandlungen durchdringt.[2] Bei dieser Untersuchung wird der Anschein, als ob Zwangshandlungen läppisch und sinnlos wären, gründlich zerstört und die Begründung dieses Scheines aufgedeckt. Man erfährt, daß die Zwangshandlungen durchwegs und in all ihren Einzelheiten sinnvoll sind, im Dienste von bedeutsamen Interessen der Persönlichkeit stehen und fortwirkende Erlebnisse sowie affektbesetzte Gedanken derselben zum Ausdrucke bringen. Sie tun dies in zweierlei Art, entweder als direkte oder als symbolische Darstellungen; sie sind demnach entweder historisch oder symbolisch zu deuten.

Einige Beispiele, die diese Behauptung erläutern sollen, darf ich mir hier wohl nicht ersparen. Wer mit den Ergebnissen der psychoanalytischen Forschung bei den Psychoneurosen vertraut ist, wird nicht überrascht sein zu hören, daß das durch die Zwangshandlungen oder das Zeremoniell Dargestellte sich aus dem intimsten, meist aus dem sexuellen Erleben der Betroffenen ableitet:

a) Ein Mädchen meiner Beobachtung stand unter dem Zwange, nach dem Waschen die Waschschüssel mehrmals herumzuschwenken. Die Bedeutung dieser Zeremoniellhandlung lag in dem sprichwörtlichen Satze: Man soll schmutziges Wasser nicht ausgießen, ehe man reines hat. Die Handlung war dazu bestimmt, ihre geliebte Schwester zu mahnen und zurückzuhalten, daß sie sich von ihrem unerfreulichen Manne nicht eher scheiden lasse, als bis sie eine Beziehung zu einem besseren angeknüpft habe.

b) Eine von ihrem Manne getrennt lebende Frau folgte beim Essen dem Zwange, das Beste stehen zu lassen, z.B. von einem Stück gebratenen Fleisch nur die Ränder zu genießen. Dieser Verzicht erklärte sich durch das Datum seiner Entstehung. Er war am Tage aufgetreten, nachdem sie ihrem Manne den ehelichen Verkehr gekündigt, d.h. aufs Beste verzichtet hatte.

c) Dieselbe Patientin konnte eigentlich nur auf einem einzigen Sessel sitzen und konnte sich nur mit Schwierigkeit von ihm erheben. Der Sessel symbolisierte ihr mit Beziehung auf bestimmte Details ihres Ehelebens den Mann, dem sie die Treue hielt. Sie fand zur Aufklärung ihres Zwanges den Satz: »Man trennt sich so schwer von einem (Manne, Sessel), auf dem man einmal gesessen ist.«

d) Sie pflegte eine Zeit hindurch eine besonders auffällige und sinnlose Zwangshandlung zu wiederholen. Sie lief dann aus ihrem Zimmer in ein anderes, in dessen Mitte ein Tisch stand, rückte die auf ihm liegende Tischdecke in gewisser Art zurecht, schellte dem Stubenmädchen, das an den Tisch herantreten mußte, und entließ sie wieder mit einem gleichgültigen Auftrag. Bei den Bemühungen, diesen Zwang aufzuklären, fiel ihr ein, daß die betreffende Tischdecke an einer Stelle einen mißfarbigen Fleck hatte, und daß sie jedesmal die Decke so legte, daß der Fleck dem Stubenmädchen in die Augen fallen mußte. Das Ganze war dann eine Reproduktion eines Erlebnisses aus ihrer

Ehe, welches ihren Gedanken später ein Problem zu lösen gegeben hatte. Ihr Mann war in der Brautnacht von einem nicht ungewöhnlichen Mißgeschick befallen worden. Er fand sich impotent und »kam viele Male im Laufe der Nacht aus seinem Zimmer in ihres gerannt«, um den Versuch, ob es nicht doch gelänge, zu wiederholen. Am Morgen äußerte er, er müsse sich ja vor dem Hotelstubenmädchen schämen, welches die Betten in Ordnung bringen werde, ergriff darum ein Fläschchen mit roter Tinte und goß dessen Inhalt über das Bettuch aus, aber so ungeschickt, daß der rote Fleck an einer für seine Absicht sehr ungeeigneten Stelle zustande kam. Sie spielte also Brautnacht mit jener Zwangshandlung. »Tisch und Bett« machen zusammen die Ehe aus.

e) Wenn sie den Zwang angenommen hatte, die Nummer jeder Geldnote zu notieren, ehe sie dieselbe aus ihren Händen gab, so war dies gleichfalls historisch aufzuklären. Zur Zeit, als sie sich noch mit der Absicht trug, ihren Mann zu verlassen, wenn sie einen anderen, vertrauenswürdigeren fände, ließ sie sich in einem Badeorte die höflichen Bemühungen eines Herrn gefallen, über dessen Bereitschaft, Ernst zu machen, sie doch im Zweifel blieb. Eines Tages um Kleingeld verlegen, bat sie ihn, ihr ein Fünfkronenstück zu wechseln. Er tat es, steckte das große Geldstück ein und äußerte galant, er gedenke sich von diesem nie wieder zu trennen, da es durch ihre Hand gegangen sei. Bei späterem Beisammensein war sie nun oft in Versuchung, ihn aufzufordern, er möge ihr das Fünfkronenstück vorzeigen, gleichsam um sich so zu überzeugen, ob sie seinen Huldigungen Glauben schenken dürfe. Sie unterließ es aber mit der guten Begründung, daß man gleichwertige Münzen nicht voneinander unterscheiden könne. Der Zweifel blieb also ungelöst; er hinterließ ihr den Zwang, die Nummern der Geldnoten, durch welche jede einzelne von allen ihr gleichwertigen individuell unterschieden ist, zu notieren.

Diese wenigen Beispiele, aus der Fülle meiner Erfahrung herausgehoben, sollen nur den Satz, daß alles an den Zwangshandlungen sinnvoll und deutbar ist, erläutern. Das gleiche gilt für das eigentliche Zeremoniell, nur daß hier der Beweis umständlichere Mitteilung erfordern würde. Ich verkenne es keineswegs, wie sehr wir uns bei den Aufklärungen der Zwangshandlungen vom Gedankenkreise der Religion zu entfernen scheinen.

Es gehört zu den Bedingungen des Krankseins, daß die dem Zwange folgende Person ihn ausübe, ohne seine Bedeutung – wenigstens seine Hauptbedeutung – zu kennen. Erst durch die Bemühung der psychoanalytischen Therapie wird ihr der Sinn der Zwangshandlung und damit die zu ihr treibenden Motive bewußt gemacht. Wir sprechen diesen bedeutsamen Sachverhalt in den Worten aus, daß die Zwangshandlung *unbewußten* Motiven und Vorstellungen zum Ausdruck diene. Darin scheint nun ein neuerlicher Unterschied gegen die Religionsübung zu liegen; aber man muß daran denken, daß auch der einzelne Fromme in der Regel das religiöse Zeremoniell ausübt, ohne nach dessen Bedeutung zu fragen, während allerdings der Priester und der Forscher mit dem meist symbolischen Sinn des Ritus bekannt sein mögen. Die Motive, die zur Religionsübung drängen, sind aber allen Gläubigen unbekannt oder werden in ihrem Bewußtsein durch vorgeschobene Motive vertreten.

Die Analyse der Zwangshandlungen hat uns bereits eine Art von Einsicht in die Verursachung derselben und in die Verkettung der für sie maßgebenden Motive ermöglicht. Man kann sagen, der an Zwang und Verboten Leidende benimmt sich so, als stehe er unter der Herrschaft eines *Schuldbewußtseins,* von dem er allerdings nichts weiß, eines unbewußten Schuldbewußtseins also, wie man es ausdrücken muß mit Hinwegsetzung über das Sträuben der hier zusammentreffenden Worte. Dies Schuldbewußtsein hat seine Quelle in gewissen frühzeitigen Seelenvorgängen, findet aber eine beständige Auffrischung in der bei jedem rezenten Anlaß erneuerten *Versuchung* und läßt anderseits eine immer lauernde *Erwartungsangst,* Unheilserwartung, entstehen, die durch den Begriff der *Bestrafung* an die innere Wahrnehmung der Versuchung geknüpft ist. Zu Beginn der Zeremoniellbildung wird dem Kranken noch bewußt, daß er dies oder jenes tun müsse, sonst werde Unheil geschehen, und in der Regel wird die Art des zu erwartenden Unheils noch seinem Bewußtsein genannt. Der jedesmal nachweisbare Zusammenhang zwischen dem Anlasse, bei dem die Erwartungsangst auftritt, und dem Inhalte, mit dem sie droht, ist dem Kranken bereits verhüllt. Das Zeremoniell beginnt so als *Abwehr-* oder *Versicherungshandlung, Schutzmaßregel.*

Dem Schuldbewußtsein der Zwangsneurotiker entspricht die Beteuerung der Frommen, sie wüßten, daß sie im Herzen arge Sünder seien; den Wert von Abwehr- und Schutzmaßregeln scheinen die frommen Übungen (Gebete, Anrufungen usw.) zu haben, mit denen sie jede Tätigkeit des Tages und zumal jede außergewöhnliche Unternehmung einleiten.

Einen tieferen Einblick in den Mechanismus der Zwangsneurose gewinnt man, wenn man die ihr zugrunde liegende erste Tatsache in Würdigung zieht: diese ist allemal die *Verdrängung einer Triebregung* (einer Komponente des Sexualtriebes), welche in der Konstitution der Person enthalten war, im kindlichen Leben derselben sich eine Weile äußern durfte und darauf der Unterdrückung verfiel. Eine spezielle, auf die Ziele dieses Triebes gerichtete *Gewissenhaftigkeit* wird bei der Verdrängung desselben geschaffen, aber diese psychische Reaktionsbildung fühlt sich nicht sicher, sondern von dem im Unbewußten lauernden Triebe beständig bedroht. Der Einfluß des verdrängten Triebes wird als Versuchung empfunden, beim Prozeß der Verdrängung selbst entsteht die Angst, die sich als Erwartungsangst der Zukunft bemächtigt. Der Verdrängungsprozeß, der zur Zwangsneurose führt, ist als ein unvollkommen gelungener zu bezeichnen, der immer mehr zu mißlingen droht. Er ist daher einem nicht abzuschließenden Konflikt zu vergleichen; es werden immer neue psychische Anstrengungen erfordert, um dem konstanten Andrängen des Triebes das Gleichgewicht zu halten. Die Zeremoniell- und Zwangshandlungen entstehen so teils zur Abwehr der Versuchung, teils zum Schutze gegen das erwartete

Unheil. Gegen die Versuchung scheinen die Schutzhandlungen bald nicht auszureichen; es treten dann die Verbote auf, welche die Situation der Versuchung ferne legen sollen. Verbote ersetzen Zwangshandlungen, wie man sieht, ebenso wie eine Phobie den hysterischen Anfall zu ersparen bestimmt ist. Anderseits stellt das Zeremoniell die Summe der Bedingungen dar, unter denen anderes, noch nicht absolut Verbotenes erlaubt ist, ganz ähnlich wie das kirchliche Ehezeremoniell dem Frommen die Gestattung des sonst sündhaften Sexualgenusses bedeutet. Zum Charakter der Zwangsneurose wie aller ähnlichen Affektionen gehört noch, daß ihre Äußerungen (Symptome, darunter auch die Zwangshandlungen) die Bedingung eines Kompromisses zwischen den streitenden seelischen Mächten erfüllen. Sie bringen also auch immer etwas von der Lust wieder, die sie zu verhüten bestimmt sind, dienen dem verdrängten Triebe nicht minder als den ihn verdrängenden Instanzen. Ja, mit dem Fortschritte der Krankheit nähern sich die ursprünglich eher die Abwehr besorgenden Handlungen immer mehr den verpönten Aktionen an, durch welche sich der Trieb in der Kindheit äußern durfte.

Von diesen Verhältnissen wäre etwa folgendes auch auf dem Gebiete des religiösen Lebens wiederzufinden: Auch der Religionsbildung scheint die Unterdrückung, der *Verzicht* auf gewisse Triebregungen zugrunde zu liegen; es sind aber nicht wie bei der Neurose ausschließlich sexuelle Komponenten, sondern eigensüchtige, sozialschädliche Triebe, denen übrigens ein sexueller Beitrag meist nicht versagt ist. Das Schuldbewußtsein in der Folge der nicht erlöschenden Versuchung, die Erwartungsangst als Angst vor göttlichen Strafen sind uns ja auf religiösem Gebiete früher bekannt geworden als auf dem der Neurose. Vielleicht wegen der beigemengten sexuellen Komponenten, vielleicht infolge allgemeiner Eigenschaften der Triebe erweist sich die Triebunterdrückung auch im religiösen Leben als eine unzureichende und nicht abschließbare. Volle Rückfälle in die Sünde sind beim Frommen sogar häufiger als beim Neurotiker und begründen eine neue Art von religiösen Betätigungen, die Bußhandlungen, zu denen man in der Zwangsneurose die Gegenstücke findet.

Einen eigentümlichen und entwürdigenden Charakter der Zwangsneurose sahen wir darin, daß das Zeremoniell sich an kleine Handlungen des täglichen Lebens anschließt und sich in läppischen Vorschriften und Einschränkungen derselben äußert. Man versteht diesen auffälligen Zug in der Gestaltung des Krankheitsbildes erst, wenn man erfährt, daß der Mechanismus der psychischen *Verschiebung*, den ich zuerst bei der Traumbildung[3] aufgefunden, die seelischen Vorgänge der Zwangsneurose beherrscht. In den wenigen Beispielen von Zwangshandlungen ist bereits ersichtlich, wie durch eine Verschiebung vom Eigentlichen, Bedeutsamen, auf ein ersetzendes Kleines, z.B. vom Mann auf den Sessel, die Symbolik und das Detail der Ausführung zustandekommen. Diese Neigung zur Verschiebung ist es, die das Bild der Krankheitserscheinungen immer weiter abändert und es endlich dahin bringt, das scheinbar Geringfügigste zum Wichtigsten und Dringendsten zu machen. Es ist nicht zu verkennen, daß auf dem religiösen Gebiete eine ähnliche Neigung zur Verschiebung des psychischen Wertes, und zwar in gleichem Sinne, besteht, so daß allmählich das kleinliche Zeremoniell der Religionsübung zum Wesentlichen wird, welches deren Gedankeninhalt beiseite gedrängt hat. Darum unterliegen die Religionen auch ruckweise einsetzenden Reformen, welche das ursprüngliche Wertverhältnis herzustellen bemüht sind.

Der Kompromißcharakter der Zwangshandlungen als neurotischer Symptome wird an dem entsprechenden religiösen Tun am wenigsten deutlich zu erkennen sein. Und doch wird man auch an diesen Zug der Neurose gemahnt, wenn man erinnert, wie häufig alle Handlungen, welche die Religion verpönt – Äußerungen der von der Religion unterdrückten Triebe – gerade im Namen und angeblich zugunsten der Religion vollführt werden.

Nach diesen Übereinstimmungen und Analogien könnte man sich getrauen, die Zwangsneurose als pathologisches Gegenstück zur Religionsbildung aufzufassen, die Neurose als eine individuelle Religiosität, die Religion als eine universelle Zwangsneurose zu bezeichnen. Die wesentlichste Übereinstimmung läge in dem zugrunde liegenden Verzicht auf die Betätigung von konstitutionell gegebenen Trieben; der entscheidendste Unterschied in der Natur dieser Triebe, die bei der Neurose ausschließlich sexueller, bei der Religion egoistischer Herkunft sind.

Ein fortschreitender Verzicht auf konstitutionelle Triebe, deren Betätigung dem Ich primäre Lust gewähren könnte, scheint eine der Grundlagen der menschlichen Kulturentwicklung zu sein. Ein Stück dieser Triebverdrängung wird von den Religionen geleistet, indem sie den einzelnen seine Trieblust der Gottheit zum Opfer bringen lassen. »Die Rache ist mein«, spricht der Herr. An der Entwicklung der alten Religionen glaubt man zu erkennen, daß vieles, worauf der Mensch als »Frevel« verzichtet hatte, dem Gotte abgetreten und noch im Namen des Gottes erlaubt war, so daß die Überlassung an die Gottheit der Weg war, auf welchem sich der Mensch von der Herrschaft böser, sozialschädlicher Triebe befreite. Es ist darum wohl kein Zufall, daß den alten Göttern alle menschlichen Eigenschaften – mit den aus ihnen folgenden Missetaten – in uneingeschränktem Maße zugeschrieben wurden, und kein Widerspruch, daß es doch nicht erlaubt war, die eigenen Frevel durch das göttliche Beispiel zu rechtfertigen.

Charakter und Analerotik

Im Jahr 1905 hatte Freud eine weitere wichtige Schrift vorgelegt, die *Drei Abhandlungen zur Sexualtheorie* (1905d). Darin hatte er erstmals die Entwicklungsgeschichte des Sexualtriebs mit seinen verschiedenen Stadien, der oralen, der analen und der genitalen Phase, in ihren gesunden wie pathologischen Aspekten ausführlich dargestellt. Der hier abgedruckte 1908 publizierte Aufsatz führt seine dortigen Überlegungen zur Analität fort. Freud zeigt, wie sich die Persönlichkeit gestaltet, wenn die analen Konflikte der frühen Kindheit unzureichend bewältigt wurden. Die ersten beiden charakteristischen Merkmale des Analcharakters – *Eigensinn* und *Ordentlichkeit* – können wir, zumindest von einer gewissen Stärke an, durchaus mit der Beschreibung des Zwangs im vorigen Aufsatz in Verbindung bringen. Das dritte Merkmal, *Sparsamkeit,* verbindet Freud dann mit der reichen Bildersprache von Geld, Gold und Kot, die uns aus den Märchen, den Mythologien und vielen Redensarten nur allzu gut bekannt ist. Die Aktualität dieser Analyse ist leicht einsehbar, wenn wir daran denken, als wie »unfein« es uns auch heute in vielen Situationen erscheint, über Finanzielles zu sprechen, z. B. zu fragen, wieviel einer verdient oder wieviel etwas gekostet hat.

* * *

Unter den Personen, denen man durch psychoanalytische Bemühung Hilfe zu leisten sucht, begegnet man eigentlich recht häufig einem Typus, der durch das Zusammentreffen bestimmter Charaktereigenschaften ausgezeichnet ist, während das Verhalten einer gewissen Körperfunktion und der an ihr beteiligten Organe in der Kindheit dieser Personen die Aufmerksamkeit auf sich zieht. Ich weiß heute nicht mehr anzugeben, aus welchen einzelnen Veranlassungen mir der Eindruck erwuchs, daß zwischen jenem Charakter und diesem Organverhalten ein organischer Zusammenhang bestehe, aber ich kann versichern, daß theoretische Erwartung keinen Anteil an diesem Eindrucke hatte.

Infolge gehäufter Erfahrung hat sich der Glaube an solchen Zusammenhang bei mir so sehr verstärkt, daß ich von ihm Mitteilung zu machen wage.

Die Personen, die ich beschreiben will, fallen dadurch auf, daß sie in regelmäßiger Vereinigung die nachstehenden drei Eigenschaften zeigen: sie sind besonders *ordentlich, sparsam* und *eigensinnig.* Jedes dieser Worte deckt eigentlich eine kleine Gruppe oder Reihe von miteinander verwandten Charakterzügen. »Ordentlich« begreift sowohl die körperliche Sauberkeit als auch Gewissenhaftigkeit in kleinen Pflichterfüllungen und Verläßlichkeit; das Gegenteil davon wäre: unordentlich, nachlässig. Die Sparsamkeit kann bis zum Geize gesteigert erscheinen; der Eigensinn geht in Trotz über, an den sich leicht Neigung zur Wut und Rachsucht knüpfen. Die beiden letzteren Eigenschaften – Sparsamkeit und Eigensinn – hängen fester miteinander als mit dem ersten, dem »ordentlich«, zusammen; sie sind auch das konstantere Stück des ganzen Komplexes, doch erscheint es mir unabweisbar, daß irgendwie alle drei zusammengehören.

Aus der Kleinkindergeschichte dieser Personen erfährt man leicht, daß sie verhältnismäßig lange dazu gebraucht haben, bis sie der infantilen incontinentia alvi Herr geworden sind, und daß sie vereinzeltes Mißglücken dieser Funktion noch in späteren Kinderjahren zu beklagen hatten. Sie scheinen zu jenen Säuglingen gehört zu haben, die sich weigern, den Darm zu entleeren, wenn sie auf den Topf gesetzt werden, weil sie aus der Defäkation einen Lustnebengewinn beziehen;[1] denn sie geben an, daß es ihnen noch in etwas späteren Jahren Vergnügen bereitet hat, den Stuhl zurückzuhalten, und erinnern, wenngleich eher und leichter von ihren Geschwistern als von der eigenen Person, allerlei unziemliche Beschäftigungen mit dem zutage geförderten Kote. Wir schließen aus diesen Anzeichen auf eine überdeutliche erogene Betonung der Afterzone in der von ihnen mitgebrachten Sexualkonstitution; da sich aber nach abgelaufener Kindheit bei diesen Personen nichts mehr von diesen Schwächen und Eigenheiten auffinden läßt, müssen wir annehmen, daß die Analzone ihre erogene Bedeutung im Laufe der Entwicklung eingebüßt hat, und vermuten dann, daß die Konstanz jener Trias von Eigenschaften in ihrem Charakter mit der Aufzehrung der Analerotik in Verbindung gebracht werden darf.

Ich weiß, daß man sich nicht getraut, an einen Sachverhalt zu glauben, solange er unbegreiflich erscheint, der Erklärung nicht irgendeine Anknüpfung bietet. Wenigstens das Grundlegende desselben können wir nun unserem Verständnisse mit Hilfe der Voraussetzungen näher bringen, die in den »Drei Abhandlungen zur Sexualtheorie« 1905 dargelegt sind. Ich suche dort zu zeigen, daß der Sexualtrieb des Menschen hoch zusammengesetzt ist, aus Beiträgen zahlreicher Komponenten und Partialtriebe entsteht. Wesentliche Beiträge zur »Sexualerregung« leisten die peripherischen Erregungen gewisser ausgezeichneter Körperstellen (Genitalien, Mund, After, Blasenausgang), welche den Namen »erogene Zonen« verdienen. Die von diesen Stellen her eintreffenden Erregungsgrößen erfahren aber nicht alle und nicht zu jeder Lebenszeit das gleiche Schicksal. Allgemein gesprochen kommt nur ein Teil von ihnen dem Sexualleben zugute; ein anderer Teil wird von den sexuellen Zielen abgelenkt und auf andere Ziele gewendet, ein Prozeß, der den Namen »Sublimierung« verdient. Um die Lebenszeit, welche als »sexuelle Latenzperiode« bezeichnet werden darf, vom vollendeten fünften Jahre bis zu den ersten Äußerungen der Pubertät (ums elfte Jahr) werden sogar auf Kosten dieser von erogenen Zonen gelieferten Erregungen im Seelenleben Reaktionsbildungen, Gegenmächte, geschaffen wie Scham, Ekel und Moral, die sich gleichwie Dämme der späteren Betätigung der Sexualtriebe entgegensetzen. Da nun die Analerotik zu jenen Komponenten des Triebes gehört, die im Laufe der Entwicklung und im Sinne unserer heutigen Kulturerziehung für sexuelle Zwecke unverwendbar werden, läge es nahe, in den bei ehemaligen Analerotikern so häufig hervortretenden Charaktereigenschaften – Ordentlichkeit, Sparsamkeit und Eigensinn – die nächsten und konstantesten Ergebnisse der Sublimierung der Analerotik zu erkennen.[2]

Die innere Notwendigkeit dieses Zusammenhanges ist mir natürlich selbst nicht durchsichtig, doch kann ich einiges anführen, was als Hilfe für ein Verständnis desselben verwertet werden kann. Die Sauberkeit, Ordentlichkeit, Verläßlichkeit macht ganz den Eindruck einer Reaktionsbildung gegen das Interesse am Unsauberen, Störenden, nicht zum Körper gehörigen (*»Dirt is matter in the wrong place«*). Den Eigensinn mit dem Defäkationsinteresse in Beziehung zu bringen, scheint keine leichte Aufgabe, doch mag man sich daran erinnern, daß schon der Säugling sich beim Absetzen des Stuhles eigenwillig benehmen kann (s.o.), und daß schmerzhafte Reize auf die mit der erogenen Afterzone verknüpfte Gesäßhaut allgemein der Erziehung dazu dienen, den Eigensinn des Kindes zu brechen, es gefügig zu machen. Zum Ausdrucke des Trotzes und der trotzenden Verhöhnung wird bei uns immer noch wie in alter Zeit eine Aufforderung verwendet, die die Liebkosung der Afterzone zum Inhalte hat, also eigentlich eine von der Verdrängung betroffene Zärtlichkeit bezeichnet. Die Entblößung des Hintern stellt die Abschwächung dieser Rede zur Geste dar; in Goethes Götz von Berlichingen finden sich beide, Rede wie Geste, an passendster Stelle als Ausdruck des Trotzes angebracht.

Am ausgiebigsten erscheinen die Beziehungen, welche sich zwischen den anscheinend so disparaten Komplexen des Geldinteresses und der Defäkation ergeben. Jedem Arzte, der die Psychoanalyse geübt hat, ist es wohl bekannt geworden, daß sich auf diesem Wege die hartnäckigsten und langdauerndsten sogenannten habituellen Stuhlverstopfungen Nervöser beseitigen lassen. Das Erstaunen hierüber wird durch die Erinnerung gemäßigt, daß diese Funktion sich ähnlich gefügig auch gegen die hypnotische Suggestion erwiesen hat. In der Psychoanalyse erzielt man diese Wirkung aber nur dann, wenn man den Geldkomplex der Betreffenden berührt und sie veranlaßt, denselben mit all seinen Beziehungen zum Bewußtsein zu bringen. Man könnte meinen, daß die Neurose hierbei nur einem Winke des Sprachgebrauchs folgt, der eine Person, die das Geld allzu ängstlich zurückhält, *»schmutzig«* oder *»filzig«* (englisch: *filthy* = schmutzig) nennt. Allein dieses wäre eine allzu oberflächliche Würdigung. In Wahrheit ist überall, wo die archaische Denkweise herrschend war oder geblieben ist, in den alten Kulturen, im Mythus, Märchen, Aberglauben, im unbewußten Denken, im Traume und in der Neurose das Geld in innigste Beziehungen zum Drecke gebracht. Es ist bekannt, daß das Gold, welches der Teufel seinen Buhlen schenkt, sich nach seinem Weggehen in Dreck verwandelt, und der Teufel ist doch gewiß nichts anderes als die Personifikation des verdrängten unbewußten Trieblebens.[3] Bekannt ist ferner der Aberglaube, der die Auffindung von Schätzen mit der Defäkation zusammenbringt, und jedermann vertraut ist die Figur des »Dukatenscheißers«. Ja, schon in der altbabylonischen Lehre ist Gold der Kot der Hölle, *Mammon = ilu manman.*[4] Wenn also die Neurose dem Sprachgebrauche folgt, so nimmt sie hier wie anderwärts die Worte in ihrem ursprünglichen, bedeutungsvollen Sinne, und wo sie ein Wort bildlich darzustellen scheint, stellt sie in der Regel nur die alte Bedeutung des Wortes wieder her.

Es ist möglich, daß der Gegensatz zwischen dem Wertvollsten, das der Mensch kennen gelernt hat, und dem Wertlosesten, das er als Abfall (*»refuse«*) von sich wirft, zu dieser bedingten Identifizierung von Gold und Kot geführt hat.

Im Denken der Neurose kommt dieser Gleichstellung wohl noch ein anderer Umstand zu Hilfe. Das ursprünglich erotische Interesse an der Defäkation ist, wie wir ja wissen, zum Erlöschen in reiferen Jahren bestimmt; in diesen Jahren tritt das Interesse am Gelde als ein neues auf, welches der Kindheit noch gefehlt hat; dadurch wird es erleichtert, daß die frühere Strebung, die ihr Ziel zu verlieren im Begriffe ist, auf das neu auftauchende Ziel übergeleitet werde.

Wenn den hier behaupteten Beziehungen zwischen der Analerotik und jener Trias von Charaktereigenschaften etwas Tatsächliches zugrunde liegt, so wird man keine besondere Ausprägung des »Analcharakters« bei Personen erwarten dürfen, die sich die erogene Eignung der Analzone für das reife Leben bewahrt haben, wie z.B. gewisse Homosexuelle. Wenn ich nicht sehr irre, befindet sich die Erfahrung zumeist in guter Übereinstimmung mit diesem Schlusse.

Man müßte überhaupt in Erwägung ziehen, ob nicht auch andere Charakterkomplexe ihre Zugehörigkeit zu den Erregungen von bestimmten erogenen Zonen erkennen lassen. Ich kenne bis jetzt nur noch den unmäßigen »brennenden« Ehrgeiz der einstigen Enuretiker. Für die Bildung des endgültigen Charakters aus den konstitutiven Trieben läßt sich allerdings eine Formel angeben: Die bleibenden Charakterzüge sind entweder unveränderte Fortsetzungen der ursprünglichen Triebe, Sublimierungen derselben oder Reaktionsbildungen gegen dieselben.

Über infantile Sexualtheorien

Dieser kleine Aufsatz von 1908 gehört zu meinen Freudschen Lieblingstexten. Es ist der liebevolle Respekt vor der Kreativität des erwachenden Intellekts, der ihn für mich so bezaubernd macht. Freud beschreibt hier, wie sich das kindliche Denken an die großen Fragen der Menschheit heranwagt. Woher kommen die Kinder? Was tun Vater und Mutter zusammen? Wie geht die Geburt vor sich? In der Zeit der ödipalen Reifung wird das Kind zum heimlichen Forscher und macht auf der Grundlage der Plausibilität und mit Hilfe von Analogieschlüssen seine ersten großen theoretischen Entwürfe. Es ist, wie Freud erkennt, die Geburtsstunde des Wissenschaftlers.

* * *

Das Material, auf welches die nachstehende Zusammenstellung sich stützt, stammt aus mehreren Quellen. Erstens aus der unmittelbaren Beobachtung der Äußerungen und des Treibens der Kinder, zweitens aus den Mitteilungen erwachsener Neurotiker, die während einer psychoanalytischen Behandlung erzählen, was sie von ihrer Kinderzeit bewußt in Erinnerung haben, und zum dritten Anteile aus den Schlüssen, Konstruktionen und ins Bewußte übersetzten unbewußten Erinnerungen, die sich aus den Psychoanalysen mit Neurotikern ergeben.

Daß die erste dieser drei Quellen nicht für sich allein alles Wissenswerte geliefert hat, begründet sich durch das Verhalten der Erwachsenen gegen das kindliche Sexualleben. Man mutet den Kindern keine Sexualtätigkeit zu, gibt sich darum keine Mühe, eine solche zu beobachten, und unterdrückt anderseits die Äußerungen derselben, die der Aufmerksamkeit würdig wären. Die Gelegenheit, aus dieser lautersten und ergiebigsten Quelle zu schöpfen, ist daher eine recht eingeschränkte. Was aus den unbeeinflußten Mitteilungen Erwachsener über ihre bewußten Kindheitserinnerungen stammt, unterliegt höchstens der Einwendung der möglichen Verfälschung in der Rückschau, wird aber außerdem nach dem Gesichtspunkte zu werten sein, daß die Gewährspersonen später neurotisch geworden sind. Das Material der dritten Herkunft wird allen Anfechtungen unterliegen, die man gegen die Verläßlichkeit der Psychoanalyse und die Sicherheit der aus ihr gezogenen Schlüsse ins Feld zu führen pflegt; die Rechtfertigung dieses Urteils kann also hier nicht versucht werden; ich will nur versichern, daß derjenige, welcher die psychoanalytische Technik kennt und ausübt, ein weitgehendes Zutrauen zu ihren Ergebnissen gewinnt.

Für die Vollständigkeit meiner Resultate kann ich nicht einstehen, bloß für die Sorgfalt, mit der ich mich um ihre Gewinnung bemüht habe.

Eine schwierige Frage bleibt es, zu entscheiden, inwieweit man das, was hier von den Kindern im allgemeinen berichtet wird, von allen Kindern, das heißt von jedem einzelnen Kinde, voraussetzen darf. Erziehungsdruck und verschiedene Intensität des Sexualtriebes werden gewiß große individuelle Schwankungen im Sexualverhalten des Kindes ermöglichen, vor allem das zeitliche Auftreten des kindlichen Sexualinteresses beeinflussen. Ich habe darum meine Darstellung nicht nach aufeinanderfolgenden Kindheitsepochen gegliedert, sondern in einem zusammengefaßt, was bei verschiedenen Kindern bald früher, bald später zur Geltung kommt. Es ist meine Überzeugung, daß sich doch kein Kind – kein vollsinniges wenigstens oder gar geistig begabtes – der Beschäftigung mit den sexuellen Problemen in den Jahren *vor* der Pubertät entziehen kann.

Ich denke nicht groß von dem Einwurfe, daß die Neurotiker eine besondere, durch degenerative Anlage ausgezeichnete Menschenklasse sind, aus deren Kinderleben auf die Kindheit anderer zu schließen untersagt sein müßte. Die Neurotiker sind Menschen wie andere auch, von den normalen nicht scharf abzugrenzen, in ihrer Kindheit nicht immer leicht von denjenigen, die später gesund bleiben, zu unterscheiden. Es ist eines der wertvollsten Ergebnisse unserer psychoanalytischen Untersuchungen, daß ihre Neurosen keinen besonderen, ihnen eigentümlich und allein zukommenden psychischen Inhalt haben, sondern daß sie, wie C.G. Jung es ausdrückt, an denselben Komplexen erkranken, mit denen auch wir Gesunde kämpfen. Der Unterschied ist nur der, daß die Gesunden diese Komplexe zu bewältigen wissen ohne großen, praktisch nachweisbaren Schaden, während den Nervösen die Unterdrückung dieser Komplexe nur um den Preis von kostspieligen Ersatzbildungen gelingt, also praktisch mißlingt. Nervöse und Normale stehen einander in der Kindheit natürlich noch viel näher als im späteren Leben, so daß ich einen methodischen Fehler nicht darin erblicken kann, die Mitteilungen von Neurotikern über ihre Kindheit zu Analogieschlüssen über das normale Kindheitsleben zu verwerten. Da aber die späteren Neurotiker sehr häufig einen besonders starken Geschlechtstrieb und eine Neigung zur Frühreife, vorzeitiger Äußerung desselben, in ihrer Konstitution mitbringen, werden sie uns vieles von der infantilen Sexualbetätigung greller und deutlicher erkennen lassen, als unserer ohnedies stumpfen Beobachtungsgabe an anderen Kindern möglich wäre. Der wirkliche Wert dieser von erwachsenen Neurotikern herrührenden Mitteilungen wird sich allerdings erst abschätzen lassen, wenn man nach dem Vorgange von Havelock Ellis auch die Kindheitserinnerungen erwachsener Gesunder der Sammlung gewürdigt haben wird.

Infolge der Ungunst äußerer wie innerer Verhältnisse haben die nachstehenden Mitteilungen vorwiegend nur auf die Sexualentwicklung des einen Geschlechtes, des männlichen nämlich, Bezug. Der Wert einer Sammlung aber, wie ich sie hier versuche, braucht kein bloß deskriptiver zu sein. Die Kenntnis der infantilen Sexualtheorien, wie sie sich im kindlichen Denken gestalten, kann nach verschiedenen Richtungen interessant sein, überraschenderweise auch für das Verständnis der Mythen und Märchen. Unentbehrlich bleibt sie aber für die Auffassung der Neurosen selbst, innerhalb deren diese kindlichen Theorien noch in Geltung sind und einen bestimmenden Einfluß auf die Gestaltung der Symptome gewinnen.

*

Wenn wir unter Verzicht auf unsere Leiblichkeit als bloß denkende Wesen, etwa von einem anderen Planeten her, die Dinge dieser Erde frisch ins Auge fassen könnten, so würde vielleicht nichts anderes unserer Aufmerksamkeit mehr auffallen als die Existenz zweier Geschlechter unter den Menschen, die einander sonst so *ähnlich,* doch durch die äußerlichsten Anzeichen ihre Verschiedenheit betonen. Es scheint nun nicht, daß auch die Kinder diese Grundtatsache zum Ausgange ihrer Forschungen über sexuelle Probleme wählen. Da sie Vater und Mutter kennen, soweit sie sich ihres Lebens erinnern, nehmen sie deren Vorhandensein als eine weiter nicht zu untersuchende Realität hin, und ebenso verhält sich der Knabe gegen ein Schwesterchen, von dem er nur durch eine geringe Altersdifferenz von ein oder zwei Jahren getrennt ist. Der Wissensdrang der Kinder erwacht hier überhaupt nicht spontan, etwa infolge eines eingeborenen Kausalitätsbedürfnisses, sondern unter dem Stachel der sie beherrschenden eigensüchtigen Triebe, wenn sie – etwa nach Vollendung des zweiten Lebensjahres – von der Ankunft eines neuen Kindes betroffen werden. Diejenigen Kinder, deren Kinderstube nicht im Hause selbst eine solche Einquartierung empfängt, sind dann noch imstande, sich nach ihren Beobachtungen in anderen Häusern in diese Situation zu versetzen. Der selbst erfahrene oder mit Recht befürchtete Entgang an Fürsorge von seiten der Eltern, die Ahnung, allen Besitz von nun an für alle Zeiten mit dem Neuankömmlinge teilen zu müssen, wirken erweckend auf das Gefühlsleben des Kindes und verschärfend auf seine Denkfähigkeit. Das ältere Kind äußert unverhohlene Feindseligkeit gegen den Konkurrenten, die sich in unliebenswürdiger Beurteilung desselben, in Wünschen, daß »der Storch ihn wieder mitnehmen möge« und dergleichen Luft macht und gelegentlich selbst zu kleinen Attentaten auf das hilflos in der Wiege Daliegende führt. Eine größere Altersdifferenz schwächt den Ausdruck dieser primären Feindseligkeit in der Regel ab; ebenso kann in etwas späteren Jahren, wenn Geschwister ausbleiben, der Wunsch nach einem Gespielen, wie das Kind ihn anderswo beobachten konnte, die Oberhand erhalten.

Unter der Anregung dieser Gefühle und Sorgen kommt das Kind nun zur Beschäftigung mit dem ersten, großartigen Problem des Lebens und stellt sich die Frage, *woher die Kinder kommen*, die wohl zuerst lautet, woher dieses einzelne störende Kind gekommen ist. Den Nachklang dieser ersten Rätselfrage glaubt man in unbestimmt vielen Rätseln des Mythus und der Sage zu vernehmen; die Frage selbst ist, wie alles Forschen, ein Produkt der Lebensnot, als ob dem Denken die Aufgabe gestellt würde, das Wiedereintreffen so gefürchteter Ereignisse zu verhüten. Nehmen wir indes an, daß sich das Denken des Kindes alsbald von seiner Anregung frei macht und als selbständiger Forschertrieb weiter arbeitet. Wo das Kind nicht bereits zu sehr eingeschüchtert ist, schlägt es früher oder später den nächsten Weg ein, Antwort von seinen Eltern und Pflegepersonen, die ihm die Quelle des Wissens bedeuten, zu verlangen. Dieser Weg geht aber fehl. Das Kind erhält entweder ausweichende Antwort oder einen Verweis für seine Wißbegierde oder wird mit jener mythologisch bedeutsamen Auskunft abgefertigt, die in deutschen Landen lautet: Der Storch bringe die Kinder, die er aus dem Wasser hole. Ich habe Grund anzunehmen, daß weit mehr Kinder, als die Eltern ahnen, mit dieser Lösung unzufrieden sind und ihr energische Zweifel entgegensetzen, die nur nicht immer offen eingestanden werden. Ich weiß von einem dreijährigen Knaben, der nach erhaltener Aufklärung zum Schrecken seiner Kinderfrau vermißt wurde und sich am Ufer des großen Schloßteiches wiederfand, wohin er geeilt war, um die Kinder im Wasser zu beobachten, von einem anderen, der seinem Unglauben keine andere als die zaghafte Aussprache gestatten konnte, er wisse es besser, nicht der Storch bringe die Kinder, sondern der –

Fischreiher. Es scheint mir aus vielen Mitteilungen hervorzugehen, daß die Kinder der Storchtheorie den Glauben verweigern, von dieser ersten Täuschung und Abweisung an aber ein Mißtrauen gegen die Erwachsenen in sich nähren, die Ahnung von etwas Verbotenem gewinnen, das ihnen von den »Großen« vorenthalten wird, und darum ihre weiteren Forschungen mit Geheimnis verhüllen. Sie haben dabei aber auch den ersten Anlaß eines »psychischen Konflikts« erlebt, indem Meinungen, für die sie eine triebartige Bevorzugung empfinden, die aber den Großen nicht »recht« sind, in Gegensatz zu anderen geraten, die durch die Autorität der »Großen« gehalten werden, ohne ihnen selbst genehm zu sein. Aus diesem psychischen Konflikte kann bald eine »psychische Spaltung« werden; die eine Meinung, mit der die Bravheit, aber auch die Sistierung des Nachdenkens verbunden ist, wird zur herrschenden bewußten; die andere, für die die Forscherarbeit unterdes neue Beweise erbracht hat, die nicht gelten sollen, zur unterdrückten, »unbewußten«. Der Kernkomplex der Neurose findet sich auf diese Weise konstituiert.

Ich habe kürzlich durch die Analyse eines fünfjährigen Knaben, die dessen Vater mit ihm angestellt und mir dann zur Veröffentlichung überlassen hat, den unwiderleglichen Nachweis für eine Einsicht erhalten, auf deren Spur mich die Psychoanalysen Erwachsener längst geführt hatten. Ich weiß jetzt, daß die Graviditätsveränderung der Mutter den scharfen Augen des Kindes nicht entgeht, und daß dieses sehr wohl imstande ist, eine Weile nachher den richtigen Zusammenhang zwischen der Leibeszunahme der Mutter und dem Erscheinen des Kindes herzustellen. In dem erwähnten Falle war der Knabe dreieinhalb Jahre alt, als seine Schwester geboren wurde, und vierdreiviertel, als er sein besseres Wissen durch die unverkennbarsten Anspielungen erraten ließ. Diese frühzeitige Erkenntnis wird aber immer geheim gehalten und später im Zusammenhange mit den weiteren Schicksalen der kindlichen Sexualforschung verdrängt und vergessen.

Die »Storchfabel« gehört also nicht zu den infantilen Sexualtheorien; es ist im Gegenteile die Beobachtung der Tiere, die ihr Sexualleben so wenig verhüllen, und denen sich das Kind so verwandt fühlt, die den Unglauben des Kindes bestärkt. Mit der Erkenntnis, das Kind wachse im Leibe der Mutter, die das Kind noch selbständig erwirbt, wäre es auf dem richtigen Wege, das Problem, an dem es zuerst seine Denkkraft erprobt, zu lösen. Im weiteren Fortschreiten wird es aber gehemmt durch eine Unwissenheit, die sich nicht ersetzen läßt, und durch falsche Theorien, welche der Zustand der eigenen Sexualität ihm aufdrängt.

Diese falschen Sexualtheorien, die ich nun erörtern werde, haben alle einen sehr merkwürdigen Charakter. Obwohl sie in grotesker Weise fehlgehen, enthalten sie doch, jede von ihnen, ein Stück echter Wahrheit, in dieser Zusammensetzung analog den »genial« geheißenen Lösungsversuchen Erwachsener an den für den Menschenverstand überschwierigen Weltproblemen. Das Richtige und Triftige an diesen Theorien erklärt sich durch deren Abkunft von den Komponenten des Sexualtriebes, die sich bereits im kindlichen Organismus regen; denn nicht psychische Willkür oder zufällige Eindrücke haben diese Annahmen entstehen lassen, sondern die Notwendigkeiten der psychosexuellen Konstitution, und darum können wir von typischen Sexualtheorien der Kinder sprechen, darum finden wir die nämlichen irrigen Meinungen bei allen Kindern, deren Sexualleben uns zugänglich wird.

Die erste dieser Theorien knüpft an die Vernachlässigung der Geschlechtsunterschiede an, die wir eingangs als kennzeichnend für das Kind hervorgehoben haben. Sie besteht darin, *allen Menschen, auch den weiblichen Personen, einen Penis zuzusprechen,* wie ihn der Knabe vom eigenen Körper kennt. Gerade in jener Sexualkonstitution, die wir als die »normale« anerkennen müssen, ist der Penis schon in der Kindheit die leitende erogene Zone, das hauptsächlichste autoerotische Sexualobjekt, und seine Wertschätzung spiegelt sich logisch in dem Unvermögen, eine dem Ich ähnliche Persönlichkeit ohne diesen wesentlichen Bestandteil vorzustellen. Wenn der kleine Knabe das Genitale eines Schwesterchens zu Gesicht bekommt, so zeigen seine Äußerungen, daß sein Vorurteil bereits stark genug ist, um die Wahrnehmung zu beugen; er konstatiert nicht etwa das Fehlen des Gliedes, sondern sagt *regelmäßig*, wie tröstend und vermittelnd: der ... ist aber noch klein; nun wenn sie größer wird, wird er schon wachsen. Die Vorstellung des Weibes mit dem Penis kehrt noch spät in den Träumen des Erwachsenen wieder; in nächtlicher sexueller Erregung wirft er ein Weib nieder, entblößt es und bereitet sich zum Koitus, um dann beim Anblick des wohlausgebildeten Gliedes an Stelle der weiblichen Genitalien den Traum und die Erregung abzubrechen. Die zahlreichen Hermaphroditen des klassischen Altertums geben diese einst allgemeine infantile Vorstellung getreulich wieder; man kann beobachten, daß sie auf die meisten normalen Menschen nicht verletzend wirkt, während die wirklich von der Natur zugelassenen hermaphroditischen Bildungen der Genitalien fast immer den größten Abscheu erregen.

Wenn sich diese Vorstellung des Weibes mit dem Penis bei dem Kinde »fixiert«, allen Einflüssen des späteren Lebens widersteht, und den Mann unfähig macht, bei seinem Sexualobjekt auf den Penis zu verzichten, so muß ein solches Individuum bei sonst normalem Sexualleben ein Homosexueller werden, seine Sexualobjekte unter den Männern suchen, die durch andere somatische und seelische Charaktere an das Weib erinnern. Das wirkliche Weib, wie es später erkannt wird, bleibt als Sexualobjekt unmöglich für ihn, da es des wesentlichen sexuellen Reizes entbehrt, ja im Zusammenhange mit einem anderen Eindruck des Kinderlebens kann es zum Abscheu für ihn werden. Das hauptsächlich von der Peniserregung beherrschte Kind hat sich gewöhnlich durch Reizung desselben mit der Hand Lust geschafft, ist von den Eltern oder Wartepersonen dabei ertappt und mit der Drohung, man werde ihm das Glied abschneiden, geschreckt worden. Die Wirkung dieser »Kastrationsdrohung« ist im richtigen Verhältnisse zur Schätzung dieses Körperteiles eine ganz außerordentlich tiefgreifende und nachhaltige. Sagen und Mythen zeugen von dem Aufruhr des kindlichen Gefühlslebens, von dem Entsetzen, das sich an den Kastrationskomplex knüpft, der dann später auch entsprechend widerwillig vom Bewußtsein erinnert wird. An diese Drohung mahnt nun das später wahrgenommene, als verstümmelt aufgefaßte Genitale des Weibes und darum erweckt es beim Homosexuellen Grausen anstatt Lust. An dieser Reaktion kann nichts mehr geändert werden, wenn der Homosexuelle von der Wissenschaft erfährt, daß die kindliche Annahme, auch die Frau besitze einen Penis, doch nicht so irre geht. Die Anatomie hat die Klitoris innerhalb der weiblichen Schamspalte als das dem Penis homologe Organ erkannt, und die Physiologie der Sexualvorgänge hat hinzufügen können, daß dieser kleine und nicht mehr wachsende Penis sich in der Kindheit des Weibes tatsächlich wie ein echter und rechter Penis benimmt, daß er zum Sitz von Erregungen wird, die zu seiner Berührung veranlassen, daß seine Reizbarkeit der Sexualbetätigung des kleinen Mädchens männlichen Charakter verleiht, und daß es eines Verdrängungsschubes in den Pubertätsjahren bedarf, um durch Hinwegräumung dieser männlichen Sexualität das Weib entstehen zu lassen. Wie nun viele Frauen in ihrer Sexualfunktion daran verkümmern, daß diese Klitoriserregbarkeit hartnäckig festgehalten wird, so daß sie im Koitusverkehr anästhetisch bleiben, oder daß die Verdrängung zu übermäßig erfolgt, so daß ihre Wirkung durch hysterische Ersatzbildung teilweise aufgehoben wird; dies alles gibt der infantilen Sexualtheorie, das Weib besitze wie der Mann einen Penis, nicht unrecht.

An dem kleinen Mädchen kann man mit Leichtigkeit beobachten, daß es die Schätzung des Bruders durchaus teilt. Es entwickelt ein großes Interesse für diesen Körperteil beim Knaben, das aber alsbald vom Neide kommandiert wird. Es fühlt sich benachteiligt, es macht Versuche, in solcher Stellung zu urinieren, wie es dem Knaben durch den Besitz des großen Penis ermöglicht wird, und wenn es den Wunsch äußert: Ich möchte lieber ein Bub sein, so wissen wir, welchem Mangel dieser Wunsch abhelfen soll.

Wenn das Kind den Andeutungen folgen könnte, die von der Erregung des Penis ausgehen, so würde es der Lösung seines Problems um ein Stück näher rücken. Daß das Kind im Leibe der Mutter wächst, ist offenbar nicht genug Erklärung. Wie kommt es hinein? Was gibt den Anstoß zu seiner Entwicklung? Daß der Vater etwas damit zu tun hat, ist wahrscheinlich; er erklärt ja, das Kind sei auch sein Kind.[1] Anderseits hat der Penis gewiß auch seinen Anteil an diesen nicht zu erratenden Vorgängen, er bezeugt es durch seine Miterregung bei all dieser Gedankenarbeit. Mit dieser Erregung sind Antriebe verbunden, die das Kind sich nicht zu deuten weiß, dunkle Impulse zu gewaltsamem Tun, zum Eindringen, Zerschlagen, irgendwo ein Loch aufreißen. Aber wenn das Kind so auf dem besten Wege scheint, die Existenz der Scheide zu postulieren und dem Penis des Vaters ein solches Eindringen bei der Mutter zuzuschreiben als jenen Akt, durch den das Kind im Leibe der Mutter entsteht, so bricht an dieser Stelle doch die Forschung ratlos ab, denn ihr steht die Theorie im Wege, daß die Mutter einen Penis besitzt wie ein Mann, und die Existenz des Hohlraumes, der den Penis aufnimmt, bleibt für das Kind unentdeckt. Daß die Erfolglosigkeit der Denkbemühung dann ihre Verwerfung und ihr Vergessen erleichtert, wird man gern annehmen. Dieses Grübeln und Zweifeln wird aber vorbildlich für alle spätere Denkarbeit an Problemen, und der erste Mißerfolg wirkt für alle Zeiten lähmend fort.

Die Unkenntnis der Vagina ermöglicht dem Kinde auch die Überzeugung von der zweiten seiner Sexualtheorien. Wenn das Kind im Leibe der Mutter wächst und aus diesem entfernt wird, so kann dies nur auf dem einzig möglichen Wege der Darmöffnung geschehen. *Das Kind muß entleert werden wie ein Exkrement, ein Stuhlgang.* Wenn dieselbe Frage in späteren Kinderjahren Gegenstand des einsamen Nachdenkens oder der Besprechung zwischen zwei Kindern wird, so stellen sich wohl die Auskünfte ein, das Kind komme aus dem sich öffnenden Nabel, oder der Bauch werde aufgeschnitten und das Kind herausgenommen, wie es dem Wolfe im Märchen von Rotkäppchen geschieht. Diese Theorien werden laut ausgesprochen und später auch bewußt erinnert; sie enthalten nichts Anstößiges mehr. Dieselben Kinder haben dann völlig vergessen, daß sie in früheren Jahren an eine andere Geburtstheorie glaubten, welcher gegenwärtig die seither eingetretene Verdrängung der analen Sexualkomponente im Wege steht. Damals war der Stuhlgang etwas, wovon in der Kinderstube ohne Scheu gesprochen werden durfte, das Kind stand seinen konstitutionellen koprophilen Neigungen noch nicht so ferne; es war keine Degradation, so zur Welt zu kommen wie ein Haufen Kot, den der Ekel noch nicht verdammt hatte. Die Kloakentheorie, die für so viele Tiere ja zu Recht besteht, war die natürlichste und die einzige, die sich dem Kinde als wahrscheinlich aufdrängen konnte.

Dann war es aber nur konsequent, daß das Kind das schmerzliche Vorrecht des Weibes, Kinder zu gebären, nicht gelten ließ. Wenn die Kinder durch den After geboren werden, so kann der Mann ebensogut gebären wie das Weib. Der Knabe kann also auch phantasieren, daß er selbst Kinder bekommt, ohne daß wir ihn darum femininer Neigungen zu beschuldigen brauchen. Er betätigt dabei nur seine noch regsame Analerotik.

Wenn sich die Kloakentheorie der Geburt im Bewußtsein späterer Kinderjahre erhält, was gelegentlich vorkommt, so bringt sie auch eine allerdings nicht mehr ursprüngliche Lösung der Frage nach der Entstehung der Kinder mit sich. Es ist dann wie im Märchen. Man ißt etwas Bestimmtes und davon bekommt man ein Kind. Die Geisteskranke belebt diese infantile Geburtstheorie dann wieder. Die Maniaka etwa führt den besuchenden Arzt zu einem Häufchen Kot, das sie in einer Ecke ihrer Zelle abgesetzt hat, und sagt ihm lachend: Das ist das Kind, das ich heute geboren habe.

Die dritte der typischen Sexualtheorien ergibt sich den Kindern, wenn sie durch irgendeine der häuslichen Zufälligkeiten zu Zeugen des elterlichen Sexualverkehrs werden, über den sie dann doch nur sehr unvollständige Wahrnehmungen machen können. Welches Stück desselben dann immer in ihre Beobachtung fällt, ob die gegenseitige Lage der beiden Personen oder die Geräusche oder gewisse Nebenumstände, sie gelangen in allen Fällen nur nämlichen, wir können sagen *sadistischen Auffassung des Koitus,* sehen in ihm etwas, was der stärkere Teil dem schwächeren mit Gewalt antut, und vergleichen ihn, zumal die Knaben, mit einer Rauferei, wie sie sie aus ihrem Kinderverkehr kennen, und die ja auch der Beimengung sexueller Erregung nicht ermangelt. Ich habe nicht feststellen können, daß die Kinder diesen von ihnen beobachteten Vorgang zwischen den Eltern als das zur Lösung des Kinderproblems erforderliche Stück agnoszieren würden; öfter hatte es den Anschein, als würde diese Beziehung von den Kindern gerade darum verkannt, weil sie dem Liebesakte solche Deutung ins Gewalttätige gegeben haben. Aber diese Auffassung macht selbst den Eindruck einer Wiederkehr jenes dunkeln Impulses zur grausamen Betätigung, der sich beim ersten Nachdenken über das Rätsel, woher die Kinder kommen, an die Peniserregung knüpfte. Es ist auch die Möglichkeit nicht abzuleugnen, daß jener frühzeitige sadistische Impuls, der den Koitus beinahe hätte erraten lassen, selbst unter dem Einflusse dunkelster Erinnerungen an den Verkehr der Eltern aufgetreten ist, für die das Kind, als es noch in den ersten Lebensjahren das Schlafzimmer der Eltern teilte, das Material aufgenommen hatte, ohne es damals zu verwerten.[2]

Die sadistische Theorie des Koitus, die in ihrer Isoliertheit zur Irreführung wird, wo sie hätte Bestätigung bringen können, ist wiederum der Ausdruck einer der angeborenen sexuellen Komponenten, die bei dem einzelnen Kinde mehr oder minder stark ausgeprägt sein mag, und sie hat daher ein Stück weit recht, errät zum Teil das Wesen des Geschlechtsaktes und den »Kampf der Geschlechter«, der ihm vorhergeht. Nicht selten ist das Kind auch in der Lage, diese seine Auffassung durch akzidentelle Wahrnehmungen zu stützen, die es zum Teil richtig, zum anderen wieder falsch, ja gegensätzlich erfaßt. In vielen Ehen sträubt sich die Frau wirklich regelmäßig gegen die eheliche Umarmung, die ihr keine Lust und die Gefahr neuer Schwangerschaft bringt, und so mag die Mutter dem für schlafend gehaltenen (oder sich schlafend stellenden) Kinde einen Eindruck bieten, der gar nicht anders denn als ein Wehren gegen eine Gewalttat gedeutet werden kann. Andere Male noch gibt die ganze Ehe dem aufmerksamen Kinde das Schauspiel eines unausgesetzten, in lauten Worten und unfreundlichen Gebärden sich äußernden Streites, wo dann das Kind sich nicht zu wundern braucht, daß dieser Streit sich auch in die Nacht fortsetzt und endlich durch dieselben Methoden ausgetragen wird, die das Kind im Verkehre mit seinen Geschwistern oder Spielgenossen zu gebrauchen gewöhnt ist.

Als eine Bestätigung seiner Auffassung sieht das Kind es aber auch an, wenn es Blutspuren im Bett oder an der Wäsche der Mutter entdeckt. Diese sind ihm ein Beweis dafür, daß in der Nacht wieder ein solcher Überfall des Vaters auf die Mutter stattgefunden hat, während wir dieselbe frische Blutspur lieber als Anzeichen einer Pause im sexuellen Verkehre deuten werden. Manche sonst unerklärliche »Blutscheu« der Nervösen findet durch diesen Zusammenhang ihre Aufklärung. Der Irrtum des Kindes deckt wiederum ein Stückchen Wahrheit; unter gewissen, bekannten Verhältnissen wird die Blutspur allerdings als Zeichen des eingeleiteten sexuellen Verkehres gewürdigt.

In loserem Zusammenhange mit dem unlösbaren Problem, woher die Kinder kommen, beschäftigt sich das Kind mit der Frage, was das Wesen und der Inhalt des Zustandes sei, den man »Verheiratetsein« heißt, und beantwortet diese Frage verschieden, je nach dem Zusammentreffen von zufälligen Wahrnehmungen bei den Eltern mit den eigenen noch lustbetonten Trieben. Nur daß es sich vom Verheiratetsein Lustbefriedigung verspricht und ein Hinwegsetzen über die Scham vermutet, scheint allen diesen Beantwortungen gemeinsam. Die Auffassung, die ich am häufigsten gefunden habe, lautet, daß *»man vor einander uriniert«;* eine Abänderung, die so klingt, als ob sie symbolisch ein Mehrwissen andeuten wollte: daß *der Mann in den Topf der Frau uri-*

niert. Andere Male wird der Sinn des Heiratens darin verlegt: *daß man einander den Popo zeigt* (ohne sich zu schämen). In einem Falle, in dem es der Erziehung gelungen war, die Sexualerfahrung besonders lange aufzuschieben, kam das vierzehnjährige und bereits menstruierte Mädchen über Anregung der Lektüre auf die Idee, das Verheiratetsein bestehe in einer *»Mischung des Blutes«*, und da die eigene Schwester noch nicht die Periode hatte, versuchte die Lüsterne ein Attentat auf eine Besucherin, welche gestanden hatte, eben zu menstruieren, um sie zu dieser »Blutvermischung« zu nötigen.

Die infantilen Meinungen über das Wesen der Ehe, die nicht selten von der bewußten Erinnerung festgehalten werden, haben für die Symptomatik späterer neurotischer Erkrankung große Bedeutung. Sie schaffen sich zunächst Ausdruck in Kinderspielen, in denen man das miteinander tut, was das Verheiratetsein ausmacht, und dann später einmal kann sich der Wunsch verheiratet zu sein die infantile Ausdrucksform wählen, um in einer zunächst unkenntlichen Phobie oder einem entsprechenden Symptom aufzutreten.[3]

Es wären dies die wichtigsten der typischen, in frühen Kindheitsjahren und spontan, nur unter dem Einflusse der sexuellen Triebkomponenten produzierten Sexualtheorien des Kindes. Ich weiß, daß ich weder die Vollständigkeit des Materials noch die Herstellung des lückenlosen Zusammenhanges mit dem sonstigen Kinderleben erreicht habe. Einzelne Nachträge kann ich hier noch anfügen, die sonst jeder Kundige vermißt hätte. So zum Beispiel die bedeutsame Theorie, daß man ein Kind durch einen Kuß bekommt, die wie selbstverständlich die Vorherrschaft der erogenen Mundzone verrät. Nach meiner Erfahrung ist diese Theorie ausschließlich feminin und wird als pathogen manchmal bei Mädchen angetroffen, bei denen die Sexualforschung in der Kindheit die stärksten Hemmungen erfahren hat. Eine meiner Patientinnen gelangte durch eine zufällige Wahrnehmung zur Theorie der »Couvade«, die bekanntlich bei manchen Völkern allgemeine Sitte ist und wahrscheinlich die Absicht hat, dem nie völlig zu besiegenden Zweifel an der Paternität zu widersprechen. Da ein etwas sonderbarer Onkel nach der Geburt seines Kindes tagelang zu Hause blieb und die Besucher im Schlafrock empfing, schloß sie, daß bei einer Geburt beide Eltern beteiligt seien und zu Bette gehen müßten.

Um das zehnte oder elfte Lebensjahr tritt die sexuelle Mitteilung an die Kinder heran. Ein Kind, welches in ungehemmteren sozialen Verhältnissen aufgewachsen ist oder sonst glücklichere Gelegenheiten zur Beobachtung gefunden hat, teilt anderen mit, was es weiß, weil es sich dabei reif und überlegen empfinden kann. Was die Kinder so erfahren, ist meist das Richtige, das heißt es wird ihnen die Existenz der Vagina und deren Bestimmung verraten, aber sonst sind diese Aufklärungen, die sie voneinander entlehnen, nicht selten mit Falschem vermengt, mit Überresten der älteren infantilen Sexualtheorien behaftet. Vollständig und zur Lösung des uralten Problems ausreichend sind sie fast nie. Wie früher die Unkenntnis der Vagina, so hindert jetzt die des Samens die Einsicht in den Zusammenhang. Das Kind kann nicht erraten, daß aus dem männlichen Geschlechtsglied noch eine andere Substanz entleert wird als der Harn, und gelegentlich zeigt sich ein »unschuldiges Mädchen« noch in der Brautnacht entrüstet darüber, daß der Mann »in sie hineinuriniere«. An diese Mitteilungen in den Jahren der Vorpubertät schließt sich nun ein neuer Aufschwung der kindlichen Sexualforschung; aber die Theorien, welche die Kinder jetzt schaffen, haben nicht mehr das typische und ursprüngliche Gepräge, das für die frühkindlichen, primären, charakteristisch war, solange die infantilen Sexualkomponenten ungehemmt und unverwandelt ihren Ausdruck in Theorien durchsetzen konnten. Die späteren Denkbemühungen zur Lösung der sexuellen Rätsel schienen mir die Sammlung nicht zu verlohnen, sie können auch auf pathogene Bedeutung wenig Anspruch mehr erheben. Ihre Mannigfaltigkeit ist natürlich in erster Linie von der Natur der erhaltenen Aufklärung abhängig; ihre Bedeutung liegt vielmehr darin, daß sie die unbewußt gewordenen Spuren jener ersten Periode des sexuellen Interesses wieder erwecken, so daß nicht selten masturbatorische Sexualbetätigung und ein Stück der Gefühlsablösung von den Eltern an sie anknüpft. Daher das verdammende Urteil der Erzieher, daß solche Aufklärung in diesen Jahren die Kinder »verderbe«.

Einige wenige Beispiel mögen zeigen, welche Elemente oft in diese späten Grübeleien der Kinder über das Sexualleben eingehen. Ein Mädchen hat von den Schulkolleginnen gehört, daß der Mann der Frau ein Ei gibt, welches sie in ihrem Leibe ausbrütet. Ein Knabe, der auch vom Ei gehört hat, identifiziert dieses »Ei« mit dem vulgär ebenso benannten Hoden und zerbricht sich den Kopf darüber, wie denn der Inhalt des Hodensackes sich immer wieder erneuern kann. Die Aufklärungen reichen selten so weit, um wesentliche Unsicherheiten über die Geschlechtsvorgänge zu verhüten. So können Mädchen zur Erwartung kommen, der Geschlechtsverkehr finde nur ein einzigesmal statt, dauere aber da sehr lange, vierundzwanzig Stunden, und von diesem einen Male kämen der Reihe nach alle Kinder. Man sollte meinen, dieses Kind habe Kenntnis von dem Fortpflanzungsvorgang bei gewissen Insekten gewonnen; aber diese Vermutung bestätigt sich nicht, die Theorie erscheint als eine selbständige Schöpfung. Andere Mädchen übersehen die Tragzeit, das Leben im Mutterleibe, und nehmen an, daß das Kind unmittelbar nach der Nacht des ersten Verkehrs zum Vorschein komme. Marcel Prévost hat diesen Jungmädchenirrtum in einer der »Lettres de femmes« zu einer lustigen Geschichte verarbeitet. Schwer zu erschöpfen und vielleicht im allgemeinen nicht uninteressant ist das Thema dieser späten Sexualforschung der Kinder oder auf der kindlichen Stufe zurückgehaltenen Adoleszenten, aber es liegt meinem Interesse ferner, und ich muß nur noch hervorheben, daß dabei von den Kindern viel Unrechtes zutage gefördert wird, was dazu bestimmt ist, älterer, besserer, aber unbewußt gewordener und verdrängter Erkenntnis zu widersprechen.

Auch die Art, wie die Kinder sich gegen die ihnen zugehenden Mitteilungen verhalten, hat ihre Bedeutung. Bei manchen ist die

Sexualverdrängung soweit gediehen, daß sie nichts anhören wollen, und diesen gelingt es auch, bis in späte Jahre unwissend zu bleiben, scheinbar unwissend wenigstens, bis in der Psychoanalyse der Neurotischen das aus früher Kindheit stammende Wissen zum Vorschein kommt. Ich weiß auch von zwei Knaben zwischen zehn und dreizehn Jahren, welche die sexuelle Aufklärung zwar anhörten, aber dem Gewährsmanne die ablehnende Antwort gaben: Es ist möglich, daß dein Vater und andere Leute so etwas tun, aber von meinem Vater weiß ich es gewiß, daß er es nie tun würde. Wie mannigfaltig immer dieses spätere Benehmen der Kinder gegen die Befriedigung der sexuellen Wißbegierde sein mag, für ihre ersten Kinderjahre dürfen wir ein durchaus gleichförmiges Verhalten annehmen und glauben, daß sie damals alle aufs eifrigste bestrebt waren zu erfahren, was die Eltern miteinander tun, woraus dann die Kinder werden.

Der Dichter und das Phantasieren

Wer den Dichter mit einem spielenden Kind vergleicht, der lädt auch ein zum spielerischen Umgang mit den eigenen Gedanken. In dieser kleinen Schrift zu einem großen Thema – der literarischen Kreativität – reiht Freud 1908 mit leichter Hand Traum, Phantasie, Spiel und Dichtung in ihren Bezügen zu Vergangenheit, Gegenwart und Zukunft auf die »Schnur des durchlaufenden Wunsches« und macht uns an der Figur des Helden nicht nur die tieferen Motive des Schriftstellers verständlich, sondern auch die unbewußten Gründe unseres eigenen Lesevergnügens.

* * *

Uns Laien hat es immer mächtig gereizt zu wissen, woher diese merkwürdige Persönlichkeit, der Dichter, seine Stoffe nimmt, – etwa im Sinne der Frage, die jener Kardinal an den Ariosto richtete, – und wie er es zustande bringt, uns mit ihnen so zu ergreifen, Erregungen in uns hervorzurufen, deren wir uns vielleicht nicht einmal für fähig gehalten hätten. Unser Interesse hiefür wird nur gesteigert durch den Umstand, daß der Dichter selbst, wenn wir ihn befragen, uns keine oder keine befriedigende Auskunft gibt, und wird gar nicht gestört durch unser Wissen, daß die beste Einsicht in die Bedingungen der dichterischen Stoffwahl und in das Wesen der poetischen Gestaltungskunst nichts dazu beitragen würde, uns selbst zu Dichtern zu machen.

Wenn wir wenigstens bei uns oder bei unsergleichen eine dem Dichten irgendwie verwandte Tätigkeit auffinden könnten! Die Untersuchung derselben ließe uns hoffen, eine erste Aufklärung über das Schaffen des Dichters zu gewinnen. Und wirklich, dafür ist Aussicht vorhanden; – die Dichter selbst lieben es ja, den Abstand zwischen ihrer Eigenart und allgemein menschlichem Wesen zu verringern; sie versichern uns so häufig, daß in jedem

Menschen ein Dichter stecke und daß der letzte Dichter erst mit dem letzten Menschen sterben werde.

Sollten wir die ersten Spuren dichterischer Betätigung nicht schon beim Kinde suchen? Die liebste und intensivste Beschäftigung des Kindes ist das Spiel. Vielleicht dürfen wir sagen: Jedes spielende Kind benimmt sich wie ein Dichter, indem es sich eine eigene Welt erschafft oder, richtiger gesagt, die Dinge seiner Welt in eine neue, ihm gefällige Ordnung versetzt. Es wäre dann unrecht zu meinen, es nähme diese Welt nicht ernst; im Gegenteil, es nimmt sein Spiel sehr ernst, es verwendet große Affektbeträge darauf. Der Gegensatz zu Spiel ist nicht Ernst, sondern – Wirklichkeit. Das Kind unterscheidet seine Spielwelt sehr wohl, trotz aller Affektbesetzung, von der Wirklichkeit und lehnt seine imaginierten Objekte und Verhältnisse gerne an greifbare und sichtbare Dinge der wirklichen Welt an. Nichts anderes als diese Anlehnung unterscheidet das »Spielen« des Kindes noch vom »Phantasieren«.

Der Dichter tut nun dasselbe wie das spielende Kind; er erschafft eine Phantasiewelt, die er sehr ernst nimmt, d.h. mit großen Affektbeträgen ausstattet, während er sie von der Wirklichkeit scharf sondert. Und die Sprache hat diese Verwandtschaft von Kinderspiel und poetischem Schaffen festgehalten, indem sie solche Veranstaltungen des Dichters, welche der Anlehnung an greifbare Objekte bedürfen, welche der Darstellung fähig sind, als *Spiele: Lustspiel, Trauerspiel,* und die Person, welche sie darstellt, als *Schauspieler* bezeichnet. Aus der Unwirklichkeit der dichterischen Welt ergeben sich aber sehr wichtige Folgen für die künstlerische Technik, denn vieles, was als real nicht Genuß bereiten könnte, kann dies doch im Spiele der Phantasie, viele an sich eigentlich peinliche Erregungen können für den Hörer und Zuschauer des Dichters zur Quelle der Lust werden.

Verweilen wir einer anderen Beziehung wegen noch einen Augenblick bei dem Gegensatze von Wirklichkeit und Spiel! Wenn das Kind herangewachsen ist und aufgehört hat zu spielen, wenn es sich durch Jahrzehnte seelisch bemüht hat, die

Wirklichkeiten des Lebens mit dem erforderlichen Ernste zu erfassen, so kann es eines Tages in eine seelische Disposition geraten, welche den Gegensatz zwischen Spiel und Wirklichkeit wieder aufhebt. Der Erwachsene kann sich darauf besinnen, mit welchem hohen Ernst er einst seine Kinderspiele betrieb, und indem er nun seine vorgeblich ernsten Beschäftigungen jenen Kinderspielen gleichstellt, wirft er die allzu schwere Bedrükkung durch das Leben ab und erringt sich den hohen Lustgewinn des *Humors.*

Der Heranwachsende hört also auf zu spielen, er verzichtet scheinbar auf den Lustgewinn, den er aus dem Spiele bezog. Aber wer das Seelenleben des Menschen kennt, der weiß, daß ihm kaum etwas anderes so schwer wird wie der Verzicht auf einmal gekannte Lust. Eigentlich können wir auf nichts verzichten, wir vertauschen nur eines mit dem andern; was ein Verzicht zu sein scheint, ist in Wirklichkeit eine Ersatz- oder Surrogatbildung. So gibt auch der Heranwachsende, wenn er aufhört zu spielen, nichts anderes auf als die Anlehnung an reale Objekte; anstatt zu *spielen phantasiert* er jetzt. Er baut sich Luftschlösser, schafft das, was man Tagträume nennt. Ich glaube, daß die meisten Menschen zu Zeiten ihres Lebens Phantasien bilden. Es ist das eine Tatsache, die man lange Zeit übersehen und deren Bedeutung man darum nicht genug gewürdigt hat.

Das Phantasieren der Menschen ist weniger leicht zu beobachten als das Spielen der Kinder. Das Kind spielt zwar auch allein oder es bildet mit anderen Kindern ein geschlossenes psychisches System zum Zwecke des Spieles, aber wenn es auch den Erwachsenen nichts vorspielt, so verbirgt es doch sein Spielen nicht vor ihnen. Der Erwachsene aber schämt sich seiner Phantasien und versteckt sie vor anderen, er hegt sie als seine eigensten Intimitäten, er würde in der Regel lieber seine Vergehungen eingestehen als seine Phantasien mitteilen. Es mag vorkommen, daß er sich darum für den einzigen hält, der solche Phantasien bildet, und von der allgemeinen Verbreitung ganz ähnlicher Schöpfungen bei anderen nichts ahnt. Dies verschiedene Verhalten des Spielenden und des Phantasierenden findet seine gute Begründung in den Motiven der beiden einander doch fortsetzenden Tätigkeiten.

Das Spielen des Kindes wurde von Wünschen dirigiert, eigentlich von dem einen Wunsche, der das Kind erziehen hilft, vom Wunsche: groß und erwachsen zu sein. Es spielt immer »groß sein«, imitiert im Spiele, was ihm vom Leben der Großen bekannt geworden ist. Es hat nun keinen Grund, diesen Wunsch zu verbergen. Anders der Erwachsene; dieser weiß einerseits, daß man von ihm erwartet, nicht mehr zu spielen oder zu phantasieren, sondern in der wirklichen Welt zu handeln, und anderseits sind unter den seine Phantasien erzeugenden Wünschen manche, die es überhaupt zu verbergen nottut; darum schämt er sich seines Phantasierens als kindisch und als unerlaubt.

Sie werden fragen, woher man denn über das Phantasieren der Menschen so genau Bescheid wisse, wenn es von ihnen mit soviel Geheimtun verhüllt wird. Nun, es gibt eine Gattung von Menschen, denen zwar nicht ein Gott, aber eine strenge Göttin – die Notwendigkeit – den Auftrag erteilt hat zu sagen, was sie leiden und woran sie sich erfreuen. Es sind dies die Nervösen, die dem Arzte, von dem sie Herstellung durch psychische Behandlung erwarten, auch ihre Phantasien eingestehen müssen; aus dieser Quelle stammt unsere beste Kenntnis, und wir sind dann zu der wohl begründeten Vermutung gelangt, daß unsere Kranken uns nichts anderes mitteilen, als was wir auch von den Gesunden erfahren könnten.

Gehen wir daran, einige der Charaktere des Phantasierens kennen zu lernen. Man darf sagen, der Glückliche phantasiert nie, nur der Unbefriedigte. Unbefriedigte Wünsche sind die Triebkräfte der Phantasien, und jede einzelne Phantasie ist eine Wunscherfüllung, eine Korrektur der unbefriedigenden Wirklichkeit. Die treibenden Wünsche sind verschieden je nach Geschlecht, Charakter und Lebensverhältnissen der phantasierenden Persönlichkeit; sie lassen sich aber ohne Zwang nach zwei Hauptrichtungen gruppieren. Es sind entweder ehrgeizige

Wünsche, welche der Erhöhung der Persönlichkeit dienen, oder erotische. Beim jungen Weibe herrschen die erotischen Wünsche fast ausschließend, denn sein Ehrgeiz wird in der Regel vom Liebesstreben aufgezehrt; beim jungen Manne sind neben den erotischen die eigensüchtigen und ehrgeizigen Wünsche vordringlich genug. Doch wollen wir nicht den Gegensatz beider Richtungen, sondern vielmehr deren häufige Vereinigung betonen; wie in vielen Altarbildern in einer Ecke das Bildnis des Stifters sichtbar ist, so können wir an den meisten ehrgeizigen Phantasien in irgend einem Winkel die Dame entdecken, für die der Phantast all diese Heldentaten vollführt, der er alle Erfolge zu Füßen legt. Sie sehen, hier liegen genug starke Motive zum Verbergen vor; dem wohlerzogenen Weibe wird ja überhaupt nur ein Minimum von erotischer Bedürftigkeit zugebilligt, und der junge Mann soll das Übermaß von Selbstgefühl, welches er aus der Verwöhnung der Kindheit mitbringt, zum Zwecke der Einordnung in die an ähnlich anspruchsvollen Individuen so reiche Gesellschaft unterdrücken lernen.

Die Produkte dieser phantasierenden Tätigkeit, die einzelnen Phantasien, Luftschlösser oder Tagträume dürfen wir uns nicht als starr und unveränderlich vorstellen. Sie schmiegen sich vielmehr den wechselnden Lebenseindrücken an, verändern sich mit jeder Schwankung der Lebenslage, empfangen von jedem wirksamen neuen Eindrucke eine sogenannte »Zeitmarke«. Das Verhältnis der Phantasie zur Zeit ist überhaupt sehr bedeutsam. Man darf sagen: eine Phantasie schwebt gleichsam zwischen drei Zeiten, den drei Zeitmomenten unseres Vorstellens. Die seelische Arbeit knüpft an einen aktuellen Eindruck, einen Anlaß in der Gegenwart an, der imstande war, einen der großen Wünsche der Person zu wecken, greift von da aus auf die Erinnerung eines früheren, meist infantilen, Erlebnisses zurück, in dem jener Wunsch erfüllt war, und schafft nun eine auf die Zukunft bezogene Situation, welche sich als die Erfüllung jenes Wunsches darstellt, eben den Tagtraum oder die Phantasie, die nun die Spuren ihrer Herkunft vom Anlasse und von der Erinnerung an sich trägt. Also Vergangenes, Gegenwärtiges, Zukünftiges wie an der Schnur des durchlaufenden Wunsches aneinandergereiht.

Das banalste Beispiel mag Ihnen meine Aufstellung erläutern. Nehmen Sie den Fall eines armen und verwaisten Jünglings an, welchem Sie die Adresse eines Arbeitgebers genannt haben, bei dem er vielleicht eine Anstellung finden kann. Auf dem Wege dahin mag er sich in einem Tagtraum ergehen, wie er angemessen aus seiner Situation entspringt. Der Inhalt dieser Phantasie wird etwa sein, daß er dort angenommen wird, seinem neuen Chef gefällt, sich im Geschäfte unentbehrlich macht, in die Familie des Herrn gezogen wird, das reizende Töchterchen des Hauses heiratet und dann selbst als Mitbesitzer wie später als Nachfolger das Geschäft leitet. Und dabei hat sich der Träumer ersetzt, was er in der glücklichen Kindheit besessen: das schützende Haus, die liebenden Eltern und die ersten Objekte seiner zärtlichen Neigung. Sie sehen an solchem Beispiele, wie der Wunsch einen Anlaß der Gegenwart benützt, um sich nach dem Muster der Vergangenheit ein Zukunftsbild zu entwerfen.

Es wäre noch vielerlei über die Phantasien zu sagen; ich will mich aber auf die knappsten Andeutungen beschränken. Das Überwuchern und Übermächtigwerden der Phantasien stellt die Bedingungen für den Verfall in Neurose oder Psychose her; die Phantasien sind auch die nächsten seelischen Vorstufen der Leidenssymptome, über welche unsere Kranken klagen. Hier zweigt ein breiter Seitenweg zur Pathologie ab.

Nicht übergehen kann ich aber die Beziehung der Phantasien zum Traume. Auch unsere nächtlichen Träume sind nichts anderes als solche Phantasien, wie wir durch die Deutung der Träume evident machen können.[1] Die Sprache hat in ihrer unübertrefflichen Weisheit die Frage nach dem Wesen der Träume längst entschieden, indem sie die luftigen Schöpfungen Phantasierender auch »*Tagträume*« nennen ließ. Wenn trotz dieses Fingerzeiges der Sinn unserer Träume uns zumeist undeutlich bleibt, so rührt dies von dem einen Umstande her, daß nächtlicherweise auch solche Wünsche in uns rege werden, deren wir uns schämen und die wir vor uns selbst verbergen müssen, die eben darum verdrängt, ins Unbewußte geschoben wurden. Solchen verdrängten Wünschen und ihren Abkömmlingen kann nun kein anderer als ein arg entstellter Ausdruck gegönnt werden. Nachdem die Aufklärung der *Traumentstellung* der wissenschaftlichen Arbeit gelungen war, fiel es nicht mehr schwer zu erkennen, daß die nächtlichen Träume ebensolche Wunscherfüllungen sind wie die Tagträume, die uns allen so wohlbekannten Phantasien.

Soviel von den Phantasien, und nun zum Dichter! Dürfen wir wirklich den Versuch machen, den Dichter mit dem »Träumer am hellichten Tag«, seine Schöpfungen mit Tagträumen zu vergleichen? Da drängt sich wohl eine erste Unterscheidung auf; wir müssen die Dichter, die fertige Stoffe übernehmen wie die alten Epiker und Tragiker, sondern von jenen, die ihre Stoffe frei zu schaffen scheinen. Halten wir uns an die letzteren und suchen wir für unsere Vergleichung nicht gerade jene Dichter aus, die von der Kritik am höchsten geschätzt werden, sondern die anspruchsloseren Erzähler von Romanen, Novellen und Geschichten, die dafür die zahlreichsten und eifrigsten Leser und Leserinnen finden. An den Schöpfungen dieser Erzähler muß uns vor allem ein Zug auffällig werden; sie alle haben einen Helden, der im Mittelpunkt des Interesses steht, für den der Dichter unsere Sympathie mit allen Mitteln zu gewinnen sucht, und den er wie mit einer besonderen Vorsehung zu beschützen scheint. Wenn ich am Ende eines Romankapitels den Helden bewußtlos, aus schweren Wunden blutend verlassen habe, so bin ich sicher, ihn zu Beginn des nächsten in sorgsamster Pflege und auf dem Wege der Herstellung zu finden, und wenn der erste Band mit dem Untergange des Schiffes im Seesturme geendigt hat, auf dem unser Held sich befand, so bin ich sicher, zu Anfang des zweiten Bandes von seiner wunderbaren Rettung zu lesen, ohne die der Roman ja keinen Fortgang hätte. Das Gefühl der Sicherheit, mit dem ich den Helden durch seine gefährlichen Schicksale begleite, ist das nämliche, mit dem ein wirklicher Held sich ins Wasser stürzt, um einen Ertrinkenden zu retten, oder sich dem feindlichen Feuer aussetzt, um eine Batterie zu stürmen, jenes eigentliche Heldengefühl, dem einer unserer besten Dichter den köstlichen Ausdruck geschenkt hat: »Es kann dir nix g'schehen.« (Anzengruber.) Ich meine aber, an diesem verräterischen Merkmal der Unverletzlichkeit erkennt man ohne Mühe – Seine Majestät das Ich, den Helden aller Tagträume wie aller Romane.

Noch andere typische Züge dieser egozentrischen Erzählungen deuten auf die gleiche Verwandtschaft hin. Wenn sich stets alle Frauen des Romans in den Helden verlieben, so ist das kaum als Wirklichkeitsschilderung aufzufassen, aber leicht als notwendiger Bestand des Tagtraumes zu verstehen. Ebenso wenn die anderen Personen des Romans sich scharf in gute und böse scheiden, unter Verzicht auf die in der Realität zu beobachtende Buntheit menschlicher Charaktere; die »guten« sind eben die Helfer, die »bösen« aber die Feinde und Konkurrenten des zum Helden gewordenen Ichs.

Wir verkennen nun keineswegs, daß sehr viele dichterische Schöpfungen sich von dem Vorbilde des naiven Tagtraumes weit entfernt halten, aber ich kann doch die Vermutung nicht unterdrücken, daß auch die extremsten Abweichungen durch eine lückenlose Reihe von Übergängen mit diesem Modelle in Beziehung gesetzt werden könnten. Noch in vielen der sogenannten psychologischen Romane ist mir aufgefallen, daß nur eine Person, wiederum der Held, von innen geschildert wird; in ihrer Seele sitzt gleichsam der Dichter und schaut die anderen Personen von außen an. Der psychologische Roman verdankt im ganzen wohl seine Besonderheit der Neigung des modernen Dichters, sein Ich durch Selbstbeobachtung in Partial-Ichs zu zerspalten und demzufolge die Konfliktströmungen seines Seelenlebens in mehreren Helden zu personifizieren. In einem ganz besonderen Gegensatze zum Typus des Tagtraumes scheinen die Romane zu stehen, die man als »exzentrische« bezeichnen könnte, in denen die als Held eingeführte Person die geringste tätige Rolle spielt, vielmehr wie ein Zuschauer die Taten und

Leiden der anderen an sich vorüberziehen sieht. Solcher Art sind mehrere der späteren Romane Zolas. Doch muß ich bemerken, daß die psychologische Analyse nicht dichtender, in manchen Stücken von der sogenannten Norm abweichender Individuen uns analoge Variationen der Tagträume kennen gelehrt hat, in denen sich das Ich mit der Rolle des Zuschauers bescheidet.

Wenn unsere Gleichstellung des Dichters mit dem Tagträumer, der poetischen Schöpfung mit dem Tagtraum, wertvoll werden soll, so muß sie sich vor allem in irgend einer Art fruchtbar erweisen. Versuchen wir etwa, unseren vorhin aufgestellten Satz von der Beziehung der Phantasie zu den drei Zeiten und zum durchlaufenden Wunsche auf die Werke der Dichter anzuwenden und die Beziehungen zwischen dem Leben des Dichters und seinen Schöpfungen mit dessen Hilfe zu studieren. Man hat in der Regel nicht gewußt, mit welchen Erwartungsvorstellungen man an dieses Problem herangehen soll; häufig hat man sich diese Beziehung viel zu einfach vorgestellt. Von der an den Phantasien gewonnenen Einsicht her müßten wir folgenden Sachverhalt erwarten: Ein starkes aktuelles Erlebnis weckt im Dichter die Erinnerung an ein früheres, meist der Kindheit angehöriges Erlebnis auf, von welchem nun der Wunsch ausgeht, der sich in der Dichtung seine Erfüllung schafft; die Dichtung selbst läßt sowohl Elemente des frischen Anlasses als auch der alten Erinnerung erkennen.

Erschrecken Sie nicht über die Kompliziertheit dieser Formel; ich vermute, daß sie sich in Wirklichkeit als ein zu dürftiges Schema erweisen wird, aber eine erste Annäherung an den realen Sachverhalt könnte doch in ihr enthalten sein, und nach einigen Versuchen, die ich unternommen habe, sollte ich meinen, daß eine solche Betrachtungsweise dichterischer Produktionen nicht unfruchtbar ausfallen kann. Sie vergessen nicht, daß die vielleicht befremdende Betonung der Kindheitserinnerung im Leben des Dichters sich in letzter Linie von der Voraussetzung ableitet, daß die Dichtung wie der Tagtraum Fortsetzung und Ersatz des einstigen kindlichen Spielens ist.

Versäumen wir nicht, auf jene Klasse von Dichtungen zurückzugreifen, in denen wir nicht freie Schöpfungen, sondern Bearbeitungen fertiger und bekannter Stoffe erblicken müssen. Auch dabei verbleibt dem Dichter ein Stück Selbständigkeit, das sich in der Auswahl des Stoffes und in der oft weitgehenden Abänderung desselben äußern darf. Soweit die Stoffe aber gegeben sind, entstammen sie dem Volksschatze an Mythen, Sagen und Märchen. Die Untersuchung dieser völkerpsychologischen Bildungen ist nun keineswegs abgeschlossen, aber es ist z.B. von den Mythen durchaus wahrscheinlich, daß sie den entstellten Überresten von Wunschphantasien ganzer Nationen, den *Säkularträumen* der jungen Menschheit, entsprechen.

Sie werden sagen, daß ich Ihnen von den Phantasien weit mehr erzählt habe als vom Dichter, den ich doch im Titel meines Vortrages vorangestellt. Ich weiß das und versuche es durch den Hinweis auf den heutigen Stand unserer Erkenntnis zu entschuldigen. Ich konnte Ihnen nur Anregungen und Aufforderungen bringen, die von dem Studium der Phantasien her auf das Problem der dichterischen Stoffwahl übergreifen. Das andere Problem, mit welchen Mitteln der Dichter bei uns die Affektwirkungen erziele, die er durch seine Schöpfungen hervorruft, haben wir überhaupt noch nicht berührt. Ich möchte Ihnen wenigstens noch zeigen, welcher Weg von unseren Erörterungen über die Phantasien zu den Problemen der poetischen Effekte führt.

Sie erinnern sich, wir sagten, daß der Tagträumer seine Phantasien vor anderen sorgfältig verbirgt, weil er Gründe verspürt, sich ihrer zu schämen. Ich füge nun hinzu, selbst wenn er sie uns mitteilen würde, könnte er uns durch solche Enthüllung keine Lust bereiten. Wir werden von solchen Phantasien, wenn wir sie erfahren, abgestoßen oder bleiben höchstens kühl gegen sie. Wenn aber der Dichter uns seine Spiele vorspielt oder uns das erzählt, was wir für seine persönlichen Tagträume zu erklären geneigt sind, so empfinden wir hohe, wahrscheinlich aus vielen Quellen zusammenfließende Lust. Wie der Dichter das zustande bringt, das ist sein eigenstes Geheimnis; in der Technik der Überwindung jener Abstoßung, die gewiß mit den Schranken zu tun hat, welche sich zwischen jedem einzelnen Ich und den anderen erheben, liegt die eigentliche *Ars poetica.* Zweierlei Mittel dieser Technik können wir erraten: Der Dichter mildert den Charakter des egoistischen Tagtraumes durch Abänderungen und Verhüllungen und besticht uns durch rein formalen, d.h. ästhetischen Lustgewinn, den er uns in der Darstellung seiner Phantasien bietet. Man nennt einen solchen Lustgewinn, der uns geboten wird, um mit ihm die Entbindung größerer Lust aus tiefer reichenden psychischen Quellen zu ermöglichen, eine *Verlockungsprämie* oder eine *Vorlust.* Ich bin der Meinung, daß alle ästhetische Lust, die uns der Dichter verschafft, den Charakter solcher Vorlust trägt, und daß der eigentliche Genuß des Dichtwerkes aus der Befreiung von Spannungen in unserer Seele hervorgeht. Vielleicht trägt es sogar zu diesem Erfolge nicht wenig bei, daß uns der Dichter in den Stand setzt, unsere eigenen Phantasien nunmehr ohne jeden Vorwurf und ohne Schämen zu genießen. Hier stünden wir nun am Eingange neuer, interessanter und verwickelter Untersuchungen, aber, wenigstens für diesmal, am Ende unserer Erörterungen.

Der Familienroman der Neurotiker

Um geheime Dichtung geht es auch in dieser schönen Miniatur von 1909. Freud hatte selber sechs Kinder aufgezogen – das jüngste, Anna (die später selber eine berühmte Psychoanalytikerin werden und wichtige Arbeiten zur Kinderpsychoanalyse schreiben sollte), war damals gerade 14 Jahre alt. So scheint Freud aus eigener Erfahrung zu sprechen, wenn er hier empathisch und mit erfrischender Klarheit die Notwendigkeit seiner eigenen Abschaffung im Kampf des Kindes um seine Ablösung von der elterlichen Autorität anerkennt. *Familienroman* nennt Freud die phantastischen Produktionen der kindlichen Phantasie, die an der Entthronung der Eltern, vor allem des Vaters, arbeiten – und zugleich unbewußt an ihrer Erhöhung. Wir sehen: Hatte Freud sich zu Beginn vor allem für einzelne Vorstellungen und ihr Schicksal (Verdrängung, Abspaltung) im Verlauf einer neurotischen Entwicklung interessiert, richtet er seine Forschungen nun auf die Verkettung und Ausarbeitung von Einzelvorstellungen zu Phantasien, Tagträumen und ganzen (Familien-) Romanen.

* * *

Die Ablösung des heranwachsenden Individuums von der Autorität der Eltern ist eine der notwendigsten, aber auch schmerzlichsten Leistungen der Entwicklung. Es ist durchaus notwendig, daß sie sich vollziehe, und man darf annehmen, jeder normal gewordene Mensch habe sie in einem gewissen Maß zustande gebracht. Ja, der Fortschritt der Gesellschaft beruht überhaupt auf dieser Gegensätzlichkeit der beiden Generationen. Anderseits gibt es eine Klasse von Neurotikern, in deren Zustand man die Bedingtheit erkennt, daß sie an dieser Aufgabe gescheitert sind.

Für das kleine Kind sind die Eltern zunächst die einzige Autorität und die Quelle alles Glaubens. Ihnen, das heißt dem gleichgeschlechtlichen Teile, gleich zu werden, groß zu werden wie Vater und Mutter, ist der intensivste, folgenschwerste Wunsch dieser Kinderjahre. Mit der zunehmenden intellektuellen Entwicklung kann es aber nicht ausbleiben, daß das Kind allmählich die Kategorien kennen lernt, in die seine Eltern gehören. Es lernt andere Eltern kennen, vergleicht sie mit den seinigen und bekommt so ein Recht, an der ihnen zugeschriebenen Unvergleichlichkeit und Einzigkeit zu zweifeln. Kleine Ereignisse im Leben des Kindes, die eine unzufriedene Stimmung bei ihm hervorrufen, geben ihm den Anlaß, mit der Kritik der Eltern einzusetzen und die gewonnene Kenntnis, daß andere Eltern in mancher Hinsicht vorzuziehen seien, zu dieser Stellungnahme gegen seine Eltern zu verwerten. Aus der Neurosenpsychologie wissen wir, daß dabei unter anderen die intensivsten Regungen sexueller Rivalität mitwirken. Der Gegenstand dieser Anlässe ist offenbar das Gefühl der Zurücksetzung. Nur zu oft ergeben sich Gelegenheiten, bei denen das Kind zurückgesetzt wird oder sich wenigstens zurückgesetzt fühlt, wo es die volle Liebe der Eltern vermißt, besonders aber bedauert, sie mit anderen Geschwistern teilen zu müssen. Die Empfindung, daß die eigenen Neigungen nicht voll erwidert werden, macht sich dann in der aus frühen Kinderjahren oft bewußt erinnerten Idee Luft, man sei ein Stiefkind oder ein angenommenes Kind. Viele nicht neurotisch gewordene Menschen entsinnen sich sehr häufig an solche Gelegenheiten, wo sie – meist durch Lektüre beeinflußt – das feindselige Benehmen der Eltern in dieser Weise auffaßten und erwiderten. Es zeigt sich aber hier bereits der Einfluß des Geschlechts, indem der Knabe bei weitem mehr Neigung zu feindseligen Regungen gegen seinen Vater als gegen seine Mutter zeigt und eine viel intensivere Neigung, sich von jenem als von dieser freizumachen. Die Phantasietätigkeit der Mädchen mag sich in diesem Punkte viel schwächer erweisen. In diesen bewußt erinnerten Seelenregungen der Kinderjahre finden wir das Moment, welches uns das Verständnis des Mythus ermöglicht.

Selten bewußt erinnert, aber fast immer durch die Psychoanalyse nachzuweisen ist dann die weitere Entwicklungsstufe dieser beginnenden Entfremdung von den Eltern, die man mit dem Namen: *Familienromane der Neurotiker* bezeichnen kann. Es gehört nämlich durchaus zum Wesen der Neurose und auch jeder höheren Begabung eine ganz besondere Tätigkeit der Phantasie, die sich zunächst in den kindlichen Spielen offenbart und die nun, ungefähr von der Zeit der Vorpubertät angefangen, sich des Themas der Familienbeziehungen bemächtigt. Ein charakteristisches Beispiel dieser besonderen Phantasietätigkeit ist das bekannte *Tagträumen,*[1] das weit über die Pubertät hinaus fortgesetzt wird. Eine genaue Beobachtung dieser Tagträume lehrt, daß sie der Erfüllung von Wünschen, der Korrektur des Lebens dienen und vornehmlich zwei Ziele kennen: das erotische und das ehrgeizige (hinter dem aber meist auch das erotische steckt). Um die angegebene Zeit beschäftigt sich nun die Phantasie des Kindes mit der Aufgabe, die geringgeschätzten Eltern loszuwerden und durch in der Regel sozial höher stehende zu ersetzen. Dabei wird das zufällige Zusammentreffen mit wirklichen Erlebnissen (die Bekanntschaft des Schloßherrn oder Gutsbesitzers auf dem Lande, der Fürstlichkeit in der Stadt) ausgenützt. Solche zufällige Erlebnisse erwecken den Neid des Kindes, der dann den Ausdruck in einer Phantasie findet, welche beide Eltern durch vornehmere ersetzt. In der Technik der Ausführung solcher Phantasien, die natürlich um diese Zeit bewußt sind, kommt es auf die Geschicklichkeit und das Material an, das dem Kinde zur Verfügung steht. Auch handelt es sich darum, ob die Phantasien mit einem großen oder geringen Bemühen, die Wahrscheinlichkeit zu erreichen, ausgearbeitet sind. Dieses Stadium wird zu einer Zeit erreicht, wo dem Kinde die Kenntnis der sexuellen Bedingungen der Herkunft noch fehlt.

Kommt dann die Kenntnis der verschiedenartigen sexuellen Beziehungen von Vater und Mutter dazu, begreift das Kind, daß *pater semper incertus est,* während die Mutter *certissima* ist, so erfährt der Familienroman eine eigentümliche Einschränkung: er begnügt sich nämlich damit, den Vater zu erhöhen, die Abkunft von der Mutter aber als etwas Unabänderliches nicht weiter in Zweifel zu ziehen. Dieses zweite (sexuelle) Stadium des Familienromans wird auch von einem zweiten Motiv getragen, das dem ersten (asexuellen) Stadium fehlte. Mit der Kenntnis der geschlechtlichen Vorgänge entsteht die Neigung, sich erotische Situationen und Beziehungen auszumalen, wozu als Triebkraft die Lust tritt, die Mutter, die Gegenstand der höchsten sexuellen Neugierde ist, in die Situation von geheimer Untreue und geheimen Liebesverhältnissen zu bringen. In dieser Weise werden jene ersten gleichsam asexuellen Phantasien auf die Höhe der jetzigen Erkenntnis gebracht.

Übrigens zeigt sich das Motiv der Rache und Vergeltung, das früher im Vordergrunde stand, auch hier. Diese neurotischen Kinder sind es ja auch meist, die bei der Abgewöhnung sexueller Unarten von den Eltern bestraft wurden und die sich nun durch solche Phantasien an ihren Eltern rächen.

Ganz besonders sind es später geborene Kinder, die vor allem ihre Vordermänner durch derartige Dichtungen (ganz wie in historischen Intrigen) ihres Vorzuges berauben, ja die sich oft nicht scheuen, der Mutter ebensoviele Liebesverhältnisse anzudichten, als Konkurrenten vorhanden sind. Eine interessante Variante dieses Familienromans ist es dann, wenn der dichtende Held für sich selbst zur Legitimität zurückkehrt, während er die anderen Geschwister auf diese Art als illegitim beseitigt. Dabei kann noch ein besonderes Interesse den Familienroman dirigieren, der mit seiner Vielseitigkeit und mannigfachen Verwendbarkeit allerlei Bestrebungen entgegenkommt. So beseitigt der kleine Phantast zum Beispiel auf diese Weise die verwandtschaftliche Beziehung zu einer Schwester, die ihn etwa sexuell angezogen hat.

Wer sich von dieser Verderbtheit des kindlichen Gemütes mit Schaudern abwendete, ja selbst die Möglichkeit solcher Dinge bestreiten wollte, dem sei bemerkt, daß alle diese anscheinend so feindseligen Dichtungen eigentlich nicht so böse gemeint sind und unter leichter Verkleidung die erhalten gebliebene ursprüngliche Zärtlichkeit des Kindes für seine Eltern bewahren. Es ist nur scheinbare Treulosigkeit und Undankbarkeit; denn wenn man die häufigste dieser Romanphantasien, den Ersatz beider Eltern oder nur des Vaters durch großartigere Personen, im Detail durchgeht, so macht man die Entdeckung, daß diese neuen und vornehmen Eltern durchwegs mit Zügen ausgestattet sind, die von realen Erinnerungen an die wirklichen niederen Eltern herrühren, so daß das Kind den Vater eigentlich nicht beseitigt, sondern erhöht. Ja, das ganze Bestreben, den wirklichen Vater durch einen vornehmeren zu ersetzen, ist nur der Ausdruck der Sehnsucht des Kindes nach der verlorenen glücklichen Zeit, in der ihm sein Vater als der vornehmste und stärkste Mann, seine Mutter als die liebste und schönste Frau erschienen ist. Er wendet sich vom Vater, den er jetzt erkennt, zurück zu dem, an den er in früheren Kinderjahren geglaubt hat, und die Phantasie ist eigentlich nur der Ausdruck des Bedauerns, daß diese glückliche Zeit entschwunden ist. Die Überschätzung der frühesten Kindheitsjahre tritt also in diesen Phantasien wieder in ihr volles Recht. Ein interessanter Beitrag zu diesem Thema ergibt sich aus dem Studium der Träume. Die Traumdeutung lehrt nämlich, daß auch noch in späteren Jahren in Träumen vom Kaiser oder von der Kaiserin diese erlauchten Persönlichkeiten Vater und Mutter bedeuten.[2] Die kindliche Überschätzung der Eltern ist also auch im Traum des normalen Erwachsenen erhalten.

Beiträge zur Psychologie des Liebeslebens

Die beiden unter diesem Titel zusammengefaßten Aufsätze erschienen 1910 und 1912; ein dritter, »Das Tabu der Virginität« (1918a), wurde später hinzugefügt. Freud analysiert hier den Typus des Liebeskranken, dessen verschiedene Leiden uns auch heute noch so begegnen: Da ist der ewig unglücklich Verliebte, da ist der ständig Eifersüchtige, da ist derjenige, der immer eine häusliche und daneben eine heimliche Liebe haben muß, und da ist der im entscheidenden Moment physisch oder psychisch Impotente. Daß alle diese Störungen des Erwachsenen in den ödipalen Konflikten der Kindheit wurzeln sollten, war vor rund hundert Jahren zweifellos eine revolutionäre Ansicht; sie ist für die Betroffenen auch heute noch immer wieder erstaunlich. Doch Freud macht nicht beim Individualpsychologischen halt. Den zweiten dieser Aufsätze beschließt er mit einigen kulturkritischen Überlegungen, die er zwanzig Jahre später in seinem großen Essay »Das Unbehagen in der Kultur« (1930a) weiter ausführen wird.

* * *

I

Über einen besonderen Typus der Objektwahl beim Manne

Wir haben es bisher den Dichtern überlassen, uns zu schildern, nach welchen »Liebesbedingungen« die Menschen ihre Objektwahl treffen, und wie sie die Anforderungen ihrer Phantasie mit der Wirklichkeit in Einklang bringen. Die Dichter verfügen auch über manche Eigenschaften, welche sie zur Lösung einer solchen Aufgabe befähigen, vor allem über die Feinfühligkeit für die Wahrnehmung verborgener Seelenregungen bei anderen und den Mut, ihr eigenes Unbewußtes laut werden zu lassen. Aber der Erkenntniswert ihrer Mitteilungen wird durch einen Umstand herabgesetzt. Die Dichter sind an die Bedingung gebunden, intellektuelle und ästhetische Lust sowie bestimmte Gefühlswirkungen zu erzielen, und darum können sie den Stoff der Realität nicht unverändert darstellen, sondern müssen Teilstücke desselben isolieren, störende Zusammenhänge auflösen, das Ganze mildern und Fehlendes ersetzen. Es sind dies Vorrechte der sogenannten »poetischen Freiheit«. Auch können sie nur wenig Interesse für die Herkunft und Entwicklung solcher seelischer Zustände äußern, die sie als fertige beschreiben. Somit wird es doch unvermeidlich, daß die Wissenschaft mit plumperen Händen und zu geringerem Lustgewinne sich mit denselben Materien beschäftige, an deren dichterischer Bearbeitung sich die Menschen seit Tausenden von Jahren erfreuen. Diese Bemerkungen mögen zur Rechtfertigung einer streng wissenschaftlichen Bearbeitung auch des menschlichen Liebeslebens dienen. Die Wissenschaft ist eben die vollkommenste Lossagung vom Lustprinzip, die unserer psychischen Arbeit möglich ist.

*

Während der psychoanalytischen Behandlungen hat man reichlich Gelegenheit, sich Eindrücke aus dem Liebesleben der Neurotiker zu holen, und kann sich dabei erinnern, daß man ähnliches Verhalten auch bei durchschnittlich Gesunden oder selbst bei hervorragenden Menschen beobachtet oder erfahren hat. Durch Häufung der Eindrücke infolge zufälliger Gunst des Materials treten dann einzelne Typen deutlicher hervor. Einen solchen Typus der männlichen Objektwahl will ich hier zuerst beschreiben, weil er sich durch eine Reihe von »Liebesbedingungen« auszeichnet, deren Zusammentreffen nicht verständlich, ja eigentlich befremdend ist, und weil er eine einfache psychoanalytische Aufklärung zuläßt.

1.) Die erste dieser Liebesbedingungen ist als geradezu spezifisch zu bezeichnen; sobald man sie vorfindet, darf man nach dem Vorhandensein der anderen Charaktere dieses Typus suchen. Man kann sie die Bedingung des *»Geschädigten Dritten«* nennen; ihr Inhalt geht dahin, daß der Betreffende niemals ein Weib zum Liebesobjekt wählt, welches noch frei ist, also ein Mädchen oder eine alleinstehende Frau, sondern nur ein solches Weib, auf das ein anderer Mann als Ehegatte, Verlobter, Freund Eigentumsrechte geltend machen kann. Diese Bedingung zeigt sich in manchen Fällen so unerbittlich, daß dasselbe Weib zuerst übersehen oder selbst verschmäht werden kann, solange es niemandem angehört, während es sofort Gegenstand der Verliebtheit wird, sobald es in eine der genannten Beziehungen zu einem anderen Manne tritt.

2.) Die zweite Bedingung ist vielleicht minder konstant, aber nicht weniger auffällig. Der Typus wird erst durch ihr Zusammentreffen mit der ersten erfüllt, während die erste auch für sich allein in großer Häufigkeit vorzukommen scheint. Diese zweite Bedingung besagt, daß das keusche und unverdächtige Weib niemals den Reiz ausübt, der es zum Liebesobjekt erhebt, sondern nur das irgendwie sexuell anrüchige, an dessen Treue und Verläßlichkeit ein Zweifel gestattet ist. Dieser letztere Charakter mag in einer bedeutungsvollen Reihe variieren, von dem leisen Schatten auf dem Ruf einer dem Flirt nicht abgeneigten Ehefrau bis zur offenkundig polygamen Lebensführung einer Kokotte oder Liebeskünstlerin, aber auf irgend etwas dieser Art wird von den zu unserem Typus Gehörigen nicht verzichtet. Man mag diese Bedingung mit etwas Vergröberung die der *»Dirnenliebe«* heißen.

Wie die erste Bedingung Anlaß zur Befriedigung von agonalen, feindseligen Regungen gegen den Mann gibt, dem man das geliebte Weib entreißt, so steht die zweite Bedingung, die der Dirnenhaftigkeit des Weibes, in Beziehung zur Betätigung der *Eifersucht,* die für Liebende dieses Typus ein Bedürfnis zu sein scheint. Erst wenn sie eifersüchtig sein können, erreicht die Leidenschaft ihre Höhe, gewinnt das Weib seinen vollen Wert, und sie versäumen nie, sich eines Anlasses zu bemächtigen, der ihnen das Erleben dieser stärksten Empfindungen gestattet. Merkwürdigerweise ist es nicht der rechtmäßige Besitzer der Geliebten, gegen den sich diese Eifersucht richtet, sondern neu auftauchende Fremde, mit denen man die Geliebte in Verdacht bringen kann. In grellen Fällen zeigt der Liebende keinen Wunsch, das Weib für sich allein zu besitzen, und scheint sich in dem dreieckigen Verhältnis durchaus wohl zu fühlen. Einer meiner Patienten, der unter den Seitensprüngen seiner Dame entsetzlich gelitten hatte, hatte doch gegen ihre Verheiratung nichts einzuwenden, sondern förderte diese mit allen Mitteln; gegen den Mann zeigte er dann durch Jahre niemals eine Spur von Eifersucht. Ein anderer typischer Fall war in seinen ersten Liebesbeziehungen allerdings sehr eifersüchtig gegen den Ehegatten gewesen und hatte die Dame genötigt, den ehelichen Verkehr mit diesem einzustellen; in seinen zahlreichen späteren Verhältnissen benahm er sich aber wie die anderen und faßte den legitimen Mann nicht mehr als Störung auf.

Die folgenden Punkte schildern nicht mehr die vom Liebesobjekt geforderten Bedingungen, sondern das Verhalten des Liebenden gegen das Objekt seiner Wahl.

3.) Im normalen Liebesleben wird der Wert des Weibes durch seine sexuelle Integrität bestimmt und durch die Annäherung an den Charakter der Dirnenhaftigkeit herabgesetzt. Es erscheint daher als eine auffällige Abweichung vom Normalen, daß von den Liebenden unseres Typus die mit diesem Charakter behafteten Frauen als *höchstwertige Liebesobjekte* behandelt werden. Die Liebesbeziehungen zu diesen Frauen werden mit dem höchsten psychischen Aufwand bis zur Aufzehrung aller anderen Interessen betrieben; sie sind die einzigen Personen, die man lieben kann, und die Selbstanforderung der Treue wird jedesmal wieder erhoben, so oft sie auch in der Wirklichkeit durchbrochen werden mag. In diesen Zügen der beschriebenen Liebesbeziehungen prägt sich überdeutlich der *zwanghafte* Charakter aus, welcher ja in gewissem Grade jedem Falle von Verliebtheit eignet. Man darf aber aus der Treue und Intensität der Bindung nicht die Erwartung ableiten, daß ein einziges solches Liebesverhältnis das Liebesleben der Betreffenden ausfülle oder sich nur einmal innerhalb desselben abspiele. Vielmehr wiederholen sich Leidenschaften dieser Art mit den gleichen Eigentümlichkeiten – die eine das genaue Abbild der anderen – mehrmals im Leben der diesem Typus Angehörigen, ja die Liebesobjekte können nach äußeren Bedingungen, z.B. Wechsel von Aufenthalt und Umgebung, einander so häufig ersetzen, daß es zur *Bildung einer langen Reihe* kommt.

4.) Am überraschendsten wirkt auf den Beobachter die bei den Liebenden dieses Typus sich äußernde Tendenz, die Geliebte zu *»retten«*. Der Mann ist überzeugt, daß die Geliebte seiner bedarf, daß sie ohne ihn jeden sittlichen Halt verlieren und rasch auf ein bedauernswertes Niveau herabsinken würde. Er rettet sie also, indem er nicht von ihr läßt. Die Rettungsabsicht kann sich in einzelnen Fällen durch die Berufung auf die sexuelle Unverläßlichkeit und die sozial gefährdete Position der Geliebten rechtfertigen; sie tritt aber nicht minder deutlich hervor, wo solche Anlehnungen an die Wirklichkeit fehlen. Einer der zum beschriebenen Typus gehörigen Männer, der seine Damen durch kunstvolle Verführung und spitzfindige Dialektik zu gewinnen verstand, scheute dann im Liebesverhältnis keine Anstrengung, um die jeweilige Geliebte durch selbstverfaßte Traktate auf dem Wege der »Tugend« zu erhalten.

Überblickt man die einzelnen Züge des hier geschilderten Bildes, die Bedingungen der Unfreiheit und der Dirnenhaftigkeit der Geliebten, die hohe Wertung derselben, das Bedürfnis nach Eifersucht, die Treue, die sich doch mit der Auflösung in eine lange Reihe verträgt, und die Rettungsabsicht, so wird man eine Ableitung derselben aus einer einzigen Quelle für wenig wahrscheinlich halten. Und doch ergibt sich eine solche leicht bei psychoanalytischer Vertiefung in die Lebensgeschichte der in Betracht kommenden Personen. Diese eigentümlich bestimmte Objektwahl und das so sonderbare Liebesverhalten haben dieselbe psychische Abkunft wie im Liebesleben des Normalen, sie entspringen aus der infantilen Fixierung der Zärtlichkeit an die Mutter und stellen einen der Ausgänge dieser Fixierung dar. Im normalen Liebesleben erübrigen nur wenige Züge, welche das mütterliche Vorbild der Objektwahl unverkennbar verraten, so zum Beispiel die Vorliebe junger Männer für gereiftere Frauen; die Ablösung der Libido von der Mutter hat sich verhältnismäßig rasch vollzogen. Bei unserem Typus hingegen hat die Libido auch nach dem Eintritt der Pubertät so lange bei der Mutter verweilt, daß den später gewählten Liebesobjekten die mütterlichen Charaktere eingeprägt bleiben, daß diese alle zu leicht kenntlichen Muttersurrogaten werden. Es drängt sich hier der Vergleich mit der Schädelformation des Neugeborenen auf; nach protrahierter Geburt muß der Schädel des Kindes den Ausguß der mütterlichen Beckenenge darstellen.

Es obliegt uns nun, wahrscheinlich zu machen, daß die charakteristischen Züge unseres Typus, Liebesbedingungen wie Liebesverhalten, wirklich der mütterlichen Konstellation entspringen. Am leichtesten dürfte dies für die erste Bedingung, die der Unfreiheit des Weibes oder des geschädigten Dritten, gelingen. Man sieht ohne weiteres ein, daß bei dem in der Familie aufwachsenden Kinde die Tatsache, daß die Mutter dem Vater gehört, zum unabtrennbaren Stück des mütterlichen Wesens wird, und daß kein anderer als der Vater selbst der geschädigte Dritte ist. Ebenso ungezwungen fügt sich der überschätzende Zug, daß die Geliebte die Einzige, Unersetzliche ist, in den infantilen Zusammenhang ein, denn niemand besitzt mehr als eine Mutter, und die Beziehung zu ihr ruht auf dem Fundament eines jedem Zweifel entzogenen und nicht zu wiederholenden Ereignisses.

Wenn die Liebesobjekte bei unserem Typus vor allem Muttersurrogate sein sollen, so wird auch die Reihenbildung verständlich, welche der Bedingung der Treue so direkt zu widersprechen scheint. Die Psychoanalyse belehrt uns auch durch andere Beispiele, daß das im Unbewußten wirksame Unersetzliche sich häufig durch die Auflösung in eine unendliche Reihe kundgibt, unendlich darum, weil jedes Surrogat doch die erstrebte Befriedigung vermissen läßt. So erklärt sich die unstillbare Fragelust der Kinder in gewissem Alter daraus, daß sie eine einzige Frage zu stellen haben, die sie nicht über ihre Lippen bringen, die Geschwätzigkeit mancher neurotisch geschädigter Personen aus dem Drucke eines Geheimnisses, das zur Mitteilung drängt, und das sie aller Versuchung zum Trotze doch nicht verraten.

Dagegen scheint die zweite Liebesbedingung, die der Dirnenhaftigkeit des gewählten Objekts, einer Ableitung aus dem Mutterkomplex energisch zu widerstreben. Dem bewußten Denken des Erwachsenen erscheint die Mutter gern als Persönlichkeit von unantastbarer sittlicher Reinheit, und wenig anderes wirkt, wenn es von außen kommt, so beleidigend, oder wird, wenn es von innen aufsteigt, so peinigend empfunden wie ein Zweifel an diesem Charakter der Mutter. Gerade dieses Verhältnis von schärfstem Gegensatze zwischen der »Mutter« und der »Dirne« wird uns aber anregen, die Entwicklungsgeschichte und das unbewußte Verhältnis dieser beiden Komplexe zu erforschen, wenn wir längst erfahren haben, daß im Unbewußten häufig in Eines zusammenfällt, was im Bewußtsein in zwei Gegensätze gespalten vorliegt. Die Untersuchung führt uns dann in die Lebenszeit zurück, in welcher der Knabe zuerst eine vollständigere Kenntnis von den sexuellen Beziehungen zwischen den Erwachsenen gewinnt, etwa in die Jahre der Vorpubertät. Brutale Mitteilungen von unverhüllt herabsetzender und aufrührerischer Tendenz machen ihn da mit dem Geheimnis des Geschlechtslebens bekannt, zerstören die Autorität der Erwachsenen, die sich als unvereinbar mit der Enthüllung ihrer Sexualbetätigung erweist. Was in diesen Eröffnungen den stärksten Einfluß auf den Neueingeweihten nimmt, das ist deren Beziehung zu den eigenen Eltern. Dieselbe wird oft direkt von dem Hörer abgelehnt, etwa mit den Worten: Es ist möglich, daß deine Eltern und andere Leute so etwas miteinander tun, aber von meinen Eltern ist es ganz unmöglich.

Als selten fehlendes Korollar zur »sexuellen Aufklärung« gewinnt der Knabe auch gleichzeitig die Kenntnis von der Existenz gewisser Frauen, die den geschlechtlichen Akt erwerbsmäßig ausüben und darum allgemein verachtet werden. Ihm selbst muß diese Verachtung ferne sein; er bringt für diese Unglücklichen nur eine Mischung von Sehnsucht und Grausen auf, sobald er weiß, daß auch er von ihnen in das Geschlechtsleben eingeführt werden kann, welches ihm bisher als der ausschließliche Vorbehalt der »Großen« galt. Wenn er dann den Zweifel nicht mehr festhalten kann, der für seine Eltern eine Ausnahme von den häßlichen Normen der Geschlechtsbetätigung fordert, so sagt er sich mit zynischer Korrektheit, daß der Unterschied zwischen der Mutter und der Hure doch nicht so groß sei, daß sie im Grunde das nämliche tun. Die aufklärenden Mitteilungen haben nämlich die Erinnerungsspuren seiner frühinfantilen Eindrücke und Wünsche in ihm geweckt und von diesen aus gewisse seelische Regungen bei ihm wieder zur Aktivität gebracht. Er beginnt die Mutter selbst in dem neugewonnenen Sinne zu begehren und den Vater als Nebenbuhler, der diesem Wunsche im Wege steht, von neuem zu hassen; er gerät, wie wir sagen, unter die Herrschaft des Ödipuskomplexes. Er vergißt es der Mutter nicht und betrachtet es im Lichte einer Untreue, daß sie die Gunst des sexuellen Verkehres nicht ihm, sondern dem Vater geschenkt hat. Diese Regungen haben, wenn sie nicht rasch vorüberziehen, keinen anderen Ausweg, als sich in Phantasien auszuleben, welche die Sexualbetätigung der Mutter unter den mannigfachsten Verhältnissen zum Inhalte haben, deren Spannung auch besonders leicht zur Lösung im onanistischen Akte führt. Infolge des beständigen Zusammenwirkens der beiden treibenden Motive, der Begehrlichkeit und der Rachsucht, sind Phantasien von der Untreue der Mutter die bei weitem bevorzugten; der Liebhaber, mit dem die Mutter die Untreue begeht, trägt fast immer die Züge des eigenen Ichs, richtiger gesagt, der eigenen, idealisierten, durch Altersreifung auf das Niveau des Vaters gehobenen Persönlichkeit. Was ich an anderer Stelle als »Familienroman« geschildert habe, umfaßt die vielfältigen Ausbildungen dieser Phantasietätigkeit und deren Verwebung mit verschiedenen egoistischen Interessen dieser Lebenszeit. Nach Einsicht in dieses Stück seelischer Entwicklung können wir es aber nicht mehr widerspruchsvoll und unbegreiflich finden, daß die Bedingung der Dirnenhaftigkeit der Geliebten sich direkt aus dem Mutterkomplex ableitet. Der von uns beschriebene Typus des männlichen Liebeslebens trägt die Spuren dieser Entwicklungsgeschichte an sich und läßt sich einfach verstehen als Fixierung an die Pubertätsphantasien des Knaben, die späterhin den Ausweg in die Realität des Lebens doch noch gefunden haben. Es macht keine Schwierigkeiten anzunehmen, daß die eifrig geübte Onanie der Pubertätsjahre ihren Beitrag zur Fixierung jener Phantasien geleistet hat.

Mit diesen Phantasien, welche sich zur Beherrschung des realen Liebeslebens aufgeschwungen haben, scheint die Tendenz, die Geliebte zu *retten,* nur in lockerer, oberflächlicher und durch bewußte Begründung erschöpfbarer Verbindung zu stehen. Die Geliebte bringt sich durch ihre Neigung zur Unbeständigkeit und Untreue in Gefahren, also ist es begreiflich, daß der Liebende sich bemüht, sie vor diesen Gefahren zu behüten, indem er ihre Tugend überwacht und ihren schlechten Neigungen entgegenarbeitet. Indes zeigt das Studium der Deckerinnerungen, Phantasien und nächtlichen Träume der Menschen, daß hier eine vortrefflich gelungene »Rationalisierung« eines unbewußten Motivs vorliegt, die einer gut geratenen sekundären Bearbeitung im Traume gleichzusetzen ist. In Wirklichkeit hat das *Rettungsmotiv* seine eigene Bedeutung und Geschichte und ist ein selbständiger Abkömmling des Mutter- oder, richtiger gesagt, des Elternkomplexes. Wenn das Kind hört, daß es sein Leben den Eltern *verdankt,* daß ihm die Mutter *»das Leben geschenkt«* hat, so vereinen sich bei ihm zärtliche mit großmannssüchtigen, nach Selbständigkeit ringenden Regungen, um den Wunsch entstehen zu lassen, den Eltern dieses Geschenk zurückzuerstatten, es ihnen durch ein gleichwertiges zu vergelten. Es ist, wie wenn der Trotz des Knaben sagen wollte: Ich brauche nichts vom Vater, ich will ihm alles zurückgeben, was ich ihn gekostet habe. Er bildet dann die Phantasie, *den Vater aus einer Lebensgefahr zu retten,* wodurch er mit ihm quitt wird, und diese Phantasie verschiebt sich häufig genug auf den Kaiser, König oder sonst einen großen Herrn und wird nach dieser Entstellung bewußtseinsfähig und selbst für den Dichter verwertbar. In der Anwendung auf den Vater überwiegt bei weitem der trotzige Sinn der Rettungsphantasie, der Mutter wendet sie meist ihre zärtliche Bedeutung zu. Die Mutter hat dem Kinde das Leben geschenkt, und es ist nicht leicht, dies eigenartige Geschenk durch etwas Gleichwertiges zu ersetzen. Bei geringem Bedeutungswandel, wie er im Unbewußten erleichtert ist – was man etwa dem bewußten Ineinanderfließen der Begriffe gleichstellen kann – gewinnt das Retten der Mutter die Bedeutung von: ihr ein Kind schenken oder machen, natürlich ein Kind, wie man selbst ist. Die Entfernung vom ursprünglichen Sinne der Rettung ist keine allzu große, der Bedeutungswandel kein willkürlicher. Die Mutter hat einem ein Leben geschenkt, das eigene, und man schenkt ihr dafür ein anderes Leben, das eines Kindes, das mit dem eigenen Selbst die größte Ähnlichkeit hat. Der Sohn erweist sich dankbar, indem er sich wünscht, von der Mutter einen Sohn zu haben, der ihm selbst gleich ist, das heißt, in der Rettungsphantasie identifiziert er sich völlig mit dem Vater. Alle Triebe, die zärtlichen, dankbaren, lüsternen, trotzigen, selbstherrlichen, sind durch den einen Wunsch befriedigt, *sein eigener Vater zu sein.* Auch das Moment der Gefahr ist bei dem Bedeutungswandel nicht verloren gegangen; der Geburtsakt selbst ist nämlich die Gefahr, aus der man durch die Anstrengung der Mutter gerettet wurde. Die Geburt ist ebenso die allererste Lebensgefahr wie das Vorbild aller späteren, vor denen wir Angst empfinden, und das Erleben der Geburt hat uns wahrscheinlich den Affektausdruck, den wir Angst heißen, hinterlassen. Der *Macduff* der schottischen Sage, den seine Mutter nicht geboren hatte, der aus seiner Mutter Leib geschnitten wurde, hat darum auch die Angst nicht gekannt.

Der alte Traumdeuter Artemidoros hatte sicherlich Recht mit

der Behauptung, der Traum wandle seinen Sinn je nach der Person des Träumers. Nach den für den Ausdruck unbewußter Gedanken geltenden Gesetzen kann das »Retten« seine Bedeutung variieren, je nachdem es von einer Frau oder von einem Manne phantasiert wird. Es kann ebensowohl bedeuten: ein Kind machen = zur Geburt bringen (für den Mann) wie: selbst ein Kind gebären (für die Frau).

Insbesondere in der Zusammensetzung mit dem Wasser lassen sich diese verschiedenen Bedeutungen des Rettens in Träumen und Phantasien deutlich erkennen. Wenn ein Mann im Traume eine Frau aus dem Wasser rettet, so heißt das: er macht sie zur Mutter, was nach den vorstehenden Erörterungen gleichsinnig ist dem Inhalte: er macht sie zu seiner Mutter. Wenn eine Frau einen anderen (ein Kind) aus dem Wasser rettet, so bekennt sie sich damit wie die Königstochter in der Mosessage[1] als seine Mutter, die ihn geboren hat.

Gelegentlich enthält auch die auf den Vater gerichtete Rettungsphantasie einen zärtlichen Sinn. Sie will dann den Wunsch ausdrücken, den Vater zum Sohne zu haben, das heißt einen Sohn zu haben, der so ist wie der Vater. Wegen all dieser Beziehungen des Rettungsmotivs zum Elternkomplex bildet die Tendenz, die Geliebte zu retten, einen wesentlichen Zug des hier beschriebenen Liebestypus.

Ich halte es nicht für notwendig, meine Arbeitsweise zu rechtfertigen, die hier wie bei der Aufstellung der *Analerotik* darauf hinausgeht, aus dem Beobachtungsmaterial zunächst extreme und scharf umschriebene Typen herauszuheben. Es gibt in beiden Fällen weit zahlreichere Individuen, in denen nur einzelne Züge dieses Typus, oder diese nur in unscharfer Ausprägung festzustellen sind, und es ist selbstverständlich, daß erst die Darlegung des ganzen Zusammenhanges, in den diese Typen aufgenommen sind, deren richtige Würdigung ermöglicht.

II

Über die allgemeinste Erniedrigung des Liebeslebens

1

Wenn der psychoanalytische Praktiker sich fragt, wegen welches Leidens er am häufigsten um Hilfe angegangen wird, so muß er – absehend von der vielgestaltigen Angst – antworten: wegen psychischer Impotenz. Diese sonderbare Störung betrifft Männer von stark libidinösem Wesen und äußert sich darin, daß die Exekutivorgane der Sexualität die Ausführung des geschlechtlichen Aktes verweigern, obwohl sie sich vorher und nachher als intakt und leistungsfähig erweisen können, und obwohl eine starke psychische Geneigtheit zur Ausführung des Aktes besteht. Die erste Anleitung zum Verständnis seines Zustandes erhält der Kranke selbst, wenn er die Erfahrung macht, daß ein solches Versagen nur beim Versuch mit gewissen Personen auftritt, während es bei anderen niemals in Frage kommt. Er weiß dann, daß es eine Eigenschaft des Sexualobjekts ist, von welcher die Hemmung seiner männlichen Potenz ausgeht, und berichtet manchmal, er habe die Empfindung eines Hindernisses in seinem Innern, die Wahrnehmung eines Gegenwillens, der die bewußte Absicht mit Erfolg störe. Er kann aber nicht erraten, was dies innere Hindernis ist und welche Eigenschaft des Sexualobjekts es zur Wirkung bringt. Hat er solches Versagen wiederholt erlebt, so urteilt er wohl in bekannter fehlerhafter Verknüpfung, die Erinnerung an das erste Mal habe als störende Angstvorstellung die Wiederholungen erzwungen; das erste Mal selbst führt er aber auf einen »zufälligen« Eindruck zurück.

Psychoanalytische Studien über die psychische Impotenz sind bereits von mehreren Autoren angestellt und veröffentlicht worden.[2] Jeder Analytiker kann die dort gebotenen Aufklärungen aus eigener ärztlicher Erfahrung bestätigen. Es handelt sich wirklich um die hemmende Einwirkung gewisser psychischer Komplexe, die sich der Kenntnis des Individuums entziehen. Als allgemeinster Inhalt dieses pathogenen Materials hebt sich die nicht überwundene inzestuöse Fixierung an Mutter und Schwester hervor. Außerdem ist der Einfluß von akzidentellen peinlichen Eindrücken, die sich an die infantile Sexualbetätigung knüpfen, zu berücksichtigen und jene Momente, die ganz allgemein die auf das weibliche Sexualobjekt zu richtende Libido verringern.[3]

Unterzieht man Fälle von greller psychischer Impotenz einem eindringlichen Studium mittels der Psychoanalyse, so gewinnt man folgende Auskunft über die dabei wirksamen psychosexuellen Vorgänge. Die Grundlage des Leidens ist hier wiederum – wie sehr wahrscheinlich bei allen neurotischen Störungen – eine Hemmung in der Entwicklungsgeschichte der Libido bis zu ihrer normal zu nennenden Endgestaltung. Es sind hier zwei Strömungen nicht zusammengetroffen, deren Vereinigung erst ein völlig normales Liebesverhalten sichert, zwei Strömungen, die wir als die *zärtliche* und die *sinnliche* voneinander unterscheiden können.

Von diesen beiden Strömungen ist die zärtliche die ältere. Sie stammt aus den frühesten Kinderjahren, hat sich auf Grund der Interessen des Selbsterhaltungstriebes gebildet und richtet sich auf die Personen der Familie und die Vollzieher der Kinderpflege. Sie hat von Anfang an Beiträge von den Sexualtrieben, Komponenten von erotischem Interesse mitgenommen, die schon in der Kindheit mehr oder minder deutlich sind, beim Neurotiker in allen Fällen durch die spätere Psychoanalyse aufgedeckt werden. Sie entspricht der *primären kindlichen Objektwahl.* Wir ersehen aus ihr, daß die Sexualtriebe ihre ersten Objekte in der Anlehnung an die Schätzungen der Ichtriebe finden, gerade so, wie die ersten Sexualbefriedigungen in Anlehnung an die zur Lebenserhaltung notwendigen Körperfunktionen erfahren werden. Die »Zärtlichkeit« der Eltern und Pflegepersonen, die ihren erotischen Charakter selten verleugnet (»das Kind ein erotisches Spielzeug«), tut sehr viel dazu, die Beiträge der Erotik zu den Besetzungen der Ichtriebe beim Kinde zu erhöhen und sie auf ein Maß zu bringen, welches in der späteren Entwicklung in Betracht kommen muß, besonders wenn gewisse andere Verhältnisse dazu ihren Beistand leihen.

Diese zärtlichen Fixierungen des Kindes setzen sich durch die Kindheit fort und nehmen immer wieder Erotik mit sich, welche dadurch von ihren sexuellen Zielen abgelenkt wird. Im Lebensalter der Pubertät tritt nun die mächtige »sinnliche« Strömung hinzu, die ihre Ziele nicht mehr verkennt. Sie versäumt es anscheinend niemals, die früheren Wege zu gehen und nun mit weit stärkeren Libidobeträgen die Objekte der primären infantilen Wahl zu besetzen. Aber da sie dort auf die unterdessen aufgerichteten Hindernisse der Inzestschranke stößt, wird sie das Bestreben äußern, von diesen real ungeeigneten Objekten möglichst bald den Übergang zu anderen, fremden Objekten zu finden, mit denen sich ein reales Sexualleben durchführen läßt. Diese fremden Objekte werden immer noch nach dem Vorbild (der Imago) der infantilen gewählt werden, aber sie werden mit der Zeit die Zärtlichkeit an sich ziehen, die an die früheren gekettet war. Der Mann wird Vater und Mutter verlassen – nach der biblischen Vorschrift – und seinem Weibe nachgehen, Zärtlichkeit und Sinnlichkeit sind dann beisammen. Die höchsten Grade von sinnlicher Verliebtheit werden die höchste psychische Wertschätzung mit sich bringen. (Die normale Überschätzung des Sexualobjekts von Seiten des Mannes.)

Für das Mißlingen dieses Fortschrittes im Entwicklungsgang der Libido werden zwei Momente maßgebend sein. Erstens das Maß von *realer Versagung,* welches sich der neuen Objektwahl entgegensetzen und sie für das Individuum entwerten wird. Es hat ja keinen Sinn, sich der Objektwahl zuzuwenden, wenn man überhaupt nicht wählen darf oder keine Aussicht hat, etwas Ordentliches wählen zu können. Zweitens das Maß der *Anziehung,* welches die zu verlassenden infantilen Objekte äußern können, und das proportional ist der erotischen Besetzung, die ihnen noch in der Kindheit zuteil wurde. Sind diese beiden Faktoren stark genug, so tritt der allgemeine Mechanismus der Neurosenbildung in Wirksamkeit. Die Libido wendet sich von der Realität ab, wird von der Phantasietätigkeit aufgenommen (Introversion), verstärkt die Bilder der ersten Sexualobjekte, fixiert sich an dieselben. Das Inzesthindernis nötigt aber die diesen Objekten zugewendete Libido, im Unbewußten zu verbleiben. Die Betätigung der jetzt dem Unbewußten angehörigen sinnlichen Strömung in onanistischen Akten tut das Ihrige dazu, um diese Fixierung zu verstärken. Es ändert nichts an diesem Sachverhalt, wenn der Fortschritt nun in der Phantasie vollzogen wird, der in der Realität mißglückt ist, wenn in den zur onanistischen Befriedigung führenden Phantasiesituationen die ursprünglichen Sexualobjekte durch fremde ersetzt werden. Die Phantasien werden durch diesen Ersatz bewußtseinsfähig, an der realen Unterbringung der Libido wird ein Fortschritt nicht vollzogen.

Es kann auf diese Weise geschehen, daß die ganze Sinnlichkeit eines jungen Menschen im Unbewußten an inzestuöse Objekte gebunden oder, wie wir auch sagen können, an unbewußte inzestuöse Phantasien fixiert wird. Das Ergebnis ist dann eine absolute Impotenz, die etwa noch durch die gleichzeitig erworbene wirkliche Schwächung der den Sexualakt ausführenden Organe versichert wird.

Für das Zustandekommen der eigentlich sogenannten psychischen Impotenz werden mildere Bedingungen erfordert. Die sinnliche Strömung darf nicht in ihrem ganzen Betrag dem Schicksal verfallen, sich hinter der zärtlichen verbergen zu müssen, sie muß stark oder ungehemmt genug geblieben sein, um sich zum Teil den Ausweg in die Realität zu erzwingen. Die Sexualbetätigung solcher Personen läßt aber an den deutlichsten Anzeichen erkennen, daß nicht die volle psychische Triebkraft hinter ihr steht. Sie ist launenhaft, leicht zu stören, oft in der Ausführung inkorrekt, wenig genußreich. Vor allem aber muß sie der zärtlichen Strömung ausweichen. Es ist also eine Beschränkung in der Objektwahl hergestellt worden. Die aktiv gebliebene sinnliche Strömung sucht nur nach Objekten, die nicht an die ihr verpönten inzestuösen Personen mahnen; wenn von einer Person ein Eindruck ausgeht, der zu hoher psychischer Wertschätzung führen könnte, so läuft er nicht in Erregung der Sinnlichkeit, sondern in erotisch unwirksame Zärtlichkeit aus. Das Liebesleben solcher Menschen bleibt in die zwei Richtungen gespalten, die von der Kunst als himmlische und irdische (oder tierische) Liebe personifiziert werden. Wo sie lieben, begehren sie nicht, und wo sie begehren, können sie nicht lieben. Sie suchen nach Objekten, die sie nicht zu lieben brauchen, um ihre Sinnlichkeit von ihren geliebten Objekten fernzuhalten, und das sonderbare Versagen der psychischen Impotenz tritt nach den Gesetzen der »Komplexempfindlichkeit« und der »Rückkehr des Verdrängten« dann auf, wenn an dem zur Vermeidung des Inzests gewählten Objekt ein oft unscheinbarer Zug an das zu vermeidende Objekt erinnert.

Das Hauptschutzmittel gegen solche Störung, dessen sich der Mensch in dieser Liebesspaltung bedient, besteht in der psychischen *Erniedrigung* des Sexualobjektes, während die dem Sexualobjekt normalerweise zustehende Überschätzung dem inzestuösen Objekt und dessen Vertretungen reserviert wird. Sowie die Bedingung der Erniedrigung erfüllt ist, kann sich die Sinnlichkeit frei äußern, bedeutende sexuelle Leistungen und hohe Lust entwickeln. Zu diesem Ergebnis trägt noch ein anderer Zusammenhang bei. Personen, bei denen die zärtliche und die sinnliche Strömung nicht ordentlich zusammengeflossen sind, haben auch meist ein wenig verfeinertes Liebesleben; perverse Sexualziele sind bei ihnen erhalten geblieben, deren Nichterfüllung als empfindliche Lusteinbuße verspürt wird, deren Erfüllung aber nur am erniedrigten, geringgeschätzten Sexualobjekt möglich erscheint.

Die in dem ersten Beitrag[4] erwähnten Phantasien des Knaben, welche die Mutter zur Dirne herabsetzen, werden nun nach ihren Motiven verständlich. Es sind Bemühungen, die Kluft zwischen den beiden Strömungen des Liebeslebens wenigstens in der Phantasie zu überbrücken, die Mutter durch Erniedrigung zum Objekt für die Sinnlichkeit zu gewinnen.

2

Wir haben uns bisher mit einer ärztlich-psychologischen Untersuchung der psychischen Impotenz beschäftigt, welche in der Überschrift dieser Abhandlung keine Rechtfertigung findet. Es wird sich aber zeigen, daß wir dieser Einleitung bedurft haben, um den Zugang zu unserem eigentlichen Thema zu gewinnen.

Wir haben die psychische Impotenz reduziert auf das Nicht-Zusammentreffen der zärtlichen und der sinnlichen Strömung im Liebesleben und diese Entwicklungshemmung selbst erklärt durch die Einflüsse der starken Kindheitsfixierungen und der späteren Versagung in der Realität bei Dazwischenkunft der Inzestschranke. Gegen diese Lehre ist vor allem eines einzuwenden: sie gibt uns zu viel, sie erklärt uns, warum gewisse Personen an psychischer Impotenz leiden, läßt uns aber rätselhaft erscheinen, daß andere diesem Leiden entgehen konnten. Da alle in Betracht kommenden ersichtlichen Momente, die starke Kindheitsfixierung, die Inzestschranke und die Versagung in den Jahren der Entwicklung nach der Pubertät bei so ziemlich allen Kulturmenschen als vorhanden anzuerkennen sind, wäre die Erwartung berechtigt, daß die psychische Impotenz ein allgemeines Kulturleiden und nicht die Krankheit einzelner sei.

Es läge nahe, sich dieser Folgerung dadurch zu entziehen, daß man auf den quantitativen Faktor der Krankheitsverursachung hinweist, auf jenes Mehr oder Minder im Beitrag der einzelnen Momente, von dem es abhängt, ob ein kenntlicher Krankheitserfolg zustande kommt oder nicht. Aber obwohl ich diese Antwort als richtig anerkennen möchte, habe ich doch nicht die Absicht, die Folgerung selbst hiemit abzuweisen. Ich will im Gegenteil die Behauptung aufstellen, daß die psychische Impotenz weit verbreiteter ist, als man glaubt, und daß ein gewisses Maß dieses Verhaltens tatsächlich das Liebesleben des Kulturmenschen charakterisiert.

Wenn man den Begriff der psychischen Impotenz weiter faßt und ihn nicht mehr auf das Versagen der Koitusaktion bei vorhandener Lustabsicht und bei intaktem Genitalapparat einschränkt, so kommen zunächst alle jene Männer hinzu, die man als Psychanästhetiker bezeichnet, denen die Aktion nie versagt, die sie aber ohne besonderen Lustgewinn vollziehen; Vorkommnisse, die häufiger sind, als man glauben möchte. Die psychoanalytische Untersuchung solcher Fälle deckt die nämlichen ätiologischen Momente auf, welche wir bei der psychischen Impotenz im engeren Sinne gefunden haben, ohne daß die symptomatischen Unterschiede zunächst eine Erklärung finden. Von den anästhetischen Männern führt eine leicht zu rechtfertigende Analogie zur ungeheuren Anzahl der frigiden Frauen, deren Liebesverhalten tatsächlich nicht besser beschrieben oder verstanden werden kann als durch die Gleichstellung mit der geräuschvolleren psychischen Impotenz des Mannes.[5]

Wenn wir aber nicht nach einer Erweiterung des Begriffes der psychischen Impotenz, sondern nach den Abschattungen ihrer Symptomatologie ausschauen, dann können wir uns der Einsicht nicht verschließen, daß das Liebesverhalten des Mannes in unserer heutigen Kulturwelt überhaupt den Typus der psychischen Impotenz an sich trägt. Die zärtliche und die sinnliche Strömung sind bei den wenigsten unter den Gebildeten gehörig miteinander verschmolzen; fast immer fühlt sich der Mann in seiner sexuellen Betätigung durch den Respekt vor dem Weibe beengt und entwickelt seine volle Potenz erst, wenn er ein erniedrigtes Sexualobjekt vor sich hat, was wiederum durch den Umstand mitbegründet ist, daß in seine Sexualziele perverse Komponenten eingehen, die er am geachteten Weibe zu befriedigen sich nicht getraut. Einen vollen sexuellen Genuß gewährt es ihm nur, wenn er sich ohne Rücksicht der Befriedigung hingeben darf, was er zum Beispiel bei seinem gesitteten Weibe nicht wagt. Daher rührt dann sein Bedürfnis nach einem erniedrigten Sexualobjekt, einem Weibe, das ethisch minderwertig ist, dem er ästhetische Bedenken nicht zuzutrauen braucht, das ihn nicht in seinen anderen Lebensbeziehungen kennt und beurteilen kann. Einem solchen Weibe widmet er am liebsten seine sexuelle Kraft, auch wenn seine Zärtlichkeit durchaus einem höherstehenden gehört. Möglicherweise ist auch die so häufig zu beobachtende Neigung von Männern der höchsten Gesellschaftsklassen, ein Weib aus niederem Stande zur dauernden Geliebten oder selbst zur Ehefrau zu wählen, nichts anderes als die Folge des Bedürfnisses nach dem erniedrigten Sexualobjekt, mit welchem psychologisch die Möglichkeit der vollen Befriedigung verknüpft ist.

Ich stehe nicht an, die beiden bei der echten psychischen Impotenz wirksamen Momente, die intensive inzestuöse Fixierung der Kindheit und die reale Versagung der Jünglingszeit auch für dies so häufige Verhalten der kulturellen Männer im Liebesleben verantwortlich zu machen. Es klingt wenig anmutend und überdies paradox, aber es muß doch gesagt werden, daß, wer im Liebesleben wirklich frei und damit auch glücklich werden soll, den Respekt vor dem Weibe überwunden, sich mit der Vorstellung des Inzests mit Mutter oder Schwester befreundet haben muß. Wer sich dieser Anforderung gegenüber einer ernsthaften Selbstprüfung unterwirft, wird ohne Zweifel in sich finden, daß er den Sexualakt im Grunde doch als etwas Erniedrigendes beurteilt, was nicht nur leiblich befleckt und verunreinigt. Die Entstehung dieser Wertung, die er sich gewiß nicht gerne bekennt, wird er nur in jener Zeit seiner Jugend suchen können, in welcher seine sinnliche Strömung bereits stark entwickelt, ihre Befriedigung aber am fremden Objekt fast ebenso verboten war wie die am inzestuösen.

Die Frauen stehen in unserer Kulturwelt unter einer ähnlichen Nachwirkung ihrer Erziehung und überdies unter der Rückwirkung des Verhaltens der Männer. Es ist für sie natürlich ebensowenig günstig, wenn ihnen der Mann nicht mit seiner vollen Potenz entgegentritt, wie wenn die anfängliche Überschätzung der Verliebtheit nach der Besitzergreifung von Geringschätzung abgelöst wird. Von einem Bedürfnis nach Erniedrigung des Sexualobjekts ist bei der Frau wenig zu bemerken; im Zusammenhange damit steht es gewiß, wenn sie auch etwas der

Sexualüberschätzung beim Manne Ähnliches in der Regel nicht zustande bringt. Die lange Abhaltung von der Sexualität und das Verweilen der Sinnlichkeit in der Phantasie hat für sie aber eine andere bedeutsame Folge. Sie kann dann oft die Verknüpfung der sinnlichen Betätigung mit dem Verbot nicht mehr auflösen und erweist sich als psychisch impotent, d.h. frigid, wenn ihr solche Betätigung endlich gestattet wird. Daher rührt bei vielen Frauen das Bestreben, das Geheimnis noch bei erlaubten Beziehungen eine Weile festzuhalten, bei anderen die Fähigkeit normal zu empfinden, sobald die Bedingung des Verbots in einem geheimen Liebesverhältnis wiederhergestellt ist; dem Manne untreu, sind sie imstande, dem Liebhaber eine Treue zweiter Ordnung zu bewahren.

Ich meine, die Bedingung des Verbotenen im weiblichen Liebesleben ist dem Bedürfnis nach Erniedrigung des Sexualobjekts beim Manne gleichzustellen. Beide sind Folgen des langen Aufschubes zwischen Geschlechtsreife und Sexualbetätigung, den die Erziehung aus kulturellen Gründen fordert. Beide suchen die psychische Impotenz aufzuheben, welche aus dem Nichtzusammentreffen zärtlicher und sinnlicher Regungen resultiert. Wenn der Erfolg der nämlichen Ursachen beim Weibe so sehr verschieden von dem beim Manne ausfällt, so läßt sich dies vielleicht auf einen anderen Unterschied im Verhalten der beiden Geschlechter zurückführen. Das kulturelle Weib pflegt das Verbot der Sexualbetätigung während der Wartezeit nicht zu überschreiten und erwirbt so die innige Verknüpfung zwischen Verbot und Sexualität. Der Mann durchbricht zumeist dieses Verbot unter der Bedingung der Erniedrigung des Objekts und nimmt daher diese Bedingung in sein späteres Liebesleben mit.

Angesichts der in der heutigen Kulturwelt so lebhaften Bestrebungen nach einer Reform des Sexuallebens ist es nicht überflüssig, daran zu erinnern, daß die psychoanalytische Forschung Tendenzen so wenig kennt wie irgendeine andere. Sie will nichts anderes als Zusammenhänge aufdecken, indem sie Offenkundiges auf Verborgenes zurückführt. Es soll ihr dann recht sein, wenn die Reformen sich ihrer Ermittlungen bedienen, um Vorteilhafteres an Stelle des Schädlichen zu setzen. Sie kann aber nicht vorhersagen, ob andere Institutionen nicht andere, vielleicht schwerere Opfer zur Folge haben müßten.

3

Die Tatsache, daß die kulturelle Zügelung des Liebeslebens eine allgemeinste Erniedrigung der Sexualobjekte mit sich bringt, mag uns veranlassen, unseren Blick von den Objekten weg auf die Triebe selbst zu lenken. Der Schaden der anfänglichen Versagung des Sexualgenusses äußert sich darin, daß dessen spätere Freigebung in der Ehe nicht mehr voll befriedigend wirkt. Aber auch die uneingeschränkte Sexualfreiheit von Anfang an führt zu keinem besseren Ergebnis. Es ist leicht festzustellen, daß der psychische Wert des Liebesbedürfnisses sofort sinkt, sobald ihm die Befriedigung bequem gemacht wird. Es bedarf eines Hindernisses, um die Libido in die Höhe zu treiben, und wo die natürlichen Widerstände gegen die Befriedigung nicht ausreichen, haben die Menschen zu allen Zeiten konventionelle eingeschaltet, um die Liebe genießen zu können. Dies gilt für Individuen wie für Völker. In Zeiten, in denen die Liebesbefriedigung keine Schwierigkeiten fand, wie etwa während des Niederganges der antiken Kultur, wurde die Liebe wertlos, das Leben leer, und es bedurfte starker Reaktionsbildungen, um die unentbehrlichen Affektwerte wieder herzustellen. In diesem Zusammenhange kann man behaupten, daß die asketische Strömung des Christentums für die Liebe psychische Wertungen geschaffen hat, die ihr das heidnische Altertum nie verleihen konnte. Zur höchsten Bedeutung gelangte sie bei den asketischen Mönchen, deren Leben fast allein von dem Kampfe gegen die libidinöse Versuchung ausgefüllt war.

Man ist gewiß zunächst geneigt, die Schwierigkeiten, die sich hier ergeben, auf allgemeine Eigenschaften unserer organischen Triebe zurückzuführen. Es ist gewiß auch allgemein richtig, daß die psychische Bedeutung eines Triebes mit seiner Versagung steigt. Man versuche es, eine Anzahl der allerdifferenziertesten Menschen gleichmäßig dem Hungern auszusetzen. Mit der Zunahme des gebieterischen Nahrungsbedürfnisses werden alle individuellen Differenzen sich verwischen und an ihrer Statt die uniformen Äußerungen des einen ungestillten Triebes auftreten. Aber trifft es auch zu, daß mit der Befriedigung eines Triebes sein psychischer Wert allgemein so sehr herabsinkt? Man denke z.B. an das Verhältnis des Trinkers zum Wein. Ist es nicht richtig, daß dem Trinker der Wein immer die gleiche toxische Befriedigung bietet, die man mit der erotischen so oft in der Poesie verglichen hat und auch vom Standpunkte der wissenschaftlichen Auffassung vergleichen darf? Hat man je davon gehört, daß der Trinker genötigt ist, sein Getränk beständig zu wechseln, weil ihm das gleichbleibende bald nicht mehr schmeckt? Im Gegenteil, die Gewöhnung knüpft das Band zwischen dem Manne und der Sorte Wein, die er trinkt, immer enger. Kennt man beim Trinker ein Bedürfnis in ein Land zu gehen, in dem der Wein teurer oder der Weingenuß verboten ist, um seiner sinkenden Befriedigung durch die Einschiebung solcher Erschwerungen aufzuhelfen? Nichts von alldem. Wenn man die Äußerungen unserer großen Alkoholiker, z.B. Böcklins, über ihr Verhältnis zum Wein anhört,[6] es klingt wie die reinste Harmonie, ein Vorbild einer glücklichen Ehe. Warum ist das Verhältnis des Liebenden zu seinem Sexualobjekt so sehr anders?

Ich glaube, man müßte sich, so befremdend es auch klingt, mit der Möglichkeit beschäftigen, daß etwas in der Natur des Sexualtriebes selbst dem Zustandekommen der vollen Befriedigung nicht günstig ist. Aus der langen und schwierigen Entwicklungsgeschichte des Triebes heben sich sofort zwei Momente hervor, die man für solche Schwierigkeit verantwortlich machen könnte. Erstens ist infolge des zweimaligen Ansatzes zur Objektwahl mit Dazwischenkunft der Inzestschranke das endgültige Objekt des Sexualtriebes nie mehr das ursprüngliche, sondern nur ein Surrogat dafür. Die Psychoanalyse hat uns aber gelehrt: wenn das ursprüngliche Objekt einer Wunschregung infolge von Verdrängung verloren gegangen ist, so wird es häufig durch eine unendliche Reihe von Ersatzobjekten vertreten, von denen doch keines voll genügt. Dies mag uns die Unbeständigkeit in der Objektwahl, den »Reizhunger« erklären, der dem Liebesleben der Erwachsenen so häufig eignet.

Zweitens wissen wir, daß der Sexualtrieb anfänglich in eine große Reihe von Komponenten zerfällt – vielmehr aus einer solchen hervorgeht – von denen nicht alle in dessen spätere Gestaltung aufgenommen werden können, sondern vorher unterdrückt oder anders verwendet werden müssen. Es sind vor allem die koprophilen Triebanteile, die sich als unverträglich mit unserer ästhetischen Kultur erwiesen, wahrscheinlich, seitdem wir durch den aufrechten Gang unser Riechorgan von der Erde abgehoben haben; ferner ein gutes Stück der sadistischen Antriebe, die zum Liebesleben gehören. Aber alle solche Entwicklungsvorgänge betreffen nur die oberen Schichten der komplizierten Struktur. Die fundamentellen Vorgänge, welche die Liebeserregung liefern, bleiben ungeändert. Das Exkrementelle ist allzu innig und untrennbar mit dem Sexuellen verwachsen, die Lage der Genitalien – inter urinas et faeces – bleibt das bestimmende unveränderliche Moment. Man könnte hier, ein bekanntes Wort des großen Napoleon variierend, sagen: die Anatomie ist das Schicksal. Die Genitalien selbst haben die Entwicklung der menschlichen Körperformen zur Schönheit nicht mitgemacht, sie sind tierisch geblieben, und so ist auch die Liebe im Grunde heute ebenso animalisch, wie sie es von jeher war. Die Liebestriebe sind schwer erziehbar, ihre Erziehung ergibt bald zu viel, bald zu wenig. Das, was die Kultur aus ihnen machen will, scheint ohne fühlbare Einbuße an Lust nicht erreichbar, die Fortdauer der unverwerteten Regungen gibt sich bei der Sexualtätigkeit als Unbefriedigung zu erkennen.

So müßte man sich denn vielleicht mit dem Gedanken befreunden, daß eine Ausgleichung der Ansprüche des Sexualtriebes mit den Anforderungen der Kultur überhaupt nicht möglich ist, daß Verzicht und Leiden sowie in weitester Ferne die Gefahr des Erlöschens des Menschengeschlechts infolge seiner Kulturentwicklung nicht abgewendet werden können. Diese trübe Prognose ruht allerdings auf der einzigen Vermutung, daß die kulturelle Unbefriedigung die notwendige Folge gewisser Besonderheiten ist, welche der Sexualtrieb unter dem Drucke der Kultur angenommen hat. Die nämliche Unfähigkeit des Sexualtriebes, volle Befriedigung zu ergeben, sobald er den ersten Anforderungen der Kultur unterlegen ist, wird aber zur Quelle der großartigsten Kulturleistungen, welche durch immer weiter gehende Sublimierung seiner Triebkomponenten bewerkstelligt werden. Denn welches Motiv hätten die Menschen, sexuelle Triebkräfte anderen Verwendungen zuzuführen, wenn sich aus denselben bei irgendeiner Verteilung volle Lustbefriedigung ergeben hätte? Sie kämen von dieser Lust nicht wieder los und brächten keinen weiteren Fortschritt zustande. So scheint es, daß sie durch die unausgleichbare Differenz zwischen den Anforderungen der beiden Triebe – des sexuellen und des egoistischen – zu immer höheren Leistungen befähigt werden, allerdings unter einer beständigen Gefährdung, welcher die Schwächeren gegenwärtig in der Form der Neurose erliegen.

Die Wissenschaft hat weder die Absicht zu schrecken noch zu trösten. Aber ich bin selbst gern bereit zuzugeben, daß so weittragende Schlußfolgerungen, wie die obenstehenden, auf breiterer Basis aufgebaut sein sollten, und daß vielleicht andere Entwicklungseinrichtungen der Menschheit das Ergebnis der hier isoliert behandelten zu korrigieren vermögen.

Einige Bemerkungen über den Begriff des Unbewußten in der Psychoanalyse

Am Beginn des 21. Jahrhunderts scheint der Begriff des Unbewußten eine Trivialität zu sein. Und doch läßt sich anhand dieser kleinen Schrift von 1912 sehr schnell erkennen, daß Freuds Konzept des Unbewußten außerordentlich komplex, differenziert und spezifisch ist. Auch daß das Unbewußte eine entscheidende Phase *aller* psychischer Vorgänge ist, oder umgekehrt ausgedrückt, daß *alle* psychischen Vorgänge einer unbewußten Bearbeitung unterzogen werden, war so zuvor noch nie gedacht worden – und wird auch heute noch gern vernachlässigt. In Freuds Auffassung ist das Denken das Resultat einer dynamischen Interaktion zwischen den Systemen Unbewußt (*Ubw*), Vorbewußt (*Vb*) und Bewußt (*Bw*) womit er bereits eine erstaunlich moderne Prozeßtheorie psychischer Abläufe skizziert.

* * *

Ich möchte mit wenigen Worten und so klar als möglich darlegen, welcher Sinn dem Ausdruck »Unbewußtes« in der Psychoanalyse, nur in der Psychoanalyse, zukommt.

Eine Vorstellung – oder jedes andere psychische Element – kann jetzt in meinem Bewußtsein *gegenwärtig* sein und im nächsten Augenblick daraus *verschwinden;* sie kann nach einer Zwischenzeit ganz unverändert wiederum auftauchen, und zwar, wie wir es ausdrücken, aus der Erinnerung, nicht als Folge einer neuen Sinneswahrnehmung. Um dieser Tatsache Rechnung zu tragen, sind wir zu der Annahme genötigt, daß die Vorstellung auch während der Zwischenzeit in unserem Geiste gegenwärtig gewesen sei, wenn sie auch im Bewußtsein latent blieb. In welcher Gestalt sie aber existiert haben kann, während sie im Seelenleben gegenwärtig und im Bewußtsein *latent* war, darüber können wir keine Vermutungen aufstellen.

An diesem Punkte müssen wir darauf gefaßt sein, dem philosophischen Einwurf zu begegnen, daß die latente Vorstellung nicht als Objekt der Psychologie vorhanden gewesen sei, sondern nur als physische Disposition für den Wiederablauf desselben psychischen Phänomens, nämlich eben jener Vorstellung. Aber wir können darauf erwidern, daß eine solche Theorie das Gebiet der eigentlichen Psychologie weit überschreitet, daß sie das Problem einfach umgeht, indem sie daran festhält, daß »bewußt« und »psychisch« identische Begriffe sind, und daß sie offenbar im Unrecht ist, wenn sie der Psychologie das Recht bestreitet, eine ihrer gewöhnlichsten Tatsachen, wie das Gedächtnis, durch ihre eigenen Hilfsmittel zu erklären.

Wir wollen nun die Vorstellung, die in unserem Bewußtsein gegenwärtig ist und die wir wahrnehmen, »bewußt« nennen und nur dies als Sinn des Ausdruckes »bewußt« gelten lassen; hingegen sollen latente Vorstellungen, wenn wir Grund zur Annahme haben, daß sie im Seelenleben enthalten sind – wie es beim Gedächtnis der Fall war – mit dem Ausdruck »unbewußt« gekennzeichnet werden.

Eine unbewußte Vorstellung ist dann eine solche, die wir nicht bemerken, deren Existenz wir aber trotzdem auf Grund anderweitiger Anzeichen und Beweise zuzugeben bereit sind.

Dies könnte als eine recht uninteressante deskriptive oder klassifikatorische Arbeit aufgefaßt werden, wenn keine andere Erfahrung für unser Urteil in Betracht käme als die Tatsachen des Gedächtnisses oder die der Assoziation über unbewußte Mittelglieder. Aber das wohlbekannte Experiment der »posthypnotischen Suggestion« lehrt uns an der Wichtigkeit der Unterscheidung zwischen *bewußt* und *unbewußt* festhalten und scheint ihren *Wert* zu erhöhen.

Bei diesem Experiment, wie es Bernheim ausgeführt hat, wird eine Person in einen hypnotischen Zustand versetzt und dann daraus erweckt. Während sie sich in dem hypnotischen Zustande, unter dem Einflusse des Arztes, befand, wurde ihr der Auftrag erteilt, eine bestimmte Handlung zu einem genau bestimmten Zeitpunkt, z.B. eine halbe Stunde später, auszuführen.

Nach dem Erwachen ist allem Anscheine nach volles Bewußtsein und die gewöhnliche Geistesverfassung wiederum eingetreten, eine Erinnerung an den hypnotischen Zustand ist nicht vorhanden, und trotzdem drängt sich in dem vorher festgesetzten Augenblick der Impuls, dieses oder jenes zu tun, dem Geiste auf, und die Handlung wird mit Bewußtsein, wenn auch ohne zu wissen weshalb, ausgeführt. Es dürfte kaum möglich sein, eine andere Beschreibung des Phänomens zu geben, als mit den Worten, daß der Vorsatz im Geiste jener Person *in latenter Form oder unbewußt* vorhanden war, bis der gegebene Moment kam, in dem er dann bewußt geworden ist. Aber nicht in seiner Gänze ist er im Bewußtsein aufgetaucht, sondern nur die Vorstellung des auszuführenden Aktes. Alle anderen mit dieser Vorstellung assoziierten Ideen – der Auftrag, der Einfluß des Arztes, die Erinnerung an den hypnotischen Zustand, blieben auch dann noch unbewußt.

Wir können aber aus einem solchen Experiment noch mehr lernen. Wir werden von einer rein beschreibenden zu einer *dynamischen* Auffassung des Phänomens hinübergeleitet. Die Idee der in der Hypnose aufgetragenen Handlung wurde in einem bestimmten Augenblick nicht bloß ein Objekt des Bewußtseins, sondern sie wurde auch *wirksam*, und dies ist die auffallendere Seite des Tatbestandes; sie wurde in Handlung übertragen, sobald das Bewußtsein ihre Gegenwart bemerkt hatte. Da der wirkliche Antrieb zum Handeln der Auftrag des Arztes ist, kann man kaum anders als einräumen, daß auch die Idee des Auftrages wirksam geworden ist.

Dennoch wurde dieser letztere Gedanke nicht ins Bewußtsein aufgenommen, wie es mit seinem Abkömmling, der Idee der Handlung, geschah; er verblieb unbewußt und war daher gleichzeitig *wirksam* und *unbewußt.*

Die posthypnotische Suggestion ist ein Produkt des Laboratoriums, eine künstlich geschaffene Tatsache. Aber wenn wir die Theorie der hysterischen Phänomene, die zuerst durch P. Janet aufgestellt und von Breuer und mir ausgearbeitet wurde, annehmen, so stehen uns natürliche Tatsachen in Fülle zur Verfügung, die den psychologischen Charakter der posthypnotischen Suggestion sogar noch klarer und deutlicher zeigen.

Das Seelenleben des hysterischen Patienten ist erfüllt mit wirksamen, aber unbewußten Gedanken; von ihnen stammen alle Symptome ab. Es ist in der Tat der auffälligste Charakterzug der hysterischen Geistesverfassung, daß sie von unbewußten Vorstellungen beherrscht wird. Wenn eine hysterische Frau erbricht, so kann sie dies wohl infolge der Idee tun, daß sie schwanger sei. Dennoch hat sie von dieser Idee keine Kenntnis, obwohl dieselbe durch eine der technischen Prozeduren der Psychoanalyse leicht in ihrem Seelenleben entdeckt und für sie bewußt gemacht werden kann. Wenn sie die Zuckungen und Gesten ausführt, die ihren »Anfall« ausmachen, so stellt sie sich nicht einmal die von ihr beabsichtigten Aktionen bewußt vor und beobachtet sie vielleicht mit den Gefühlen eines unbeteiligten Zuschauers. Nichtsdestoweniger vermag die Analyse nachzuweisen, daß sie ihre Rolle in der dramatischen Wiedergabe einer Szene aus ihrem Leben spielte, deren Erinnerung während der Attacke unbewußt wirksam war. Dasselbe Vorwalten wirksamer unbewußter Ideen wird durch die Analyse als das Wesentliche in der Psychologie aller anderen Formen von Neurose enthüllt.

Wir lernen also aus der Analyse neurotischer Phänomene, daß ein latenter oder unbewußter Gedanke nicht notwendigerweise schwach sein muß, und daß die Anwesenheit eines solchen Gedankens im Seelenleben indirekte Beweise der zwingendsten Art gestattet, die dem direkten durch das Bewußtsein gelieferten Beweis fast gleichwertig sind. Wir fühlen uns gerechtfertigt, unsere Klassifikation mit dieser Vermehrung unserer Kenntnisse in Übereinstimmung zu bringen, indem wir eine grundlegende Unterscheidung zwischen verschiedenen Arten von latenten und unbewußten Gedanken einführen. Wir waren gewohnt zu denken, daß jeder latente Gedanke dies infolge seiner Schwäche war, und daß er bewußt wurde, sowie er Kraft erhielt. Wir haben nun die Überzeugung gewonnen, daß es gewisse latente Gedanken gibt, die nicht ins Bewußtsein eindringen, wie stark sie auch sein mögen. Wir wollen daher die latenten Gedanken der ersten Gruppe *vorbewußt* nennen, während wir den Ausdruck *unbewußt* (im eigentlichen Sinne) für die zweite Gruppe reservieren, die wir bei den Neurosen betrachtet haben. Der Ausdruck *unbewußt,* den wir bisher bloß im beschreibenden Sinne benützt haben, erhält jetzt eine erweiterte Bedeutung. Er bezeichnet nicht bloß latente Gedanken im allgemeinen, sondern besonders solche mit einem bestimmten dynamischen Charakter, nämlich diejenigen, die sich trotz ihrer Intensität und Wirksamkeit dem Bewußtsein ferne halten.

Ehe ich meine Auseinandersetzungen fortführe, will ich auf zwei Einwendungen Bezug nehmen, die sich voraussichtlich an diesem Punkte erheben. Die erste kann folgendermaßen formuliert werden: anstatt uns die Hypothese der unbewußten Gedanken, von denen wir nichts wissen, anzueignen, täten wir besser anzunehmen, daß das Bewußtsein geteilt werden kann, so daß einzelne Gedanken oder andere Seelenvorgänge ein gesondertes Bewußtsein bilden können, das von der Hauptmasse bewußter psychischer Tätigkeit losgelöst und ihr entfremdet wurde. Wohlbekannte pathologische Fälle, wie jener des Dr. Azam, scheinen sehr geeignet zu sein, zu beweisen, daß die Teilung des Bewußtseins keine phantastische Einbildung ist.

Ich gestatte mir, dieser Theorie entgegenzuhalten, daß sie einfach aus dem Mißbrauch mit dem Worte »bewußt« Kapital schlägt. Wir haben kein Recht, den Sinn dieses Wortes so weit auszudehnen, daß damit auch ein Bewußtsein bezeichnet werden kann, von dem sein Besitzer nichts weiß. Wenn Philosophen eine Schwierigkeit darin finden, an die Existenz eines unbewußten Gedankens zu glauben, so scheint mir die Existenz eines unbewußten Bewußtseins noch angreifbarer. Die Fälle, die man als Teilung des Bewußtseins beschreibt, wie der des Dr. Azam, können besser als Wandern des Bewußtseins angesehen werden, wobei diese Funktion – oder was immer es sein mag – zwischen zwei verschiedenen psychischen Komplexen hin- und herschwankt, die abwechselnd bewußt und unbewußt werden.

Der andere Einwand, der voraussichtlich erhoben werden wird, wäre der, daß wir auf die Psychologie der Normalen Folgerungen anwenden, die hauptsächlich aus dem Studium pathologischer Zustände stammen. Wir können ihn durch eine Tatsache erledigen, deren Kenntnis wir der Psychoanalyse verdanken. Gewisse Funktionsstörungen, die sich bei Gesunden höchst häufig ereignen, z.B. Lapsus linguae, Gedächtnis- und Sprachirrtümer, Namenvergessen usw. können leicht auf die Wirksamkeit starker unbewußter Gedanken zurückgeführt werden, gerade so wie die neurotischen Symptome. Wir werden mit einem zweiten, noch überzeugenderen Argument in einem späteren Abschnitt dieser Erörterung zusammentreffen.

Durch die Auseinanderhaltung vorbewußter und unbewußter Gedanken werden wir dazu veranlaßt, das Gebiet der Klassifikation zu verlassen und uns über die funktionalen und dynamischen Relationen in der Tätigkeit der Psyche eine Meinung zu bilden. Wir fanden ein *wirksames Vorbewußtes,* das ohne Schwierigkeit ins Bewußtsein übergeht, und ein *wirksames Unbewußtes,* das unbewußt bleibt und vom Bewußtsein abgeschnitten zu sein scheint.

Wir wissen nicht, ob diese zwei Arten psychischer Tätigkeit von Anfang an identisch oder ihrem Wesen nach entgegengesetzt sind, aber wir können uns fragen, warum sie im Verlaufe der psychischen Vorgänge verschieden geworden sein sollten. Auf diese Frage gibt uns die Psychoanalyse ohne Zögern klare Antwort. Es ist dem Erzeugnis des wirksamen Unbewußten keineswegs unmöglich, ins Bewußtsein einzudringen, aber zu dieser Leistung ist ein gewisser Aufwand von Anstrengung notwendig. Wenn wir es an uns selbst versuchen, erhalten wir das deutliche Gefühl einer *Abwehr,* die bewältigt werden muß, und wenn wir es bei einem Patienten hervorrufen, so erhalten wir die unzweideutigsten Anzeichen von dem, was wir *Widerstand* dagegen nennen. So lernen wir, daß der unbewußte Gedanke vom

Bewußtsein durch lebendige Kräfte ausgeschlossen wird, die sich seiner Aufnahme entgegenstellen, während sie anderen Gedanken, den vorbewußten, nichts in den Weg legen. Die Psychoanalyse läßt keine Möglichkeit übrig, daran zu zweifeln, daß die Abweisung unbewußter Gedanken bloß durch die in ihrem Inhalt verkörperten Tendenzen hervorgerufen wird. Die nächstliegende und wahrscheinlichste Theorie, die wir in diesem Stadium unseres Wissens bilden können, ist die folgende: Das Unbewußte ist eine regelmäßige und unvermeidliche Phase in den Vorgängen, die unsere psychische Tätigkeit begründen; jeder psychische Akt beginnt als unbewußter und kann entweder so bleiben oder sich weiter entwickelnd zum Bewußtsein fortschreiten, je nachdem, ob er auf Widerstand trifft oder nicht. Die Unterscheidung zwischen vorbewußter und unbewußter Tätigkeit ist keine primäre, sondern wird erst hergestellt, nachdem die »Abwehr« ins Spiel getreten ist. Erst dann gewinnt der Unterschied zwischen vorbewußten Gedanken, die im Bewußtsein erscheinen und jederzeit dahin zurückkehren können, und unbewußten Gedanken, denen dies versagt bleibt, theoretischen sowie praktischen Wert. Eine grobe, aber ziemlich angemessene Analogie dieses supponierten Verhältnisses der bewußten Tätigkeit zur unbewußten bietet das Gebiet der gewöhnlichen Photographie. Das erste Stadium der Photographie ist das Negativ; jedes photographische Bild muß den »Negativprozeß« durchmachen, und einige dieser Negative, die in der Prüfung gut bestanden haben, werden zu dem »Positivprozeß« zugelassen, der mit dem Bilde endigt.

Aber die Unterscheidung zwischen vorbewußter und unbewußter Tätigkeit und die Erkenntnis der sie trennenden Schranke ist weder das letzte noch das bedeutungsvollste Resultat der psychoanalytischen Durchforschung des Seelenlebens. Es gibt ein psychisches Produkt, das bei den normalsten Personen anzutreffen ist, und doch eine höchst auffallende Analogie zu den wildesten Erzeugnissen des Wahnsinns bietet und den Philosophen nicht verständlicher war als der Wahnsinn selbst.

Ich meine die Träume. Die Psychoanalyse gründet sich auf die Traumanalyse; die Traumdeutung ist das vollständigste Stück Arbeit, das die junge Wissenschaft bis heute geleistet hat. Ein typischer Fall der Traumbildung kann folgendermaßen beschrieben werden: Ein Gedankenzug ist durch die geistige Tätigkeit des Tages wachgerufen worden und hat etwas von seiner Wirkungsfähigkeit zurückbehalten, durch die er dem allgemeinen Absinken des Interesses, welches den Schlaf herbeiführt und die geistige Vorbereitung für das Schlafen bildet, entgangen ist. Während der Nacht gelingt es diesem Gedankenzug, die Verbindung zu einem der unbewußten Wünsche zu finden, die von Kindheit an im Seelenleben des Träumers immer gegenwärtig, aber für gewöhnlich *verdrängt* und von seinem bewußten Dasein ausgeschlossen sind. Durch die von dieser unbewußten Unterstützung geliehene Kraft können die Gedanken, die Überbleibsel der Tagesarbeit, nun wiederum wirksam werden und im Bewußtsein in der Gestalt eines Traumes auftauchen. Es haben sich also dreierlei Dinge ereignet:

1) die Gedanken haben eine Verwandlung, Verkleidung und Entstellung durchgemacht, welche den Anteil des unbewußten Bundesgenossen darstellt;

2) den Gedanken ist es gelungen, das Bewußtsein zu einer Zeit zu besetzen, wo es ihnen nicht zugänglich hätte sein sollen;

3) ein Stück des Unbewußten, dem dies sonst unmöglich gewesen wäre, ist im Bewußtsein aufgetaucht.

Wir haben die Kunst gelernt, die *»Tagesreste«* und die *latenten Traumgedanken* herauszufinden; durch ihren Vergleich mit dem *manifesten Trauminhalt* sind wir befähigt, uns ein Urteil über die Wandlungen, die sie durchgemacht haben, und über die Art und Weise, wie diese zustande gekommen sind, zu bilden.

Die latenten Traumgedanken unterscheiden sich in keiner Weise von den Erzeugnissen unserer gewöhnlichen bewußten Seelentätigkeit. Sie verdienen den Namen von vorbewußten Gedanken und können in der Tat in einem Zeitpunkte des Wachlebens bewußt gewesen sein. Aber durch die Verbindung mit den unbewußten Strebungen, die sie während der Nacht eingegangen sind, wurden sie den letzteren assimiliert, gewissermaßen auf den Zustand unbewußter Gedanken herabgedrückt und den Gesetzen, durch welche die unbewußte Tätigkeit geregelt wird, unterworfen. Hier ergibt sich die Gelegenheit zu lernen, was wir auf Grund von Überlegungen oder aus irgend einer anderen Quelle empirischen Wissens nicht hätten erraten können, daß die Gesetze der unbewußten Seelentätigkeit sich im weiten Ausmaß von jenen der bewußten unterscheiden. Wir gewinnen durch Detailarbeit die Kenntnis der Eigentümlichkeiten des *Unbewußten* und können hoffen, daß wir durch gründlichere Erforschung der Vorgänge bei der Traumbildung noch mehr lernen werden.

Diese Untersuchung ist noch kaum zur Hälfte beendet und eine Darlegung der bis jetzt erhaltenen Resultate ist nicht möglich, ohne in die höchst verwickelten Probleme der Traumdeutung einzugehen. Aber ich wollte diese Erörterung nicht abbrechen, ohne auf die Wandlung und den Fortschritt unseres Verständnisses des Unbewußten hinzuweisen, welche wir dem psychoanalytischen Studium der Träume verdanken.

Das Unbewußte schien uns anfangs bloß ein rätselhafter Charakter eines bestimmten psychischen Vorganges; nun bedeutet es uns mehr, es ist ein Anzeichen dafür, daß dieser Vorgang an der Natur einer gewissen psychischen Kategorie teilnimmt, die uns durch andere bedeutsamere Charakterzüge bekannt ist, und daß er zu einem System psychischer Tätigkeit gehört, das unsere vollste Aufmerksamkeit verdient. Der Wert des Unbewußten als Index hat seine Bedeutung als Eigenschaft bei weitem hinter sich gelassen. Das System, welches sich uns durch das Kennzeichen kundgibt, daß die einzelnen Vorgänge, die es zusammensetzen, unbewußt sind, belegen wir mit dem Namen »das Unbewußte«, in Ermangelung eines besseren und weniger zweideutigen Ausdruckes. Ich schlage als Bezeichnung dieses Systems die Buchstaben *»Ubw«*, eine Abkürzung des Wortes »Unbewußt« vor.

Dies ist der dritte und wichtigste Sinn, den der Ausdruck *»unbewußt«* in der Psychoanalyse erworben hat.

Das Interesse an der Psychoanalyse

Zwanzig Jahre sind vergangen seit Freuds früher Schrift über einen Fall von hypnotischer Heilung (der ersten in diesem Band) und damit, wie sich herausstellen sollte, fast die Hälfte seiner Schaffenszeit als Psychoanalytiker. Ein guter Zeitpunkt also, darüber nachzudenken, wie sich diese revolutionär neue Wissenschaft vom Unbewußten in das kulturelle und wissenschaftliche Umfeld seiner Zeit einfügt. Da kann es als ein Glücksfall betrachtet werden, daß Freud eingeladen wurde, für das Jahr 1913 im Band 14 der italienischen Zeitschrift *Scientia* einen Beitrag zu genau diesem Thema zu veröffentlichen. Freud rekapituliert hier die bisherigen Ergebnisse seiner Forschungen und reflektiert sodann ihre Relevanz für die Sprachwissenschaft, Philosophie, Biologie, Ontogenese und Phylogenese, Kultur- und Kunstgeschichte, Soziologie und Pädagogik. Auch wenn seine Bemerkungen nur erste Einblicke in die Wirkungen der Psychoanalyse auf ihre Nachbardisziplinen aufzeigen, wird hier doch etwas von der großen Herausforderung spürbar, die Freuds Denken für seine wissenschaftlichen Zeitgenossen darstellte.

* * *

Erster Teil

Das psychologische Interesse

Die Psychoanalyse ist ein ärztliches Verfahren, welches die Heilung gewisser Formen von Nervosität (Neurosen) mittels einer psychologischen Technik anstrebt. In einer kleinen, 1910 veröffentlichten Schrift habe ich die Entwicklung der Psychoanalyse aus dem *kathartischen* Verfahren von J.Breuer und ihre Beziehung zu den Lehren von Charcot und P. Janet dargestellt.[1]

Als Beispiele der Krankheitsformen, welche der psychoanalytischen Therapie zugänglich sind, kann man die hysterischen

Krämpfe und Hemmungserscheinungen sowie die mannigfaltigen Symptome der Zwangsneurose (Zwangsvorstellungen, Zwangshandlungen) nennen. Es sind durchwegs Zustände, welche gelegentlich eine spontane Heilung zeigen und in launenhafter, bisher nicht verstandener Weise dem persönlichen Einfluß des Arztes unterliegen. Bei den schwereren Formen der eigentlichen Geistesstörungen leistet die Psychoanalyse therapeutisch nichts. Aber sowohl bei Psychosen wie bei den Neurosen gestattet sie, – zum erstenmal in der Geschichte der Medizin – einen Einblick in die Herkunft und in den Mechanismus dieser Erkrankungen zu gewinnen.

Diese ärztliche Bedeutung der Psychoanalyse würde indes den Versuch nicht rechtfertigen, sie einem Kreise von Gelehrten vorzustellen, die sich für die Synthese der Wissenschaften interessieren. Zumal da dies Unternehmen verfrüht erscheinen müßte, solange noch ein großer Teil der Psychiater und Neurologen sich ablehnend gegen das neue Heilverfahren benimmt und die Voraussetzungen wie die Ergebnisse desselben verwirft. Wenn ich diesen Versuch dennoch als legitim erachte, so berufe ich mich darauf, daß die Psychoanalyse auch bei anderen als Psychiatern Interesse beansprucht, indem sie verschiedene andere Wissensgebiete streift und unerwartete Beziehungen zwischen diesen und der Pathologie des Seelenlebens herstellt.

Ich werde also jetzt das ärztliche Interesse an der Psychoanalyse beiseite lassen, und was ich von dieser jungen Wissenschaft behauptet habe, an einer Reihe von Beispielen erläutern.

*

Es gibt eine große Anzahl von mimischen und sprachlichen Äußerungen sowie von Gedankenbildungen, – bei normalen wie bei kranken Menschen, – welche bisher nicht Gegenstand der Psychologie gewesen sind, weil man in ihnen nichts anderes erblickte als Erfolge von organischer Störung oder abnormem Ausfall an Funktion des seelischen Apparates. Ich meine die

Fehlleistungen (Versprechen, Verschreiben, Vergessen usw.), die Zufallshandlungen und die Träume bei normalen, die Krampfanfälle, Delirien, Visionen, Zwangsideen und Zwangshandlungen bei neurotischen Menschen. Man wies diese Phänomene – soweit sie nicht wie die Fehlleistungen überhaupt unbeachtet blieben – der Pathologie zu und bestrebte sich, *physiologische* Erklärungen für sie zu geben, die nun in keinem Falle befriedigend geworden sind. Dagegen gelang es der Psychoanalyse zu erweisen, daß all diese Dinge durch Annahmen rein psychologischer Natur verständlich gemacht und in den Zusammenhang des uns bekannten psychischen Geschehens eingereiht werden können. So hat die Psychoanalyse einerseits die physiologische Denkweise eingeschränkt und andererseits ein großes Stück der Pathologie für die Psychologie erobert. Die stärkere Beweiskraft kommt hier den normalen Phänomenen zu. Man kann der Psychoanalyse nicht vorwerfen, daß sie am pathologischen Material gewonnene Einsichten auf das normale überträgt. Sie führt die Beweise hier und dort unabhängig voneinander und zeigt so, daß normale, wie sogenannte pathologische Vorgänge denselben Regeln folgen.

Von den normalen Phänomenen, die hier in Betracht kommen, das heißt von den am normalen Menschen zu beobachtenden, werde ich zweierlei ausführlicher behandeln, die Fehlleistungen und die Träume.

Die *Fehlleistungen,* also das Vergessen von sonst vertrauten Worten und Namen, von Vorsätzen, das Versprechen, Verlesen, Verschreiben, das Verlegen von Dingen, so daß sie unauffindbar werden, das Verlieren, gewisse Irrtümer gegen besseres Wissen, manche gewohnheitsmäßige Gesten und Bewegungen – all dies, was ich als Fehlleistungen des gesunden und normalen Menschen zusammenfasse – ist von der Psychologie im ganzen wenig gewürdigt worden, wurde als »Zerstreutheit« klassifiziert, und von Ermüdung, Ablenkung der Aufmerksamkeit, von der Nebenwirkung gewisser leichter Krankheitszustände abgeleitet. Die analytische Untersuchung zeigt aber mit einer allen Ansprüchen genügenden Sicherheit, daß diese letztgenannten Momente bloß den Wert von Begünstigungen haben, die auch wegfallen können. Die Fehlleistungen sind vollgültige psychische Phänomene und haben jedesmal Sinn und Tendenz. Sie dienen bestimmten Absichten, die sich infolge der jeweiligen psychologischen Situation nicht anders zum Ausdruck bringen können. Diese Situationen sind in der Regel die eines psychischen Konflikts, durch welchen die unterliegende Tendenz vom direkten Ausdruck abgedrängt und auf indirekte Wege gewiesen wird. Das Individuum, welches die Fehlleistung begeht, kann sie bemerken oder übersehen; die ihr zugrunde liegende unterdrückte Tendenz kann ihm wohl bekannt sein, aber es weiß für gewöhnlich nicht ohne Analyse, daß die betreffende Fehlhandlung das Werk dieser Tendenz ist. Die Analysen der Fehlhandlungen sind oft sehr leicht und rasch anzustellen. Wenn man auf den Mißgriff aufmerksam geworden ist, bringt der nächste Einfall dessen Erklärung.

Fehlleistungen sind das bequemste Material für jeden, der sich von der Glaubwürdigkeit der analytischen Auffassungen überzeugen lassen will. In einem kleinen, zuerst 1904 veröffentlichten Buche habe ich eine große Anzahl solcher Beispiele nebst ihrer Deutung mitgeteilt und habe diese Sammlung seither durch zahlreiche Beiträge anderer Beobachter bereichern können.[2]

Als das häufigste Motiv zur Unterdrückung einer Absicht, welche dann genötigt ist, sich mit der Darstellung durch eine Fehlleistung zu begnügen, stellt sich die Vermeidung von Unlust heraus. So vergißt man hartnäckig Eigennamen, wenn man gegen die Träger derselben einen geheimen Groll hegt, man vergißt Vorsätze auszuführen, wenn man sie im Grunde genommen nur ungern ausgeführt hätte, z.B. nur um einer konventionellen Nötigung zu folgen. Man verliert Gegenstände, wenn man sich mit demjenigen verfeindet hat, an welchen dieser Gegenstand mahnt, von dem er z.B. geschenkt worden ist. Man irrt sich beim Einsteigen in einen Eisenbahnzug, wenn man diese Fahrt ungerne macht und lieber anderswo geblieben wäre. Am deutlichsten zeigt sich das Motiv der Vermeidung von Unlust beim Vergessen von Eindrücken und Erlebnissen, wie es bereits von mehreren Autoren vor der Zeit der Psychoanalyse bemerkt worden ist. Das Gedächtnis ist parteiisch und gerne bereit, alle jene Eindrücke von der Reproduktion auszuschließen, an denen ein peinlicher Affekt haftet, wenngleich diese Tendenz nicht in allen Fällen zur Verwirklichung gelangen kann.

Andere Male ist die Analyse einer Fehlleistung minder einfach und führt zu weniger durchsichtigen Auflösungen infolge der Einmengung eines Vorganges, den wir als *Verschiebung* bezeichnen. Man vergißt z.B. auch den Namen einer Person, gegen die man nichts einzuwenden hat; aber die Analyse weist nach, daß dieser Name assoziativ die Erinnerung an eine andere Person mit gleichem oder ähnlich klingendem Namen geweckt hat, welche auf unsere Abneigung berechtigten Anspruch macht. Infolge dieses Zusammenhanges ist der Name der harmlosen Person vergessen worden; die Absicht zu vergessen hat sich gleichsam längs einer gewissen Assoziationsbahn verschoben.

Auch ist die Absicht, Unlust zu vermeiden, nicht die einzige, die sich durch Fehlleistungen verwirklicht. Die Analyse deckt in vielen Fällen andere Tendenzen auf, die in der betreffenden Situation unterdrückt worden sind und sich gleichsam aus dem Hintergrunde als Störungen äußern müssen. So dient das Versprechen häufig dem Verrat von Meinungen, die vor dem Partner geheim gehalten werden sollen. Die großen Dichter haben Versprechungen in diesem Sinne verstanden und in ihren Werken gebraucht. Das Verlieren wertvoller Gegenstände erweist sich oft als Opferhandlung, um ein erwartetes Unheil abzuwenden, und manch anderer Aberglaube setzt sich bei den Gebildeten noch als Fehlleistung durch. Das Verlegen von Gegenständen ist gewöhnlich nichts anderes als eine Beseitigung derselben; Sachbeschädigungen werden anscheinend unabsichtlich vorgenommen, um zum Ersatz durch Besseres zu nötigen usw.

Die psychoanalytische Aufklärung der Fehlleistungen bringt immerhin einige leise Abänderungen des Weltbildes mit sich, so geringfügig die betrachteten Erscheinungen auch sein mögen. Wir finden auch den normalen Menschen weit häufiger von gegensätzlichen Tendenzen bewegt, als wir erwarten konnten. Die Anzahl der Ereignisse, die wir »zufällige« geheißen haben, erfährt eine erhebliche Einschränkung. Es ist fast ein Trost, daß das Verlieren von Gegenständen zumeist aus den Zufälligkeiten des Lebens ausscheidet; unsere Ungeschicklichkeit wird oft genug zum Deckmantel unserer geheimen Absichten. Bedeutungsvoller ist aber, daß viele schwere Unglücksfälle, die wir sonst ganz dem Zufall zugeschrieben hatten, in der Analyse den Anteil des eigenen, wenn auch nicht klar eingestandenen Willens enthüllen. Die in der Praxis oft so schwierige Unterscheidung der zufälligen Verunglückung vom absichtlich gesuchten Tod wird durch die analytische Betrachtung noch mehr zweifelhaft.

Verdankt die Aufklärung der Fehlleistungen ihren theoretischen Wert der Leichtigkeit der Lösung und der Häufigkeit des Vorkommens dieser Phänomene beim normalen Menschen, so steht dieser Erfolg der Psychoanalyse doch an Bedeutung weit hinter einem nächsten zurück, welcher an einem anderen Phänomen des Seelenlebens Gesunder gewonnen wurde. Ich meine die Deutung der *Träume*, mit welcher erst das Schicksal der Psychoanalyse, sich in einen Gegensatz zur offiziellen Wissenschaft zu stellen, seinen Anfang nimmt. Die medizinische Forschung erklärt den Traum für ein rein somatisches Phänomen ohne Sinn und Bedeutung, sieht in ihm die Äußerung des in den Schlafzustand versunkenen Seelenorgans auf körperliche Reize, die ein partielles Erwachen erzwingen. Die Psychoanalyse erhebt den Traum zu einem psychischen Akt, der Sinn, Absicht und eine Stelle im Seelenleben des Individuums hat, und setzt sich dabei über die Fremdartigkeit, die Inkohärenz und die Absurdität des Traumes hinaus. Die körperlichen Reize spielen dabei nur die Rolle von Materialien, welche bei der Traumbildung verarbeitet werden. Zwischen diesen beiden Auffassungen des Traumes gibt es keine Vermittlung. Gegen die physiologische Auffassung spricht ihre Unfruchtbarkeit, für die psychoanalytische kann man geltend machen, daß sie mehrere Tausende von Träumen sinnvoll übersetzt und für die Kenntnis des intimen menschlichen Seelenlebens verwertet hat.

Ich habe das bedeutsame Thema der »Traumdeutung« in einem 1900 veröffentlichten Werke behandelt und die Befriedigung gehabt, daß fast alle Mitarbeiter an der Psychoanalyse die darin vertretenen Lehren durch ihre Beiträge bestätigt und gefördert haben.[3] In allgemeiner Übereinstimmung wird behauptet, daß die Traumdeutung der Grundstein der psychoanalytischen Arbeit ist, und daß ihre Ergebnisse den wichtigsten Beitrag der Psychoanalyse zur Psychologie darstellen.

Ich kann hier weder die Technik, durch welche man die Deutung des Traumes gewinnt, darlegen, noch die Resultate begründen, zu welchen die psychoanalytische Bearbeitung des Traumes geführt hat. Ich muß mich auf die Aufstellung einiger neuer Begriffe, die Mitteilung der Ergebnisse und die Hervorhebung ihrer Bedeutung für die Normalpsychologie beschränken.

Die Psychoanalyse lehrt also: Jeder Traum ist sinnvoll, seine Fremdartigkeit rührt von Entstellungen her, die an dem Ausdruck seines Sinnes vorgenommen worden sind, seine Absurdität ist absichtlich und drückt Hohn, Spott und Widerspruch aus, seine Inkohärenz ist für die Deutung gleichgültig. Der Traum, wie wir ihn nach dem Erwachen erinnern, soll manifester Trauminhalt genannt werden. Durch die Deutungsarbeit an diesem wird man zu den latenten Traumgedanken geführt, welche sich hinter dem manifesten Inhalt verbergen und durch ihn vertreten lassen. Diese latenten Traumgedanken sind nicht mehr fremdartig, inkohärent oder absurd, es sind vollwertige Bestandteile unseres Wachdenkens. Den Prozeß, welcher die latenten Traumgedanken in den manifesten Trauminhalt verwandelt hat, heißen wir die *Traumarbeit;* er bringt die Entstellung zustande, in deren Folge wir die Traumgedanken im Trauminhalt nicht mehr erkennen.

Die Traumarbeit ist ein psychologischer Prozeß, dessen gleichen in der Psychologie bisher nicht bekannt war. Sie nimmt unser Interesse nach zwei Hauptrichtungen in Anspruch. Erstens, indem sie neuartige Vorgänge wie die *Verdichtung* (von Vorstellungen) oder die *Verschiebung* (des psychischen Akzents von einer Vorstellung zur anderen) aufweist, die wir im Wachdenken überhaupt nicht oder nur als Grundlage sogenannter Denkfehler aufgefunden haben. Zweitens, indem sie uns gestattet, ein Kräftespiel im Seelenleben zu erraten, dessen Wirksamkeit unserer bewußten Wahrnehmung verborgen war. Wir erfahren, daß es eine *Zensur*, eine prüfende Instanz in uns gibt, welche darüber entscheidet, ob eine auftauchende Vorstellung zum Bewußtsein gelangen darf, und unerbittlich ausschließt, soweit ihre Macht reicht, was Unlust erzeugen oder wiedererwecken könnte. Wir erinnern uns hier, daß wir sowohl von dieser Tendenz, Unlust bei der Erinnerung zu vermeiden, als auch von den Konflikten zwischen den Tendenzen des Seelenlebens Andeutungen bei der Analyse der Fehlleistungen gewonnen haben.

Das Studium der Traumarbeit drängt uns als unabweisbar eine Auffassung des Seelenlebens auf, welche die bestrittensten Fragen der Psychologie zu entscheiden scheint. Die Traumarbeit zwingt uns, eine *unbewußte* psychische Tätigkeit anzunehmen, welche umfassender und bedeutsamer ist als die uns bekannte mit Bewußtsein verbundene. (Darüber einige Worte mehr bei der Erörterung des philosophischen Interesses an der Psychoanalyse.) Sie gestattet uns, eine Gliederung des psychischen Apparates in verschiedene Instanzen oder Systeme vorzunehmen, und zeigt, daß in dem System der unbewußten Seelentätigkeit Prozesse von ganz anderer Art ablaufen als im Bewußtsein wahrgenommen werden.

Die Funktion der Traumarbeit ist immer nur die, den Schlaf zu erhalten. »Der Traum ist der Hüter des Schlafes.« Die Traumgedanken selbst mögen im Dienste der verschiedensten seelischen Funktionen stehen. Die Traumarbeit erfüllt ihre Aufgabe, indem sie einen aus den Traumgedanken sich erhebenden *Wunsch* auf halluzinatorischem Wege als erfüllt darstellt.

Man darf es wohl aussprechen, daß das psychoanalytische

Studium der Träume den ersten Einblick in eine bisher nicht geahnte *Tiefenpsychologie* eröffnet hat.[4] Es werden grundstürzende Abänderungen der Normalpsychologie erforderlich sein, um sie in Einklang mit diesen neuen Einsichten zu bringen.

Es ist ganz unmöglich, im Rahmen dieser Darstellung das psychologische Interesse an der Traumdeutung zu erschöpfen. Vergessen wir nicht, daß wir nur hervorzuheben beabsichtigten, der Traum sei *sinnvoll* und sei ein *Objekt der Psychologie,* und setzen wir mit den Neuerwerbungen für die Psychologie auf pathologischem Gebiete fort.

Die aus Traum und Fehlleistungen erschlossenen psychologischen Neuheiten müssen noch zur Aufklärung anderer Phänomene brauchbar werden, wenn wir an ihren Wert, ja auch nur an ihre Existenz glauben sollen. Und nun hat die Psychoanalyse wirklich gezeigt, daß die Annahmen der unbewußten Seelentätigkeit, der Zensur und der Verdrängung, der Entstellung und Ersatzbildung, welche wir durch die Analyse jener normalen Phänomene gewonnen haben, uns auch das erste Verständnis einer Reihe von pathologischen Phänomenen ermöglichen, uns sozusagen die Schlüssel zu allen Rätseln der Neurosenpsychologie in die Hände spielen. Der Traum wird so zum Normalvorbild aller *psychopathologischen* Bildungen. Wer den Traum versteht, kann auch den psychischen Mechanismus der Neurosen und Psychosen durchschauen.

Die Psychoanalyse ist durch ihre vom Traum ausgehenden Untersuchungen in den Stand gesetzt worden, eine Neurosenpsychologie aufzubauen, zu welcher in stetig fortgesetzter Arbeit Stück um Stück hinzugefügt wird. Doch erfordert das psychologische Interesse, welchem wir hier folgen, nicht mehr, als daß wir zwei Bestandteile dieses großen Zusammenhanges ausführlicher behandeln: den Nachweis, daß viele Phänomene der Pathologie, die man glaubte physiologisch erklären zu müssen, psychische Akte sind, und daß die Prozesse, welche die abnormen Ergebnisse liefern, auf psychische Triebkräfte zurückgeführt werden können.

Ich will die erste Behauptung durch einige Beispiele erläutern: Die hysterischen Anfälle sind längst als Zeichen gesteigerter emotiver Erregung erkannt und den Affektausbrüchen gleichgestellt worden. Charcot versuchte die Mannigfaltigkeit ihrer Erscheinungsformen in deskriptive Formeln zu bannen; P. Janet erkannte die unbewußte Vorstellung, die hinter diesen Anfällen wirkt; die Psychoanalyse hat dargetan, daß sie mimische Darstellungen von erlebten und gedichteten Szenen sind, welche die Phantasie der Kranken beschäftigen, ohne ihnen bewußt zu werden. Durch Verdichtungen und Entstellungen der dargestellten Aktionen werden diese Pantomimen für den Zuschauer undurchsichtig gemacht. Unter dieselben Gesichtspunkte fallen aber auch alle anderen sogenannten Dauersymptome der hysterischen Kranken. Es sind durchwegs mimische oder halluzinatorische Darstellungen von Phantasien, welche deren Gefühlsleben unbewußt beherrschen und eine Erfüllung ihrer geheimen verdrängten Wünsche bedeuten. Der qualvolle Charakter dieser Symptome rührt von dem inneren Konflikt her, in welchen das Seelenleben dieser Kranken durch die Notwendigkeit der Bekämpfung solcher unbewußter Wunschregungen versetzt wird.

Bei einer anderen neurotischen Affektion, der Zwangsneurose, verfallen die Kranken einem peinlich gehandhabten, anscheinend sinnlosen Zeremoniell, das sich in der Wiederholung und Rhythmierung der gleichgültigsten Handlungen, wie Waschen, Ankleiden, oder in der Ausführung unsinniger Vorschriften, in der Einhaltung rätselhafter Verbote äußert. Es war geradezu ein Triumph der psychoanalytischen Arbeit, als es ihr gelang nachzuweisen, wie sinnvoll all diese Zwangshandlungen sind, selbst die unscheinbarsten und geringfügigsten unter ihnen, wie sie die Konflikte des Lebens, den Kampf zwischen Versuchungen und moralischen Hemmungen, den verfemten Wunsch selbst und die Strafen und Bußen dafür am indifferenten Material widerspiegeln. Bei einer anderen Form derselben Krankheit leiden die Betroffenen an peinigenden Vorstellungen, Zwangsideen, deren Inhalt sich ihnen gebieterisch aufdrängt, von Affekten begleitet, die in Art und Intensität durch den Wortlaut der Zwangsideen selbst oft nur sehr wenig erklärt werden. Die analytische Untersuchung hat hier gezeigt, daß die Affekte voll berechtigt sind, indem sie Vorwürfen entsprechen, denen wenigstens eine *psychische Realität* zugrunde liegt. Die an diese Affekte gehängten Vorstellungen sind aber nicht mehr die ursprünglichen, sondern durch Verschiebung (Ersetzung, Substitution) von etwas Verdrängtem in diese Verknüpfung geraten. Die Reduktion (das Rückgängigmachen) dieser Verschiebungen bahnt den Weg zur Erkenntnis der verdrängten Ideen und läßt die Verknüpfung von Affekt und Vorstellung als durchaus angemessen erscheinen.

Bei einer anderen neurotischen Affektion, der eigentlich unheilbaren *Dementia praecox* (Paraphrenie, Schizophrenie), welche in ihren schlimmsten Ausgängen die Kranken völlig teilnahmslos erscheinen läßt, erübrigen oft als einzige Aktionen gewisse gleichförmig wiederholte Bewegungen und Gesten, die als Stereotypien bezeichnet worden sind. Die analytische Untersuchung solcher Reste (durch C. G. Jung) hat sie als Überbleibsel von sinnvollen mimischen Akten erkennen lassen, in denen sich einst die das Individuum beherrschenden Wunschregungen Ausdruck verschafften. Die tollsten Reden und sonderbarsten Stellungen und Haltungen dieser Kranken haben ein Verständnis und die Einreihung in den Zusammenhang des Seelenlebens gestattet, seitdem man mit psychoanalytischen Voraussetzungen an sie herangetreten ist.

Ganz ähnliches gilt für die Delirien und Halluzinationen und für die Wahnsysteme verschiedener Geisteskranker. Überall, wo bisher nur die bizarrste Laune zu walten schien, hat die psychoanalytische Arbeit Gesetz, Ordnung und Zusammenhang aufgezeigt oder wenigstens ahnen lassen, insoferne diese Arbeit noch unvollendet ist. Die verschiedenartigen psychischen Erkrankungsformen erkennt man aber als Ausgänge von Prozessen, welche im Grunde identisch sind, und die sich mit psychologischen Begriffen erfassen und beschreiben lassen. Überall sind der schon bei der Traumbildung aufgedeckte *psychische*

Konflikt im Spiele, die *Verdrängung* gewisser Triebregungen, die von anderen Seelenkräften ins Unbewußte zurückgewiesen werden, die *Reaktionsbildungen* der verdrängenden Kräfte und die *Ersatzbildungen* der verdrängten, aber ihrer Energie nicht völlig beraubten Triebe. Überall äußern sich bei diesen Vorgängen die vom Traum her bekannten Prozesse der *Verdichtung* und *Verschiebung*. Die Mannigfaltigkeit der in der psychiatrischen Klinik beobachteten Krankheitsformen hängt von zwei anderen Mannigfaltigkeiten ab: von der Vielheit der psychischen Mechanismen, welche der Verdrängungsarbeit zu Gebote stehen, und von der Vielheit der entwicklungsgeschichtlichen Dispositionen, welche den verdrängten Regungen den Durchbruch zu Ersatzbildungen ermöglichen.

Die gute Hälfte der psychiatrischen Aufgabe wird von der Psychoanalyse zur Erledigung an die Psychologie gewiesen. Doch wäre es ein arger Irrtum, wollte man annehmen, daß die Analyse eine rein psychologische Auffassung der Seelenstörungen anstrebt oder befürwortet. Sie kann nicht verkennen, daß die andere Hälfte der psychiatrischen Arbeit den Einfluß organischer Faktoren (mechanischer, toxischer, infektiöser) auf den seelischen Apparat zum Inhalt hat. In der Ätiologie der Seelenstörungen nimmt sie nicht einmal für die mildesten derselben, für die Neurosen, einen rein psychogenen Ursprung in Anspruch, sondern sucht deren Verursachung in der Beeinflussung des Seelenlebens durch ein später zu erwähnendes, unzweifelhaft organisches Moment.

Die detaillierten Ergebnisse der Psychoanalyse, welche für die allgemeine Psychologie bedeutsam werden müssen, sind allzu zahlreich, als daß ich sie hier anführen könnte. Ich will nur noch zwei Punkte mit einer Erwähnung streifen: Die unzweideutige Art, wie die Psychoanalyse das Primat im Seelenleben für die Affektvorgänge in Anspruch nimmt, und den Nachweis eines ungeahnten Ausmaßes von affektiver Störung und Verblendung des Intellekts bei den normalen nicht anders als bei den kranken Menschen.

Zweiter Teil

Das Interesse der Psychoanalyse für die nicht psychologischen Wissenschaften

A) Das sprachwissenschaftliche Interesse

Ich überschreite gewiß die gebräuchliche Wortbedeutung, wenn ich das Interesse des *Sprach*forschers für die Psychoanalyse postuliere. Unter Sprache muß hier nicht bloß der Ausdruck von Gedanken in Worten, sondern auch die Gebärdensprache und jede andere Art von Ausdruck seelischer Tätigkeit, wie die Schrift, verstanden werden. Dann aber darf man geltend machen, daß die Deutungen der Psychoanalyse zunächst Übersetzungen aus einer uns fremden Ausdrucksweise in die unserem Denken vertraute sind. Wenn wir einen Traum deuten, so übersetzen wir bloß einen gewissen Gedankeninhalt (die latenten Traumgedanken) aus der »Sprache des Traumes« in die unseres Wachlebens. Man lernt dabei die Eigentümlichkeiten dieser Traumsprache kennen und gewinnt den Eindruck, daß sie einem in hohem Grade archaischen Ausdruckssystem angehört. So z.B. wird die Negation in der Sprache des Traumes niemals besonders bezeichnet. Gegensätze vertreten einander im Trauminhalt und werden durch dasselbe Element dargestellt. Oder, wie man auch sagen kann: in der Traumsprache sind die Begriffe noch ambivalent, vereinigen in sich entgegengesetzte Bedeutungen, wie es nach den Annahmen der Sprachforscher bei den ältesten Wurzeln der historischen Sprachen der Fall gewesen ist.[5] Ein anderer auffälliger Charakter unserer Traumsprache ist die überaus häufige Verwendung der Symbole, die in gewissem Maße eine Übersetzung des Trauminhaltes unabhängig von den individuellen Assoziationen gestatten. Das Wesen dieser Symbole ist von der Forschung noch nicht klar genug erfaßt; es sind Ersetzungen und Vergleichungen auf Grund von Ähnlichkeiten, die zum Teil klar zutage liegen; bei einem anderen Teile dieser

Symbole ist aber das zu vermutende Tertium comparationis unserer bewußten Kenntnis abhanden gekommen. Gerade diese Symbole dürften aus den ältesten Phasen der Sprachentwicklung und Begriffsbildung stammen. Im Traume sind es vorwiegend die Sexualorgane und die sexuellen Verrichtungen, welche eine symbolische Darstellung, anstatt einer direkten, erfahren. Ein Sprachforscher, Hans Sperber (Upsala), hat erst kürzlich den Nachweis versucht, daß Worte, die ursprünglich sexuelle Tätigkeiten bedeuteten, auf Grund solcher Vergleichung zu einem außerordentlich reichen Bedeutungswandel gelangt sind.[6]

Wenn wir daran denken, daß die Darstellungsmittel des Traumes hauptsächlich visuelle Bilder, nicht Worte, sind, so wird uns der Vergleich des Traumes mit einem Schriftsystem noch passender erscheinen als der mit einer Sprache. In der Tat ist die Deutung eines Traumes durchaus analog der Entzifferung einer alten Bilderschrift, wie der ägyptischen Hieroglyphen. Es gibt hier wie dort Elemente, die nicht zur Deutung, respektive Lesung, bestimmt sind, sondern nur als Determinativa das Verständnis anderer Elemente sichern sollen. Die Vieldeutigkeit verschiedener Traumelemente findet ihr Gegenstück in diesen alten Schriftsystemen ebenso wie die Auslassung verschiedener Relationen, die hier wie dort aus dem Zusammenhange ergänzt werden müssen. Wenn eine solche Auffassung der Traumdarstellung noch keine weitere Ausführung gefunden hat, so geht dies auf den leicht begreiflichen Umstand zurück, daß dem Psychoanalytiker durchwegs jene Gesichtspunkte und Kenntnisse abgehen, mit denen der Sprachforscher an ein Thema wie das des Traumes herantreten würde.

Die Traumsprache, kann man sagen, ist die Ausdrucksweise der unbewußten Seelentätigkeit. Aber das Unbewußte spricht mehr als nur einen Dialekt. Unter den veränderten psychologischen Bedingungen, welche die einzelnen Formen von Neurose charakterisieren und voneinander scheiden, ergeben sich auch konstante Abänderungen des Ausdruckes für unbewußte seelische Regungen. Während die Gebärdensprache der Hysterie im ganzen mit der Bildersprache des Traumes, der Visionen usw. zusammentrifft, ergeben sich besondere idiomatische Ausbildungen für die Gedankensprache der Zwangsneurose und der Paraphrenien (*Dementia praecox* und *Paranoia*), die wir in einer Reihe von Fällen bereits verstehen und aufeinander beziehen können. Was z.B. eine Hysterika durch Erbrechen darstellt, das wird sich beim Zwangskranken durch peinliche Schutzmaßregeln gegen *Infektion* äußern und den Paraphreniker zur Klage oder zum Verdacht, daß er *vergiftet* werde, veranlassen. Was hier so verschiedenen Ausdruck findet, ist der ins Unbewußte verdrängte Wunsch nach *Schwängerung*, respektive die Abwehr der erkrankten Person gegen denselben.

B) Das philosophische Interesse

Insofern die Philosophie auf Psychologie aufgebaut ist, wird sie nicht umhin können, den psychoanalytischen Beiträgen zur Psychologie in ausgiebigster Weise Rechnung zu tragen und auf diese neue Bereicherung unseres Wissens in ähnlicher Art zu reagieren, wie sie es bei allen bedeutenderen Fortschritten der Spezialwissenschaften gezeigt hat. Insbesondere die Aufstellung der unbewußten Seelentätigkeiten muß die Philosophie nötigen, Partei zu nehmen und im Falle der Zustimmung ihre Hypothesen über das Verhältnis des Seelischen zum Leiblichen zu modifizieren, bis sie der neuen Kenntnis entsprechen. Die Philosophie hat sich allerdings wiederholt mit dem Problem des Unbewußten beschäftigt, aber ihre Vertreter haben dabei – mit wenigen Ausnahmen – eine von den zwei Positionen eingenommen, die nun anzuführen sind. Entweder ihr Unbewußtes war etwas Mystisches, nicht Greifbares und nicht Aufzeigbares, dessen Beziehung zum Seelischen im Dunkeln blieb, oder sie haben das Seelische mit dem Bewußten identifiziert und dann aus dieser Definition abgeleitet, daß etwas Unbewußtes nichts Seelisches und kein Gegenstand der Psychologie sein könne. Die Äußerungen rühren daher, daß die Philosophen das Unbewußte beurteilt haben, ohne die Phänomene der unbewußten Seelentätigkeit zu kennen, also ohne zu ahnen, inwieweit sie den bewußten Phänomenen nahe kommen und worin sie sich von ihnen unterscheiden. Will jemand trotz dieser Kenntnisnahme an der Konvention festhalten, welche Bewußtes und Psychisches gleichstellt, und darum dem Unbewußten den psychischen Charakter absprechen, so ist dagegen natürlich nichts einzuwenden, außer daß eine solche Scheidung sich als höchst unpraktisch herausstellt. Denn das Unbewußte ist von seiten seiner Beziehung zum Bewußten, mit dem es so vieles gemeinsam hat, leicht zu beschreiben und in seinen Entwicklungen zu verfolgen; von der Seite des physischen Prozesses ihm näher zu kommen, erscheint hingegen jetzt noch völlig ausgeschlossen. Es muß also Objekt der Psychologie bleiben.

Noch in anderer Art kann die Philosophie aus der Psychoanalyse Anregung gewinnen, nämlich indem sie selbst zum Objekt derselben wird. Die philosophischen Lehren und Systeme sind das Werk einer geringen Anzahl von Personen von hervorragender individueller Ausprägung; in keiner anderen Wissenschaft fällt auch der Persönlichkeit des wissenschaftlichen Arbeiters eine annähernd so große Rolle zu wie gerade bei der Philosophie. Nun setzt uns erst die Psychoanalyse in den Stand, eine Psychographie der Persönlichkeit zu geben. (Vgl. unten: Das soziologische Interesse.) Sie lehrt uns die affektiven Einheiten – die von Trieben abhängigen Komplexe – kennen, welche in jedem Individuum vorauszusetzen sind, und leitet uns in das Studium der Umwandlungen und Endergebnisse, welche aus diesen Triebkräften hervorgehen. Sie deckt die Beziehungen auf, welche zwischen konstitutionellen Anlagen und Lebensschicksalen einer Person und den dank einer besonderen Begabung bei ihr möglichen Leistungen bestehen. Die intime Persönlichkeit des Künstlers, die sich hinter seinem Werk verbirgt, vermag sie aus diesem Werk mit größerer oder geringerer Treffsicherheit zu erraten. So kann die Psychoanalyse auch die subjektive und individuelle Motivierung von philosophischen Lehren aufzeigen, welche vorgeblich unparteiischer logischer Arbeit entsprungen sind, und der Kritik selbst die schwachen Punkte des Systems anzeigen. Diese Kritik selbst zu besorgen, ist nicht Sache der Psychoanalyse, denn, wie begreiflich, schließt die psychologische Determinierung einer Lehre ihre wissenschaftliche Korrektheit keineswegs aus.

C) Das biologische Interesse

Die Psychoanalyse hat nicht wie andere junge Wissenschaften das Schicksal gehabt, von erwartungsvoller Teilnahme der am Fortschritt der Erkenntnis Interessierten begrüßt zu werden. Sie wurde lange Zeit nicht angehört, und als endlich Vernachlässigung nicht mehr möglich war, wurde sie aus affektiven Gründen Gegenstand heftigster Anfeindung von seiten solcher, die sich nicht die Mühe gegeben hatten, sie kennen zu lernen. Diese unfreundliche Aufnahme verdankt sie dem einen Umstand, daß sie an ihren Forschungsobjekten frühzeitig die Entdeckung machen mußte, die nervösen Erkrankungen seien der Ausdruck von Störung der *Sexualfunktion,* und darum Gründe hatte, sich der Erforschung der allzu lange vernachlässigten Sexualfunktion zu widmen. Wer aber an der Forderung festhält, daß wissenschaftliches Urteil nicht durch affektive Einstellungen beeinflußt werden darf, wird der Psychoanalyse wegen dieser ihrer Forschungsrichtung hohes biologisches Interesse zugestehen und die Widerstände gegen sie gerade als Beweise für ihre Behauptungen verwerten.

Die Psychoanalyse ist der menschlichen Sexualfunktion gerecht geworden, indem sie die von vielen Dichtern und manchen Philosophen betonte, von der Wissenschaft niemals anerkannte Bedeutung derselben für das seelische und praktische Leben bis ins Einzelne verfolgte. Für diese Absicht mußte zunächst der ungebührlich eingeengte Begriff der Sexualität eine Erweiterung erfahren, welche sich durch die Berufung auf die Überschreitungen der Sexualität (die sogenannten Perversionen) und auf das

Benehmen des Kindes rechtfertigen ließ. Es zeigte sich als unhaltbar, noch länger zu behaupten, daß die Kindheit asexuell sei und erst zur Zeit der Pubertät von dem plötzlichen Einbruch der sexuellen Regungen überfallen werde. Vielmehr konnte die Beobachtung, wenn sie sich nur erst der Blendung durch Interesse und Vorurteil entzogen hatte, mit Leichtigkeit nachweisen, daß sexuelle Interessen und Betätigungen beim menschlichen Kinde fast zu jeder Lebenszeit und von allem Anfang an bestehen. Diese infantile Sexualität wird in ihrer Bedeutsamkeit nicht dadurch beeinträchtigt, daß ihre Grenzen gegen das asexuelle Tun des Kindes nicht an allen Stellen mit voller Sicherheit abzustecken sind. Sie ist aber etwas anderes als die »normal« genannte Sexualität des Erwachsenen. Ihr Umfang schließt die Keime zu all jenen sexuellen Betätigungen ein, die später als Perversionen dem normalen Sexualleben schroff gegenübergestellt werden, dann aber auch unbegreiflich und lasterhaft erscheinen müssen. Aus der infantilen Sexualität geht die normale des Erwachsenen hervor durch eine Reihe von Entwicklungsvorgängen, Zusammensetzungen, Abspaltungen und Unterdrückungen, welche fast niemals in idealer Vollkommenheit erfolgen und darum die Dispositionen zur Rückbildung der Funktion in Krankheitszuständen hinterlassen.

Die infantile Sexualität läßt zwei weitere Eigenschaften erkennen, welche für die biologische Auffassung bedeutungsvoll sind. Sie erweist ihre Zusammensetzung aus einer Reihe von Partialtrieben, welche an gewisse Körperregionen – erogene Zonen – geknüpft erscheinen, und von denen einzelne von Anfang an in Gegensatzpaaren – als Trieb mit aktivem und passivem Ziel – auftreten. Wie späterhin in Zuständen des sexuellen Begehrens nicht bloß die Geschlechtsorgane der geliebten Person, sondern deren ganzer Körper zum Sexualobjekt wird, so sind von allem Anfang an nicht bloß die Genitalien, sondern auch verschiedene andere Körperstellen die Ursprungsstätten sexueller Erregung und ergeben bei geeigneter Reizung sexuelle Lust. Damit in engem Zusammenhange steht der zweite Charakter der infantilen

Sexualität, ihre anfängliche Anlehnung an die der Selbsterhaltung dienenden Funktionen der Nahrungsaufnahme und der Ausscheidung, wahrscheinlich auch der Muskelerregung und der Sinnestätigkeit.

Wenn wir die Sexualität mit Hilfe der Psychoanalyse beim gereiften Individuum studieren und das Leben des Kindes im Lichte der so gewonnenen Einsichten betrachten, erscheint uns die Sexualität nicht als eine bloß der Fortpflanzung dienende, der Verdauung, Atmung usw. gleichzustellende Funktion, sondern als etwas weit Selbständigeres, was sich vielmehr allen anderen Tätigkeiten des Individuums gegenüberstellt und erst durch eine komplizierte, an Einschränkungen reiche Entwicklung in den Verband der individuellen Ökonomie gezwungen wird. Der theoretisch sehr wohl denkbare Fall, daß die Interessen dieser sexuellen Strebungen nicht mit denen der individuellen Selbsterhaltung zusammenfallen, scheint in der Krankheitsgruppe der Neurosen verwirklicht zu sein, denn die letzte Formel, welche die Psychoanalyse über das Wesen der Neurosen ergibt, lautet: Der Urkonflikt, aus welchem die Neurosen hervorgehen, ist der zwischen den das Ich erhaltenden und den sexuellen Trieben. Die Neurosen entsprechen einer mehr oder weniger partiellen Überwältigung des Ich durch die Sexualität, nachdem dem Ich der Versuch zur Unterdrückung der Sexualität mißlungen ist.

Wir haben es notwendig gefunden, biologische Gesichtspunkte während der psychoanalytischen Arbeit ferne zu halten, und solche auch nicht zu heuristischen Zwecken zu verwenden, damit wir in der unparteiischen Beurteilung der uns vorliegenden psychoanalytischen Tatbestände nicht beirrt werden. Nach vollzogener psychoanalytischer Arbeit müssen wir aber den Anschluß an die Biologie finden und dürfen zufrieden sein, wenn er schon jetzt in dem einen oder anderen wesentlichen Punkte gesichert scheint. Der Gegensatz zwischen Ichtrieben und Sexualtrieb, auf den wir die Entstehung der Neurosen zurückführen mußten, setzt sich als Gegensatz zwischen Trieben, welche der

Erhaltung des Individuums, und solchen, die der Fortsetzung der Art dienen, aufs biologische Gebiet fort. In der Biologie tritt uns die umfassendere Vorstellung des unsterblichen Keimplasmas entgegen, an welchem wie sukzessiv entwickelte Organe die einzelnen vergänglichen Individuen hängen; erst aus dieser können wir die Rolle der sexuellen Triebkräfte in der Physiologie und Psychologie des Einzelwesens richtig verstehen.

Trotz aller Bemühung, biologische Termini und Gesichtspunkte nicht zur Herrschaft in der psychoanalytischen Arbeit gelangen zu lassen, können wir es nicht vermeiden, sie schon in der Beschreibung der von uns studierten Phänomene zu gebrauchen. Wir können dem »Trieb« nicht ausweichen als einem Grenzbegriff zwischen psychologischer und biologischer Auffassung, und wir sprechen von »männlichen« und »weiblichen« seelischen Eigenschaften und Strebungen, obwohl die Geschlechtsverschiedenheiten streng genommen keine besondere psychische Charakteristik beanspruchen können. Was wir im Leben männlich oder weiblich heißen, reduziert sich für die psychologische Betrachtung auf die Charaktere der Aktivität und der Passivität, das heißt auf Eigenschaften, welche nicht von den Trieben selbst, sondern von deren Zielen anzugeben sind. In der regelmäßigen Gemeinschaft solcher »aktiver« und »passiver« Triebe im Seelenleben spiegelt sich die Bisexualität der Individuen, welche zu den klinischen Voraussetzungen der Psychoanalyse gehört.

Ich werde befriedigt sein, wenn diese wenigen Bemerkungen darauf aufmerksam gemacht haben, welch ausgiebige Vermittlung zwischen der Biologie und der Psychologie durch die Psychoanalyse hergestellt wird.

D) Das entwicklungsgeschichtliche Interesse

Nicht jede Analyse psychologischer Phänomene wird den Namen einer Psychoanalyse verdienen. Die letztere bedeutet mehr als die Zerlegung zusammengesetzter Erscheinungen in einfachere; sie besteht in einer Zurückführung einer psychischen Bildung auf andere, welche ihr zeitlich vorhergegangen sind, aus denen sie sich entwickelt hat. Das ärztliche psychoanalytische Verfahren konnte kein Leidenssymptom beseitigen, wenn es nicht seiner Entstehung und Entwicklung nachspürte: so ist die Psychoanalyse von allem Anfang an auf die Verfolgung von Entwicklungsvorgängen gewiesen worden. Sie hat zuerst die Genese neurotischer Symptome aufgedeckt; im weiteren Fortschritt mußte sie andere psychische Bildungen in Angriff nehmen und die Arbeit einer genetischen Psychologie an ihnen leisten.

Die Psychoanalyse ist genötigt worden, das Seelenleben des Erwachsenen aus dem des Kindes abzuleiten, Ernst zu machen mit dem Satze: das Kind ist der Vater des Mannes. Sie hat die Kontinuität der infantilen Psyche mit der des Erwachsenen verfolgt, aber auch die Umwandlungen und Umordnungen gemerkt, welche auf diesem Wege vor sich gehen. Die meisten von uns haben eine Gedächtnislücke für ihre ersten Kinderjahre, aus welcher sich nur einzelne Brocken Erinnerung herausheben. Man darf behaupten, daß die Psychoanalyse diese Lücke ausgefüllt, diese Kindheitsamnesie der Menschen beseitigt hat. (Vgl.: Das pädagogische Interesse.)

Während der Vertiefung in das infantile Seelenleben haben sich einige bemerkenswerte Funde ergeben. So ließ sich bestätigen, was man oftmals vorher geahnt hatte, von welch außerordentlicher Bedeutung für die ganze spätere Richtung eines Menschen die Eindrücke seiner Kindheit, ganz besonders aber seiner ersten Kindheitsjahre, sind. Man ist dabei auf ein psychologisches Paradoxon gestoßen, welches nur für die psychoanalytische Auffassung keines ist, daß gerade diese allerbedeutsamsten Eindrücke im Gedächtnis der späteren Jahre nicht enthalten sind. Die Psychoanalyse hat diese Vorbildlichkeit und Unverlöschbarkeit frühester Erlebnisse gerade für das Sexualleben am deutlichsten feststellen können. *»On revient toujours à ses premiers amours«* ist eine nüchterne Wahrheit. Die vielen Rätsel des Liebeslebens Erwachsener lösen sich erst durch die Hervorhebung der infantilen Momente in der Liebe. Für die Theorie dieser Wirkungen kommt in Betracht, daß die ersten Kindererlebnisse dem Individuum nicht nur als Zufälligkeiten widerfahren, sondern auch den ersten Betätigungen der von ihm konstitutionell mitgebrachten Triebanlagen entsprechen.

Eine andere, weit überraschendere Aufdeckung hat zum Inhalt, daß von den infantilen seelischen Formationen trotz aller späteren Entwicklung beim Erwachsenen nichts untergeht. Alle Wünsche, Triebregungen, Reaktionsweisen, Einstellungen des Kindes sind beim gereiften Menschen nachweisbar noch vorhanden und können unter geeigneten Konstellationen wieder zum Vorschein kommen. Sie sind nicht zerstört, sondern bloß überlagert, wie die psychoanalytische Psychologie in ihrer räumlichen Darstellungsweise sagen muß. Es wird so zum Charakter der seelischen Vergangenheit, daß sie nicht, wie die historische, von ihren Abkömmlingen aufgezehrt wird; sie besteht weiter neben dem, was aus ihr geworden ist, entweder bloß virtuell oder in realer Gleichzeitigkeit. Beweis dieser Behauptung ist es, daß der Traum des normalen Menschen allnächtlich dessen Kindercharakter wiederbelebt, und sein ganzes Seelenleben auf eine infantile Stufe zurückführt. Dieselbe Rückkehr zum psychischen Infantilismus (*Regression*) stellt sich bei den Neurosen und Psychosen heraus, deren Eigentümlichkeiten zum großen Teil als psychische Archaismen zu beschreiben sind. In der Stärke, welche den infantilen Resten im Seelenleben verblieben ist, sehen wir das Maß der Krankheitsdisposition, so daß uns diese zum Ausdruck einer Entwicklungshemmung wird. Das infantil Gebliebene, als unbrauchbar Verdrängte im psychischen Material eines Menschen bildet nun den Kern seines Unbewußten, und wir glauben in den Lebensgeschichten unserer Kranken verfolgen zu können, wie dieses von den verdrängenden Kräften zurückgehaltene Unbewußte auf Betätigung lauert und die Gelegenheiten ausnützt, wenn es den späteren und höheren psychischen Bildungen nicht gelingt, der Schwierigkeiten der realen Welt Herr zu werden.

In den allerletzten Jahren hat sich die psychoanalytische Arbeit darauf besonnen, daß der Satz »die Ontogenie sei eine Wiederholung der Phylogenie« auch auf das Seelenleben anwendbar sein müsse,[7] und daraus ist eine neue Erweiterung des psychoanalytischen Interesses hervorgegangen.

E) Das kulturhistorische Interesse

Die Vergleichung der Kindheit des einzelnen Menschen mit der Frühgeschichte der Völker hat sich bereits nach mehreren Richtungen als fruchtbar erwiesen, trotzdem diese Arbeit kaum mehr als begonnen werden konnte. Die psychoanalytische Denkweise benimmt sich dabei wie ein neues Instrument der Forschung. Die Anwendung ihrer Voraussetzungen auf die Völkerpsychologie gestattet ebenso neue Probleme aufzuwerfen wie die bereits bearbeiteten in neuem Lichte zu sehen und zu deren Lösung beizutragen.

Zunächst erscheint es durchaus möglich, die am Traum gewonnene psychoanalytische Auffassung auf Produkte der Völkerphantasie wie Mythus und Märchen zu übertragen.[8] Die Aufgabe einer Deutung dieser Gebilde liegt seit langem vor; man ahnt einen »geheimen Sinn« derselben, man ist auf Abänderungen und auf Umwandlungen vorbereitet, welche diesen Sinn verdecken. Die Psychoanalyse bringt von ihren Arbeiten an Traum und Neurose die Schulung mit, welche die technischen Wege dieser Entstellungen erraten kann. Sie kann aber auch in einer Reihe von Fällen die verborgenen Motive aufdecken, welche diese Wandlungen des Mythus von seinem ursprünglichen Sinn verursacht haben. Den ersten Anstoß zur Mythenbildung kann sie nicht in einem theoretischen Bedürfnis nach Erklärung der Naturerscheinungen und nach Rechenschaft für unverständlich gewordene Kultvorschriften und Gebräuche erblikken, sondern sucht ihn in den nämlichen psychischen »Komplexen«, in denselben affektiven Strebungen, welche sie zu Grunde der Träume und der Symptombildungen nachgewiesen hat.

Durch die gleiche Übertragung ihrer Gesichtspunkte, Voraussetzungen und Erkenntnisse wird die Psychoanalyse befähigt, Licht auf die Ursprünge unserer großen kulturellen Institutionen, der Religion, der Sittlichkeit, des Rechts, der Philosophie zu werfen.[9] Indem sie den primitiven psychologischen Situationen nachspürt, aus denen sich die Antriebe zu solchen Schöpfungen ergeben konnten, kommt sie in die Lage, manchen Erklärungsversuch zurückzuweisen, der auf eine psychologische Vorläufigkeit gegründet war, und ihn durch tiefer reichende Einsichten zu ersetzen.

Die Psychoanalyse stellt eine innige Beziehung her zwischen all diesen psychischen Leistungen der einzelnen und der Gemeinschaften, indem sie dieselbe dynamische Quelle für beide postuliert. Sie knüpft an die Grundvorstellung an, daß es die Hauptfunktion des seelischen Mechanismus ist, das Geschöpf von den Spannungen zu entlasten, die durch Bedürfnisse in ihm erzeugt werden. Ein Teil dieser Aufgabe wird lösbar durch Befriedigung, welche man von der Außenwelt erzwingt; zu diesem Zwecke wird die Beherrschung der realen Welt Erfordernis. Einem anderen Teil dieser Bedürfnisse, darunter wesentlich gewissen affektiven Strebungen, versagt die Realität regelmäßig die Befriedigung. Daraus geht ein zweites Stück der Aufgabe hervor, den unbefriedigten Strebungen eine andersartige Erledigung zu verschaffen. Alle Kulturgeschichte zeigt nur, welche Wege die Menschen zur Bindung ihrer unbefriedigten Wünsche einschlagen unter den wechselnden und durch technischen Fortschritt veränderten Bedingungen der Gewährung und Versagung von seiten der Realität.

Die Untersuchung der primitiven Völker zeigt die Menschen zunächst im kindlichen Allmachtsglauben befangen[10] und läßt eine Menge von seelischen Bildungen als Bemühungen verstehen, die Störungen dieser Allmacht abzuleugnen und so die Realität von ihrer Wirkung aufs Affektleben fern zu halten, solange man dieselbe nicht besser beherrschen und zur Befriedigung ausnützen kann. Das Prinzip der Unlustvermeidung beherrscht das menschliche Tun so lange, bis es durch das bessere der Anpassung an die Außenwelt abgelöst wird. Parallel zur fortschreitenden Weltbeherrschung des Menschen geht eine Entwicklung seiner Weltanschauung, welche sich immer mehr von dem ursprünglichen Allmachtsglauben abwendet, und von der animistischen Phase durch die religiöse zur wissenschaftlichen ansteigt. In diesen Zusammenhang fügen sich Mythus, Religion und Sittlichkeit als Versuche, sich für die mangelnde Wunschbefriedigung Entschädigung zu schaffen.

Die Kenntnis der neurotischen Erkrankungen einzelner Menschen hat für das Verständnis der großen sozialen Institutionen gute Dienste geleistet, denn die Neurosen selbst enthüllten sich als Versuche, die Probleme der Wunschkompensation individuell zu lösen, welche durch die Institutionen sozial gelöst werden sollen. Das Zurücktreten des sozialen Faktors und das Überwiegen des sexuellen macht diese neurotischen Lösungen der psychologischen Aufgabe zu Zerrbildern, unbrauchbar für anderes als für unsere Aufklärung über diese bedeutsamen Probleme.

F) Das kunstwissenschaftliche Interesse

Über einige der Probleme, welche sich an Kunst und Künstler knüpfen, gibt die psychoanalytische Betrachtung befriedigenden Aufschluß; andere entgehen ihr völlig. Sie erkennt auch in der Übung der Kunst eine Tätigkeit, welche die Beschwichtigung unerledigter Wünsche beabsichtigt, und zwar zunächst beim schaffenden Künstler selbst, in weiterer Folge beim Zuhörer oder Zuschauer. Die Triebkräfte der Kunst sind dieselben Konflikte, welche andere Individuen in die Neurose drängen, die Gesellschaft zum Aufbau ihrer Institutionen bewogen haben. Woher dem Künstler die Fähigkeit zum Schaffen kommt, ist keine Frage der Psychologie. Der Künstler sucht zunächst Selbstbefreiung und führt dieselbe durch Mitteilung seines Werkes den anderen zu, die an den gleichen verhaltenen Wünschen leiden.[11] Er stellt zwar seine persönlichsten Wunschphantasien als erfüllt dar, aber diese werden zum Kunstwerk erst durch eine Umformung, welche das Anstößige dieser Wünsche mildert, den persönlichen Ursprung derselben verhüllt, und durch die Einhaltung von Schönheitsregeln den anderen bestechende Lustprämien bietet. Es fällt der Psychoanalyse nicht schwer, neben dem manifesten Anteil des künstlerischen Genusses einen latenten, wiewohl weit wirksameren, aus den versteckten Quellen der Triebbefreiung nachzuweisen. Der Zusammenhang zwischen den Kindheitseindrücken und Lebensschicksalen des Künstlers und seinen Werken als Reaktionen auf diese Anregungen gehört zu den anziehendsten Objekten der analytischen Betrachtung.[12]

Im übrigen harren noch die meisten Fragen des Kunstschaffens und Kunstgenießens einer Bearbeitung, welche das Licht analytischer Erkenntnis auf sie fallen läßt und ihnen ihre Stelle in dem komplizierten Aufbau der menschlichen Wunschkompensationen anweist. Als konventionell zugestandene Realität, in welcher dank der künstlerischen Illusion Symbole und Ersatzbildungen wirkliche Affekte hervorrufen dürfen, bildet die Kunst ein Zwischenreich zwischen der wunschversagenden Realität und der wunscherfüllenden Phantasiewelt, ein Gebiet, auf dem die Allmachtbestrebungen der primitiven Menschheit gleichsam in Kraft verblieben sind.

G) Das soziologische Interesse

Die Psychoanalyse hat zwar die individuelle Psyche zum Objekt genommen, aber bei der Erforschung derselben konnten ihr die affektiven Grundlagen für das Verhältnis des einzelnen zur Gesellschaft nicht entgehen. Sie hat gefunden, daß die sozialen Gefühle regelmäßig einen Beitrag von seiten der Erotik führen, dessen Überbetonung und nachfolgende Verdrängung zur Charakteristik einer bestimmten Gruppe von Seelenstörungen wird. Sie hat den asozialen Charakter der Neurosen überhaupt erkannt, welche ganz allgemein dahin streben, das Individuum aus der Gesellschaft zu drängen und ihm das Klosterasyl früherer Zeiten durch die Krankheitsisolierung zu ersetzen. Das intensive Verschuldungsgefühl, welches so viele Neurosen beherrscht, erwies sich ihr als die soziale Modifikation der neurotischen Angst.

Andererseits deckt die Psychoanalyse den Anteil, welchen soziale Verhältnisse und Anforderungen an die Verursachung der Neurose haben, im weitesten Ausmaße auf. Die Kräfte, welche die Triebeinschränkung und Triebverdrängung von seiten des Ich herbeiführen, entspringen wesentlich der Gefügigkeit gegen die sozialen Kulturforderungen. Dieselbe Konstitution und dieselben Kindheitserlebnisse, welche sonst zur Neurose führen müßten, werden diese Wirkung nicht hervorrufen, wenn solche Gefügigkeit nicht vorhanden ist, oder solche Anforderungen von dem sozialen Kreis, für welchen das Individuum lebt, nicht gestellt werden. Die alte Behauptung, daß die fortschreitende Nervosität ein Produkt der Kultur sei, deckt wenigstens die Hälfte des wahren Sachverhalts. Erziehung und Beispiel bringen die Kulturforderung an das jugendliche Individuum heran; wo sich bei diesem die Triebverdrängung unabhängig von den beiden einstellt, liegt die Annahme nahe, daß urvorzeitliche Anforderung endlich zum organisierten erblichen Besitz der Menschen geworden ist. Das Kind, welches spontan Triebverdrängungen produziert, würde auch damit nur ein Stück der Kulturgeschichte wiederholen. Was heute eine innere Abhaltung ist, war einmal nur eine äußere, vielleicht durch die Not der Zeiten gebotene, und so kann auch einmal zur internen Verdrängungsanlage werden, was heute noch als äußere Kulturforderung an jedes heranwachsende Individuum herantritt.

H) Das pädagogische Interesse

Das gewichtige Interesse der Erziehungslehre an der Psychoanalyse stützt sich auf einen zur Evidenz gebrachten Satz. Ein Erzieher kann nur sein, wer sich in das kindliche Seelenleben einfühlen kann, und wir Erwachsenen verstehen die Kinder nicht, weil wir unsere eigene Kindheit nicht mehr verstehen. Unsere Kindheitsamnesie ist ein Beweis dafür, wie sehr wir ihr entfremdet sind. Die Psychoanalyse hat die Wünsche, Gedankenbildungen, Entwicklungsvorgänge der Kindheit aufgedeckt; alle früheren Bemühungen waren in ärgster Weise unvollständig und irreleitend, weil sie den unschätzbar wichtigen Faktor der Sexualität in ihren körperlichen und seelischen Äußerungen ganz beiseite gelassen hatten. Das ungläubige Erstaunen, mit welchem die gesichertsten Ermittlungen der Psychoanalyse über die Kindheit aufgenommen werden – über den Ödipuskomplex, die Selbstverliebtheit (Narzißmus), die perversen Anlagen, die Analerotik, die sexuelle Wißbegierde – mißt die Distanz, welche unser Seelenleben, unsere Wertungen, ja unsere Gedankenprozesse von denen auch des normalen Kindes trennt.

Wenn sich die Erzieher mit den Resultaten der Psychoanalyse vertraut gemacht haben, werden sie es leichter finden, sich mit gewissen Phasen der kindlichen Entwicklung zu versöhnen, und werden unter anderem nicht in Gefahr sein, beim Kind auftretende sozial unbrauchbare oder perverse Triebregungen zu überschätzen. Sie werden sich eher von dem Versuch einer gewaltsamen Unterdrückung dieser Regungen zurückhalten, wenn sie erfahren, daß solche Beeinflussungen oft nicht minder unerwünschte Erfolge liefern, als das von der Erziehung gefürchtete Gewährenlassen kindlicher Schlechtigkeit. Gewalttätige Unterdrückung starker Triebe von außen bringt bei Kindern niemals das Erlöschen oder die Beherrschung derselben zustande, sondern erzielt eine Verdrängung, welche die Neigung zu späterer neurotischer Erkrankung setzt. Die Psychoanalyse hat oft Gelegenheit zu erfahren, welchen Anteil die unzweckmäßige einsichtslose Strenge der Erziehung an der Erzeugung von nervöser Krankheit hat, oder mit welchen Verlusten an Leistungsfähigkeit und Genußfähigkeit die geforderte Normalität erkauft wird. Sie kann aber auch lehren, welch wertvolle Beiträge zur Charakterbildung diese asozialen und perversen Triebe des Kindes ergeben, wenn sie nicht der Verdrängung unterliegen, sondern durch den Prozeß der sogenannten *Sublimierung* von ihren ursprünglichen Zielen weg zu wertvolleren gelenkt werden. Unsere besten Tugenden sind als Reaktionsbildungen und Sublimierungen auf dem Boden der bösesten Anlagen erwachsen. Die Erziehung sollte sich vorsorglich hüten, diese kostbaren Kraftquellen zu verschütten und sich darauf beschränken, die Prozesse zu befördern, durch welche diese Energien auf gute Wege geleitet werden. In der Hand einer psychoanalytisch aufgeklärten Erziehung ruht, was wir von einer individuellen Prophylaxe der Neurosen erwarten können. (Vgl. die Arbeiten des Züricher Pastors Dr. Oskar Pfister.)

Ich konnte mir in diesem Aufsatze nicht die Aufgabe stellen, Umfang und Inhalt der Psychoanalyse, die Voraussetzungen, Probleme und Ergebnisse derselben einem wissenschaftlich interessierten Publikum vorzuführen. Meine Absicht ist erfüllt, wenn deutlich geworden ist, für wie viele Wissensgebiete sie interessant ist, und wie reiche Verknüpfungen sie zwischen denselben herzustellen beginnt.

Märchenstoffe in Träumen

Freud ist immer wieder des Pansexualismus beschuldigt worden. Man hat behauptet, daß er jeden Spazierstock als Penis und jede Büchse als Vagina interpretiert habe. Dieser Text von 1913 gibt dem Leser eine Gelegenheit zu entscheiden, ob Freuds Deutungen lediglich einem vereinfachenden Klischee entsprechen oder ob seine Symbolauffassung bei einem Traum oder Märchen einen zuvor nicht erkennbaren Sinn zu erhellen imstande ist. Daß Märchenstoffe, die wir in unserer Kindheit aufgenommen haben, in Träumen von Erwachsenen vorkommen, bestätigt nebenbei Freuds These, daß der Traum infantiles Material zu einer verspäteten Wunscherfüllung gestaltet. Der zweite hier vorgestellte Angsttraum von den Wölfen auf dem Baum ist übrigens in der Psychoanalyse berühmt geworden und hat seinem Träumer den Namen »Wolfsmann« eingebracht; die dazugehörige Fallanalyse wurde 1918 unter dem Titel »Aus der Geschichte einer infantilen Neurose« (1918b) veröffentlicht.

* * *

Es ist keine Überraschung, auch aus der Psychoanalyse zu erfahren, welche Bedeutung unsere Volksmärchen für das Seelenleben unserer Kinder gewonnen haben. Bei einigen Menschen hat sich die Erinnerung an ihre Lieblingsmärchen an die Stelle eigener Kindheitserinnerungen gesetzt; sie haben die Märchen zu Deckerinnerungen erhoben.

Elemente und Situationen, die aus diesen Märchen kommen, finden sich nun auch häufig in Träumen. Zur Deutung der betreffenden Stellen fällt den Analysierten das für sie bedeutungsvolle Märchen ein. Von diesem sehr gewöhnlichen Vorkommnis will ich hier zwei Beispiele anführen. Die Beziehungen der Märchen zur Kindheitsgeschichte und zur Neurose der Träumer werden aber nur angedeutet werden können, auf die Gefahr hin, die dem Analytiker wertvollsten Zusammenhänge zu zerreißen.

I

Traum einer jungen Frau, die vor wenigen Tagen den Besuch ihres Mannes empfangen hat: *Sie ist in einem ganz braunen Zimmer. Durch eine kleine Tür kommt man auf eine steile Stiege, und über diese kommt ein sonderbares Männlein ins Zimmer, klein, mit weißen Haaren, Glatze und roter Nase, das im Zimmer vor ihr herumtanzt, sich sehr komisch gebärdet und dann wieder zur Stiege herabgeht. Es ist in ein graues Gewand gekleidet, welches alle Formen erkennen läßt.* (Korrektur: *Es trägt einen langen schwarzen Rock und eine graue Hose.*)

Analyse: Die Personsbeschreibung des Männleins paßt ohne weitere Veränderung[1] auf ihren Schwiegervater. Dann fällt ihr aber sofort das Märchen von *Rumpelstilzchen* ein, der so komisch wie der Mann im Traume herumtanzt und dabei der Königin seinen Namen verrät. Dadurch hat er aber seinen Anspruch auf das erste Kind der Königin verloren und reißt sich in der Wut selbst mitten entzwei.

Am Traumtag war sie selbst so wütend auf ihren Mann und äußerte: Ich könnte ihn mitten entzweireißen.

Das braune Zimmer macht zunächst Schwierigkeiten. Es fällt ihr nur das Speisezimmer ihrer Eltern ein, das so – holzbraun – getäfelt ist, und dann erzählt sie Geschichten von Betten, in denen man zu zweien so unbequem schläft. Vor einigen Tagen hat sie, als von Betten in anderen Ländern die Rede war, etwas sehr Ungeschicktes gesagt, – in harmloser Absicht, meint sie, – worüber ihre Gesellschaft fürchterlich lachen mußte.

Der Traum ist nun bereits verständlich. Das holzbraune Zimmer[2] ist zunächst das Bett, durch die Beziehung auf das Speisezimmer ein Ehebett.[3] Sie befindet sich also im Ehebett. Der Besucher sollte ihr junger Mann sein, der nach mehrmonatiger Abwesenheit zu ihr gekommen war, um seine Rolle im Ehebett zu spielen. Es ist aber zunächst der Vater des Mannes, der Schwiegervater.

Hinter dieser ersten Deutung blickt man auf eine tiefer liegende rein sexuellen Inhalts. Das Zimmer ist jetzt die Vagina. (Das Zimmer ist in ihr, im Traume umgekehrt.) Der kleine Mann, der seine Grimassen macht und sich so komisch benimmt, ist der Penis; die enge Tür und die steile Treppe bestätigen die Auffassung der Situation als einer Koitusdarstellung. Wir sind sonst gewöhnt, daß das Kind den Penis symbolisiert, werden aber verstehen, daß es einen guten Sinn hat, wenn hier der Vater zur Vertretung des Penis herangezogen wird.

Die Auflösung des noch zurückgehaltenen Restes vom Traume wird uns in der Deutung ganz sicher machen. Das durchscheinende graue Gewand erklärt sie selbst als Kondom. Wir dürfen erfahren, daß Interessen der Kinderverhütung, Besorgnisse, ob nicht dieser Besuch des Mannes den Keim zu einem zweiten Kind gelegt, zu den Anregern dieses Traumes gehören.

Der schwarze Rock: Ein solcher steht ihrem Manne ausgezeichnet. Sie will ihn beeinflussen, daß er ihn immer trage anstatt seiner gewöhnlichen Kleidung. Im schwarzen Rock ist ihr Mann also so, wie sie ihn gern sieht. Schwarzer Rock und graue Hose: das heißt aus zwei verschiedenen, einander überdeckenden Schichten: So gekleidet will ich dich haben. So gefällst du mir.

Rumpelstilzchen verknüpft sich mit den aktuellen Gedanken des Traumes – den Tagesresten – durch eine schöne Gegensatzbeziehung. Er kommt im Märchen, um der Königin das erste Kind zu nehmen; der kleine Mann im Traum kommt als Vater, weil er wahrscheinlich ein zweites Kind gebracht hat. Aber Rumpelstilzchen vermittelt auch den Zugang zur tieferen, infantilen Schicht der Traumgedanken. Der possierliche kleine Kerl, dessen Namen man nicht einmal weiß, dessen Geheimnis man kennen möchte, der so außerordentliche Kunststücke kann (im Märchen Stroh in Gold verwandeln) – die Wut, die man gegen ihn hat, eigentlich gegen seinen Besitzer, den man um diesen Besitz beneidet, der Penisneid der Mädchen, – das sind Elemente, deren Beziehung zu den Grundlagen der Neurose, wie gesagt, hier nur gestreift werden soll. Zum Kastrationsthema gehören wohl auch die geschnittenen Haare des Männchens im Traume.

Wenn man in durchsichtigen Beispielen darauf achten wird, was der Träumer mit dem Märchen macht, und an welche Stelle er es setzt, so wird man dadurch vielleicht auch Winke für die noch ausstehende Deutung dieser Märchen selbst gewinnen.

II

Ein junger Mann, der einen Anhalt für seine Kindheitserinnerungen in dem Umstande findet, daß seine Eltern ihr bisheriges Landgut gegen ein anderes vertauschten, als er noch nicht fünf Jahre war, erzählt als seinen frühesten Traum, der noch auf dem ersten Gut vorgefallen, folgendes:

»*Ich habe geträumt, daß es Nacht ist und ich in meinem Bett liege (mein Bett stand mit dem Fußende gegen das Fenster, vor dem Fenster befand sich eine Reihe alter Nußbäume; ich weiß, es war Winter, als ich träumte, und Nachtzeit). Plötzlich geht das Fenster von selbst auf, und ich sehe mit großem Schrecken, daß auf dem großen Nußbaum vor dem Fenster ein paar weiße Wölfe sitzen. Es waren sechs oder sieben Stück. Die Wölfe waren ganz weiß und sahen eher aus wie Füchse oder Schäferhunde, denn sie hatten große Schwänze wie Füchse und ihre Ohren waren aufgestellt wie bei den Hunden, wenn sie auf etwas passen. Unter großer Angst, offenbar von den Wölfen aufgefressen zu werden, schrie ich auf* und erwachte. Meine Kinderfrau eilte zu meinem Bett, um nachzusehen, was mit mir geschehen war. Es dauerte eine ganze Weile, bis ich überzeugt war, es sei nur ein Traum gewesen, so natürlich und deutlich war mir das Bild vorgekommen, wie das Fenster aufgeht und die Wölfe auf dem Baume sitzen. Endlich beruhigte ich mich, fühlte mich wie von einer Gefahr befreit und schlief wieder ein.«

»Die einzige Aktion im Traume war das Aufgehen des Fensters, denn die Wölfe saßen ganz ruhig ohne jede Bewegung auf den Ästen des Baumes, rechts und links vom Stamm und schauten mich an. Es sah so aus, als ob sie ihre ganze Aufmerksamkeit auf mich gerichtet hätten. – Ich glaube, dies war mein erster Angsttraum. Ich war damals drei, vier, höchstens fünf Jahre alt. Bis in mein elftes oder zwölftes Jahr hatte ich von da an immer Angst, etwas Schreckliches im Traum zu sehen.«

Er gibt dann noch eine Zeichnung des Baumes mit den Wölfen, die seine Beschreibung bestätigt. Die Analyse des Traumes fördert nachstehendes Material zutage.

Er hat diesen Traum immer in Beziehung zu der Erinnerung gebracht, daß er in diesen Jahren der Kindheit eine ganz ungeheuerliche Angst vor dem Bilde eines Wolfes in einem Märchenbuche zeigte. Die ältere, ihm recht überlegene Schwester pflegte ihn zu necken, indem sie ihm unter irgend einem Vorwand gerade dieses Bild vorhielt, worauf er entsetzt zu schreien begann. Auf diesem Bilde stand der Wolf aufrecht, mit einem Fuß ausschreitend, die Tatzen ausgestreckt und die Ohren aufgestellt. Er meint, dieses Bild habe als Illustration zum Märchen von *Rotkäppchen* gehört.

Warum sind die Wölfe weiß? Das läßt ihn an die Schafe denken, von denen große Herden in der Nähe des Gutes gehalten wurden. Der Vater nahm ihn gelegentlich mit, diese Herden zu besuchen, und er war dann jedesmal sehr stolz und selig. Später – nach eingezogenen Erkundigungen kann es leicht kurz vor der Zeit dieses Traumes gewesen sein, – brach unter diesen Schafen eine Seuche aus. Der Vater ließ einen Pasteurschüler kommen, der die Tiere impfte, aber sie starben nach der Impfung noch zahlreicher als vorher.

Wie kommen die Wölfe auf den Baum? Dazu fällt ihm eine Geschichte ein, die er den Großvater erzählen gehört. Er kann sich nicht erinnern, ob vor oder nach dem Traume, aber ihr Inhalt spricht entschieden für das erstere. Die Geschichte lautet: Ein Schneider sitzt in seinem Zimmer bei der Arbeit, da öffnet sich das Fenster und ein Wolf springt herein. Der Schneider schlägt mit der Elle nach ihm – nein, verbessert er sich, packt ihn beim Schwanz und reißt ihm diesen aus, so daß der Wolf erschreckt davonrennt. Eine Weile später geht der Schneider in den Wald und sieht plötzlich ein Rudel Wölfe herankommen, vor denen er sich auf einen Baum flüchtet. Die Wölfe sind zunächst ratlos, aber der verstümmelte, der unter ihnen ist und sich am Schneider rächen will, macht den Vorschlag, daß einer auf den anderen steigen soll, bis der letzte den Schneider erreicht hat. Er selbst – er ist ein kräftiger Alter – will die Basis dieser Pyramide machen. Die Wölfe tun so, aber der Schneider hat den gezüchtigten Besucher erkannt und ruft plötzlich wie damals: Packt den Grauen beim Schwanz. Der schwanzlose Wolf erschrickt bei dieser Erinnerung, läuft davon und die anderen purzeln alle herab.

In dieser Erzählung findet sich der Baum vor, auf dem im Traume die Wölfe sitzen. Sie enthält aber auch eine unzweideutige Anknüpfung an den Kastrationskomplex. Der *alte* Wolf ist vom Schneider um den Schwanz gebracht worden. Die Fuchsschwänze der Wölfe im Traume sind wohl Kompensationen dieser Schwanzlosigkeit.

Warum sind es sechs oder sieben Wölfe? Diese Frage schien nicht zu beantworten, bis ich den Zweifel aufwarf, ob sich sein Angstbild auf das Rotkäppchenmärchen bezogen haben könne. Dies Märchen gibt nur Anlaß zu zwei Illustrationen, zur Begegnung des Rotkäppchens mit dem Wolf im Walde und zur Szene, wo der Wolf mit der Haube der Großmutter im Bette liegt. Es müsse sich also ein anderes Märchen hinter der Erinnerung an das Bild verbergen. Er fand dann bald, daß es nur die Geschichte vom *Wolf und den sieben Geißlein* sein könne. Hier findet sich die Siebenzahl, aber auch die sechs, denn der Wolf frißt nur sechs Geißlein auf, das siebente versteckt sich im Uhrkasten. Auch das Weiß kommt in dieser Geschichte vor, denn der Wolf läßt sich beim Bäcker die Pfote weiß machen, nachdem ihn die Geißlein bei seinem ersten Besuch an der grauen Pfote erkannt haben. Beide Märchen haben übrigens viel Gemeinsames. In beiden findet sich das Auffressen, das Bauchaufschneiden, die Herausbeförderung der gefressenen Personen, deren Ersatz durch schwere Steine, und endlich kommt in beiden der böse

Wolf um. Im Märchen von den Geißlein kommt auch noch der Baum vor. Der Wolf legt sich nach der Mahlzeit unter einen Baum und schnarcht.

Ich werde mich mit diesem Traum wegen eines besonderen Umstandes noch an anderer Stelle beschäftigen müssen und ihn dann eingehender deuten und würdigen.[4] Es ist ja ein erster aus der Kindheit erinnerter Angsttraum, dessen Inhalt im Zusammenhang mit anderen Träumen, die bald nachher erfolgten, und mit gewissen Begebenheiten in der Kinderzeit des Träumers ein Interesse von ganz besonderer Art wachruft. Hier beschränken wir uns auf die Beziehung des Traumes zu zwei Märchen, die viel Gemeinsames haben, zum »Rotkäppchen« und zum »Wolf und die sieben Geißlein«. Der Eindruck dieser Märchen äußerte sich bei dem kindlichen Träumer in einer richtigen Tierphobie, die sich von anderen ähnlichen Fällen nur dadurch auszeichnete, daß das Angsttier nicht ein der Wahrnehmung leicht zugängliches Objekt war (wie etwa Pferd und Hund), sondern nur aus Erzählung und Bilderbuch gekannt war.

Ich werde ein andermal auseinandersetzen, welche Erklärung diese Tierphobien haben und welche Bedeutung ihnen zukommt. Vorgreifend bemerke ich nur, daß diese Erklärung sehr zu dem Hauptcharakter stimmt, welchen die Neurose des Träumers in späteren Lebenszeiten erkennen ließ. Die Angst vor dem Vater war das stärkste Motiv seiner Erkrankung gewesen, und die ambivalente Einstellung zu jedem Vaterersatz beherrschte sein Leben wie sein Verhalten in der Behandlung.

Wenn der Wolf bei meinem Patienten nur der erste Vaterersatz war, so fragt es sich, ob die Märchen vom Wolf, der die Geißlein auffrißt, und vom Rotkäppchen etwas anderes als die infantile Angst vor dem Vater zum geheimen Inhalt haben.[5] Der Vater meines Patienten hatte übrigens die Eigentümlichkeit des *»zärtlichen Schimpfens«*, die so viele Personen im Umgang mit ihren Kindern zeigen, und die scherzhafte Drohung: »Ich fress' dich auf« mag in den ersten Jahren, als der später strenge Vater mit dem Söhnlein zu spielen und zu kosen pflegte, mehr als einmal geäußert worden sein. Eine meiner Patientinnen erzählte mir, daß ihre beiden Kinder den Großvater nie lieb gewinnen konnten, weil er sie in seinem zärtlichen Spiel zu schrecken pflegte, er werde ihnen den Bauch aufschneiden.

Das Motiv der Kästchenwahl

Ein wiederkehrendes Motiv in der Literatur – die Wahl eines Mannes zwischen drei Frauen/drei Kästchen – gibt den Anstoß für diesen kurzen Aufsatz von 1913. Wir können Freuds Überlegungen mitverfolgen, wie er im Vergleich verschiedener Verwendungsweisen dieses Motivs nach einem tieferliegenden Verständnis seiner Bedeutung sucht und am Schluß zu einer überraschenden Antwort kommt.

* * *

I

Zwei Szenen aus Shakespeare, eine heitere und tragische, haben mir kürzlich den Anlaß zu einer kleinen Problemstellung und Lösung gegeben.

Die heitere ist die Wahl der Freier zwischen drei Kästchen im »Kaufmann von Venedig«. Die schöne und kluge Porzia ist durch den Willen ihres Vaters gebunden, nur den von ihren Bewerbern zum Manne zu nehmen, der von drei ihm vorgelegten Kästchen das richtige wählt. Die drei Kästchen sind von Gold, von Silber und von Blei; das richtige ist jenes, welches ihr Bildnis einschließt. Zwei Bewerber sind bereits erfolglos abgezogen, sie hatten Gold und Silber gewählt. Bassanio, der dritte, entscheidet sich für das Blei; er gewinnt damit die Braut, deren Neigung ihm bereits vor der Schicksalsprobe gehört hat. Jeder der Freier hatte seine Entscheidung durch eine Rede motiviert, in welcher er das von ihm bevorzugte Metall anpries, während er die beiden anderen herabsetzte. Die schwerste Aufgabe war dabei dem glücklichen dritten Freier zugefallen; was er zur Verherrlichung des Bleis gegen Gold und Silber sagen kann, ist wenig und klingt gezwungen. Stünden wir in der psychoanalytischen Praxis vor solcher Rede, so würden wir hinter der unbefriedigenden Begründung geheimgehaltene Motive wittern.

Shakespeare hat das Orakel der Kästchenwahl nicht selbst erfunden, er nahm es aus einer Erzählung der »Gesta Romanorum«, in welcher ein Mädchen dieselbe Wahl vornimmt, um den Sohn des Kaisers zu gewinnen.[1] Auch hier ist das dritte Metall, das Blei, das Glückbringende. Es ist nicht schwer zu erraten, daß hier ein altes Motiv vorliegt, welches nach Deutung, Ableitung und Zurückführung verlangt. Eine erste Vermutung, was wohl die Wahl zwischen Gold, Silber und Blei bedeuten möge, findet bald Bestätigung durch eine Äußerung von Ed. Stucken,[2] der sich in weitausgreifendem Zusammenhang mit dem nämlichen Stoffe beschäftigt. Er sagt: »Wer die drei Freier Porzias sind, erhellt aus dem, was sie wählen: Der Prinz von Marokko wählt den goldenen Kasten: er ist die Sonne; der Prinz von Arragon wählt den silbernen Kasten: er ist der Mond; Bassanio wählt den bleiernen Kasten: er ist der Sternenknabe.« Zur Unterstützung dieser Deutung zitiert er eine Episode aus dem estnischen Volksepos Kalewipoeg, in welcher die drei Freier unverkleidet als Sonnen-, Mond- und Sternenjüngling (»des Polarsterns ältestes Söhnchen«) auftreten und die Braut wiederum dem Dritten zufällt.

So führte also unser kleines Problem auf einen Astralmythus! Nur schade, daß wir mit dieser Aufklärung nicht zu Ende gekommen sind. Das Fragen setzt sich weiter fort, denn wir glauben nicht mit manchen Mythenforschern, daß die Mythen vom Himmel herabgelesen worden sind, vielmehr urteilen wir mit O. Rank,[3] daß sie auf den Himmel projiziert wurden, nachdem sie anderswo unter rein menschlichen Bedingungen entstanden waren. Diesem menschlichen Inhalte gilt aber unser Interesse.

Fassen wir unseren Stoff nochmals ins Auge. Im estnischen Epos wie in der Erzählung der Gesta Romanorum handelt es sich um die Wahl eines Mädchens zwischen drei Freiern, in der Szene des »Kaufmann von Venedig« anscheinend um das nämliche, aber gleichzeitig tritt an dieser letzten Stelle etwas wie eine Umkehrung des Motivs auf: Ein Mann wählt zwischen drei – Kästchen. Wenn wir es mit einem Traum zu tun hätten, würden wir sofort daran denken, daß die Kästchen auch Frauen sind, Symbole des Wesentlichen an der Frau und darum der Frau selbst, wie Büchsen, Dosen, Schachteln, Körbe usw. Gestatten wir uns eine solche symbolische Ersetzung auch beim Mythus anzunehmen, so wird die Kästchenszene im »Kaufmann von Venedig« wirklich zur Umkehrung, die wir vermutet haben. Mit einem Rucke, wie er sonst nur im Märchen beschrieben wird, haben wir unserem Thema das astrale Gewand abgestreift und sehen nun, es behandelt ein menschliches Motiv, die *Wahl eines Mannes zwischen drei Frauen.*

Dasselbe ist aber der Inhalt einer anderen Szene Shakespeares in einem der erschütterndsten seiner Dramen, keine Brautwahl diesmal, aber doch durch so viel geheime Ähnlichkeiten mit der Kästchenwahl im »Kaufmann« verknüpft. Der alte König Lear beschließt, noch bei Lebzeiten sein Reich unter seine drei Töchter zu verteilen, je nach Maßgabe der Liebe, die sie für ihn äußern. Die beiden älteren, Goneril und Regan, erschöpfen sich in Beteuerungen und Anpreisungen ihrer Liebe, die dritte, Cordelia, weigert sich dessen. Er hätte diese unscheinbare, wortlose Liebe der Dritten erkennen und belohnen sollen, aber er verkennt sie, verstößt Cordelia und teilt das Reich unter die beiden anderen, zu seinem und aller Unheil. Ist das nicht wieder eine Szene der Wahl zwischen drei Frauen, von denen die jüngste die beste, die vorzüglichste ist?

Sofort fallen uns nun aus Mythus, Märchen und Dichtung andere Szenen ein, welche die nämliche Situation zum Inhalt haben: Der Hirte Paris hat die Wahl zwischen drei Göttinnen, von denen er die dritte zur Schönsten erklärt. Aschenputtel ist eine ebensolche Jüngste, die der Königssohn den beiden Älteren vorzieht, Psyche im Märchen des Apulejus ist die jüngste und schönste von drei Schwestern, Psyche, die einerseits als menschlich gewordene Aphrodite verehrt wird, anderseits von dieser Göttin behandelt wird wie Aschenputtel von ihrer Stiefmutter, einen vermischten Haufen von Samenkörnern schlichten soll und es mit Hilfe von kleinen Tieren (Tauben bei Aschenputtel,

Ameisen bei Psyche) zustandebringt.[4] Wer sich weiter im Materiale umsehen wollte, würde gewiß noch andere Gestaltungen desselben Motivs mit Erhaltung derselben wesentlichen Züge auffinden können.

Begnügen wir uns mit Cordelia, Aphrodite, Aschenputtel und Psyche! Die drei Frauen, von denen die dritte die vorzüglichste ist, sind wohl als irgendwie gleichartig aufzufassen, wenn sie als Schwestern vorgeführt werden. Es soll uns nicht irre machen, wenn es bei Lear die drei Töchter des Wählenden sind, das bedeutet vielleicht nichts anderes, als daß Lear als alter Mann dargestellt werden soll. Den alten Mann kann man nicht leicht anders zwischen drei Frauen wählen lassen; darum werden diese zu seinen Töchtern.

Wer sind aber diese drei Schwestern und warum muß die Wahl auf die dritte fallen? Wenn wir diese Frage beantworten könnten, wären wir im Besitze der gesuchten Deutung. Nun haben wir uns bereits einmal der Anwendung psychoanalytischer Techniken bedient, als wir uns die drei Kästchen symbolisch als drei Frauen aufklärten. Haben wir den Mut, ein solches Verfahren fortzusetzen, so betreten wir einen Weg, der zunächst ins Unvorhergesehene, Unbegreifliche, auf Umwegen vielleicht zu einem Ziele führt.

Es darf uns auffallen, daß jene vorzügliche Dritte in mehreren Fällen außer ihrer Schönheit noch gewisse Besonderheiten hat. Es sind Eigenschaften, die nach irgend einer Einheit zu streben scheinen; wir dürfen gewiß nicht erwarten, sie in allen Beispielen gleich gut ausgeprägt zu finden. Cordelia macht sich unkenntlich, unscheinbar wie das Blei, sie bleibt stumm, sie »liebt und schweigt«. Aschenputtel verbirgt sich, so daß sie nicht aufzufinden ist. Wir dürfen vielleicht das Sichverbergen dem Verstummen gleichsetzen. Dies wären allerdings nur zwei Fälle von den fünf, die wir herausgesucht haben. Aber eine Andeutung davon findet sich merkwürdigerweise auch noch bei zwei anderen. Wir haben uns ja entschlossen, die widerspenstig ablehnende Cordelia dem Blei zu vergleichen. Von diesem heißt es in der kurzen Rede des Bassanio während der Kästchenwahl, eigentlich so ganz unvermittelt:

> *Thy paleness moves me more than eloquence*
> (*plainness* nach anderer Leseart).

Also: Deine Schlichtheit geht mir näher als der beiden anderen schreienden Wesen. Gold und Silber sind »laut«, das Blei ist stumm, wirklich wie Cordelia, die »liebt und schweigt«.[5]

In den altgriechischen Erzählungen des Parisurteils ist von einer solchen Zurückhaltung der Aphrodite nichts enthalten. Jede der drei Göttinnen spricht zu dem Jüngling und sucht ihn durch Verheißungen zu gewinnen. Aber in einer ganz modernen Bearbeitung derselben Szene kommt der uns auffällig gewordene Zug der Dritten sonderbarerweise wieder zum Vorschein. Im Libretto der »Schönen Helena« erzählt Paris, nachdem er von den Werbungen der beiden anderen Göttinnen berichtet, wie sich Aphrodite in diesem Wettkampfe um den Schönheitspreis benommen:

> Und die Dritte – ja die Dritte –
> Stand daneben und blieb *stumm.*
> Ihr mußt' ich den Apfel geben usw.

Entschließen wir uns, die Eigentümlichkeiten unserer Dritten in der »Stummheit« konzentriert zu sehen, so sagt uns die Psychoanalyse: Stummheit ist im Traume eine gebräuchliche Darstellung des Todes.[6]

Vor mehr als zehn Jahren teilte mir ein hochintelligenter Mann einen Traum mit, den er als Beweis für die telepathische Natur der Träume verwerten wollte. Er sah einen abwesenden Freund, von dem er überlange keine Nachricht erhalten hatte, und machte ihm eindringliche Vorwürfe über sein Stillschweigen. Der Freund gab keine Antwort. Es stellte sich dann heraus, daß er ungefähr um die Zeit dieses Traumes durch Selbstmord geendet hatte. Lassen wir das Problem der Telepathie beiseite;

daß die Stummheit im Traume zur Darstellung des Todes wird, scheint hier nicht zweifelhaft. Auch das Sichverbergen, Unauffindbarsein, wie es der Märchenprinz dreimal beim Aschenputtel erlebt, ist im Traume ein unverkennbares Todessymbol; nicht minder die auffällige Blässe, an welche die *paleness* des Bleis in der einen Leseart des Shakespearschen Textes erinnert.[7] Die Übertragung dieser Deutungen aus der Sprache des Traumes auf die Ausdrucksweise des uns beschäftigenden Mythus wird uns aber wesentlich erleichtert, wenn wir wahrscheinlich machen können, daß die Stummheit auch in anderen Produktionen, die nicht Träume sind, als Zeichen des Totseins gedeutet werden muß.

Ich greife hier das neunte der Grimmschen Volksmärchen heraus, welches die Überschrift hat: »Die zwölf Brüder.«[8] Ein König und eine Königin hatten zwölf Kinder, lauter Buben. Da sagte der König, wenn das dreizehnte Kind ein Mädchen ist, müssen die Buben sterben. In Erwartung dieser Geburt läßt er zwölf Särge machen. Die zwölf Söhne flüchten sich mit Hilfe der Mutter in einen versteckten Wald und schwören jedem Mädchen den Tod, das sie begegnen sollten.

Ein Mädchen wird geboren, wächst heran und erfährt einmal von der Mutter, daß es zwölf Brüder gehabt hat. Es beschließt sie aufzusuchen, und findet im Walde den Jüngsten, der sie erkennt, aber verbergen möchte wegen des Eides der Brüder. Die Schwester sagt: Ich will gerne sterben, wenn ich damit meine zwölf Brüder erlösen kann. Die Brüder nehmen sie aber herzlich auf, sie bleibt bei ihnen und besorgt ihnen das Haus.

In einem kleinen Garten bei dem Hause wachsen zwölf Lilienblumen; die bricht das Mädchen ab, um jedem Bruder eine zu schenken. In diesem Augenblicke werden die Brüder in Raben verwandelt und verschwinden mit Haus und Garten. – Die Raben sind Seelenvögel, die Tötung der zwölf Brüder durch ihre Schwester wird durch das Abpflücken der Blumen von neuem dargestellt wie zu Eingang durch die Särge und das Verschwinden der Brüder. Das Mädchen, das wiederum bereit ist, seine

Brüder vom Tode zu erlösen, erfährt nun als Bedingung, daß sie sieben Jahre stumm sein muß, kein einziges Wort sprechen darf. Sie unterzieht sich dieser Probe, durch die sie selbst in Lebensgefahr gerät, d.h. sie stirbt selbst für die Brüder, wie sie es vor dem Zusammentreffen mit den Brüdern gelobt hat. Durch die Einhaltung der Stummheit gelingt ihr endlich die Erlösung der Raben.

Ganz ähnlich werden im Märchen von den »sechs Schwänen« die in Vögel verwandelten Brüder durch die Stummheit der Schwester erlöst, d.h. wiederbelebt. Das Mädchen hat den festen Entschluß gefaßt, seine Brüder zu erlösen, und »wenn es auch sein Leben kostete« und bringt als Gemahlin des Königs wiederum ihr eigenes Leben in Gefahr, weil sie gegen böse Anklagen ihre Stummheit nicht aufgeben will.

Wir würden sicherlich aus den Märchen noch andere Beweise erbringen können, daß die Stummheit als Darstellung des Todes verstanden werden muß. Wenn wir diesen Anzeichen folgen dürfen, so wäre die dritte unserer Schwestern, zwischen denen die Wahl stattfindet, eine Tote. Sie kann aber auch etwas anderes sein, nämlich der Tod selbst, die Todesgöttin. Vermöge einer gar nicht seltenen Verschiebung werden die Eigenschaften, die eine Gottheit den Menschen zuteilt, ihr selbst zugeschrieben. Am wenigsten wird uns solche Verschiebung bei der Todesgöttin befremden, denn in der modernen Auffassung und Darstellung, die hier vorweggenommen würde, ist der Tod selbst nur ein Toter.

Wenn aber die dritte der Schwestern die Todesgöttin ist, so kennen wir die Schwestern. Es sind die Schicksalsschwestern, die *Moiren* oder Parzen oder Nornen, deren dritte *Atropos* heißt: die Unerbittliche.

II

Stellen wir die Sorge, wie die gefundene Deutung in unseren Mythus einzufügen ist, einstweilen beiseite, und holen wir uns bei den Mythologen Belehrung über Rolle und Herkunft der Schicksalsgöttinnen.[9]

Die älteste griechische Mythologie kennt nur eine *Μοῖρα* als Personifikation des unentrinnbaren Schicksals (bei Homer). Die Fortentwicklung dieser einen Moira zu einem Schwesterverein von drei (seltener zwei) Gottheiten erfolgte wahrscheinlich in Anlehnung an andere Göttergestalten, denen die Moiren nahestehen, die Chariten und die Horen.

Die Horen sind ursprünglich Gottheiten der himmlischen Gewässer, die Regen und Tau spenden, der Wolken, aus denen der Regen niederfällt, und da diese Wolken als Gespinst erfaßt werden, ergibt sich für diese Göttinnen der Charakter der Spinnerinnen, der dann an den Moiren fixiert wird. In den von der Sonne verwöhnten Mittelmeerländern ist es der Regen, von dem die Fruchtbarkeit des Bodens abhängig wird, und darum wandeln sich die Horen zu Vegetationsgottheiten. Man dankt ihnen die Schönheit der Blumen und den Reichtum der Früchte, stattet sie mit einer Fülle von liebenswürdigen und anmutigen Zügen aus. Sie werden zu den göttlichen Vertreterinnen der Jahreszeiten und erwerben vielleicht durch diese Beziehung ihre Dreizahl, wenn die heilige Natur der Drei zu deren Aufklärung nicht genügen sollte. Denn diese alten Völker unterschieden zuerst nur drei Jahreszeiten: Winter, Frühling und Sommer. Der Herbst kam erst in späten griechisch-römischen Zeiten hinzu; dann bildete die Kunst häufig vier Horen ab.

Die Beziehung zur Zeit blieb den Horen erhalten; sie wachten später über die Tageszeiten wie zuerst über die Zeiten des Jahres; endlich sank ihr Name zur Bezeichnung der Stunde (*heure, ora*) herab. Die den Horen und Moiren wesensverwandten Nornen der deutschen Mythologie tragen diese Zeitbedeutung in ihren Namen zur Schau. Es konnte aber nicht ausbleiben, daß das Wesen dieser Gottheiten tiefer erfaßt und in das Gesetzmäßige im Wandel der Zeiten verlegt wurde; die Horen wurden so zu Hüterinnen des Naturgesetzes und der heiligen Ordnung, welche mit unabänderlicher Reihenfolge in der Natur das gleiche wiederkehren läßt.

Diese Erkenntnis der Natur wirkte zurück auf die Auffassung des menschlichen Lebens. Der Naturmythus wandelte sich zum Menschenmythus; aus den Wettergöttinnen wurden Schicksalsgottheiten. Aber diese Seite der Horen kam erst in den Moiren zum Ausdrucke, die über die notwendige Ordnung im Menschenleben so unerbittlich wachen wie die Horen über die Gesetzmäßigkeiten der Natur. Das unabwendbar Strenge des Gesetzes, die Beziehung zu Tod und Untergang, die an den lieblichen Gestalten der Horen vermieden worden waren, sie prägten sich nun an den Moiren aus, als ob der Mensch den ganzen Ernst des Naturgesetzes erst dann empfände, wenn er ihm die eigene Person unterordnen soll.

Die Namen der drei Spinnerinnen haben auch bei den Mythologen bedeutsames Verständnis gefunden. Die zweite, *Lachesis* scheint das »innerhalb der Gesetzmäßigkeit des Schicksals Zufällige« zu bezeichnen[10] – wir würden sagen: das Erleben – wie *Atropos* das Unabwendbare, den Tod, und dann bliebe für *Klotho* die Bedeutung der verhängnisvollen, mitgebrachten Anlage.

Und nun ist es Zeit, zu dem der Deutung unterliegenden Motive der Wahl zwischen drei Schwestern zurückzukehren. Mit tiefem Mißvergnügen werden wir bemerken, wie unverständlich die betrachteten Situationen werden, wenn wir in sie die gefundene Deutung einsetzen, und welche Widersprüche zum scheinbaren Inhalte derselben sich dann ergeben. Die dritte der Schwestern soll die Todesgöttin sein, der Tod selbst, und im Parisurteile ist es die Liebesgöttin, im Märchen des Apulejus eine dieser letzteren vergleichbare Schönheit, im »Kaufmann« die schönste und klügste Frau, im Lear die einzige treue Tochter. Kann ein Widerspruch vollkommener gedacht werden? Doch vielleicht ist diese unwahrscheinliche Steigerung ganz in der Nähe. Sie liegt wirklich vor, wenn in unserem Motive jedesmal zwischen den Frauen frei gewählt wird, und wenn die Wahl dabei auf den Tod fallen soll, den doch niemand wählt, dem man durch ein Verhängnis zum Opfer fällt.

Indes Widersprüche von einer gewissen Art, Ersetzungen durch das volle kontradiktorische Gegenteil bereiten der analytischen Deutungsarbeit keine ernste Schwierigkeit. Wir werden uns hier nicht darauf berufen, daß Gegensätze in den Ausdrucksweisen des Unbewußten wie im Traume so häufig durch eines und das nämliche Element dargestellt werden. Aber wir werden daran denken, daß es Motive im Seelenleben gibt, welche die Ersetzung durch das Gegenteil als sogenannte Reaktionsbildung herbeiführen, und können den Gewinn unserer Arbeit gerade in der Aufdeckung solcher verborgener Motive suchen. Die Schöpfung der Moiren ist der Erfolg einer Einsicht, welche den Menschen mahnt, auch er sei ein Stück der Natur und darum dem unabänderlichen Gesetze des Todes unterworfen. Gegen diese Unterwerfung mußte sich etwas im Menschen sträuben, der nur höchst ungern auf seine Ausnahmsstellung verzichtet. Wir wissen, daß der Mensch seine Phantasietätigkeit zur Befriedigung seiner von der Realität unbefriedigten Wünsche verwendet. So lehnte sich denn seine Phantasie gegen die im Moirenmythus verkörperte Einsicht auf und schuf den davon abgeleiteten Mythus, in dem die Todesgöttin durch die Liebesgöttin, und was ihr an menschlichen Gestaltungen gleichkommt, ersetzt ist. Die dritte der Schwestern ist nicht mehr der Tod, sie ist die schönste, beste, begehrenswerteste, liebenswerteste der Frauen. Und diese Ersetzung war technisch keineswegs schwer; sie war durch eine alte Ambivalenz vorbereitet, sie vollzog sich längs eines uralten Zusammenhanges, der noch nicht lange vergessen sein konnte. Die Liebesgöttin selbst, die jetzt an die Stelle der Todesgöttin trat, war einst mit ihr identisch gewesen. Noch die griechische Aphrodite entbehrte nicht völlig der Beziehungen zur Unterwelt, obwohl sie ihre chthonische Rolle längst an andere Göttergestalten, an die Persephone, die dreigestaltige Artemis-Hekate, abgegeben hatte. Die großen Muttergottheiten der orientalischen Völker scheinen aber alle ebensowohl Zeugerinnen wie Vernichterinnen, Göttinnen des Lebens und der Befruchtung wie Todesgöttinnen gewesen zu sein. So greift die Ersetzung durch ein Wunschgegenteil bei unserem Motive auf eine uralte Identität zurück.

Dieselbe Erwägung beantwortet uns die Frage, woher der Zug der Wahl in den Mythus von den drei Schwestern geraten ist. Es hat hier wiederum eine Wunschverkehrung stattgefunden. Wahl steht an der Stelle von Notwendigkeit, von Verhängnis. So überwindet der Mensch den Tod, den er in seinem Denken anerkannt hat. Es ist kein stärkerer Triumph der Wunscherfüllung denkbar. Man wählt dort, wo man in Wirklichkeit dem Zwange gehorcht, und die man wählt, ist nicht die Schreckliche, sondern die Schönste und Begehrenswerteste.

Bei näherem Zusehen merken wir freilich, daß die Entstellungen des ursprünglichen Mythus nicht gründlich genug sind, um sich nicht durch Resterscheinungen zu verraten. Die freie Wahl zwischen den drei Schwestern ist eigentlich keine freie Wahl, denn sie muß notwendigerweise die dritte treffen, wenn nicht, wie im Lear, alles Unheil aus ihr entstehen soll. Die Schönste und Beste, welche an Stelle der Todesgöttin getreten ist, hat Züge behalten, die an das Unheimliche streifen, so daß wir aus ihnen das Verborgene erraten konnten.[11]

Wir haben bisher den Mythus und seine Wandlung verfolgt und hoffen die geheimen Gründe dieser Wandlung aufgezeigt zu haben. Nun darf uns wohl die Verwendung des Motivs beim Dichter interessieren. Wir bekommen den Eindruck, als ginge beim Dichter eine Reduktion des Motivs auf den ursprünglichen Mythus vor sich, so daß der ergreifende, durch die Entstellung abgeschwächte Sinn des letzteren von uns wieder verspürt wird. Durch diese Reduktion der Entstellung, die teilweise Rückkehr zum Ursprünglichen, erziele der Dichter die tiefere Wirkung, die er bei uns erzeugt.

Um Mißverständnissen vorzubeugen, will ich sagen, ich habe nicht die Absicht zu widersprechen, daß das Drama vom König Lear die beiden weisen Lehren einschärfen wolle, man solle auf sein Gut und seine Rechte nicht zu Lebzeiten verzichten, und man müsse sich hüten, Schmeichelei für bare Münze zu nehmen. Diese und ähnliche Mahnungen ergeben sich wirklich aus dem Stücke, aber es erscheint mir ganz unmöglich, die ungeheure Wirkung des Lear aus dem Eindrucke dieses Gedankeninhaltes zu erklären oder anzunehmen, daß die persönlichen Motive des Dichters mit der Absicht, diese Lehren vorzutragen, erschöpft seien. Auch die Auskunft, der Dichter habe uns die Tragödie der Undankbarkeit vorspielen wollen, deren Bisse er wohl am eigenen Leibe verspürt, und die Wirkung des Spieles beruhe auf dem rein formalen Momente der künstlerischen Einkleidung, scheint mir das Verständnis nicht zu ersetzen, welches uns durch die Würdigung des Motivs der Wahl zwischen den drei Schwestern eröffnet wird.

Lear ist ein alter Mann. Wir sagten schon, darum erscheinen die drei Schwestern als seine Töchter. Das Vaterverhältnis, aus dem so viel fruchtbare dramatische Antriebe erfließen könnten, wird im Drama weiter nicht verwertet. Lear ist aber nicht nur ein Alter, sondern auch ein Sterbender. Die so absonderliche Voraussetzung der Erbteilung verliert dann alles Befremdende. Dieser dem Tode Verfallene will aber auf die Liebe des Weibes nicht verzichten, er will hören, wie sehr er geliebt wird. Nun denke man an die erschütternde letzte Szene, einen der Höhepunkte der Tragik im modernen Drama: Lear trägt den Leichnam der Cordelia auf die Bühne. Cordelia ist der Tod. Wenn man die Situation umkehrt, wird sie uns verständlich und vertraut. Es ist die Todesgöttin, die den gestorbenen Helden vom Kampfplatze wegträgt, wie die Walküre in der deutschen Mythologie. Ewige Weisheit im Gewande des uralten Mythus rät dem alten Manne, der Liebe zu entsagen, den Tod zu wählen, sich mit der Notwendigkeit des Sterbens zu befreunden.

Der Dichter bringt uns das alte Motiv näher, indem er die

Wahl zwischen den drei Schwestern von einem Gealterten und Sterbenden vollziehen läßt. Die regressive Bearbeitung, die er so mit dem durch Wunschverwandlung entstellten Mythus vorgenommen, läßt dessen alten Sinn so weit durchschimmern, daß uns vielleicht auch eine flächenhafte, allegorische Deutung der drei Frauengestalten des Motivs ermöglicht wird. Man könnte sagen, es seien die drei für den Mann unvermeidlichen Beziehungen zum Weibe, die hier dargestellt sind: Die Gebärerin, die Genossin und die Verderberin. Oder die drei Formen, zu denen sich ihm das Bild der Mutter im Laufe des Lebens wandelt: Die Mutter selbst, die Geliebte, die er nach deren Ebenbild gewählt, und zuletzt die Mutter Erde, die ihn wieder aufnimmt. Der alte Mann aber hascht vergebens nach der Liebe des Weibes, wie er sie zuerst von der Mutter empfangen; nur die dritte der Schicksalsfrauen, die schweigsame Todesgöttin, wird ihn in ihre Arme nehmen.

Der Moses des Michelangelo

Obwohl Freud diesen wunderbaren Aufsatz von 1914 mit dem Eingeständnis beginnt, daß er »kein Kunstkenner« sei, kann diese Schrift durchaus als ein Meisterwerk der Kunstbetrachtung bezeichnet werden. Die Frage, die Freud leitet, ist die nach der *Wirkung eines Kunstwerks auf seinen Betrachter,* und die Antwort auf diese Frage verspricht ihm zugleich etwas über »die Affektlage, die psychische Konstellation, welche beim Künstler die Triebkraft zur Schöpfung abgab«, zu verraten. Das Mittel dazu ist die Analyse – zum einen die Analyse der relevanten Literatur zur Moses-Statue, zum anderen dann das genaue Erfassen aller Details, um mit ihrer Hilfe den in dieser Figur dargestellten Moment eines Bewegungsablaufs rekonstruieren zu können. Im Nachvollziehen dieser abgelaufenen Bewegung findet Freud den emotionalen Ausdruck, der Michelangelos Moses so eindrücklich macht. Und im lesenden Nachvollzug von Freuds Gedanken können wir geradezu exemplarisch etwas von seiner analytischen Denkweise erlernen. Auch wird spürbar, daß Freud eine besondere Affinität zu Moses hatte. In den Jahren 1937 bis 1939 wird er an drei großen Essays arbeiten, die unter dem Titel »Der Mann Moses und die monotheistische Religion« (1939a) zusammengefaßt sind.

* * *

Ich schicke voraus, daß ich kein Kunstkenner bin, sondern Laie. Ich habe oft bemerkt, daß mich der Inhalt eines Kunstwerkes stärker anzieht als dessen formale und technische Eigenschaften, auf welche doch der Künstler in erster Linie Wert legt. Für viele Mittel und manche Wirkungen der Kunst fehlt mir eigentlich das richtige Verständnis. Ich muß dies sagen, um mir eine nachsichtige Beurteilung meines Versuches zu sichern.

Aber Kunstwerke üben eine starke Wirkung auf mich aus, insbesondere Dichtungen und Werke der Plastik, seltener Malereien. Ich bin so veranlaßt worden, bei den entsprechenden Gelegenheiten lange vor ihnen zu verweilen, und wollte sie auf meine Weise erfassen, d.h. mir begreiflich machen, wodurch sie wirken. Wo ich das nicht kann, z.B. in der Musik, bin ich fast genußunfähig. Eine rationalistische oder vielleicht analytische Anlage sträubt sich in mir dagegen, daß ich ergriffen sein und dabei nicht wissen solle, warum ich es bin, und was mich ergreift.

Ich bin dabei auf die anscheinend paradoxe Tatsache aufmerksam geworden, daß gerade einige der großartigsten und überwältigendsten Kunstschöpfungen unserem Verständnis dunkel geblieben sind. Man bewundert sie, man fühlt sich von ihnen bezwungen, aber man weiß nicht zu sagen, was sie vorstellen. Ich bin nicht belesen genug, um zu wissen, ob dies schon bemerkt worden ist, oder ob nicht ein Ästhetiker gefunden hat, solche Ratlosigkeit unseres begreifenden Verstandes sei sogar eine notwendige Bedingung für die höchsten Wirkungen, die ein Kunstwerk hervorrufen soll. Ich könnte mich nur schwer entschließen, an diese Bedingung zu glauben.

Nicht etwa daß die Kunstkenner oder Enthusiasten keine Worte fänden, wenn sie uns ein solches Kunstwerk anpreisen. Sie haben deren genug, sollte ich meinen. Aber vor einer solchen Meisterschöpfung des Künstlers sagt in der Regel jeder etwas anderes und keiner das, was dem schlichten Bewunderer das Rätsel löst. Was uns so mächtig packt, kann nach meiner Auffassung doch nur die Absicht des Künstlers sein, insofern es ihm gelungen ist, sie in dem Werke auszudrücken und von uns erfassen zu lassen. Ich weiß, daß es sich um kein bloß verständnismäßiges Erfassen handeln kann; es soll die Affektlage, die psychische Konstellation, welche beim Künstler die Triebkraft zur Schöpfung abgab, bei uns wieder hervorgerufen werden. Aber warum soll die Absicht des Künstlers nicht angebbar und in Worte zu fassen sein wie irgend eine andere Tatsache des seelischen Lebens? Vielleicht daß dies bei den großen Kunstwerken nicht ohne Anwendung der Analyse gelingen wird. Das Werk selbst muß doch diese Analyse ermöglichen, wenn es der auf uns wirksame Ausdruck der Absichten und Regungen des Künstlers ist. Und um diese Absicht zu erraten, muß ich doch vorerst den *Sinn* und *Inhalt* des im Kunstwerk Dargestellten herausfinden, also es *deuten* können. Es ist also möglich, daß ein solches Kunstwerk der Deutung bedarf, und daß ich erst nach Vollziehung derselben erfahren kann, warum ich einem so gewaltigen Eindruck unterlegen bin. Ich hege selbst die Hoffnung, daß dieser Eindruck keine Abschwächung erleiden wird, wenn uns eine solche Analyse geglückt ist.

Nun denke man an den Hamlet, das über dreihundert Jahre alte Meisterstück Shakespeares.[1] Ich verfolge die psychoanalytische Literatur und schließe mich der Behauptung an, daß erst die Psychoanalyse durch die Zurückführung des Stoffes auf das Ödipus-Thema das Rätsel der Wirkung dieser Tragödie gelöst hat. Aber vorher, welche Überfülle von verschiedenen, miteinander unverträglichen Deutungsversuchen, welche Auswahl von Meinungen über den Charakter des Helden und die Absichten des Dichters! Hat Shakespeare unsere Teilnahme für einen Kranken in Anspruch genommen oder für einen unzulänglichen Minderwertigen, oder für einen Idealisten, der nur zu gut ist für die reale Welt? Und wie viele dieser Deutungen lassen uns so kalt, daß sie für die Erklärung der Wirkung der Dichtung nichts leisten können, und uns eher darauf verweisen, deren Zauber allein auf den Eindruck der Gedanken und den Glanz der Sprache zu begründen! Und doch, sprechen nicht gerade diese Bemühungen dafür, daß ein Bedürfnis verspürt wird, eine weitere Quelle dieser Wirkung aufzufinden?

Ein anderes dieser rätselvollen und großartigen Kunstwerke ist die Marmorstatue des Moses, in der Kirche von S. Pietro in Vincoli zu Rom von Michelangelo aufgestellt, bekanntlich nur ein Teilstück jenes riesigen Grabdenkmals, welches der Künstler für den gewaltigen Papstherrn Julius II. errichten sollte.[2] Ich freue mich jedesmal, wenn ich eine Äußerung über diese Gestalt lese wie: sie sei »die Krone der modernen Skulptur« (Herman Grimm). Denn ich habe von keinem Bildwerk je eine stärkere Wirkung erfahren. Wie oft bin ich die steile Treppe vom unschönen Corso Cavour hinaufgestiegen zu dem einsamen Platz, auf dem die verlassene Kirche steht, habe immer versucht, dem verächtlich-zürnenden Blick des Heros standzuhalten, und manchmal habe ich mich dann behutsam aus dem Halbdunkel des Innenraumes geschlichen, als gehörte ich selbst zu dem Gesindel, auf das sein Auge gerichtet ist, das keine Überzeugung festhalten kann, das nicht warten und nicht vertrauen will und jubelt, wenn es die Illusion des Götzenbildes wieder bekommen hat.

Aber warum nenne ich diese Statue rätselvoll? Es besteht nicht der leiseste Zweifel, daß sie Moses darstellt, den Gesetzgeber der Juden, der die Tafeln mit den heiligen Geboten hält. Soviel ist sicher, aber auch nichts darüber hinaus. Ganz kürzlich erst (1912) hat ein Kunstschriftsteller (Max Sauerlandt) den Ausspruch machen können: »Über kein Kunstwerk der Welt sind so widersprechende Urteile gefällt worden wie über diesen panköpfigen Moses. Schon die einfache Interpretation der Figur bewegt sich in vollkommenen Widersprüchen ...« An der Hand einer Zusammenstellung, die nur um fünf Jahre zurückliegt, werde ich darlegen, welche Zweifel sich an die Auffassung der Figur des Moses knüpfen, und es wird nicht schwer sein zu zeigen, daß hinter ihnen das Wesentliche und Beste zum Verständnis dieses Kunstwerkes verhüllt liegt.[3]

I

Der Moses des Michelangelo ist sitzend dargestellt, den Rumpf nach vorne gerichtet, den Kopf mit dem mächtigen Bart und den Blick nach links gewendet, den rechten Fuß auf dem Boden ruhend, den linken aufgestellt, so daß er nur mit den Zehen den Boden berührt, den rechten Arm mit den Tafeln und einem Teil des Bartes in Beziehung; der linke Arm ist in den Schoß gelegt. Wollte ich eine genauere Beschreibung geben, so müßte ich dem vorgreifen, was ich später vorzubringen habe. Die Beschreibungen der Autoren sind mitunter in merkwürdiger Weise unzutreffend. Was nicht verstanden war, wurde auch ungenau wahrgenommen oder wiedergegeben. H. Grimm sagt, daß die rechte Hand, »unter deren Arme die Gesetzestafeln ruhen, in den Bart greife«. Ebenso W. Lübke: »Erschüttert greift er mit der Rechten in den herrlich herabflutenden Bart ...«; Springer: »Die eine (linke) Hand drückt Moses an den Leib, mit der anderen greift er wie unbewußt in den mächtig wallenden Bart.« C. Justi findet, daß die Finger der (rechten) Hand mit dem Bart spielen, »wie der zivilisierte Mensch in der Aufregung mit der Uhrkette«. Das Spielen mit dem Bart hebt auch Müntz hervor. H. Thode spricht von der »ruhig festen Haltung der rechten Hand auf den aufgestemmten Tafeln«. Selbst in der rechten Hand erkennt er nicht ein Spiel der Aufregung, wie Justi und ähnlich Boito wollen. »Die Hand verharrt so, wie sie den Bart greifend, gehalten ward, ehe der Titan den Kopf zur Seite wandte.« Jakob Burkhardt stellt aus, »daß der berühmte linke Arm im Grunde nichts anderes zu tun habe, als diesen Bart an den Leib zu drücken«.

Wenn die Beschreibungen nicht übereinstimmen, werden wir uns über die Verschiedenheit in der Auffassung einzelner Züge der Statue nicht verwundern. Ich meine zwar, wir können den Gesichtsausdruck des Moses nicht besser charakterisieren als Thode, der eine »Mischung von Zorn, Schmerz und Verachtung« aus ihm las, »den Zorn in den dräuend zusammengezogenen Augenbrauen, den Schmerz in dem Blick der Augen, die Verachtung in der vorgeschobenen Unterlippe und den herabgezogenen Mundwinkeln«. Aber andere Bewunderer müssen mit anderen Augen gesehen haben. So hatte Dupaty geurteilt: *Ce front auguste semble n'être qu'un voile tansparent, qui couvre à peine un esprit immense.*[4] Dagegen meint Lübke: »In dem Kopfe würde man vergebens den Ausdruck höherer Intelligenz suchen; nichts als die Fähigkeit eines ungeheuren Zornes, einer alles durchsetzenden Energie spricht sich in der zusammengedrängten Stirne aus.« Noch weiter entfernt sich in der Deutung des Gesichtsausdruckes Guillaume (1875), der keine Erregung darin fand, »nur stolze Einfachheit, beseelte Würde, Energie des Glaubens. Moses' Blick gehe in die Zukunft, er sehe die Dauer seiner Rasse, die Unveränderlichkeit seines Gesetzes voraus«. Ähnlich läßt Müntz »die Blicke Moses' weit über das Menschengeschlecht hinschweifen; sie seien auf die Mysterien gerichtet, die er als Einziger gewahrt hat«. Ja, für Steinmann ist dieser Moses »nicht mehr der starre Gesetzgeber, nicht mehr der fürchterliche Feind der Sünde mit dem Jehovazorn, sondern der königliche Priester, welchen das Alter nicht berühren darf, der segnend und weissagend, den Abglanz der Ewigkeit auf der Stirne, von seinem Volke den letzten Abschied nimmt«.

Es hat noch andere gegeben, denen der Moses des Michelangelo überhaupt nichts sagte, und die ehrlich genug waren, es zu äußern. So ein Rezensent in der »Quarterly Review« 1858: *»There is an absence of meaning in the general conception, which precludes the idea of a self-sufficing whole …«* Und man ist erstaunt zu erfahren, daß noch andere nichts an dem Moses zu bewundern fanden, sondern sich auflehnten gegen ihn, die Brutalität der Gestalt anklagten und die Tierähnlichkeit des Kopfes.

Hat der Meister wirklich so undeutliche oder zweideutige Schrift in den Stein geschrieben, daß so verschiedenartige Lesungen möglich wurden?

Es erhebt sich aber eine andere Frage, welcher sich die erwähnten Unsicherheiten leicht unterordnen. Hat Michelangelo in diesem Moses ein »zeitloses Charakter- und Stimmungsbild« schaffen wollen oder hat er den Helden in einem bestimmten, dann aber höchst bedeutsamen Moment seines Lebens dargestellt? Eine Mehrzahl von Beurteilern entscheidet sich für das letztere und weiß auch die Szene aus dem Leben Moses' anzugeben, welche der Künstler für die Ewigkeit festgebannt hat. Es handelt sich hier um die Herabkunft vom Sinai, woselbst er die Gesetzestafeln von Gott in Empfang genommen hat, und um die Wahrnehmung, daß die Juden unterdes ein goldenes Kalb gemacht haben, das sie jubelnd umtanzen. Auf dieses Bild ist sein

Blick gerichtet, dieser Anblick ruft die Empfindungen hervor, die in seinen Mienen ausgedrückt sind und die gewaltige Gestalt alsbald in die heftigste Aktion versetzen werden. Michelangelo hat den Moment der letzten Zögerung, der Ruhe vor dem Sturm, zur Darstellung gewählt; im nächsten wird Moses aufspringen – der linke Fuß ist schon vom Boden abgehoben – die Tafeln zu Boden schmettern und seinen Grimm über die Abtrünnigen entladen.

In Einzelheiten dieser Deutung weichen auch deren Vertreter voneinander ab.

Jak. Burkhardt: »Moses scheint in dem Momente dargestellt, da er die Verehrung des goldenen Kalbes erblickt und aufspringen will. Es lebt in seiner Gestalt die Vorbereitung zu einer gewaltigen Bewegung, wie man sie von der physischen Macht, mit der er ausgestattet ist, nur mit Zittern erwarten mag.«

W. Lübke: »Als sähen die blitzenden Augen eben den Frevel der Verehrung des goldenen Kalbes, so gewaltsam durchzuckt eine innere Bewegung die ganze Gestalt. Erschüttert greift er mit der Rechten in den herrlich herabflutenden Bart, als wolle er seiner Bewegung noch einen Augenblick Herr bleiben, um dann um so zerschmetternder loszufahren.«

Springer schließt sich dieser Ansicht an, nicht ohne ein Bedenken vorzutragen, welches weiterhin noch unsere Aufmerksamkeit beanspruchen wird: »Durchglüht von Kraft und Eifer kämpft der Held nur mühsam die innere Erregung nieder ... Man denkt daher unwillkürlich an eine dramatische Szene und meint, Moses sei in dem Augenblick dargestellt, wie er die Verehrung des goldenen Kalbes erblickt und im Zorn aufspringen will. Diese Vermutung trifft zwar schwerlich die wahre Absicht des Künstlers, da ja Moses, wie die übrigen fünf sitzenden Statuen des Oberbaues[5] vorwiegend dekorativ wirken sollte; sie darf aber als ein glänzendes Zeugnis für die Lebensfülle und das persönliche Wesen der Mosesgestalt gelten.«

Einige Autoren, die sich nicht gerade für die Szene des goldenen Kalbes entscheiden, treffen doch mit dieser Deutung in dem wesentlichen Punkte zusammen, daß dieser Moses im Begriffe sei aufzuspringen und zur Tat überzugehen.

Herman Grimm: »Eine Hoheit erfüllt sie (diese Gestalt), ein Selbstbewußtsein, ein Gefühl, als stünden diesem Manne die Donner des Himmels zu Gebote, doch er bezwänge sich, ehe er sie entfesselte, erwartend, ob die Feinde, die er vernichten will, ihn anzugreifen wagten. Er sitzt da, als wollte er eben aufspringen, das Haupt stolz aus den Schultern in die Höhe gereckt, mit der Hand, unter deren Arme die Gesetzestafeln ruhen, in den Bart greifend, der in schweren Strömen auf die Brust sinkt, mit weit atmenden Nüstern und mit einem Munde, auf dessen Lippen die Worte zu zittern scheinen.«

Heath Wilson sagt, Moses' Aufmerksamkeit sei durch etwas erregt, er sei im Begriffe aufzuspringen, doch zögere er noch. Der Blick, in dem Entrüstung und Verachtung gemischt seien, könne sich noch in Mitleid verändern.

Wölfflin spricht von »gehemmter Bewegung«. Der Hemmungsgrund liegt hier im Willen der Person selbst, es ist der letzte Moment des Ansichhaltens vor dem Losbrechen, d.h. vor dem Aufspringen.

Am eingehendsten hat C. Justi die Deutung auf die Wahrnehmung des goldenen Kalbes begründet und sonst nicht beachtete Einzelheiten der Statue in Zusammenhang mit dieser Auffassung gebracht. Er lenkt unseren Blick auf die in der Tat auffällige Stellung der beiden Gesetzestafeln, welche im Begriffe seien, auf den Steinsitz herabzugleiten: »Er (Moses) könnte also entweder in der Richtung des Lärmes schauen mit dem Ausdruck böser Ahnungen, oder es wäre der Anblick des Gräuels selbst, der ihn wie ein betäubender Schlag trifft. Durchbebt von Abscheu und Schmerz hat er sich niedergelassen.[6] Er war auf dem Berge vierzig Tage und Nächte geblieben, also ermüdet. Das Ungeheure, ein großes Schicksal, Verbrechen, selbst ein Glück kann zwar in einem Augenblick wahrgenommen, aber nicht gefaßt werden nach Wesen, Tiefe, Folgen. Einen Augenblick scheint ihm sein Werk zerstört, er verzweifelt an diesem Volke. In solchen Augenblicken verrät sich der innere Aufruhr in unwillkürlichen kleinen Bewegungen. Er läßt die beiden Tafeln, die er in der Rechten hielt, auf den Steinsitz herabrutschen, sie sind über Eck zu stehen gekommen, vom Unterarm an die Seite der Brust gedrückt. Die Hand aber fährt an Brust und Bart, bei der Wendung des Halses nach rechts muß sie den Bart nach der linken Seite ziehen und die Symmetrie dieser breiten männlichen Zierde aufheben; es sieht aus, als spielten die Finger mit dem Bart, wie der zivilisierte Mensch in der Aufregung mit der Uhrkette. Die Linke gräbt sich in den Rock am Bauch (im alten Testament sind die Eingeweide Sitz der Affekte). Aber das linke Bein ist bereits zurückgezogen und das rechte vorgesetzt; im nächsten Augenblick wird er auffahren, die psychische Kraft von der Empfindung auf den Willen überspringen, der rechte Arm sich bewegen, die Tafeln werden zu Boden fallen und Ströme Blutes die Schmach des Abfalls sühnen ...« »Es ist hier noch nicht der Spannungsmoment der Tat. Noch waltet der Seelenschmerz fast lähmend.«

Ganz ähnlich äußert sich Fritz Knapp; nur daß er die Eingangssituation dem vorhin geäußerten Bedenken entzieht, auch die angedeutete Bewegung der Tafeln konsequenter weiterführt: »Ihn, der soeben noch mit seinem Gotte allein war, lenken irdische Geräusche ab. Er hört Lärm, das Geschrei von gesungenen Tanzreigen weckt ihn aus dem Traume. Das Auge, der Kopf wenden sich hin zu dem Geräusch. Schrecken, Zorn, die ganze Furie wilder Leidenschaften durchfahren im Moment die Riesengestalt. Die Gesetzestafeln fangen an herabzugleiten, sie werden zur Erde fallen und zerbrechen, wenn die Gestalt auffährt, um die donnernden Zornesworte in die Massen des abtrünnigen Volkes zu schleudern ... Dieser Moment höchster Spannung ist gewählt ...« Knapp betont also die Vorbereitung zur Handlung und bestreitet die Darstellung der anfänglichen Hemmung infolge der übergewaltigen Erregung.

Wir werden nicht in Abrede stellen, daß Deutungsversuche wie die letzterwähnten von Justi und Knapp etwas ungemein

Ansprechendes haben. Sie verdanken diese Wirkung dem Umstande, daß sie nicht bei dem Gesamteindruck der Gestalt stehen bleiben, sondern einzelne Charaktere derselben würdigen, welche man sonst, von der Allgemeinwirkung überwältigt und gleichsam gelähmt, zu beachten versäumt. Die entschiedene Seitenwendung von Kopf und Augen der im übrigen nach vorne gerichteten Figur stimmt gut zu der Annahme, daß dort etwas erblickt wird, was plötzlich die Aufmerksamkeit des Ruhenden auf sich zieht. Der vom Boden abgehobene Fuß läßt kaum eine andere Deutung zu, als die einer Vorbereitung zum Aufspringen,[7] und die ganz sonderbare Haltung der Tafeln, die doch etwas Hochheiliges sind und nicht wie ein beliebiges Beiwerk irgendwie im Raum untergebracht werden dürfen, findet ihre gute Aufklärung in der Annahme, sie glitten infolge der Erregung ihres Trägers herab und würden dann zu Boden fallen. So wüßten wir also, daß diese Statue des Moses einen bestimmten bedeutsamen Moment aus dem Leben des Mannes darstellt, und wären auch nicht in Gefahr, diesen Moment zu verkennen.

Allein zwei Bemerkungen von Thode entreißen uns wieder, was wir schon zu besitzen glaubten. Dieser Beobachter sagt, er sehe die Tafeln nicht herabgleiten, sondern »fest verharren«. Er konstatiert »die ruhig feste Haltung der rechten Hand auf den aufgestemmten Tafeln«. Blicken wir selbst hin, so müssen wir Thode ohne Rückhalt recht geben. Die Tafeln sind festgestellt und nicht in Gefahr zu gleiten. Die rechte Hand stützt sie oder stützt sich auf sie. Dadurch ist ihre Aufstellung zwar nicht erklärt, aber sie wird für die Deutung von Justi und anderen unverwendbar.

Eine zweite Bemerkung trifft noch entscheidender. Thode mahnt daran, daß »diese Statue als eine von sechsen gedacht war und daß sie sitzend dargestellt ist. Beides widerspricht der Annahme, Michelangelo habe einen bestimmten historischen Moment fixieren wollen. Denn, was das erste anbetrifft, so schloß die Aufgabe, nebeneinander sitzende Figuren als Typen menschlichen Wesens (*Vita activa! Vita contemplativa!*) zu geben, die

Vorstellung einzelner historischer Vorgänge aus. Und bezüglich des zweiten widerspricht die Darstellung des Sitzens, welche durch die gesamte künstlerische Konzeption des Denkmals bedingt war, dem Charakter jenes Vorganges, nämlich dem Herabsteigen vom Berge Sinai zu dem Lager«.

Machen wir uns dies Bedenken Thodes zu eigen; ich meine, wir werden seine Kraft noch steigern können. Der Moses sollte mit fünf (in einem späteren Entwurf drei) anderen Statuen das Postament des Grabmals zieren. Sein nächstes Gegenstück hätte ein Paulus werden sollen. Zwei der anderen, die Vita activa und contemplativa sind als Lea und Rahel an dem heute vorhandenen, kläglich verkümmerten Monument ausgeführt worden, allerdings stehend. Diese Zugehörigkeit des Moses zu einem Ensemble macht die Annahme unmöglich, daß die Figur in dem Beschauer die Erwartung erwecken solle, sie werde nun gleich von ihrem Sitze aufspringen, etwa davonstürmen und auf eigene Faust Lärm schlagen. Wenn die anderen Figuren nicht gerade auch in der Vorbereitung zu so heftiger Aktion dargestellt waren, – was sehr unwahrscheinlich ist, – so würde es den übelsten Eindruck machen, wenn gerade die eine uns die Illusion geben könnte, sie werde ihren Platz und ihre Genossen verlassen, also sich ihrer Aufgabe im Gefüge des Denkmals entziehen. Das ergäbe eine grobe Inkohärenz, die man dem großen Künstler nicht ohne die äußerste Nötigung zumuten dürfte. Eine in solcher Art davonstürmende Figur wäre mit der Stimmung, welche das ganze Grabmonument erwecken soll, aufs äußerste unverträglich.

Also dieser Moses darf nicht aufspringen wollen, er muß in hehrer Ruhe verharren können, wie die anderen Figuren, wie das beabsichtigte (dann nicht von Michelangelo ausgeführte) Bild des Papstes selbst. Dann aber kann der Moses, den wir betrachten, nicht die Darstellung des von Zorn erfaßten Mannes sein, der, vom Sinai herabkommend, sein Volk abtrünnig findet und die heiligen Tafeln hinwirft, daß sie zerschmettern. Und wirklich, ich weiß mich an meine Enttäuschung zu erinnern, wenn ich bei früheren Besuchen in S. Pietro in Vincoli mich vor die Statue hinsetzte, in der Erwartung, ich werde nun sehen, wie sie auf dem aufgestellten Fuß emporschnellen, wie sie die Tafeln zu Boden schleudern und ihren Zorn entladen werde. Nichts davon geschah; anstatt dessen wurde der Stein immer starrer, eine fast erdrückende heilige Stille ging von ihm aus, und ich mußte fühlen, hier sei etwas dargestellt, was unverändert so bleiben könne, dieser Moses werde ewig so dasitzen und so zürnen.

Wenn wir aber die Deutung der Statue mit dem Moment vor dem losbrechenden Zorn beim Anblick des Götzenbildes aufgeben müssen, so bleibt uns wenig mehr übrig als eine der Auffassungen anzunehmen, welche in diesem Moses ein Charakterbild erkennen wollen. Am ehesten von Willkür frei und am besten auf die Analyse der Bewegungsmotive der Gestalt gestützt erscheint dann das Urteil von Thode: »Hier, wie immer, ist es ihm um die Gestaltung eines Charaktertypus zu tun. Er schafft das Bild eines leidenschaftlichen Führers der Menschheit, der, seiner göttlichen gesetzgebenden Aufgabe bewußt, dem unverständigen Widerstand der Menschen begegnet. Einen solchen Mann der Tat zu kennzeichnen, gab es kein anderes Mittel, als die Energie des Willens zu verdeutlichen, und dies war möglich durch die Veranschaulichung einer die scheinbare Ruhe durchdringenden Bewegung, wie sie in der Wendung des Kopfes, der Anspannung der Muskeln, der Stellung des linken Beines sich äußert. Es sind dieselben Erscheinungen wie bei dem *vir activus* der Medicikapelle Giuliano. Diese allgemeine Charakteristik wird weiter vertieft durch die Hervorhebung des Konfliktes, in welchen ein solcher die Menschheit gestaltender Genius zu der Allgemeinheit tritt: die Affekte des Zornes, der Verachtung, des Schmerzes gelangen zu typischem Ausdruck. Ohne diesen war das Wesen eines solchen Übermenschen nicht zu verdeutlichen. Nicht ein Historienbild, sondern einen Charaktertypus unüberwindlicher Energie, welche die widerstrebende Welt bändigt, hat Michelangelo geschaffen, die in der Bibel gegebenen Züge, die eigenen inneren Erlebnisse, Eindrücke der Persönlichkeit

Julius', und wie ich glaube auch solche der Savonarolaschen Kampfestätigkeit gestaltend.«

In die Nähe dieser Ausführungen kann man etwa die Bemerkung von Knackfuß rücken: Das Hauptgeheimnis der Wirkung des Moses liege in dem künstlerischen Gegensatz zwischen dem inneren Feuer und der äußerlichen Ruhe der Haltung.

Ich finde nichts in mir, was sich gegen die Erklärung von Thode sträuben würde, aber ich vermisse irgend etwas. Vielleicht, daß sich ein Bedürfnis äußert nach einer innigeren Beziehung zwischen dem Seelenzustand des Helden und dem in seiner Haltung ausgedrückten Gegensatz von »scheinbarer Ruhe« und »innerer Bewegtheit«.

II

Lange bevor ich etwas von der Psychoanalyse hören konnte, erfuhr ich, daß ein russischer Kunstkenner, Ivan Lermolieff, dessen erste Aufsätze 1874 bis 1876 in deutscher Sprache veröffentlicht wurden, eine Umwälzung in den Galerien Europas hervorgerufen hatte, indem er die Zuteilung vieler Bilder an die einzelnen Maler revidierte, Kopien von Originalen mit Sicherheit unterscheiden lehrte und aus den von ihren früheren Bezeichnungen frei gewordenen Werken neue Künstlerindividualitäten konstruierte. Er brachte dies zustande, indem er vom Gesamteindruck und von den großen Zügen eines Gemäldes absehen hieß und die charakteristische Bedeutung von untergeordneten Details hervorhob, von solchen Kleinigkeiten wie die Bildung der Fingernägel, der Ohrläppchen, des Heiligenscheines und anderer unbeachteter Dinge, die der Kopist nachzuahmen vernachlässigt, und die doch jeder Künstler in einer ihn kennzeichnenden Weise ausführt. Es hat mich dann sehr interessiert zu erfahren, daß sich hinter dem russischen Pseudonym ein italienischer Arzt, namens Morelli, verborgen hatte. Er ist 1891 als Senator des Königreiches Italien gestorben. Ich glaube, sein Verfahren ist mit der Technik der ärztlichen Psychoanalyse nahe verwandt. Auch diese ist gewöhnt, aus gering geschätzten oder nicht beachteten Zügen, aus dem Abhub – dem *»refuse«* – der Beobachtung, Geheimes und Verborgenes zu erraten.

An zwei Stellen der Mosesfigur finden sich nun Details, die bisher nicht beachtet, ja eigentlich noch nicht richtig beschrieben worden sind. Sie betreffen die Haltung der rechten Hand und die Stellung der beiden Tafeln. Man darf sagen, daß diese Hand in sehr eigentümlicher, gezwungener, Erklärung heischender Weise zwischen den Tafeln und dem – Bart des zürnenden Helden vermittelt. Es ist gesagt worden, daß sie mit den Fingern im Barte wühlt, mit den Strängen desselben spielt, während sie sich mit dem Kleinfingerrand auf die Tafeln stützt. Aber dies trifft offenbar nicht zu. Es verlohnt sich, sorgfältiger ins Auge zu fassen, was die Finger dieser rechten Hand tun, und den mächtigen Bart, zu dem sie in Beziehung treten, genau zu beschreiben.[8]

Man sieht dann mit aller Deutlichkeit: Der Daumen dieser Hand ist versteckt, der Zeigefinger und dieser allein ist mit dem Bart in wirksamer Berührung. Er drückt sich so tief in die weichen Haarmassen ein, daß sie ober und unter ihm (kopfwärts und bauchwärts vom drückenden Finger) über sein Niveau hervorquellen. Die anderen drei Finger stemmen sich, in den kleinen Gelenken gebeugt, an die Brustwand, sie werden von der äußersten rechten Flechte des Bartes, die über sie hinwegsetzt, bloß gestreift. Sie haben sich dem Barte sozusagen entzogen. Man kann also nicht sagen, die rechte Hand spiele mit dem Bart oder wühle in ihm; nichts anderes ist richtig, als daß der eine Zeigefinger über einen Teil des Bartes gelegt ist und eine tiefe Rinne in ihm hervorruft. Mit einem Finger auf seinen Bart drücken, ist gewiß eine sonderbare und schwer verständliche Geste.

Der viel bewunderte Bart des Moses läuft von Wangen, Oberlippe und Kinn in einer Anzahl von Strängen herab, die man noch in ihrem Verlauf voneinander unterscheiden kann. Einer der äußersten rechten Haarsträhne, der von der Wange ausgeht, läuft auf den oberen Rand des lastenden Zeigefingers zu, von

dem er aufgehalten wird. Wir können annehmen, er gleitet zwischen diesem und dem verdeckten Daumen weiter herab. Der ihm entsprechende Strang der linken Seite fließt fast ohne Ablenkung bis weit auf die Brust herab. Die dicke Haarmasse nach innen von diesem letzteren Strang, von ihm bis zur Mittellinie reichend, hat das auffälligste Schicksal erfahren. Sie kann der Wendung des Kopfes nach links nicht folgen, sie ist genötigt, einen sich weich aufrollenden Bogen, ein Stück einer Guirlande, zu bilden, welche die inneren rechten Haarmassen überkreuzt. Sie wird nämlich von dem Druck des rechten Zeigefingers festgehalten, obwohl sie links von der Mittellinie entsprungen ist und eigentlich den Hauptanteil der linken Barthälfte darstellt. Der Bart erscheint so in seiner Hauptmasse nach rechts geworfen, obwohl der Kopf scharf nach links gewendet ist. An der Stelle, wo der rechte Zeigefinger sich eindrückt, hat sich etwas wie ein Wirbel von Haaren gebildet; hier liegen Stränge von links über solchen von rechts, beide durch den gewalttätigen Finger komprimiert. Erst jenseits von dieser Stelle brechen die von ihrer Richtung abgelenkten Haarmassen frei hervor, um nun senkrecht herabzulaufen, bis ihre Enden von der im Schoß ruhenden, geöffneten linken Hand aufgenommen werden.

Ich gebe mich keiner Täuschung über die Einsichtlichkeit meiner Beschreibung hin und getraue mich keines Urteils darüber, ob uns der Künstler die Auflösung jenes Knotens im Bart wirklich leicht gemacht hat. Aber über diesen Zweifel hinweg bleibt die Tatsache bestehen, daß der Druck des Zeigefingers der *rechten* Hand hauptsächlich Haarstränge der *linken* Barthälfte betrifft, und daß durch diese übergreifende Einwirkung der Bart zurückgehalten wird, die Wendung des Kopfes und Blickes nach der linken Seite mitzumachen. Nun darf man fragen, was diese Anordnung bedeuten soll und welchen Motiven sie ihr Dasein verdankt. Wenn es wirklich Rücksichten der Linienführung und Raumausfüllung waren, die den Künstler dazu bewogen haben, die herabwallende Bartmasse des nach links schauenden Moses nach rechts herüber zu streichen, wie sonderbar ungeeignet erscheint als Mittel hiefür der Druck des einen Fingers? Und wer, der aus irgend einem Grund seinen Bart auf die andere Seite gedrängt hat, würde dann darauf verfallen, durch den Druck eines Fingers die eine Barthälfte über der anderen zu fixieren? Vielleicht aber bedeuten diese im Grunde geringfügigen Züge nichts und wir zerbrechen uns den Kopf über Dinge, die dem Künstler gleichgültig waren?

Setzen wir unter der Voraussetzung fort, daß auch diese Details eine Bedeutung haben. Es gibt dann eine Lösung, welche die Schwierigkeiten aufhebt und uns einen neuen Sinn ahnen läßt. Wenn an der Figur des Moses die *linken* Bartstränge unter dem Druck des *rechten* Zeigefingers liegen, so läßt sich dies vielleicht als der Rest einer Beziehung zwischen der rechten Hand und der linken Barthälfte verstehen, welche in einem früheren Momente als dem dargestellten eine weit innigere war. Die rechte Hand hatte vielleicht den Bart weit energischer angefaßt, war bis zum linken Rand desselben vorgedrungen, und als sie sich in die Haltung zurückzog, welche wir jetzt an der Statue sehen, folgte ihr ein Teil des Bartes nach und legt nun Zeugnis ab von der Bewegung, die hier abgelaufen ist. Die Bartguirlande wäre die Spur des von dieser Hand zurückgelegten Weges.

So hätten wir also eine Rückbewegung der rechten Hand erschlossen. Die eine Annahme nötigt uns andere wie unvermeidlich auf. Unsere Phantasie vervollständigt den Vorgang, von dem die durch die Bartspur bezeugte Bewegung ein Stück ist, und führt uns zwanglos zur Auffassung zurück, welche den ruhenden Moses durch den Lärm des Volkes und den Anblick des goldenen Kalbes aufschrecken läßt. Er saß ruhig da, den Kopf mit dem herabwallenden Bart nach vorne gerichtet, die Hand hatte wahrscheinlich nichts mit dem Barte zu tun. Da schlägt das Geräusch an sein Ohr, er wendet Kopf und Blick nach der Richtung, aus der die Störung kommt, erschaut die Szene und versteht sie. Nun packen ihn Zorn und Empörung, er möchte aufspringen, die Frevler bestrafen, vernichten. Die Wut, die sich von ihrem Objekt noch entfernt weiß, richtet sich unterdes als

Geste gegen den eigenen Leib. Die ungeduldige, zur Tat bereite Hand greift nach vorne in den Bart, welcher der Wendung des Kopfes gefolgt war, preßt ihn mit eisernem Griffe zwischen Daumen und Handfläche mit den zusammenschließenden Fingern, eine Gebärde von einer Kraft und Heftigkeit, die an andere Darstellungen Michelangelos erinnern mag. Dann aber tritt, wir wissen noch nicht wie und warum, eine Änderung ein, die vorgestreckte, in den Bart versenkte Hand wird eilig zurückgezogen, ihr Griff gibt den Bart frei, die Finger lösen sich von ihm, aber so tief waren sie in ihn eingegraben, daß sie bei ihrem Rückzug einen mächtigen Strang von der linken Seite nach rechts herüberziehen, wo er unter dem Druck des einen, längsten und obersten Fingers die rechten Bartflechten überlagern muß. Und diese neue Stellung, die nur durch die Ableitung aus der ihr vorhergehenden verständlich ist, wird jetzt festgehalten.

Es ist Zeit, uns zu besinnen. Wir haben angenommen, daß die rechte Hand zuerst außerhalb des Bartes war, daß sie sich dann in einem Moment hoher Affektspannung nach links herüberstreckte, um den Bart zu packen, und daß sie endlich wieder zurückfuhr, wobei sie einen Teil des Bartes mitnahm. Wir haben mit dieser rechten Hand geschaltet, als ob wir frei über sie verfügen dürften. Aber dürfen wir dies? Ist diese Hand denn frei? Hat sie nicht die heiligen Tafeln zu halten oder zu tragen, sind ihr solche mimische Exkursionen nicht durch ihre wichtige Aufgabe untersagt? Und weiter, was soll sie zu der Rückbewegung veranlassen, wenn sie einem starken Motiv gefolgt war, um ihre anfängliche Lage zu verlassen?

Das sind nun wirklich neue Schwierigkeiten. Allerdings gehört die rechte Hand zu den Tafeln. Wir können hier auch nicht in Abrede stellen, daß uns ein Motiv fehlt, welches die rechte Hand zu dem erschlossenen Rückzug veranlassen könnte. Aber wie wäre es, wenn sich beide Schwierigkeiten miteinander lösen ließen und erst dann einen ohne Lücke verständlichen Vorgang ergeben würden? Wenn gerade etwas, was an den Tafeln geschieht, uns die Bewegungen der Hand aufklärte?

An diesen Tafeln ist einiges zu bemerken, was bisher der Beobachtung nicht wert gefunden wurde.[9] Man sagte: Die Hand stützt sich auf die Tafeln oder: die Hand stützt die Tafeln. Man sieht auch ohneweiters die beiden rechteckigen, aneinander gelegten Tafeln auf der Kante stehen. Schaut man näher zu, so findet man, daß der untere Rand der Tafeln anders gebildet ist als der obere, schräg nach vorne geneigte. Dieser obere ist geradlinig begrenzt, der untere aber zeigt in seinem vordern Anteil einen Vorsprung wie ein Horn, und gerade mit diesem Vorsprung berühren die Tafeln den Steinsitz. Was kann die Bedeutung dieses Details sein, welches übrigens an einem großen Gipsabguß in der Sammlung der Wiener Akademie der bildenden Künste ganz unrichtig wiedergegeben ist? Es ist kaum zweifelhaft, daß dieses Horn den der Schrift nach oberen Rand der Tafeln auszeichnen soll. Nur der obere Rand solcher rechteckigen Tafeln pflegt abgerundet oder ausgeschweift zu sein. Die Tafeln stehen also hier auf dem Kopf. Das ist nun eine sonderbare Behandlung so heiliger Gegenstände. Sie sind auf den Kopf gestellt und werden fast auf einer Spitze balanciert. Welches formale Moment kann bei dieser Gestaltung mitwirken? Oder soll auch dieses Detail dem Künstler gleichgültig gewesen sein?

Da stellt sich nun die Auffassung ein, daß auch die Tafeln durch eine abgelaufene Bewegung in diese Position gekommen sind, daß diese Bewegung abhängig war von der erschlossenen Ortsveränderung der rechten Hand, und daß sie dann ihrerseits diese Hand zu ihrer späteren Rückbewegung gezwungen hat. Die Vorgänge an der Hand und die an den Tafeln setzen sich zu folgender Einheit zusammen: Anfänglich, als die Gestalt in Ruhe dasaß, trug sie die Tafeln aufrecht unter dem rechten Arm. Die rechte Hand faßte deren untere Ränder und fand dabei eine Stütze an dem nach vorn gerichteten Vorsprung. Diese Erleichterung des Tragens erklärt ohneweiters, warum die Tafeln umgekehrt gehalten waren. Dann kam der Moment, in dem die Ruhe durch das Geräusch gestört wurde. Moses wendete den Kopf hin, und als er die Szene erschaut hatte, machte sich der Fuß zum

Fig. D

Fig. 1

Aufspringen bereit, die Hand ließ ihren Griff an den Tafeln los und fuhr nach links und oben in den Bart, wie um ihr Ungestüm am eigenen Leibe zu betätigen. Die Tafeln waren nun dem Druck des Armes anvertraut, der sie an die Brustwand pressen sollte. Aber diese Fixierung reichte nicht aus, sie begannen nach vorn und unten zu gleiten, der früher horizontal gehaltene obere Rand richtete sich nach vorn und abwärts, der seiner Stütze beraubte untere Rand näherte sich mit seiner vorderen Spitze dem Steinsitz. Einen Augenblick weiter und die Tafeln hätten sich um den neu gefundenen Stützpunkt drehen müssen, mit dem früher oberen Rande zuerst den Boden erreichen und an ihm zerschellen. Um *dies zu verhüten,* fährt die rechte Hand zurück, und entläßt den Bart, von dem ein Teil ohne Absicht mitgezogen wird, erreicht noch den Rand der Tafeln und stützt sie nahe ihrer hinteren, jetzt zur obersten gewordenen Ecke. So leitet sich das sonderbar gezwungen scheinende Ensemble von Bart, Hand und auf die Spitze gestelltem Tafelpaar aus der einen leidenschaftlichen Bewegung der Hand und deren gut begründeten Folgen ab. Will man die Spuren des abgelaufenen Bewegungssturmes rückgängig machen, so muß man die vordere obere Ecke der Tafeln heben und in die Bildebene zurückschieben, damit die vordere untere Ecke (mit dem Vorsprung) vom Steinsitz entfernen, die Hand senken und sie unter den nun horizontal stehenden unteren Tafelrand führen.

Fig. 2

Fig. 3

Ich habe mir von Künstlerhand drei Zeichnungen machen lassen, welche meine Beschreibung verdeutlichen sollen. Die dritte derselben gibt die Statue wieder, wie wir sie sehen; die beiden anderen stellen die Vorstadien dar, welche meine Deutung postuliert, die erste das der Ruhe, die zweite das der höchsten Spannung, der Bereitschaft zum Aufspringen, der Abwendung der Hand von den Tafeln und des beginnenden Herabgleitens derselben. Es ist nun bemerkenswert, wie die beiden von meinem Zeichner ergänzten Darstellungen die unzutreffenden Beschreibungen früherer Autoren zu Ehren bringen. Ein Zeitgenosse Michelangelos, Condivi, sagte: »Moses, der Herzog und Kapitän der Hebräer, sitzt in der Stellung eines sinnenden Weisen, *hält unter dem rechten Arm die Gesetzestafeln* und stützt mit der linken Hand das Kinn (!), wie einer, der müde und voll von Sorgen.« Das ist nun an der Statue Michelangelos nicht zu sehen, aber es deckt sich fast mit der Annahme, welche der ersten Zeichnung zugrunde liegt. W. Lübke hatte wie andere Beobachter geschrieben: »Erschüttert greift er mit der Rechten in den herrlich herabflutenden Bart ...« Das ist nun unrichtig, wenn man es auf die Abbildung der Statue bezieht, trifft aber für unsere zweite Zeichnung zu. Justi und Knapp haben, wie erwähnt, gesehen, daß die Tafeln im Herabgleiten sind und in der Gefahr schweben, zu zerbrechen. Sie mußten sich von Thode berichtigen lassen, daß die Tafeln durch die rechte Hand sicher fixiert seien, aber sie hätten recht, wenn sie nicht die Statue, sondern unser mittleres Stadium beschreiben würden. Man könnte fast meinen, diese Autoren hätten sich von dem Gesichtsbild der Statue frei gemacht und hätten unwissentlich eine Analyse der Bewegungsmotive derselben begonnen, durch welche sie zu denselben Anforderungen geführt wurden, wie wir sie bewußter und ausdrücklicher aufgestellt haben.

III

Wenn ich nicht irre, wird es uns jetzt gestattet sein, die Früchte unserer Bemühung zu ernten. Wir haben gehört, wie vielen, die unter dem Eindruck der Statue standen, sich die Deutung aufgedrängt hat, sie stelle Moses dar unter der Einwirkung des Anblicks, daß sein Volk abgefallen sei und um ein Götzenbild tanze. Aber diese Deutung mußte aufgegeben werden, denn sie fand ihre Fortsetzung in der Erwartung, er werde im nächsten Moment aufspringen, die Tafeln zertrümmern und das Werk der Rache vollbringen. Dies widersprach aber der Bestimmung der Statue als Teilstück des Grabdenkmals Julius II. neben drei oder fünf anderen sitzenden Figuren. Wir dürfen nun diese verlassene Deutung wieder aufnehmen, denn unser Moses wird nicht aufspringen und die Tafeln nicht von sich schleudern. Was wir an ihm sehen, ist nicht die Einleitung zu einer gewaltsamen Aktion, sondern der Rest einer abgelaufenen Bewegung. Er wollte es in einem Anfall von Zorn, aufspringen, Rache nehmen, an die Tafeln vergessen, aber er hat die Versuchung überwunden, er wird jetzt so sitzen bleiben in gebändigter Wut, in mit Verachtung gemischtem Schmerz. Er wird auch die Tafeln nicht wegwerfen, daß sie am Stein zerschellen, denn gerade ihretwegen hat er seinen Zorn bezwungen, zu ihrer Rettung seine Leidenschaft beherrscht. Als er sich seiner leidenschaftlichen Empörung überließ, mußte er die Tafeln vernachlässigen, die Hand, die sie trug, von ihnen abziehen. Da begannen sie herabzugleiten, gerieten in

Gefahr zu zerbrechen. Das mahnte ihn. Er gedachte seiner Mission und verzichtete für sie auf die Befriedigung seines Affekts. Seine Hand fuhr zurück und rettete die sinkenden Tafeln, noch ehe sie fallen konnten. In dieser Stellung blieb er verharrend, und so hat ihn Michelangelo als Wächter des Grabmals dargestellt.

Eine dreifache Schichtung drückt sich in seiner Figur in vertikaler Richtung aus. In den Mienen des Gesichts spiegeln sich die Affekte, welche die herrschenden geworden sind, in der Mitte der Figur sind die Zeichen der unterdrückten Bewegung sichtbar, der Fuß zeigt noch die Stellung der beabsichtigten Aktion, als wäre die Beherrschung von oben nach unten vorgeschritten. Der linke Arm, von dem noch nicht die Rede war, scheint seinen Anteil an unserer Deutung zu fordern. Seine Hand ist mit weicher Gebärde in den Schoß gelegt und umfängt wie liebkosend die letzten Enden des herabfallenden Bartes. Es macht den Eindruck, als wollte sie die Gewaltsamkeit aufheben, mit der einen Moment vorher die andere Hand den Bart mißhandelt hatte.

Nun wird man uns aber entgegenhalten: Das ist also doch nicht der Moses der Bibel, der wirklich in Zorn geriet und die Tafeln hinwarf, daß sie zerbrachen. Das wäre ein ganz anderer Moses von der Empfindung des Künstlers, der sich dabei herausgenommen hätte, den heiligen Text zu emendieren und den Charakter des göttlichen Mannes zu verfälschen. Dürfen wir Michelangelo diese Freiheit zumuten, die vielleicht nicht weit von einem Frevel am Heiligen liegt?

Die Stelle der Heiligen Schrift, in welcher das Benehmen Moses' bei der Szene des goldenen Kalbes berichtet wird, lautet folgendermaßen (ich bitte um Verzeihung, daß ich mich in anachronistischer Weise der Übersetzung Luthers bediene):

(II. B. Kap. 32.) »7) Der Herr sprach aber zu Mose: Geh', steig hinab; denn dein Volk, das du aus Ägyptenland geführt hast, hat's verderbt. 8) Sie sind schnell von dem Wege getreten, den ich ihnen geboten habe. Sie haben sich ein gegossen Kalb gemacht, und haben's angebetet, und ihm geopfert, und gesagt: Das sind deine Götter, Israel, die dich aus Ägyptenland geführt haben.

9) Und der Herr sprach zu Mose: Ich sehe, daß es ein halsstarrig Volk ist. 10) Und nun laß mich, daß mein Zorn über sie ergrimme, und sie vertilge; so will ich dich zum großen Volk machen. 11) Mose aber flehte vor dem Herrn, seinem Gott und sprach: Ach, Herr, warum will dein Zorn ergrimmen über dein Volk, das du mit großer Kraft und starker Hand hast aus Ägyptenland geführt? ...

... 14) Also gereuete den Herrn das Übel, das er dräuete seinem Volk zu tun. 15) Moses wandte sich, und stieg vom Berge, und hatte zwo Tafeln des Zeugnisses in seiner Hand, die waren geschrieben auf beiden Seiten. 16) Und Gott hatte sie selbst gemacht, und selber die Schrift drein gegraben. 17) Da nun Josua hörte des Volkes Geschrei, daß sie jauchzeten, sprach er zu Mose: Es ist ein Geschrei im Lager wie im Streit. 18) Er antwortete: Es ist nicht ein Geschrei gegeneinander derer die obsiegen und unterliegen, sondern ich höre ein Geschrei eines Siegestanzes. 19) Als er aber nahe zum Lager kam, und das Kalb und den Reigen sah, ergrimmte er mit Zorn, und warf die Tafeln aus seiner Hand, und zerbrach sie unten am Berge; 20) und nahm das Kalb, das sie gemacht hatten, und zerschmelzte es mit Feuer, und zermalmte es mit Pulver, und stäubte es aufs Wasser, und gab's den Kindern Israels zu trinken; ...

... 30) Des Morgens sprach Mose zum Volk: Ihr habt eine große Sünde getan; nun will ich hinaufsteigen zu dem Herrn, ob ich vielleicht eure Sünde versöhnen möge. 31) Als nun Mose wieder zum Herrn kam, sprach er: Ach, das Volk hat eine große Sünde getan, und haben sich güldene Götter gemacht. 32) Nun vergib ihnen ihre Sünde; wo nicht, so tilge mich auch aus deinem Buch, das du geschrieben hast. 33) Der Herr sprach zu Mose: Was? Ich will den aus meinem Buch tilgen, der an mir sündiget. 34) So gehe nun hin und führe das Volk, dahin ich dir gesagt habe. Siehe, mein Engel soll vor dir hergehen. Ich werde ihre Sünde wohl heimsuchen, wenn meine Zeit kommt heimzusuchen. 35) Also strafte der Herr das Volk, daß sie das Kalb hatten gemacht, welches Aaron gemacht hatte.«

Unter dem Einfluß der modernen Bibelkritik wird es uns unmöglich, diese Stelle zu lesen, ohne in ihr die Anzeichen ungeschickter Zusammensetzung aus mehreren Quellberichten zu finden. In Vers 8 teilt der Herr selbst Moses mit, daß das Volk abgefallen sei und sich ein Götzenbild gemacht habe. Moses bittet für die Sünder. Doch benimmt er sich in Vers 18 gegen Josua, als wüßte er es nicht, und wallt im plötzlichen Zorn auf (Vers 19), wie er die Szene des Götzendienstes erblickt. In Vers 14 hat er die Verzeihung Gottes für sein sündiges Volk bereits erlangt, doch begibt er sich Vers 31 ff. wieder auf den Berg, um diese Verzeihung zu erflehen, berichtet dem Herrn von dem Abfall des Volkes und erhält die Versicherung des Strafaufschubes. Vers 35 bezieht sich auf eine Bestrafung des Volkes durch Gott, von der nichts mitgeteilt wird, während in den Versen zwischen 20 und 30 das Strafgericht, das Moses selbst vollzogen hat, geschildert wurde. Es ist bekannt, daß die historischen Partien des Buches, welches vom Auszug handelt, von noch auffälligeren Inkongruenzen und Widersprüchen durchsetzt sind.

Für die Menschen der Renaissance gab es solche kritische Einstellung zum Bibeltexte natürlich nicht, sie mußten den Bericht als einen zusammenhängenden auffassen und fanden dann wohl, daß er der darstellenden Kunst keine gute Anknüpfung bot. Der Moses der Bibelstelle war von dem Götzendienst des Volkes bereits unterrichtet worden, hatte sich auf die Seite der Milde und Verzeihung gestellt und erlag dann doch einem plötzlichen Wutanfall, als er des goldenen Kalbes und der tanzenden Menge ansichtig wurde. Es wäre also nicht zu verwundern, wenn der Künstler, der die Reaktion des Helden auf diese schmerzliche Überraschung darstellen wollte, sich aus inneren Motiven von dem Bibeltext unabhängig gemacht hätte. Auch war solche Abweichung vom Wortlaut der Heiligen Schrift aus geringeren Motiven keineswegs ungewöhnlich oder dem Künstler versagt. Ein berühmtes Gemälde des Parmigianino in seiner Vaterstadt zeigt uns den Moses, wie er auf der Höhe eines Berges sitzend die Tafeln zu Boden schleudert, obwohl der Bibelvers ausdrücklich besagt: er zerbrach sie am Fuße des Berges. Schon die Darstellung eines sitzenden Moses findet keinen Anhalt am Bibeltext und scheint eher jenen Beurteilern recht zu geben, welche annahmen, daß die Statue Michelangelos kein bestimmtes Moment aus dem Leben des Helden festzuhalten beabsichtige.

Wichtiger als die Untreue gegen den heiligen Text ist wohl die Umwandlung, die Michelangelo nach unserer Deutung mit dem Charakter des Moses vorgenommen hat. Der Mann Moses war nach den Zeugnissen der Tradition jähzornig und Aufwallungen von Leidenschaft unterworfen. In einem solchen Anfalle von heiligem Zorne hatte er den Ägypter erschlagen, der einen Israeliten mißhandelte, und mußte deshalb aus dem Lande in die Wüste fliehen. In einem ähnlichen Affektausbruch zerschmetterte er die beiden Tafeln, die Gott selbst beschrieben hatte. Wenn die Tradition solche Charakterzüge berichtet, ist sie wohl tendenzlos und hat den Eindruck einer großen Persönlichkeit, die einmal gelebt hat, erhalten. Aber Michelangelo hat an das Grabdenkmal des Papstes einen anderen Moses hingesetzt, welcher dem historischen oder traditionellen Moses überlegen ist. Er hat das Motiv der zerbrochenen Gesetzestafeln umgearbeitet, er läßt sie nicht durch den Zorn Moses' zerbrechen, sondern diesen Zorn durch die Drohung, daß sie zerbrechen könnten, beschwichtigen oder wenigstens auf dem Wege zur Handlung hemmen. Damit hat er etwas Neues, Übermenschliches in die Figur des Moses gelegt, und die gewaltige Körpermasse und kraftstrotzende Muskulatur der Gestalt wird nur zum leiblichen Ausdrucksmittel für die höchste psychische Leistung, die einem Menschen möglich ist, für das Niederringen der eigenen Leidenschaft zugunsten und im Auftrage einer Bestimmung, der man sich geweiht hat.

Hier darf die Deutung der Statue Michelangelos ihr Ende erreichen. Man kann noch die Frage aufwerfen, welche Motive in dem Künstler tätig waren, als er den Moses, und zwar einen so umgewandelten Moses, für das Grabdenkmal des Papstes Julius II. bestimmte. Von vielen Seiten wurde übereinstimmend darauf hingewiesen, daß diese Motive in dem Charakter des Papstes und im Verhältnis des Künstlers zu ihm zu suchen seien. Julius II. war Michelangelo darin verwandt, daß er Großes und Gewaltiges zu verwirklichen suchte, vor allem das Große der Dimension. Er war ein Mann der Tat, sein Ziel war angebbar, er strebte nach der Einigung Italiens unter der Herrschaft des Papsttums. Was erst mehrere Jahrhunderte später einem Zusammenwirken von anderen Mächten gelingen sollte, das wollte er allein erreichen, ein Einzelner in der kurzen Spanne Zeit und Herrschaft, die ihm *gegönnt* war, ungeduldig mit gewalttätigen Mitteln. Er wußte Michelangelo als seinesgleichen zu schätzen, aber er ließ ihn oft leiden unter seinem Jähzorn und seiner Rücksichtslosigkeit. Der Künstler war sich der gleichen Heftigkeit des Strebens bewußt und mag als tiefer blickender Grübler die Erfolglosigkeit geahnt haben, zu der sie beide verurteilt waren. So brachte er seinen Moses an dem Denkmal des Papstes an, nicht ohne Vorwurf gegen den Verstorbenen, zur Mahnung für sich selbst, sich mit dieser Kritik über die eigene Natur erhebend.

IV

Im Jahre 1863 hat ein Engländer W. Watkiss Lloyd dem Moses von Michelangelo ein kleines Büchlein gewidmet.[10] Als es mir gelang, dieser Schrift von 46 Seiten habhaft zu werden, nahm ich ihren Inhalt mit gemischten Empfindungen zur Kenntnis. Es war eine Gelegenheit, wieder an der eigenen Person zu erfahren, was für unwürdige infantile Motive zu unserer Arbeit im Dienste einer großen Sache beizutragen pflegen. Ich bedauerte, daß Lloyd so vieles vorweg genommen hatte, was mir als Ergebnis meiner eigenen Bemühung wertvoll war, und erst in zweiter Instanz konnte ich mich über die unerwartete Bestätigung freuen. An einem entscheidenden Punkte trennen sich allerdings unsere Wege.

Lloyd hat zuerst bemerkt, daß die gewöhnlichen Beschreibungen der Figur unrichtig sind, daß Moses nicht im Begriffe ist, aufzustehen,[11] daß die rechte Hand nicht in den Bart greift, daß nur deren Zeigefinger noch auf dem Barte ruht.[12] Er hat auch, was weit mehr besagen will, eingesehen, daß die dargestellte Haltung der Gestalt nur durch die Rückbeziehung auf einen früheren, nicht dargestellten, Moment aufgeklärt werden kann, und daß das Herüberziehen der linken Bartstränge nach rechts andeuten solle, die rechte Hand und die linke Hälfte des Bartes seien vorher in inniger, natürlich vermittelter Beziehung gewesen. Aber er schlägt einen anderen Weg ein, um diese mit Notwendigkeit erschlossene Nachbarschaft wieder herzustellen, er läßt nicht die Hand in den Bart gefahren, sondern den Bart bei der Hand gewesen sein. Er erklärt, man müsse sich vorstellen, »der Kopf der Statue sei einen Moment vor der plötzlichen Störung voll nach rechts gewendet gewesen über der Hand, welche damals wie jetzt die Gesetztafeln hält«. Der Druck auf die Hohlhand (durch die Tafeln) läßt deren Finger sich natürlich unter den herabwallenden Locken öffnen, und die plötzliche Wendung des Kopfes nach der anderen Seite hat zur Folge, daß ein Teil der Haarstränge für einen Augenblick von der nicht bewegten Hand zurückgehalten wird und jene Haarguirlande bildet, die als Wegspur (*»wake«*) verstanden werden soll.

Von der anderen Möglichkeit einer früheren Annäherung von rechter Hand und linker Barthälfte läßt sich Lloyd durch eine Erwägung zurückhalten, welche beweist, wie nahe er an unserer Deutung vorbeigegangen ist. Es sei nicht möglich, daß der Prophet, selbst nicht in höchster Erregung, die Hand vorgestreckt haben könne, um seinen Bart so beiseite zu ziehen. In dem Falle wäre die Haltung der Finger eine ganz andere geworden, und überdies hätten infolge dieser Bewegung die Tafeln herabfallen müssen, welche nur vom Druck der rechten Hand gehalten werden, es sei denn, man mute der Gestalt, um die Tafeln auch dann noch zu erhalten, eine sehr ungeschickte Bewegung zu, deren Vorstellung eigentlich eine Entwürdigung enthalte. (*»Unless* *clutched by a gesture so awkward, that to imagine it is profanation.«*)

Es ist leicht zu sehen, worin die Versäumnis des Autors liegt. Er hat die Auffälligkeiten des Bartes richtig als Anzeichen einer abgelaufenen Bewegung gedeutet, es aber dann unterlassen, denselben Schluß auf die nicht weniger gezwungenen Einzelheiten in der Stellung der Tafeln anzuwenden. Er verwertet nur die Anzeichen vom Bart, nicht auch die von den Tafeln, deren Stellung er als die ursprüngliche hinnimmt. So verlegt er sich den Weg zu einer Auffassung wie die unsrige, welche durch die Wertung gewisser unscheinbarer Details zu einer überraschenden Deutung der ganzen Figur und ihrer Absichten gelangt.

Wie nun aber, wenn wir uns beide auf einem Irrwege befänden? Wenn wir Einzelheiten schwer und bedeutungsvoll aufnehmen würden, die dem Künstler gleichgültig waren, die er rein willkürlich oder auf gewisse formale Anlässe hin nur eben so gestaltet hätte, wie sie sind, ohne etwas Geheimes in sie hineinzulegen? Wenn wir dem Los so vieler Interpreten verfallen wären, die deutlich zu sehen glauben, was der Künstler weder bewußt noch unbewußt schaffen gewollt hat? Darüber kann ich nicht entscheiden. Ich weiß nicht zu sagen, ob es angeht, einem Künstler wie Michelangelo, in dessen Werken soviel Gedankeninhalt nach Ausdruck ringt, eine solche naive Unbestimmtheit zuzutrauen, und ob dies gerade für die auffälligen und sonderbaren Züge der Mosesstatue annehmbar ist. Endlich darf man noch in aller Schüchternheit hinzufügen, daß sich in die Verschuldung dieser Unsicherheit der Künstler mit dem Interpreten zu teilen habe. Michelangelo ist oft genug in seinen Schöpfungen bis an die äußerste Grenze dessen, was die Kunst ausdrücken kann, gegangen; vielleicht ist es ihm auch beim Moses nicht völlig geglückt, wenn es seine Absicht war, den Sturm heftiger Erregung aus den Anzeichen erraten zu lassen, die nach seinem Ablauf in der Ruhe zurückblieben.

Mitteilung eines der psychoanalytischen Theorie widersprechenden Falles von Paranoia

In den Jahren 1914 und 1915 war Freud außerordentlich kreativ. Gerade hatte er seine wichtige Arbeit »Zur Einführung des Narzißmus« (1914c) vorgelegt eine Studie, deren große Relevanz von der Psychoanalyse erst in der zweiten Hälfte des 20. Jahrhunderts voll erkannt und weiterentwickelt werden sollte. Weitere Schriften zur »Metapsychologie« (der Theorie psychischen Funktionierens) und zur Behandlungstechnik entstehen 1915 in dichter Folge. In diesen Mitteilungen zu einem Fall von Paranoia von 1915 greift Freud auf seine Arbeit zum Narzißmus zurück. Er hatte darin vier verschiedene Typen der narzißtischen Objektwahl vorgestellt. So wie Narkissos sich in sein eigenes Spiegelbild verliebt, so liebt der Narziß das, was er *selbst war, ist oder sein möchte,* oder die Person, die *ein Teil seines eigenen Selbsts* war. Im Falle der hier vorgestellten Patientin richtet sich die Paranoia nicht auf ein (narzißtisches) Objekt des gleichen Geschlechts, sondern auf einen Mann. Freud überlegt, ob dieser Fall seiner Theorie widerspricht, derzufolge die Paranoia immer eine homosexuelle Liebesbeziehung abwehrt. Wir können diesen Text als ein Beispiel dafür lesen, wie Freud von einem individuellen Fall ausgehend analytische Überlegungen anstellt, die immer bereit sind, seine klinischen Theorien zu revidieren oder zu erweitern.

* * *

Vor Jahren ersuchte mich ein bekannter Rechtsanwalt um Begutachtung eines Falles, dessen Auffassung ihm zweifelhaft erschien. Eine junge Dame hatte sich an ihn gewendet, um Schutz gegen die Verfolgungen eines Mannes zu finden, der sie zu einem Liebesverhältnis bewogen hatte. Sie behauptete, daß dieser Mann ihre Gefügigkeit mißbraucht hatte, um von ungesehenen Zuschauern photographische Aufnahmen ihres zärtlichen Beisammenseins herstellen zu lassen; nun läge es in seiner Hand, sie durch das Zeigen dieser Bilder zu beschämen und zum Aufgeben ihrer Stellung zu zwingen. Der Rechtsfreund war erfahren genug, das krankhafte Gepräge dieser Anklage zu erkennen, meinte aber, es komme so viel im Leben vor, was man für unglaubwürdig halten möchte, daß ihm das Urteil eines Psychiaters über die Sache wertvoll wäre. Er versprach, mich ein nächstes Mal in Gesellschaft der Klägerin zu besuchen.

Ehe ich meinen Bericht fortsetze, will ich bekennen, daß ich das Milieu der zu untersuchenden Begebenheit zur Unkenntlichkeit verändert habe, aber auch nichts anderes als dies. Ich halte es sonst für einen Mißbrauch, aus irgend welchen, wenn auch aus den besten Motiven, Züge einer Krankengeschichte in der Mitteilung zu entstellen, da man unmöglich wissen kann, welche Seite des Falles ein selbständig urteilender Leser herausgreifen wird, und somit Gefahr läuft, diesen letzteren in die Irre zu führen.

Die Patientin, die ich nun bald darauf kennen lernte, war ein dreißigjähriges Mädchen von ungewöhnlicher Anmut und Schönheit; sie schien viel jünger zu sein, als sie angab, und machte einen echt weiblichen Eindruck. Gegen den Arzt benahm sie sich voll ablehnend und gab sich keine Mühe, ihr Mißtrauen zu verbergen. Offenbar nur unter dem Drucke des mitanwesenden Rechtsfreundes erzählte sie die folgende Geschichte, die mir ein später zu erwähnendes Problem aufgab. Ihre Mienen und Affektäußerungen verrieten dabei nichts von einer schamhaften Befangenheit, wie sie der Einstellung zu dem fremden Zuhörer entsprochen hätte. Sie stand ausschließlich unter dem Banne der Besorgnis, die sich aus ihrem Erlebnis ergeben hatte.

Sie war jahrelang Angestellte in einem großen Institut gewesen, in dem sie einen verantwortlichen Posten zur eigenen Befriedigung und zur Zufriedenheit der Vorgesetzten innehatte. Liebesbeziehungen zu Männern hatte sie nie gesucht; sie lebte ruhig neben einer alten Mutter, deren einzige Stütze sie war. Geschwister fehlten, der Vater war vor vielen Jahren gestorben. In der letzten Zeit hatte sich ein männlicher Beamter desselben

Bureaus ihr genähert, ein sehr gebildeter, einnehmender Mann, dem auch sie ihre Sympathie nicht versagen konnte. Eine Heirat zwischen ihnen war durch äußere Verhältnisse ausgeschlossen, aber der Mann wollte nichts davon wissen, dieser Unmöglichkeit wegen den Verkehr aufzugeben. Er hielt ihr vor, wie unsinnig es sei, wegen sozialer Konventionen auf alles zu verzichten, was sie sich beide wünschten, worauf sie ein unzweifelhaftes Anrecht hätten, und was wie nichts anderes zur Erhöhung des Lebens beitrüge. Da er versprochen hatte, sie nicht in Gefahr zu bringen, willigte sie endlich ein, ihn in seiner Junggesellenwohnung bei Tage zu besuchen. Dort kam es nun zu Küssen und Umarmungen, sie lagerten sich nebeneinander, er bewunderte ihre zum Teil enthüllte Schönheit. Mitten in dieser Schäferstunde wurde sie durch ein einmaliges Geräusch wie ein Pochen oder Ticken erschreckt. Es kam von der Gegend des Schreibtisches her, welcher schräg vor dem Fenster stand; der Zwischenraum zwischen Tisch und Fenster war zum Teil von einem schweren Vorhang eingenommen. Sie erzählte, daß sie den Freund sofort nach der Bedeutung des Geräusches gefragt und von ihm die Auskunft bekommen hatte, es rühre wahrscheinlich von der kleinen, auf dem Schreibtisch befindlichen Stehuhr her; ich werde mir aber die Freiheit nehmen, zu diesem Teil ihres Berichts später eine Bemerkung zu machen.

Als sie das Haus verließ, traf sie noch auf der Treppe mit zwei Männern zusammen, die bei ihrem Anblick einander etwas zuflüsterten. Einer der beiden Unbekannten trug einen verhüllten Gegenstand wie ein Kästchen. Die Begegnung beschäftigte ihre Gedanken; noch auf dem Heimwege bildete sie die Kombination, dies Kästchen könnte leicht ein photographischer Apparat gewesen sein, der Mann, der es trug, ein Photograph, der während ihrer Anwesenheit im Zimmer hinter dem Vorhang versteckt geblieben war, und das Ticken, das sie gehört, das Geräusch des Abdrückens, nachdem der Mann die besonders verfängliche Situation herausgefunden, die er im Bilde festhalten wollte. Ihr Argwohn gegen den Geliebten war von da an nicht mehr zum Schweigen zu bringen; sie verfolgte ihn mündlich und schriftlich mit der Anforderung, ihr Aufklärung und Beruhigung zu geben, und mit Vorwürfen, erwies sich aber unzugänglich gegen die Versicherungen, die er ihr machte, mit denen er die Aufrichtigkeit seiner Gefühle und die Grundlosigkeit ihrer Verdächtigung vertrat. Endlich wandte sie sich an den Advokaten, erzählte ihm ihr Erlebnis und übergab ihm die Briefe, die sie in dieser Angelegenheit von dem Verdächtigen erhalten hatte. Ich konnte später in einige dieser Briefe Einsicht nehmen; sie machten mir den besten Eindruck; ihr Hauptinhalt war das Bedauern, daß ein so schönes, zärtliches Einvernehmen durch diese »unglückselige krankhafte Idee« zerstört worden sei.

Es bedarf wohl keiner Rechtfertigung, daß ich das Urteil des Beschuldigten auch zu dem meinigen machte. Aber der Fall hatte für mich ein anderes als bloß diagnostisches Interesse. Es war in der psychoanalytischen Literatur behauptet worden, daß der Paranoiker gegen eine Verstärkung seiner homosexuellen Strebungen ankämpft, was im Grunde auf eine narzißtische Objektwahl zurückweist. Es war ferner gedeutet worden, daß der Verfolger im Grunde der Geliebte oder der ehemals Geliebte sei. Aus der Zusammensetzung beider Aufstellungen ergibt sich die Forderung, der Verfolger müsse von demselben Geschlecht sein wie der Verfolgte. Den Satz von der Bedingtheit der Paranoia durch die Homosexualität hatten wir allerdings nicht als allgemein und ausnahmslos gültig hingestellt, aber nur darum nicht, weil unsere Beobachtungen nicht genug zahlreich waren. Er gehörte sonst zu jenen, die infolge gewisser Zusammenhänge nur dann bedeutungsvoll sind, wenn sie Allgemeinheit beanspruchen können. In der psychiatrischen Literatur fehlte es gewiß nicht an Fällen, in denen sich der Kranke von Angehörigen des anderen Geschlechtes verfolgt glaubte, aber es blieb ein anderer Eindruck, von solchen Fällen zu lesen, als einen derselben selbst vor sich zu sehen. Was ich und meine Freunde hatten beobachten und analysieren können, hatte bisher die Beziehung der Paranoia zur Homosexualität ohne Schwierigkeit bestätigt. Der hier vorgeführte Fall sprach mit aller Entschiedenheit dagegen. Das Mädchen schien die Liebe zu einem Mann abzuwehren, indem sie den Geliebten unmittelbar in den Verfolger verwandelte; vom Einfluß des Weibes, von einem Sträuben gegen eine homosexuelle Bindung war nichts zu finden.

Bei dieser Sachlage war es wohl das Einfachste, die Parteinahme für eine allgemein gültige Abhängigkeit des Verfolgungswahnes von der Homosexualität und alles, was sich weiter daran knüpfte, wieder aufzugeben. Man mußte wohl auf diese Erkenntnis verzichten, wenn man sich nicht etwa durch diese Abweichung von der Erwartung bestimmen ließ, sich auf die Seite des Rechtsfreundes zu schlagen und wie er ein richtig gedeutetes Erlebnis anstatt einer paranoischen Kombination anzuerkennen. Ich sah aber einen anderen Ausweg, welcher die Entscheidung zunächst hinausschob. Ich erinnerte mich daran, wie oft man in die Lage gekommen war, psychisch Kranke falsch zu beurteilen, weil man sich nicht eindringlich genug mit ihnen beschäftigt und so zu wenig von ihnen erfahren hatte. Ich erklärte also, es sei mir unmöglich, heute ein Urteil zu äußern, und bitte sie vielmehr, mich ein zweites Mal zu besuchen, um mir die Geschichte ausführlicher und mit allen, diesmal vielleicht übergangenen Nebenumständen zu erzählen. Durch die Vermittlung des Advokaten erreichte ich dies Zugeständnis von der sonst unwilligen Patientin; er kam mir auch durch die Erklärung zu Hilfe, daß bei dieser zweiten Unterredung seine Anwesenheit überflüssig sei.

Die zweite Erzählung der Patientin hob die frühere nicht auf, brachte aber solche Ergänzungen, daß alle Zweifel und Schwierigkeiten wegfielen. Vor allem, sie hatte den jungen Mann nicht einmal, sondern zweimal in seiner Wohnung besucht. Beim zweiten Zusammensein ereignete sich die Störung durch das Geräusch, an welches sie ihren Verdacht angeknüpft hatte; den ersten Besuch hatte sie bei der ersten Mitteilung unterschlagen, ausgelassen, weil er ihr nicht mehr bedeutsam vorkam. Bei diesem ersten Besuch hatte sich nichts Auffälliges zugetragen, wohl aber am Tage nachher. Die Abteilung des großen Unternehmens, bei welcher sie tätig war, stand unter der Leitung einer alten Dame, die sie mit den Worten beschrieb: Sie hat weiße Haare wie meine Mutter. Sie war es gewöhnt, von dieser alten Vorgesetzten sehr zärtlich behandelt, auch wohl manchmal geneckt zu werden, und hielt sich für ihren besonderen Liebling. Am Tage nach ihrem ersten Besuch bei dem jungen Beamten erschien dieser in den Geschäftsräumen, um der alten Dame etwas dienstlich mitzuteilen, und während er leise mit dieser sprach, entstand in ihr plötzlich die Gewißheit, er mache ihr Mitteilung von dem gestrigen Abenteuer, ja, er unterhalte längst ein Verhältnis mit ihr, von dem sie selbst nur bisher nichts gemerkt habe. Die weißhaarige, mütterliche Alte wisse nun alles. Im weiteren Verlaufe des Tages konnte sie aus dem Benehmen und den Äußerungen der Alten diesen ihren Verdacht bekräftigen. Sie ergriff die nächste Gelegenheit, den Geliebten wegen seines Verrates zur Rede zu stellen. Der sträubte sich natürlich energisch gegen das, was er eine unsinnige Zumutung hieß, und es gelang ihm in der Tat, sie für diesmal von ihrem Wahn abzubringen, so daß sie einige Zeit – ich glaube einige Wochen – später vertrauensvoll genug war, den Besuch in seiner Wohnung zu wiederholen. Das Weitere ist uns aus der ersten Erzählung der Patientin bekannt.

Was wir neu erfahren haben, macht zunächst dem Zweifel an der krankhaften Natur der Verdächtigung ein Ende. Unschwer erkennt man, daß die weißhaarige Vorsteherin ein Muttererersatz ist, daß der geliebte Mann trotz seiner Jugend an die Stelle des Vaters gerückt wird, und daß es die Macht des Mutterkomplexes ist, welche die Kranke zwingt, ein Liebesverhältnis zwischen den beiden ungleichen Partnern, aller Unwahrscheinlichkeit zum Trotze anzunehmen. Damit verflüchtigt sich aber auch der anscheinende Widerspruch gegen die von der psychoanalytischen Lehre genährte Erwartung, eine überstarke homosexuelle Bindung werde sich als die Bedingung zur Entwicklung eines Verfolgungswahnes herausstellen. Der ursprüngliche Verfolger, die Instanz, deren Einfluß man sich entziehen will, ist auch in diesem Falle nicht der Mann, sondern das Weib. Die Vorsteherin weiß von den Liebesbeziehungen des Mädchens, mißbilligt sie und gibt ihr diese Verurteilung durch geheimnisvolle Andeutungen zu erkennen. Die Bindung an das gleiche Geschlecht widersetzt sich den Bemühungen, ein Mitglied des anderen Geschlechts zum Liebesobjekt zu gewinnen. Die Liebe zur Mutter wird zur Wortführerin all der Strebungen, welche in der Rolle eines »Gewissens« das Mädchen bei dem ersten Schritt auf dem neuen, in vielen Hinsichten gefährlichen Weg zur normalen Sexualbefriedigung zurückhalten wollen, und sie erreicht es auch, die Beziehung zum Manne zu stören.

Wenn die Mutter die Sexualbetätigung der Tochter hemmt oder aufhält, so erfüllt sie eine normale Funktion, welche durch Kindheitsbeziehungen vorgezeichnet ist, starke, unbewußte Motivierungen besitzt und die Sanktion der Gesellschaft gefunden hat. Sache der Tochter ist es, sich von diesem Einfluß abzulösen und sich auf Grund breiter, rationeller Motivierung für ein Maß von Gestattung oder Versagung des Sexualgenusses zu entscheiden. Verfällt sie bei dem Versuch dieser Befreiung in neurotische Erkrankung, so liegt ein in der Regel überstarker, sicherlich aber unbeherrschter Mutterkomplex vor, dessen Konflikt mit der neuen libidinösen Strömung je nach der verwendbaren Disposition in der Form dieser oder jener Neurose erledigt wird. In allen Fällen werden die Erscheinungen der neurotischen Reaktion nicht durch die gegenwärtige Beziehung zur aktuellen Mutter, sondern durch die infantilen Beziehungen zum urzeitlichen Mutterbild bestimmt werden.

Von unserer Patientin wissen wir, daß sie seit langen Jahren vaterlos war, wir dürfen auch annehmen, daß sie nicht bis zum Alter von dreißig Jahren frei vom Manne geblieben wäre, wenn ihr nicht eine starke Gefühlsbindung an die Mutter eine Stütze geboten hätte. Diese Stütze wird ihr zur lästigen Fessel, da ihre Libido auf den Anruf einer eindringlichen Werbung zum Manne zu streben beginnt. Sie sucht sie abzustreifen, sich ihrer homosexuellen Bindung zu entledigen. Ihre Disposition – von der hier nicht die Rede zu sein braucht – gestattet, daß dies in der Form der paranoischen Wahnbildung vor sich gehe. Die Mutter wird also zur feindseligen, mißgünstigen Beobachterin und Verfolgerin. Sie könnte als solche überwunden werden, wenn nicht der Mutterkomplex die Macht behielte, die in seiner Absicht liegende Fernhaltung vom Manne durchzusetzen. Am Ende dieser ersten Phase des Konflikts hat sie sich also der Mutter entfremdet und dem Manne nicht angeschlossen. Beide konspirieren ja gegen sie. Da gelingt es der kräftigen Bemühung des Mannes, sie entscheidend an sich zu ziehen. Sie überwindet den Einspruch der Mutter und ist bereit, dem Geliebten eine neue Zusammenkunft zu gewähren. Die Mutter kommt in den weiteren Geschehnissen nicht mehr vor; wir dürfen aber daran festhalten, daß in dieser Phase der geliebte Mann nicht direkt zum Verfolger geworden war, sondern auf dem Wege über die Mutter und kraft seiner Beziehung zur Mutter, welcher in der ersten Wahnbildung die Hauptrolle zugefallen war.

Man sollte nun glauben, der Widerstand sei endgültig überwunden und das bisher an die Mutter gebundene Mädchen habe es erreicht, einen Mann zu lieben. Aber nach dem zweiten Beisammensein erfolgt eine neue Wahnbildung, welche es durch geschickte Benützung einiger Zufälligkeiten durchsetzt, diese Liebe zu verderben, und somit die Absicht des Mutterkomplexes erfolgreich fortführt. Es erscheint uns noch immer befremdlich, daß das Weib sich der Liebe zum Manne mit Hilfe eines paranoischen Wahnes erwehren sollte. Ehe wir aber dieses Verhältnis näher beleuchten, wollen wir den Zufälligkeiten einen Blick schenken, auf welche sich die zweite Wahnbildung, die allein gegen den Mann gerichtete, stützt.

Halb entkleidet auf dem Divan neben dem Geliebten liegend hört sie ein Geräusch wie ein Ticken, Klopfen, Pochen, dessen Ursache sie nicht kennt, das sie aber später deutet, nachdem sie auf der Treppe des Hauses zwei Männern begegnet ist, von denen einer etwas wie ein verdecktes Kästchen trägt. Sie gewinnt die Überzeugung, daß sie im Auftrage des Geliebten während des intimen Beisammenseins belauscht und photographiert wurde. Es liegt uns natürlich fern zu denken, wenn dies unglückselige Geräusch sich nicht ereignet hätte, wäre auch die Wahnbildung nicht zustandegekommen. Wir erkennen vielmehr hinter dieser Zufälligkeit etwas Notwendiges, was sich ebenso zwanghaft durchsetzen mußte wie die Annahme eines Liebesverhältnisses zwischen dem geliebten Manne und der alten, zum Muttterersatz erkorenen Vorsteherin. Die Beobachtung des Liebesverkehres der Eltern ist ein selten vermißtes Stück aus dem Schatze unbewußter Phantasien, die man bei allen Neurotikern, wahrscheinlich bei allen Menschenkindern, durch die Analyse auffinden kann. Ich heiße diese Phantasiebildungen, die der Beobachtung des elterlichen Geschlechtsverkehres, die der Verführung, der Kastration und andere, *Urphantasien* und werde an anderer Stelle deren Herkunft sowie ihr Verhältnis zum individuellen Erleben eingehend untersuchen. Das zufällige Geräusch spielt also nur die Rolle einer Provokation, welche die typische, im Elternkomplex enthaltene Phantasie von der Belauschung aktiviert. Ja, es ist fraglich, ob wir es als ein »zufälliges« bezeichnen sollen. Wie O. Rank mir bemerkt hat, ist es vielmehr ein notwendiges Requisit der Belauschungsphantasie und wiederholt entweder das Geräusch, durch welches sich der Verkehr der Eltern verrät, oder auch das, wodurch sich das lauschende Kind zu verraten fürchtet. Nun erkennen wir aber mit einem Male, auf welchem Boden wir uns befinden. Der Geliebte ist noch immer der Vater, an Stelle der Mutter ist sie selbst getreten. Die Belauschung muß dann einer fremden Person zugeteilt werden. Es wird uns ersichtlich, auf welche Weise sie sich von der homosexuellen Abhängigkeit von der Mutter freigemacht hat. Durch ein Stückchen Regression; anstatt die Mutter zum Liebesobjekt zu nehmen, hat sie sich mit ihr identifiziert, ist sie selbst zur Mutter geworden. Die Möglichkeit dieser Regression weist auf den narzißtischen Ursprung ihrer homosexuellen Objektwahl und somit auf die bei ihr vorhandene Disposition zur paranoischen Erkrankung hin. Man könnte einen Gedankengang entwerfen, der zu demselben Ergebnis führt wie diese Identifizierung: Wenn die Mutter das tut, darf ich es auch; ich habe dasselbe Recht wie die Mutter.

Man kann in der Aufhebung der Zufälligkeiten einen Schritt weiter gehen, ohne zu fordern, daß ihn der Leser mitmache, denn das Unterbleiben einer tieferen analytischen Untersuchung macht es in unserem Falle unmöglich, hier über eine gewisse Wahrscheinlichkeit hinauszukommen. Die Kranke hatte in unserer ersten Besprechung angegeben, daß sie sich sofort nach der Ursache des Geräusches erkundigt und die Auskunft erhalten habe, wahrscheinlich habe die auf dem Schreibtisch befindliche kleine Standuhr getickt. Ich nehme mir die Freiheit, diese Mitteilung als eine Erinnerungstäuschung aufzulösen. Es ist mir viel glaubhafter, daß sie zunächst jede Reaktion auf das Geräusch unterlassen, und daß ihr dies erst nach dem Zusammentreffen mit den beiden Männern auf der Treppe bedeutungsvoll erschienen ist. Den Erklärungsversuch aus dem Ticken der Uhr wird der Mann, der das Geräusch vielleicht überhaupt nicht gehört hatte, später einmal gewagt haben, als ihn der Argwohn des Mädchens bestürmte. »Ich weiß nicht, was du da gehört haben kannst; vielleicht hat gerade die Standuhr getickt, wie sie es manchmal tut.« Solche Nachträglichkeit in der Verwertung von Eindrücken und solche Verschiebung in der Erinnerung sind gerade bei der Paranoia häufig und für sie charakteristisch. Da ich aber den Mann nie gesprochen habe und die Analyse des Mädchens nicht fortsetzen konnte, bleibt meine Annahme unbeweisbar.

Ich könnte es wagen, in der Zersetzung der angeblich realen »Zufälligkeit« noch weiter zu gehen. Ich glaube überhaupt nicht, daß die Standuhr getickt hat, oder daß ein Geräusch zu hören war. Die Situation, in der sie sich befand, rechtfertigte eine Empfindung von Pochen oder Klopfen an der Klitoris. Dies war es dann, was sie nachträglich als Wahrnehmung von einem äußeren Objekt hinausprojizierte. Ganz Ähnliches ist im Traume möglich. Eine meiner hysterischen Patientinnen berichtete einmal einen kurzen Wecktraum, zu dem sich kein Material von Einfällen ergeben wollte. Der Traum hieß: Es klopft, und sie wachte auf. Es hatte niemand an die Tür geklopft, aber sie war in den Nächten vorher durch die peinlichen Sensationen von Pollutionen geweckt worden und hatte nun ein Interesse daran, zu erwachen, sobald sich die ersten Zeichen der Genitalerregung einstellten. Es hatte an der Klitoris geklopft. Den nämlichen Projektionsvorgang möchte ich bei unserer Paranoika an die Stelle des zufälligen Geräusches setzen. Ich werde selbstverständlich nicht dafür einstehen, daß mir die Kranke bei einer flüchtigen Bekanntschaft unter allen Anzeichen eines ihr unliebsamen Zwanges einen aufrichtigen Bericht über die Vorgänge bei den beiden zärtlichen Zusammenkünften gegeben, aber die vereinzelte Klitoriskontraktion stimmt wohl zu ihrer Behauptung, daß eine Vereinigung der Genitalien dabei nicht stattgefunden habe. An der resultierenden Ablehnung des Mannes hat sicherlich neben dem »Gewissen« auch die Unbefriedigung ihren Anteil.

Wir kehren nun zu der auffälligen Tatsache zurück, daß sich die Kranke der Liebe zum Manne mit Hilfe einer paranoischen Wahnbildung erwehrt. Den Schlüssel zum Verständnis gibt die Entwicklungsgeschichte dieses Wahnes. Dieser richtete sich ursprünglich, wie wir erwarten durften, gegen das Weib, aber nun *wurde auf dem Boden der Paranoia der Fortschritt vom Weibe zum Manne als Objekt vollzogen.* Ein solcher Fortschritt ist bei der Paranoia nicht gewöhnlich; wir finden in der Regel, daß der Verfolgte an denselben Personen, also auch an demselben Geschlecht, fixiert bleibt, dem seine Liebeswahl vor der paranoischen Umwandlung galt. Aber er wird durch die neurotische Affektion nicht ausgeschlossen; unsere Beobachtung dürfte für viele andere vorbildlich sein. Es gibt außerhalb der Paranoia viele ähnliche Vorgänge, welche bisher nicht unter diesem Gesichtspunkte zusammengefaßt worden sind, darunter sehr allgemein bekannte. So wird z.B. der sogenannte Neurastheniker durch seine unbewußte Bindung an inzestuöse Liebesobjekte davon abgehalten, ein fremdes Weib zum Objekt zu nehmen, und in seiner Sexualbetätigung auf die Phantasie eingeschränkt.

Auf dem Boden der Phantasie bringt er aber den ihm versagten Fortschritt zustande und kann Mutter und Schwester durch fremde Objekte ersetzen. Da bei diesen der Einspruch der Zensur entfällt, wird ihm die Wahl dieser Ersatzpersonen in seinen Phantasien bewußt.

Die Phänomene des versuchten Fortschrittes, von dem neuen meist regressiv erworbenen Boden her, stellen sich den Bemühungen zur Seite, welche bei manchen Neurosen unternommen werden, um eine bereits innegehabte, aber verlorene Position der Libido wieder zu gewinnen. Die beiden Reihen von Erscheinungen sind begrifflich kaum voneinander zu trennen. Wir neigen allzusehr zu der Auffassung, daß der Konflikt, welcher der Neurose zugrunde liegt, mit der Symptombildung abgeschlossen sei. In Wirklichkeit geht der Kampf vielfach auch nach der Symptombildung weiter. Auf beiden Seiten tauchen neue Triebanteile auf, welche ihn fortführen. Das Symptom selbst wird zum Objekt dieses Kampfes; Strebungen, die es behaupten wollen, messen sich mit anderen, die seine Aufhebung und die Herstellung des früheren Zustandes durchzusetzen bemüht sind. Häufig werden Wege gesucht, um das Symptom zu entwerten, indem man das Verlorene und durch das Symptom Versagte von anderen Zugängen her zu gewinnen trachtet. Diese Verhältnisse werfen ein klärendes Licht auf eine Aufstellung von C.G. Jung, demzufolge eine eigentümliche psychische Trägheit, die sich der Veränderung und dem Fortschritt widersetzt, die Grundbedingung der Neurose ist. Diese Trägheit ist in der Tat sehr eigentümlich; sie ist keine allgemeine, sondern eine höchst spezialisierte, sie ist auch auf ihrem Gebiete nicht Alleinherrscherin, sondern kämpft mit Fortschritts- und Wiederherstellungstendenzen, die sich selbst nach der Symptombildung der Neurose nicht beruhigen. Spürt man dem Ausgangspunkte dieser speziellen Trägheit nach, so enthüllt sie sich als die Äußerung von sehr frühzeitig erfolgten, sehr schwer lösbaren Verknüpfungen von Trieben mit Eindrücken und den in ihnen gegebenen Objekten, durch welche die Weiterentwicklung dieser Triebanteile zum

Stillstand gebracht wurde. Oder, um es anders zu sagen, diese spezialisierte »psychische Trägheit« ist nur ein anderer, kaum ein besserer, Ausdruck für das, was wir in der Psychoanalyse eine *Fixierung* zu nennen gewohnt sind.

Bemerkungen über die Übertragungsliebe

Freud war früh auf ein sich wiederholendes Phänomen in seinen Behandlungen gestoßen, die *Übertragung.* Im Nachwort zu seiner berühmten Fallgeschichte *Dora,* dargestellt im »Bruchstück einer Hysterie-Analyse« (1905e), definiert er die Übertragung als eine Neuauflage von unverarbeiteten infantilen Gefühlen und Erlebnissen, die an der Person des Analytikers festgemacht werden. Obwohl Übertragungen ubiquitär vorkommen, ist ihre Bedeutung für die Bearbeitung psychischer Störungen innerhalb der analytischen Beziehung erst von Freud erkannt worden. Sie stellt auch heute noch ein wesentliches Element psychoanalytischer Behandlungen dar. Die *Übertragungsliebe* ist eine spezifische Ausdrucksform der Übertragung und hat von jeher Skepsis wie Neugier zu erregen vermocht. Grund genug, genauer in diesem Aufsatz von 1915 nachzulesen, wie Freud die Übertragungsliebe, ihren Nutzen für die Behandlung wie auch die Schwierigkeiten ihrer Handhabung für den Analytiker versteht.

* * *

Jeder Anfänger in der Psychoanalyse bangt wohl zuerst vor den Schwierigkeiten, welche ihm die Deutung der Einfälle des Patienten und die Aufgabe der Reproduktion des Verdrängten bereiten werden. Es steht ihm aber bevor, diese Schwierigkeiten bald gering einzuschätzen und dafür die Überzeugung einzutauschen, daß die einzigen wirklich ernsthaften Schwierigkeiten bei der Handhabung der Übertragung anzutreffen sind.

Von den Situationen, die sich hier ergeben, will ich eine einzige, scharf umschriebene, herausgreifen, sowohl wegen ihrer Häufigkeit und realen Bedeutsamkeit als auch wegen ihres theoretischen Interesses. Ich meine den Fall, daß eine weibliche Patientin durch unzweideutige Andeutungen erraten läßt oder es direkt ausspricht, daß sie sich wie ein anderes sterbliches Weib in den sie analysierenden Arzt verliebt hat. Diese Situation hat ihre peinlichen und komischen Seiten wie ihre ernsthaften; sie ist auch so verwickelt und vielseitig bedingt, so unvermeidlich und so schwer lösbar, daß ihre Diskussion längst ein vitales Bedürfnis der analytischen Technik erfüllt hätte. Aber da wir selbst nicht immer frei sind, die wir über die Fehler der anderen spotten, haben wir uns zur Erfüllung dieser Aufgabe bisher nicht eben gedrängt. Immer wieder stoßen wir hier mit der Pflicht der ärztlichen Diskretion zusammen, die im Leben nicht zu entbehren, in unserer Wissenschaft aber nicht zu brauchen ist. Insoferne die Literatur der Psychoanalytik auch dem realen Leben angehört, ergibt sich hier ein unlösbarer Widerspruch. Ich habe mich kürzlich an einer Stelle über die Diskretion hinausgesetzt und angedeutet, daß die nämliche Übertragungssituation die Entwicklung der psychoanalytischen Therapie um ihr erstes Jahrzehnt verzögert hat.[1]

Für den wohlerzogenen Laien – ein solcher ist wohl der ideale Kulturmensch der Psychoanalyse gegenüber – sind Liebesbegebenheiten mit allem anderen inkommensurabel; sie stehen gleichsam auf einem besonderen Blatte, das keine andere Beschreibung verträgt. Wenn sich also die Patientin in den Arzt verliebt hat, wird er meinen, dann kann es nur zwei Ausgänge haben, den selteneren, daß alle Umstände die dauernde legitime Vereinigung der Beiden gestatten, und den häufigeren, daß Arzt und Patientin auseinandergehen und die begonnene Arbeit, welche der Herstellung dienen sollte, als durch ein Elementarereignis gestört aufgeben. Gewiß ist auch ein dritter Ausgang denkbar, der sich sogar mit der Fortsetzung der Kur zu vertragen scheint, die Anknüpfung illegitimer und nicht für die Ewigkeit bestimmter Liebesbeziehungen; aber dieser ist wohl durch die bürgerliche Moral wie durch die ärztliche Würde unmöglich gemacht. Immerhin würde der Laie bitten, durch eine möglichst deutliche Versicherung des Analytikers über den Ausschluß dieses dritten Falles beruhigt zu werden.

Es ist evident, daß der Standpunkt des Psychoanalytikers ein anderer sein muß.

Setzen wir den Fall des zweiten Ausganges der Situation, die wir besprechen, Arzt und Patientin gehen auseinander, nachdem sich die Patientin in den Arzt verliebt hat; die Kur wird aufgegeben. Aber der Zustand der Patientin macht bald einen zweiten analytischen Versuch bei einem anderen Arzte notwendig; da stellt es sich denn ein, daß sich die Patientin auch in diesen zweiten Arzt verliebt fühlt, und ebenso, wenn sie wieder abbricht und von neuem anfängt, in den dritten usw. Diese mit Sicherheit eintreffende Tatsache, bekanntlich eine der Grundlagen der psychoanalytischen Theorie, gestattet zwei Verwertungen, eine für den analysierenden Arzt, die andere für die der Analyse bedürftige Patientin.

Für den Arzt bedeutet sie eine kostbare Aufklärung und eine gute Warnung vor einer etwa bei ihm bereitliegenden Gegenübertragung. Er muß erkennen, daß das Verlieben der Patientin durch die analytische Situation erzwungen wird und nicht etwa den Vorzügen seiner Person zugeschrieben werden kann, daß er also gar keinen Grund hat, auf eine solche »Eroberung«, wie man sie außerhalb der Analyse heißen würde, stolz zu sein. Und es ist immer gut, daran gemahnt zu werden. Für die Patientin ergibt sich aber eine Alternative: entweder sie muß auf eine psychoanalytische Behandlung verzichten oder sie muß sich die Verliebtheit in den Arzt als unausweichliches Schicksal gefallen lassen.[2]

Ich zweifle nicht daran, daß sich die Angehörigen der Patientin mit ebensolcher Entschiedenheit für die erste der beiden Möglichkeiten erklären werden wie der analysierende Arzt für die zweite. Aber ich meine, es ist dies ein Fall, in welchem der zärtlichen – oder vielmehr egoistisch eifersüchtigen – Sorge der Angehörigen die Entscheidung nicht überlassen werden kann. Nur das Interesse der Kranken sollte den Ausschlag geben. Die Liebe der Angehörigen kann aber keine Neurose heilen. Der Psychoanalytiker braucht sich nicht aufzudrängen, er darf sich aber als unentbehrlich für gewisse Leistungen hinstellen. Wer als Angehöriger die Stellung Tolstois zu diesem Probleme zu der seinigen macht, mag im ungestörten Besitze seiner Frau oder Tochter bleiben und muß es zu ertragen suchen, daß diese auch ihre Neurose und die mit ihr verknüpfte Störung ihrer Liebesfähigkeit beibehält. Es ist schließlich ein ähnlicher Fall wie der der gynäkologischen Behandlung. Der eifersüchtige Vater oder Gatte irrt übrigens groß, wenn er meint, die Patientin werde der Verliebtheit in den Arzt entgehen, wenn er sie zur Bekämpfung ihrer Neurose eine andere als die analytische Behandlung einschlagen läßt. Der Unterschied wird vielmehr nur sein, daß eine solche Verliebtheit, die dazu bestimmt ist, unausgesprochen und unanalysiert zu bleiben, niemals jenen Beitrag zur Herstellung der Kranken leisten wird, den ihr die Analyse abzwingen würde.

Es ist mir bekannt geworden, daß einzelne Ärzte, welche die Analyse ausüben, die Patienten häufig auf das Erscheinen der Liebesübertragung vorbereiten oder sie sogar auffordern, sich »nur in den Arzt zu verlieben, damit die Analyse vorwärtsgehe«. Ich kann mir nicht leicht eine unsinnigere Technik vorstellen. Man raubt damit dem Phänomen den überzeugenden Charakter der Spontaneität und bereitet sich selbst schwer zu beseitigende Hindernisse.

Zunächst hat es allerdings nicht den Anschein, als ob aus der Verliebtheit in der Übertragung etwas für die Kur Förderliches entstehen könnte. Die Patientin, auch die bisher fügsamste, hat plötzlich Verständnis und Interesse für die Behandlung verloren, will von nichts anderem sprechen und hören als von ihrer Liebe, für die sie Entgegnung fordert; sie hat ihre Symptome aufgegeben oder vernachlässigt sie, ja, sie erklärt sich für gesund. Es gibt einen völligen Wechsel der Szene, wie wenn ein Spiel durch eine plötzlich hereinbrechende Wirklichkeit abgelöst würde, etwa wie wenn sich während einer Theatervorstellung Feuerlärm erhebt. Wer dies als Arzt zum erstenmal erlebt, hat es nicht leicht, die analytische Situation festzuhalten und sich der Täuschung zu entziehen, daß die Behandlung wirklich zu Ende sei.

Mit etwas Besinnung findet man sich dann zurecht. Vor allem

gedenkt man des Verdachtes, daß alles, was die Fortsetzung der Kur stört, eine Widerstandsäußerung sein mag. An dem Auftreten der stürmischen Liebesforderung hat der Widerstand unzweifelhaft einen großen Anteil. Man hatte ja die Anzeichen einer zärtlichen Übertragung bei der Patientin längst bemerkt und durfte ihre Gefügigkeit, ihr Eingehen auf die Erklärungen der Analyse, ihr ausgezeichnetes Verständnis und die hohe Intelligenz, die sie dabei erwies, gewiß auf Rechnung einer solchen Einstellung gegen den Arzt schreiben. Nun ist das alles wie weggefegt, die Kranke ist ganz einsichtslos geworden, sie scheint in ihrer Verliebtheit aufzugehen, und diese Wandlung ist ganz regelmäßig in einem Zeitpunkte aufgetreten, da man ihr gerade zumuten mußte, ein besonders peinliches und schwer verdrängtes Stück ihrer Lebensgeschichte zuzugestehen oder zu erinnern. Die Verliebtheit ist also längst dagewesen, aber jetzt beginnt der Widerstand sich ihrer zu bedienen, um die Fortsetzung der Kur zu hemmen, um alles Interesse von der Arbeit abzulenken und um den analysierenden Arzt in eine peinliche Verlegenheit zu bringen.

Sieht man näher zu, so kann man in der Situation auch den Einfluß komplizierender Motive erkennen, zum Teile solcher, die sich der Verliebtheit anschließen, zum anderen Teile aber besonderer Äußerungen des Widerstandes. Von der ersteren Art ist das Bestreben der Patientin, sich ihrer Unwiderstehlichkeit zu versichern, die Autorität des Arztes durch seine Herabsetzung zum Geliebten zu brechen und was sonst als Nebengewinn bei der Liebesbefriedigung winkt. Vom Widerstande darf man vermuten, daß er gelegentlich die Liebeserklärung als Mittel benützt, um den gestrengen Analytiker auf die Probe zu stellen, worauf er im Falle seiner Willfährigkeit eine Zurechtweisung zu erwarten hätte. Vor allem aber hat man den Eindruck, daß der Widerstand als *agent provocateur* die Verliebtheit steigert und die Bereitwilligkeit zur sexuellen Hingabe übertreibt, um dann desto nachdrücklicher unter Berufung auf die Gefahren einer solchen Zuchtlosigkeit das Wirken der Verdrängung zu rechtfertigen. All dieses Beiwerk, das in reineren Fällen auch wegbleiben kann, ist von Alf. Adler bekanntlich als das Wesentliche des ganzen Vorganges angesehen worden.

Wie muß sich aber der Analytiker benehmen, um nicht an dieser Situation zu scheitern, wenn es für ihn feststeht, daß die Kur trotz dieser Liebesübertragung und durch dieselbe hindurch fortzusetzen ist?

Ich hätte es nun leicht, unter nachdrücklicher Betonung der allgemein gültigen Moral zu postulieren, daß der Analytiker nie und nimmer die ihm angebotene Zärtlichkeit annehmen oder erwidern dürfe. Er müsse vielmehr den Moment für gekommen erachten, um die sittliche Forderung und die Notwendigkeit des Verzichtes vor dem verliebten Weibe zu vertreten und es bei ihr zu erreichen, daß sie von ihrem Verlangen ablasse und mit Überwindung des animalischen Anteils an ihrem Ich die analytische Arbeit fortsetze.

Ich werde aber diese Erwartungen nicht erfüllen, weder den ersten noch den zweiten Teil derselben. Den ersten nicht, weil ich nicht für die Klientel schreibe, sondern für Ärzte, die mit ernsthaften Schwierigkeiten zu ringen haben, und weil ich überdies hier die Moralvorschrift auf ihren Ursprung, das heißt auf Zweckmäßigkeit zurückführen kann. Ich bin diesmal in der glücklichen Lage, das moralische Oktroi ohne Veränderung des Ergebnisses durch Rücksichten der analytischen Technik zu ersetzen.

Noch entschiedener werde ich aber dem zweiten Teile der angedeuteten Erwartung absagen. Zur Triebunterdrückung, zum Verzicht und zur Sublimierung auffordern, sobald die Patientin ihre Liebesübertragung eingestanden hat, hieße nicht analytisch, sondern sinnlos handeln. Es wäre nicht anders, als wollte man mit kunstvollen Beschwörungen einen Geist aus der Unterwelt zum Aufsteigen zwingen, um ihn dann ungefragt wieder hinunter zu schicken. Man hätte ja dann das Verdrängte nur zum Bewußtsein gerufen, um es erschreckt von neuem zu verdrängen. Auch über den Erfolg eines solchen Vorgehens braucht man sich nicht zu täuschen. Gegen Leidenschaften richtet man mit sublimen Redensarten bekanntlich wenig aus. Die Patientin wird nur die Verschmähung empfinden und nicht versäumen, sich für sie zu rächen.

Ebensowenig kann ich zu einem Mittelwege raten, der sich manchen als besonders klug empfehlen würde, welcher darin besteht, daß man die zärtlichen Gefühle der Patientin zu erwidern behauptet und dabei allen körperlichen Betätigungen dieser Zärtlichkeit ausweicht, bis man das Verhältnis in ruhigere Bahnen lenken und auf eine höhere Stufe heben kann. Ich habe gegen dieses Auskunftsmittel einzuwenden, daß die psychoanalytische Behandlung auf Wahrhaftigkeit aufgebaut ist. Darin liegt ein gutes Stück ihrer erziehlichen Wirkung und ihres ethischen Wertes. Es ist gefährlich, dieses Fundament zu verlassen. Wer sich in die analytische Technik eingelebt hat, trifft das dem Arzte sonst unentbehrliche Lügen und Vorspiegeln überhaupt nicht mehr und pflegt sich zu verraten, wenn er es in bester Absicht einmal versucht. Da man vom Patienten strengste Wahrhaftigkeit fordert, setzt man seine ganze Autorität aufs Spiel, wenn man sich selbst von ihm bei einer Abweichung von der Wahrheit ertappen läßt. Außerdem ist der Versuch, sich in zärtliche Gefühle gegen die Patientin gleiten zu lassen, nicht ganz ungefährlich. Man beherrscht sich nicht so gut, daß man nicht plötzlich einmal weiter gekommen wäre, als man beabsichtigt hatte. Ich meine also, man darf die Indifferenz, die man sich durch die Niederhaltung der Gegenübertragung erworben hat, nicht verleugnen.

Ich habe auch bereits erraten lassen, daß die analytische Technik es dem Arzte zum Gebote macht, der liebesbedürftigen Patientin die verlangte Befriedigung zu versagen. Die Kur muß in der Abstinenz durchgeführt werden; ich meine dabei nicht allein die körperliche Entbehrung, auch nicht die Entbehrung von allem, was man begehrt, denn dies würde vielleicht kein Kranker vertragen. Sondern ich will den Grundsatz aufstellen, daß man Bedürfnis und Sehnsucht als zur Arbeit und Veränderung treibende Kräfte bei der Kranken bestehen lassen und sich hüten muß, dieselben durch Surrogate zu beschwichtigen. Anderes als Surrogate könnte man ja nicht bieten, da die Kranke infolge ihres Zustandes, solange ihre Verdrängungen nicht behoben sind, einer wirklichen Befriedigung nicht fähig ist.

Gestehen wir zu, daß der Grundsatz, die analytische Kur solle in der Entbehrung durchgeführt werden, weit über den hier betrachteten Einzelfall hinausreicht und einer eingehenden Diskussion bedarf, durch welche die Grenzen seiner Durchführbarkeit abgesteckt werden sollen. Wir wollen es aber vermeiden, dies hier zu tun, und uns möglichst enge an die Situation halten, von der wir ausgegangen sind. Was würde geschehen, wenn der Arzt anders vorginge und die etwa beiderseits gegebene Freiheit ausnützen würde, um die Liebe der Patientin zu erwidern und ihr Bedürfnis nach Zärtlichkeit zu stillen?

Wenn ihn dabei die Berechnung leiten sollte, durch solches Entgegenkommen würde er sich die Herrschaft über die Patientin sichern und sie so bewegen, die Aufgaben der Kur zu lösen, also ihre dauernde Befreiung von der Neurose zu erwerben, so müßte ihm die Erfahrung zeigen, daß er sich verrechnet hat. Die Patientin würde ihr Ziel erreichen, er niemals das seinige. Es hätte sich zwischen Arzt und Patientin nur wieder abgespielt, was eine lustige Geschichte vom Pastor und vom Versicherungsagenten erzählt. Zu dem ungläubigen und schwerkranken Versicherungsagenten wird auf Betreiben der Angehörigen ein frommer Mann gebracht, der ihn vor seinem Tode bekehren soll. Die Unterhaltung dauert so lange, daß die Wartenden Hoffnung schöpfen. Endlich öffnet sich die Tür des Krankenzimmers. Der Ungläubige ist nicht bekehrt worden, aber der Pastor geht versichert weg.

Es wäre ein großer Triumph für die Patientin, wenn ihre Liebeswerbung Erwiderung fände, und eine volle Niederlage für die Kur. Die Kranke hätte erreicht, wonach alle Kranken in der Analyse streben, etwas zu agieren, im Leben zu wiederholen, was sie nur erinnern, als psychisches Material reproduzieren und auf psychischem Gebiete erhalten soll. Sie würde im weiteren Verlaufe des Liebesverhältnisses alle Hemmungen und pathologischen Reaktionen ihres Liebeslebens zum Vorscheine bringen, ohne daß eine Korrektur derselben möglich wäre, und das peinliche Erlebnis mit Reue und großer Verstärkung ihrer Verdrängungsneigung abschließen. Das Liebesverhältnis macht eben der Beeinflußbarkeit durch die analytische Behandlung ein Ende; eine Vereinigung von beiden ist ein Unding.

Die Gewährung des Liebesverlangens der Patientin ist also ebenso verhängnisvoll für die Analyse wie die Unterdrückung desselben. Der Weg des Analytikers ist ein anderer, ein solcher, für den das reale Leben kein Vorbild liefert. Man hütet sich, von der Liebesübertragung abzulenken, sie zu verscheuchen oder der Patientin zu verleiden; man enthält sich ebenso standhaft jeder Erwiderung derselben. Man hält die Liebesübertragung fest, behandelt sie aber als etwas Unreales, als eine Situation, die in der Kur durchgemacht, auf ihre unbewußten Ursprünge zurückgeleitet werden soll und dazu verhelfen muß, das Verborgenste des Liebeslebens der Kranken dem Bewußtsein und damit der Beherrschung zuzuführen. Je mehr man den Eindruck macht, selbst gegen jede Versuchung gefeit zu sein, desto eher wird man der Situation ihren analytischen Gehalt entziehen können. Die Patientin, deren Sexualverdrängung doch nicht aufgehoben, bloß in den Hintergrund geschoben ist, wird sich dann sicher genug fühlen, um alle Liebesbedingungen, alle Phantasien ihrer Sexualsehnsucht, alle Einzelcharaktere ihrer Verliebtheit zum Vorscheine zu bringen, und von diesen aus dann selbst den Weg zu den infantilen Begründungen ihrer Liebe eröffnen.

Bei einer Klasse von Frauen wird dieser Versuch, die Liebesübertragung für die analytische Arbeit zu erhalten, ohne sie zu befriedigen, allerdings nicht gelingen. Es sind das Frauen von elementarer Leidenschaftlichkeit, welche keine Surrogate verträgt, Naturkinder, die das Psychische nicht für das Materielle nehmen wollen, die nach des Dichters Worten nur zugänglich sind »für Suppenlogik mit Knödelargumenten«. Bei diesen Personen steht man vor der Wahl: entweder Gegenliebe zeigen oder die volle Feindschaft des verschmähten Weibes auf sich laden. In keinem von beiden Fällen kann man die Interessen der Kur wahrnehmen. Man muß sich erfolglos zurückziehen und kann sich etwa das Problem vorhalten, wie sich die Fähigkeit zur Neurose mit so unbeugsamer Liebesbedürftigkeit vereinigt.

Die Art, wie man andere, minder gewalttätige Verliebte allmählich zur analytischen Auffassung nötigt, dürfte sich vielen Analytikern in gleicher Weise ergeben haben. Man betont vor allem den unverkennbaren Anteil des Widerstandes an dieser »Liebe«. Eine wirkliche Verliebtheit würde die Patientin gefügig machen und ihre Bereitwilligkeit steigern, um die Probleme ihres Falles zu lösen, bloß darum, weil der geliebte Mann es fordert. Eine solche würde gern den Weg über die Vollendung der Kur wählen, um sich dem Arzte wertvoll zu machen und die Realität vorzubereiten, in welcher die Liebesneigung ihren Platz finden könnte. Anstatt dessen zeige sich die Patientin eigensinnig und ungehorsam, habe alles Interesse für die Behandlung von sich geworfen und offenbar auch keine Achtung vor den tief begründeten Überzeugungen des Arztes. Sie produziere also einen Widerstand in der Erscheinungsform der Verliebtheit und trage überdies kein Bedenken, ihn in die Situation der sogenannten »Zwickmühle« zu bringen. Denn wenn er ablehne, wozu seine Pflicht und sein Verständnis ihn nötigen, werde sie die Verschmähte spielen können und sich dann aus Rachsucht und Erbitterung der Heilung durch ihn entziehen, wie jetzt infolge der angeblichen Verliebtheit.

Als zweites Argument gegen die Echtheit dieser Liebe führt man die Behauptung ein, daß dieselbe nicht einen einzigen neuen, aus der gegenwärtigen Situation entspringenden Zug an sich trage, sondern sich durchwegs aus Wiederholungen und Abklatschen früherer, auch infantiler, Reaktionen zusammensetze. Man macht sich anheischig, dies durch die detaillierte Analyse des Liebesverhaltens der Patientin zu erweisen.

Wenn man zu diesen Argumenten noch das erforderliche Maß

von Geduld hinzufügt, gelingt es zumeist, die schwierige Situation zu überwinden und entweder mit einer ermäßigten oder mit der »umgeworfenen« Verliebtheit die Arbeit fortzusetzen, deren Ziel dann die Aufdeckung der infantilen Objektwahl und der sie umspinnenden Phantasien ist. Ich möchte aber die erwähnten Argumente kritisch beleuchten und die Frage aufwerfen, ob wir mit ihnen der Patientin die Wahrheit sagen oder in unserer Notlage zu Verhehlungen und Entstellungen Zuflucht genommen haben. Mit anderen Worten: ist die in der analytischen Kur manifest werdende Verliebtheit wirklich keine reale zu nennen?

Ich meine, wir haben der Patientin die Wahrheit gesagt, aber doch nicht die ganze, um das Ergebnis unbekümmerte. Von unseren beiden Argumenten ist das erste das stärkere. Der Anteil des Widerstandes an der Übertragungsliebe ist unbestreitbar und sehr beträchtlich. Aber der Widerstand hat diese Liebe doch nicht geschaffen, er findet sie vor, bedient sich ihrer und übertreibt ihre Äußerungen. Die Echtheit des Phänomens wird auch durch den Widerstand nicht entkräftet. Unser zweites Argument ist weit schwächer; es ist wahr, daß diese Verliebtheit aus Neuauflagen alter Züge besteht und infantile Reaktionen wiederholt. Aber dies ist der wesentliche Charakter jeder Verliebtheit. Es gibt keine, die nicht infantile Vorbilder wiederholt. Gerade das, was ihren zwanghaften, ans Pathologische mahnenden Charakter ausmacht, rührt von ihrer infantilen Bedingtheit her. Die Übertragungsliebe hat vielleicht einen Grad von Freiheit weniger als die im Leben vorkommende, normal genannte, läßt die Abhängigkeit von der infantilen Vorlage deutlicher erkennen, zeigt sich weniger schmiegsam und modifikationsfähig, aber das ist auch alles und nicht das Wesentliche.

Woran soll man die Echtheit einer Liebe sonst erkennen? An ihrer Leistungsfähigkeit, ihrer Brauchbarkeit zur Durchsetzung des Liebeszieles? In diesem Punkte scheint die Übertragungsliebe hinter keiner anderen zurückzustehen; man hat den Eindruck, daß man alles von ihr erreichen könnte.

Resümieren wir also: Man hat kein Anrecht, der in der analytischen Behandlung zutage tretenden Verliebtheit den Charakter einer »echten« Liebe abzustreiten. Wenn sie so wenig normal erscheint, so erklärt sich dies hinreichend aus dem Umstande, daß auch die sonstige Verliebtheit außerhalb der analytischen Kur eher an die abnormen als an die normalen seelischen Phänomene erinnert. Immerhin ist sie durch einige Züge ausgezeichnet, welche ihr eine besondere Stellung sichern. Sie ist 1. durch die analytische Situation provoziert, 2. durch den diese Situation beherrschenden Widerstand in die Höhe getrieben, und 3., sie entbehrt in hohem Grade der Rücksicht auf die Realität, sie ist unkluger, unbekümmerter um ihre Konsequenzen, verblendeter in der Schätzung der geliebten Person, als wir einer normalen Verliebtheit gerne zugestehen wollen. Wir dürfen aber nicht vergessen, daß gerade diese von der Norm abweichenden Züge das Wesentliche einer Verliebtheit ausmachen.

Für das Handeln des Arztes ist die erste der drei erwähnten Eigenheiten der Übertragungsliebe das Maßgebende. Er hat diese Verliebtheit durch die Einleitung der analytischen Behandlung zur Heilung der Neurose hervorgelockt; sie ist für ihn das unvermeidliche Ergebnis einer ärztlichen Situation, ähnlich wie die körperliche Entblößung eines Kranken oder wie die Mitteilung eines lebenswichtigen Geheimnisses. Damit steht es für ihn fest, daß er keinen persönlichen Vorteil aus ihr ziehen darf. Die Bereitwilligkeit der Patientin ändert nichts daran, wälzt nur die ganze Verantwortlichkeit auf seine eigene Person. Die Kranke war ja, wie er wissen muß, auf keinen anderen Mechanismus der Heilung vorbereitet. Nach glücklicher Überwindung aller Schwierigkeiten gesteht sie oft die Erwartungsphantasie ein, mit der sie in die Kur eingetreten war: Wenn sie sich brav benehme, werde sie am Ende durch die Zärtlichkeit des Arztes belohnt werden.

Für den Arzt vereinigen sich nun ethische Motive mit den technischen, um ihn von der Liebesgewährung an die Kranke zurückzuhalten. Er muß das Ziel im Auge behalten, daß das in seiner Liebesfähigkeit durch infantile Fixierungen behinderte

Weib zur freien Verfügung über diese für sie unschätzbar wichtige Funktion gelange, aber sie nicht in der Kur verausgabe, sondern sie fürs reale Leben bereithalte, wenn dessen Forderungen nach der Behandlung an sie herantreten. Er darf nicht die Szene des Hundewettrennens mit ihr aufführen, bei dem ein Kranz von Würsten als Preis ausgesetzt ist, und das ein Spaßvogel verdirbt, indem er eine einzelne Wurst in die Rennbahn wirft. Über die fallen die Hunde her und vergessen ans Wettrennen und an den in der Ferne winkenden Kranz für den Sieger. Ich will nicht behaupten, daß es dem Arzte immer leicht wird, sich innerhalb der ihm von Ethik und Technik vorgeschriebenen Schranken zu halten. Besonders der jüngere und noch nicht fest gebundene Mann mag die Aufgabe als eine harte empfinden. Unzweifelhaft ist die geschlechtliche Liebe einer der Hauptinhalte des Lebens und die Vereinigung seelischer und körperlicher Befriedigung im Liebesgenusse geradezu einer der Höhepunkte desselben. Alle Menschen bis auf wenige verschrobene Fanatiker wissen das und richten ihr Leben danach ein; nur in der Wissenschaft ziert man sich, es zuzugestehen. Anderseits ist es eine peinliche Rolle für den Mann, den Abweisenden und Versagenden zu spielen, wenn das Weib um Liebe wirbt, und von einer edlen Frau, die sich zu ihrer Leidenschaft bekennt, geht trotz Neurose und Widerstand ein unvergleichbarer Zauber aus. Nicht das grobsinnliche Verlangen der Patientin stellt die Versuchung her. Dies wirkt ja eher abstoßend und ruft alle Toleranz auf, um es als natürliches Phänomen gelten zu lassen. Die feineren und zielgehemmten Wunschregungen des Weibes sind es vielleicht, die die Gefahr mit sich bringen, Technik und ärztliche Aufgabe über ein schönes Erlebnis zu vergessen.

Und doch bleibt für den Analytiker das Nachgeben ausgeschlossen. So hoch er die Liebe schätzen mag, er muß es höher stellen, daß er die Gelegenheit hat, seine Patientin über eine entscheidende Stufe ihres Lebens zu heben. Sie hat von ihm die Überwindung des Lustprinzips zu lernen, den Verzicht auf eine naheliegende, aber sozial nicht eingeordnete Befriedigung zugunsten einer entfernteren, vielleicht überhaupt unsicheren, aber psychologisch wie sozial untadeligen. Zum Zwecke dieser Überwindung soll sie durch die Urzeiten ihrer seelischen Entwicklung durchgeführt werden und auf diesem Wege jenes Mehr von seelischer Freiheit erwerben, durch welches sich die bewußte Seelentätigkeit – im systematischen Sinne – von der unbewußten unterscheidet.

Der analytische Psychotherapeut hat so einen dreifachen Kampf zu führen, in seinem Inneren gegen die Mächte, welche ihn von dem analytischen Niveau herabziehen möchten, außerhalb der Analyse gegen die Gegner, die ihm die Bedeutung der sexuellen Triebkräfte bestreiten und es ihm verwehren, sich ihrer in seiner wissenschaftlichen Technik zu bedienen, und in der Analyse gegen seine Patienten, die sich anfangs wie die Gegner gebärden, dann aber die sie beherrschende Überschätzung des Sexuallebens kundgeben und den Arzt mit ihrer sozial ungebändigten Leidenschaftlichkeit gefangen nehmen wollen.

Die Laien, von deren Einstellung zur Psychoanalyse ich eingangs sprach, werden gewiß auch diese Erörterungen über die Übertragungsliebe zum Anlasse nehmen, um die Aufmerksamkeit der Welt auf die Gefährlichkeit dieser therapeutischen Methode zu lenken. Der Psychoanalytiker weiß, daß er mit den explosivsten Kräften arbeitet und derselben Vorsicht und Gewissenhaftigkeit bedarf wie der Chemiker. Aber wann ist dem Chemiker je die Beschäftigung mit den ob ihrer Wirkung unentbehrlichen Explosivstoffen wegen deren Gefährlichkeit untersagt worden? Es ist merkwürdig, daß sich die Psychoanalyse alle Lizenzen erst neu erobern muß, die anderen ärztlichen Tätigkeiten längst zugestanden sind. Ich bin gewiß nicht dafür, daß die harmlosen Behandlungsmethoden aufgegeben werden sollen. Sie reichen für manche Fälle aus, und schließlich kann die menschliche Gesellschaft den *furor sanandi* ebensowenig brauchen wie irgend einen anderen Fanatismus. Aber es heißt die Psychoneurosen nach ihrer Herkunft und ihrer praktischen Bedeutung arg unterschätzen, wenn man glaubt, diese Affektionen müßten durch Operationen mit harmlosen Mittelchen zu besiegen sein. Nein, im ärztlichen Handeln wird neben der *medicina* immer ein Raum bleiben für das *ferrum* und für das *ignis*, und so wird auch die kunstgerechte, unabgeschwächte Psychoanalyse nicht zu entbehren sein, die sich nicht scheut, die gefährlichsten seelischen Regungen zu handhaben und zum Wohle des Kranken zu meistern.

Trauer und Melancholie

Diese 1916/17 publizierte Studie über Trauer und Melancholie ist gewiß ein Schmuckstück in einer Reihe theoretisch anspruchsvoller und zugleich praktisch bedeutsamer Texte Freuds. So komplex und tiefsinnig seine metapsychologischen Reflexionen hier auch sind, es ist die Schönheit der sprachlichen Formulierung, mit der er auch den psychoanalytisch nicht Geschulten erreicht. Sätze wie: »Der Schatten des Objekts fiel so auf das Ich« und »Der melancholische Komplex verhält sich wie eine offene Wunde« sind zu Recht unzählige Male zitiert worden. Sie, wie auch der Begriff der *Trauerarbeit,* erfassen im wesentlichen, was Freud uns hier über die Charakteristika und die Unterschiede zwischen den normalen Zuständen der Trauer und den pathologischen Exzessen der Melancholie verständlich macht. Und wieder ist seine Forschungsmethode das genaue, detaillierte Studium: »Hört man die mannigfachen Selbstanklagen des Melancholikers geduldig an …«, so offenbart Freud sein Vorgehen, und es ist diese *nachdenkliche Geduld im Hinhören,* die ihm das zunächst Unverständliche oder gar Widersinnige erschließt – eine Methode, die ihn auch von einer Fragestellung zur nächsten führt. So ist es nicht verwunderlich, daß Freud, nachdem er eine Fülle von neuen Einsichten in diesem Aufsatz präsentiert hat, mit den Worten endet: »Aber hier wird es wiederum zweckmäßig sein, Halt zu machen und die weitere Aufklärung der Manie zu verschieben, bis wir Einsicht in die ökonomische Natur zunächst des körperlichen und dann des ihm analogen seelischen *Schmerzes* gewonnen haben. Wir wissen es ja schon, daß der Zusammenhang der verwickelten seelischen Probleme uns nötigt, jede Untersuchung unvollendet abzubrechen, bis ihr die Ergebnisse einer anderen zu Hilfe kommen können.«

* * *

Nachdem uns der Traum als Normalvorbild der narzißtischen Seelenstörungen gedient hat, wollen wir den Versuch machen, das Wesen der Melancholie durch ihre Vergleichung mit dem Normalaffekt der Trauer zu erhellen. Wir müssen aber diesmal ein Bekenntnis vorausschicken, welches vor Überschätzung des Ergebnisses warnen soll. Die Melancholie, deren Begriffsbestimmung auch in der deskriptiven Psychiatrie schwankend ist, tritt in verschiedenartigen klinischen Formen auf, deren Zusammenfassung zur Einheit nicht gesichert scheint, von denen einige eher an somatische als an psychogene Affektionen mahnen. Unser Material beschränkt sich, abgesehen von den Eindrücken, die jedem Beobachter zu Gebote stehen, auf eine kleine Anzahl von Fällen, deren psychogene Natur keinem Zweifel unterlag. So werden wir den Anspruch auf allgemeine Gültigkeit unserer Ergebnisse von vornherein fallen lassen und uns mit der Erwägung trösten, daß wir mit unseren gegenwärtigen Forschungsmitteln kaum etwas finden können, was nicht *typisch* wäre, wenn nicht für eine ganze Klasse von Affektionen, so doch für eine kleinere Gruppe.

Die Zusammenstellung von Melancholie und Trauer erscheint durch das Gesamtbild der beiden Zustände gerechtfertigt.[1] Auch die Anlässe zu beiden aus den Lebenseinwirkungen fallen dort, wo sie überhaupt durchsichtig sind, zusammen. Trauer ist regelmäßig die Reaktion auf den Verlust einer geliebten Person oder einer an ihre Stelle gerückten Abstraktion wie Vaterland, Freiheit, ein Ideal usw. Unter den nämlichen Einwirkungen zeigt sich bei manchen Personen, die wir darum unter den Verdacht einer krankhaften Disposition setzen, an Stelle der Trauer eine Melancholie. Es ist auch sehr bemerkenswert, daß es uns niemals einfällt, die Trauer als einen krankhaften Zustand zu betrachten und dem Arzt zur Behandlung zu übergeben, obwohl sie schwere Abweichungen vom normalen Lebensverhalten mit sich bringt. Wir vertrauen darauf, daß sie nach einem gewissen Zeitraum überwunden sein wird, und halten eine Störung derselben für unzweckmäßig, selbst für schädlich.

Die Melancholie ist seelisch ausgezeichnet durch eine tief schmerzliche Verstimmung, eine Aufhebung des Interesses für die Außenwelt, durch den Verlust der Liebesfähigkeit, durch die Hemmung jeder Leistung und die Herabsetzung des Selbstgefühls, die sich in Selbstvorwürfen und Selbstbeschimpfungen äußert und bis zur wahnhaften Erwartung von Strafe steigert. Dies Bild wird unserem Verständnis näher gerückt, wenn wir erwägen, daß die Trauer dieselben Züge aufweist, bis auf einen einzigen; die Störung des Selbstgefühls fällt bei ihr weg. Sonst aber ist es dasselbe. Die schwere Trauer, die Reaktion auf den Verlust einer geliebten Person, enthält die nämliche schmerzliche Stimmung, den Verlust des Interesses für die Außenwelt – soweit sie nicht an den Verstorbenen mahnt, – den Verlust der Fähigkeit, irgend ein neues Liebesobjekt zu wählen – was den Betrauerten ersetzen hieße, – die Abwendung von jeder Leistung, die nicht mit dem Andenken des Verstorbenen in Beziehung steht. Wir fassen es leicht, daß diese Hemmung und Einschränkung des Ichs der Ausdruck der ausschließlichen Hingabe an die Trauer ist, wobei für andere Absichten und Interessen nichts übrig bleibt. Eigentlich erscheint uns dieses Verhalten nur darum nicht pathologisch, weil wir es so gut zu erklären wissen.

Wir werden auch den Vergleich gutheißen, der die Stimmung der Trauer eine »schmerzliche« nennt. Seine Berechtigung wird uns wahrscheinlich einleuchten, wenn wir im stande sind, den Schmerz ökonomisch zu charakterisieren.

Worin besteht nun die Arbeit, welche die Trauer leistet? Ich glaube, daß es nichts Gezwungenes enthalten wird, sie in folgender Art darzustellen: Die Realitätsprüfung hat gezeigt, daß das geliebte Objekt nicht mehr besteht, und erläßt nun die Aufforderung, alle Libido aus ihren Verknüpfungen mit diesem Objekt abzuziehen. Dagegen erhebt sich ein begreifliches Sträuben, – es ist allgemein zu beobachten, daß der Mensch eine Libidoposition nicht gern verläßt, selbst dann nicht, wenn ihm Ersatz bereits winkt. Dies Sträuben kann so intensiv sein, daß eine Abwendung von der Realität und ein Festhalten des Objekts durch eine halluzinatorische Wunschpsychose (siehe die vorige Abhandlung) zu stande kommt. Das Normale ist, daß der Respekt vor der Realität den Sieg behält. Doch kann ihr Auftrag nicht sofort erfüllt werden. Er wird nun im einzelnen unter großem Aufwand von Zeit und Besetzungsenergie durchgeführt und unterdes die Existenz des verlorenen Objekts psychisch fortgesetzt. Jede einzelne der Erinnerungen und Erwartungen, in denen die Libido an das Objekt geknüpft war, wird eingestellt, überbesetzt und an ihr die Lösung der Libido vollzogen. Warum diese Kompromißleistung der Einzeldurchführung des Realitätsgebotes so außerordentlich schmerzhaft ist, läßt sich in ökonomischer Begründung gar nicht leicht angeben. Es ist merkwürdig, daß uns diese Schmerzunlust selbstverständlich erscheint. Tatsächlich wird aber das Ich nach der Vollendung der Trauerarbeit wieder frei und ungehemmt.

Wenden wir nun auf die Melancholie an, was wir von der Trauer erfahren haben. In einer Reihe von Fällen ist es offenbar, daß auch sie Reaktion auf den Verlust eines geliebten Objekts sein kann; bei anderen Veranlassungen kann man erkennen, daß der Verlust von mehr ideeller Natur ist. Das Objekt ist nicht etwa real gestorben, aber es ist als Liebesobjekt verlorengegangen (z.B. der Fall einer verlassenen Braut). In noch anderen Fällen glaubt man an der Annahme eines solchen Verlustes festhalten zu sollen, aber man kann nicht deutlich erkennen, was verloren wurde, und darf um so eher annehmen, daß auch der Kranke nicht bewußt erfassen kann, was er verloren hat. Ja, dieser Fall könnte auch dann noch vorliegen, wenn der die Melancholie veranlassende Verlust dem Kranken bekannt ist, indem er zwar weiß *wen*, aber nicht, *was* er an ihm verloren hat. So würde uns nahe gelegt, die Melancholie irgendwie auf einen dem Bewußtsein entzogenen Objektverlust zu beziehen, zum Unterschied von der Trauer, bei welcher nichts an dem Verluste unbewußt ist.

Bei der Trauer fanden wir Hemmung und Interesselosigkeit durch die das Ich absorbierende Trauerarbeit restlos aufgeklärt. Eine ähnliche innere Arbeit wird auch der unbekannte Verlust bei der Melancholie zur Folge haben und darum für die Hemmung der Melancholie verantwortlich werden. Nur daß uns die melancholische Hemmung einen rätselhaften Eindruck macht, weil wir nicht sehen können, was die Kranken so vollständig absorbiert. Der Melancholiker zeigt uns noch eines, was bei der Trauer entfällt, eine außerordentliche Herabsetzung seines Ichgefühls, eine großartige Ichverarmung. Bei der Trauer ist die Welt arm und leer geworden, bei der Melancholie ist es das Ich selbst. Der Kranke schildert uns sein Ich als nichtswürdig, leistungsunfähig und moralisch verwerflich, er macht sich Vorwürfe, beschimpft sich und erwartet Ausstoßung und Strafe. Er erniedrigt sich vor jedem anderen, bedauert jeden der Seinigen, daß er an seine so unwürdige Person gebunden sei. Er hat nicht das Urteil einer Veränderung, die an ihm vorgefallen ist, sondern streckt seine Selbstkritik über die Vergangenheit aus; er behauptet, niemals besser gewesen zu sein. Das Bild dieses – vorwiegend moralischen – Kleinheitswahnes vervollständigt sich durch Schlaflosigkeit, Ablehnung der Nahrung und eine psychologisch höchst merkwürdige Überwindung des Triebes, der alles Lebende am Leben festzuhalten zwingt.

Es wäre wissenschaftlich wie therapeutisch gleich unfruchtbar, dem Kranken zu widersprechen, der solche Anklagen gegen sein Ich vorbringt. Er muß wohl irgendwie recht haben und etwas schildern, was sich so verhält, wie es ihm erscheint. Einige seiner Angaben müssen wir ja ohne Einschränkung sofort bestätigen. Er ist wirklich so interesselos, so unfähig zur Liebe und zur Leistung, wie er sagt. Aber das ist, wie wir wissen, sekundär, ist die Folge der inneren, uns unbekannten, der Trauer vergleichbaren Arbeit, welche sein Ich aufzehrt. In einigen anderen Selbstanklagen scheint er uns gleichfalls recht zu haben und die Wahrheit nur schärfer zu erfassen als andere, die nicht melancholisch sind. Wenn er sich in gesteigerter Selbstkritik als kleinlichen, egoistischen, unaufrichtigen, unselbständigen Menschen schildert, der nur immer bestrebt war, die Schwächen seines Wesens zu verbergen, so mag er sich unseres Wissens der Selbsterkenntnis ziemlich angenähert haben, und wir fragen uns nur, warum man erst krank werden muß, um solcher Wahrheit zugänglich zu sein. Denn es leidet keinen Zweifel, wer eine solche Selbsteinschätzung gefunden hat und sie vor anderen äußert – eine Schätzung, wie sie Prinz Hamlet für sich und alle anderen bereit hat,[2] – der ist krank, ob er nun die Wahrheit sagt oder sich mehr oder weniger Unrecht tut. Es ist auch nicht schwer zu bemerken, daß zwischen dem Ausmaß der Selbsterniedrigung und ihrer realen Berechtigung nach unserem Urteil keine Entsprechung besteht. Die früher brave, tüchtige und pflichttreue Frau wird in der Melancholie nicht besser von sich sprechen als die in Wahrheit nichtsnutzige, ja vielleicht hat die erstere mehr Aussicht, an Melancholie zu erkranken, als die andere, von der auch wir nichts Gutes zu sagen wüßten. Endlich muß uns auffallen, daß der Melancholiker sich doch nicht ganz so benimmt wie ein normalerweise von Reue und Selbstvorwurf Zerknirschter. Es fehlt das Schämen vor anderen, welches diesen letzteren Zustand vor allem charakterisieren würde, oder es tritt wenigstens nicht auffällig hervor. Man könnte am Melancholiker beinahe den gegenteiligen Zug einer aufdringlichen Mitteilsamkeit hervorheben, die an der eigenen Bloßstellung eine Befriedigung findet.

Es ist also nicht wesentlich, ob der Melancholiker mit seiner peinlichen Selbstherabsetzung insofern recht hat, als diese Kritik mit dem Urteil der anderen zusammentrifft. Es muß sich vielmehr darum handeln, daß er seine psychologische Situation richtig beschreibt. Er hat seine Selbstachtung verloren und muß guten Grund dazu haben. Wir stehen dann allerdings vor einem Widerspruch, der uns ein schwer lösbares Rätsel aufgibt. Nach der Analogie mit der Trauer mußten wir schließen, daß er einen Verlust am Objekte erlitten hat; aus seinen Aussagen geht ein Verlust an seinem Ich hervor.

Ehe wir uns mit diesem Widerspruch beschäftigen, verweilen wir einen Moment lang bei dem Einblick, den uns die Affektion des Melancholikers in die Konstitution des menschlichen Ichs gewährt. Wir sehen bei ihm, wie sich ein Teil des Ichs dem anderen gegenüberstellt, es kritisch wertet, es gleichsam zum Objekt nimmt. Unser Verdacht, daß die hier vom Ich abgespaltene kritische Instanz auch unter anderen Verhältnissen ihre Selbständigkeit erweisen könne, wird durch alle weiteren Beobachtungen bestätigt werden. Wir werden wirklich Grund finden, diese Instanz vom übrigen Ich zu sondern. Was wir hier kennen lernen, ist die gewöhnlich *Gewissen* genannte Instanz; wir werden sie mit der Bewußtseinszensur und der Realitätsprüfung zu den großen Ichinstitutionen rechnen und irgendwo auch die Beweise dafür finden, daß sie für sich allein erkranken kann. Das Krankheitsbild der Melancholie läßt das moralische Mißfallen am eigenen Ich vor anderen Ausstellungen hervortreten: körperliche Gebrechen, Häßlichkeit, Schwäche, soziale Minderwertigkeit sind weit seltener Gegenstand der Selbsteinschätzung; nur die Verarmung nimmt unter den Befürchtungen oder Behauptungen des Kranken eine bevorzugte Stelle ein.

Zur Aufklärung des vorhin aufgestellten Widerspruches führt dann eine Beobachtung, die nicht einmal schwer anzustellen ist. Hört man die mannigfachen Selbstanklagen des Melancholikers geduldig an, so kann man sich endlich des Eindruckes nicht erwehren, daß die stärksten unter ihnen zur eigenen Person oft sehr wenig passen, aber mit geringfügigen Modifikationen einer anderen Person anzupassen sind, die der Kranke liebt, geliebt hat oder lieben sollte. So oft man den Sachverhalt untersucht, bestätigt er diese Vermutung. So hat man denn den Schlüssel des Krankheitsbildes in der Hand, indem man die Selbstvorwürfe als Vorwürfe gegen ein Liebesobjekt erkennt, die von diesem weg auf das eigene Ich gewälzt sind.

Die Frau, die laut ihren Mann bedauert, daß er an eine so untüchtige Frau gebunden ist, will eigentlich die Untüchtigkeit des Mannes anklagen, in welchem Sinne diese auch gemeint sein mag. Man braucht sich nicht zu sehr zu verwundern, daß einige echte Selbstvorwürfe unter die rückgewendeten eingestreut sind; sie dürfen sich vordrängen, weil sie dazu verhelfen, die anderen zu verdecken und die Erkenntnis des Sachverhaltes unmöglich zu machen, sie stammen ja auch aus dem Für und Wider des Liebesstreites, der zum Liebesverlust geführt hat. Auch das Benehmen der Kranken wird jetzt um vieles verständlicher. Ihre *Klagen* sind *Anklagen*, gemäß dem alten Sinne des Wortes; sie schämen und verbergen sich nicht, weil alles Herabsetzende, was sie von sich aussagen, im Grunde von einem anderen gesagt wird; und sie sind weit davon entfernt, gegen ihre Umgebung die Demut und Unterwürfigkeit zu bezeugen, die allein so unwürdigen Personen geziemen würde, sie sind vielmehr im höchsten Grade quälerisch, immer wie gekränkt und als ob ihnen ein großes Unrecht widerfahren wäre. Dies ist alles nur möglich, weil die Reaktionen ihres Benehmens noch von der seelischen Konstellation der Auflehnung ausgehen, welche dann durch einen gewissen Vorgang in die melancholische Zerknirschung übergeführt worden ist.

Es hat dann keine Schwierigkeit, diesen Vorgang zu rekonstruieren. Es hatte eine Objektwahl, eine Bindung der Libido an eine bestimmte Person bestanden; durch den Einfluß einer *realen Kränkung oder Enttäuschung* von seiten der geliebten Person trat eine Erschütterung dieser Objektbeziehung ein. Der Erfolg war nicht der normale einer Abziehung der Libido von diesem Objekt und Verschiebung derselben auf ein neues, sondern ein anderer, der mehrere Bedingungen für sein Zustandekommen zu erfordern scheint. Die Objektbesetzung erwies sich als wenig resistent, sie wurde aufgehoben, aber die freie Libido nicht auf ein anderes Objekt verschoben, sondern ins Ich zurückgezogen. Dort fand sie aber nicht eine beliebige Verwendung, sondern diente dazu, eine *Identifizierung* des Ichs mit dem aufgegebenen Objekt herzustellen. Der Schatten des Objekts fiel so auf das Ich, welches nun von einer besonderen Instanz wie ein Objekt, wie das verlassene Objekt, beurteilt werden konnte. Auf diese Weise hatte sich der Objektverlust in einen Ichverlust verwandelt, der Konflikt zwischen dem Ich und der geliebten Person in einen Zwiespalt zwischen der Ichkritik und dem durch Identifizierung veränderten Ich.

Von den Voraussetzungen und Ergebnissen eines solchen Vorganges läßt sich einiges unmittelbar erraten. Es muß einerseits eine starke Fixierung an das Liebesobjekt vorhanden sein, anderseits aber im Widerspruch dazu eine geringe Resistenz der Objektbesetzung. Dieser Widerspruch scheint nach einer treffenden Bemerkung von O. Rank zu fordern, daß die Objektwahl auf narzißtischer Grundlage erfolgt sei, so daß die Objektbesetzung, wenn sich Schwierigkeiten gegen sie erheben, auf den Narzißmus regredieren kann. Die narzißtische Identifizierung mit dem Objekt wird dann zum Ersatz der Liebesbesetzung, was den Erfolg hat, daß die Liebesbeziehung trotz des Konflikts mit der geliebten Person nicht aufgegeben werden muß. Ein solcher Ersatz der Objektliebe durch Identifizierung ist ein für die narzißtischen Affektionen bedeutsamer Mechanismus; K. Landauer hat ihn kürzlich in dem Heilungsvorgang einer Schizophrenie aufdecken können.[3] Er entspricht natürlich der *Regression* von einem Typus der Objektwahl auf den ursprünglichen Narzißmus. Wir haben an anderer Stelle ausgeführt, daß die Identifizierung die Vorstufe der Objektwahl ist und die erste, in ihrem Ausdruck ambivalente, Art, wie das Ich ein Objekt auszeichnet. Es möchte sich dieses Objekt einverleiben, und zwar der oralen oder kannibalischen Phase der Libidoentwicklung entsprechend auf dem Wege des Fressens. Auf diesen Zusammenhang führt Abraham wohl mit Recht die Ablehnung der Nahrungsaufnahme zurück, welche sich bei schwerer Ausbildung des melancholischen Zustandes kundgibt.

Der von der Theorie geforderte Schluß, welcher die Disposition zur melancholischen Erkrankung oder eines Stückes von ihr in die Vorherrschaft des narzißtischen Typus der Objektwahl verlegt, entbehrt leider noch der Bestätigung durch die Untersuchung. Ich habe in den einleitenden Sätzen dieser Abhandlung bekannt, daß das empirische Material, auf welches diese Studie gebaut ist, für unsere Ansprüche nicht zureicht. Dürfen wir eine Übereinstimmung der Beobachtung mit unseren Ableitungen annehmen, so würden wir nicht zögern, die Regression von der

Objektbesetzung auf die noch dem Narzißmus angehörige orale Libidophase in die Charakteristik der Melancholie aufzunehmen. Identifizierungen mit dem Objekt sind auch bei den Übertragungsneurosen keineswegs selten, vielmehr ein bekannter Mechanismus der Symptombildung, zumal bei der Hysterie. Wir dürfen aber den Unterschied der narzißtischen Identifizierung von der hysterischen darin erblicken, daß bei ersterer die Objektbesetzung aufgelassen wird, während sie bei letzterer bestehen bleibt und eine Wirkung äußert, die sich gewöhnlich auf gewisse einzelne Aktionen und Innervationen beschränkt. Immerhin ist die Identifizierung auch bei den Übertragungsneurosen der Ausdruck einer Gemeinschaft, welche Liebe bedeuten kann. Die narzißtische Identifizierung ist die ursprünglichere und eröffnet uns den Zugang zum Verständnis der weniger gut studierten hysterischen.

Die Melancholie entlehnt also einen Teil ihrer Charaktere der Trauer, den anderen Teil dem Vorgang der Regression von der narzißtischen Objektwahl zum Narzißmus. Sie ist einerseits wie die Trauer Reaktion auf den realen Verlust des Liebesobjekts, aber sie ist überdies mit einer Bedingung behaftet, welche der normalen Trauer abgeht oder dieselbe, wo sie hinzutritt, in eine pathologische verwandelt. Der Verlust des Liebesobjekts ist ein ausgezeichneter Anlaß, um die Ambivalenz der Liebesbeziehungen zur Geltung und zum Vorschein zu bringen. Wo die Disposition zur Zwangsneurose vorhanden ist, verleiht darum der Ambivalenzkonflikt der Trauer eine pathologische Gestaltung und zwingt sie, sich in der Form von Selbstvorwürfen, daß man den Verlust des Liebesobjekts selbst verschuldet, d.h. gewollt habe, zu äußern. In solchen zwangsneurotischen Depressionen nach dem Tode geliebter Personen wird uns vorgeführt, was der Ambivalenzkonflikt für sich allein leistet, wenn die regressive Einziehung der Libido nicht mit dabei ist. Die Anlässe der Melancholie gehen meist über den klaren Fall des Verlustes durch den Tod hinaus und umfassen alle die Situationen von Kränkung, Zurücksetzung und Enttäuschung, durch welche ein Gegensatz von Lieben und Hassen in die Beziehung eingetragen oder eine vorhandene Ambivalenz verstärkt werden kann. Dieser Ambivalenzkonflikt, bald mehr realer, bald mehr konstitutiver Herkunft, ist unter den Voraussetzungen der Melancholie nicht zu vernachlässigen. Hat sich die Liebe zum Objekt, die nicht aufgegeben werden kann, während das Objekt selbst aufgegeben wird, in die narzißtische Identifizierung geflüchtet, so betätigt sich an diesem Ersatzobjekt der Haß, indem er es beschimpft, erniedrigt, leiden macht und an diesem Leiden eine sadistische Befriedigung gewinnt. Die unzweifelhaft genußreiche Selbstquälerei der Melancholie bedeutet ganz wie das entsprechende Phänomen der Zwangsneurose die Befriedigung von sadistischen und Haßtendenzen,[4] die einem Objekt gelten und auf diesem Wege eine Wendung gegen die eigene Person erfahren haben. Bei beiden Affektionen pflegt es den Kranken noch zu gelingen, auf dem Umwege über die Selbstbestrafung Rache an den ursprünglichen Objekten zu nehmen und ihre Lieben durch Vermittlung des Krankseins zu quälen, nachdem sie sich in die Krankheit begeben haben, um ihnen ihre Feindseligkeit nicht direkt zeigen zu müssen. Die Person, welche die Gefühlsstörung des Kranken hervorgerufen, nach welcher sein Kranksein orientiert ist, ist doch gewöhnlich in der nächsten Umgebung des Kranken zu finden. So hat die Liebesbesetzung des Melancholischen für sein Objekt ein zweifaches Schicksal erfahren; sie ist zum Teil auf die Identifizierung regrediert, zum anderen Teil aber unter dem Einfluß des Ambivalenzkonflikts auf die ihm nähere Stufe des Sadismus zurückversetzt worden.

Erst dieser Sadismus löst uns das Rätsel der Selbstmordneigung, durch welche die Melancholie so interessant und so – gefährlich wird. Wir haben als den Urzustand, von dem das Triebleben ausgeht, eine so großartige Selbstliebe des Ichs erkannt, wir sehen in der Angst, die bei Lebensbedrohung auftritt, einen so riesigen Betrag der narzißtischen Libido frei werden, daß wir es nicht erfassen, wie dies Ich seiner Selbstzerstörung zustimmen könne. Wir wußten zwar längst, daß kein Neurotiker Selbstmordabsichten verspürt, der solche nicht von einem Mordimpuls gegen andere auf sich zurückwendet, aber es blieb unverständlich, durch welches Kräftespiel eine solche Absicht sich zur Tat durchsetzen kann. Nun lehrt uns die Analyse der Melancholie, daß das Ich sich nur dann töten kann, wenn es durch die Rückkehr der Objektbesetzung sich selbst wie ein Objekt behandeln kann, wenn es die Feindseligkeit gegen sich richten darf, die einem Objekt gilt, und die die ursprüngliche Reaktion des Ichs gegen Objekte der Außenwelt vertritt. (Siehe »Triebe und Triebschicksale«.) So ist bei der Regression von der narzißtischen Objektwahl das Objekt zwar aufgehoben worden, aber es hat sich doch mächtiger erwiesen als das Ich selbst. In den zwei entgegengesetzten Situationen der äußersten Verliebtheit und des Selbstmordes wird das Ich, wenn auch auf gänzlich verschiedenen Wegen, vom Objekt überwältigt.

Es liegt dann noch nahe, für den einen auffälligen Charakter der Melancholie, das Hervortreten der Verarmungsangst, die Ableitung der aus ihren Verbindungen gerissenen und regressiv verwandelten Analerotik zuzulassen.

Die Melancholie stellt uns noch vor andere Fragen, deren Beantwortung uns zum Teil entgeht. Daß sie nach einem gewissen Zeitraum abgelaufen ist, ohne nachweisbare grobe Veränderungen zu hinterlassen, diesen Charakter teilt sie mit der Trauer. Dort fanden wir die Auskunft, die Zeit werde für die Detaildurchführung des Gebotes der Realitätsprüfung benötigt, nach welcher Arbeit das Ich seine Libido vom verlorenen Objekt frei bekommen habe. Mit einer analogen Arbeit können wir das Ich während der Melancholie beschäftigt denken; das ökonomische Verständnis des Herganges bleibt hier wie dort aus. Die Schlaflosigkeit der Melancholie bezeugt wohl die Starrheit des Zustandes, die Unmöglichkeit, die für den Schlaf erforderliche allgemeine Einziehung der Besetzungen durchzuführen. Der melancholische Komplex verhält sich wie eine offene Wunde, zieht von allen Seiten Besetzungsenergien an sich (die wir bei den Übertragungsneurosen »Gegenbesetzungen« geheißen haben) und entleert das Ich bis zur völligen Verarmung; er kann sich leicht resistent gegen den Schlafwunsch des Ichs erweisen. – Ein wahrscheinlich somatisches, psychogen nicht aufzuklärendes Moment kommt in der regelmäßigen Linderung des Zustandes zur Abendzeit zum Vorschein. An diese Erörterungen schließt die Frage an, ob nicht Ichverlust ohne Rücksicht auf das Objekt (rein narzißtische Ichkränkung) hinreicht, das Bild der Melancholie zu erzeugen, und ob nicht direkt toxische Verarmung an Ichlibido gewisse Formen der Affektion ergeben kann.

Die merkwürdigste und aufklärungsbedürftigste Eigentümlichkeit der Melancholie ist durch ihre Neigung gegeben, in den symptomatisch gegensätzlichen Zustand der Manie umzuschlagen. Bekanntlich hat nicht jede Melancholie dieses Schicksal. Manche Fälle verlaufen in periodischen Rezidiven, deren Intervalle entweder keine oder eine nur sehr geringfügige Tönung von Manie erkennen lassen. Andere zeigen jene regelmäßige Abwechslung von melancholischen und manischen Phasen, die in der Aufstellung des zyklischen Irreseins Ausdruck gefunden hat. Man wäre versucht, diese Fälle von der psychogenen Auffassung auszuschließen, wenn nicht die psychoanalytische Arbeit gerade für mehrere dieser Erkrankungen Auflösung wie therapeutische Beeinflussung zu stande gebracht hätte. Es ist also nicht nur gestattet, sondern sogar geboten, eine analytische Aufklärung der Melancholie auch auf die Manie auszudehnen.

Ich kann nicht versprechen, daß dieser Versuch voll befriedigend ausfallen wird. Er reicht vielmehr nicht weit über die Möglichkeit einer ersten Orientierung hinaus. Es stehen uns hier zwei Anhaltspunkte zu Gebote, der erste ein psychoanalytischer Eindruck, der andere eine, man darf wohl sagen, allgemeine ökonomische Erfahrung. Der Eindruck, dem bereits mehrere psychoanalytische Forscher Worte geliehen haben, geht dahin, daß die Manie keinen anderen Inhalt hat als die Melancholie, daß beide Affektionen mit demselben »Komplex« ringen, dem das Ich wahrscheinlich in der Melancholie erlegen ist, während es ihn in der Manie bewältigt oder beiseite geschoben hat. Den anderen

Anhalt gibt die Erfahrung, daß alle Zustände von Freude, Jubel, Triumph, die uns das Normalvorbild der Manie zeigen, die nämliche ökonomische Bedingtheit erkennen lassen. Es handelt sich bei ihnen um eine Einwirkung, durch welche ein großer, lange unterhaltener, oder gewohnheitsmäßig hergestellter psychischer Aufwand endlich überflüssig wird, so daß er für mannigfache Verwendungen und Abfuhrmöglichkeiten bereit steht. Also zum Beispiel: Wenn ein armer Teufel durch einen großen Geldgewinn plötzlich der chronischen Sorge um das tägliche Brot enthoben wird, wenn ein langes und mühseliges Ringen sich am Ende durch den Erfolg gekrönt sieht, wenn man in die Lage kommt, einen drückenden Zwang, eine lange fortgesetzte Verstellung mit einem Schlage aufzugeben u. dgl. Alle solche Situationen zeichnen sich durch die gehobene Stimmung, die Abfuhrzeichen des freudigen Affekts, und durch die gesteigerte Bereitwilligkeit zu allerlei Aktionen aus, ganz wie die Manie und im vollen Gegensatz zur Depression und Hemmung der Melancholie. Man kann wagen es auszusprechen, daß die Manie nichts anderes ist als ein solcher Triumph, nur daß es wiederum dem Ich verdeckt bleibt, was es überwunden hat und worüber es triumphiert. Den in dieselbe Reihe von Zuständen gehörigen Alkoholrausch wird man – insofern er ein heiterer ist – ebenso zurechtlegen dürfen; es handelt sich bei ihm wahrscheinlich um die toxisch erzielte Aufhebung von Verdrängungsaufwänden. Die Laienmeinung nimmt gern an, daß man in solcher maniakalischer Verfassung darum so bewegungs- und unternehmungslustig ist, weil man so »gut aufgelegt« ist. Diese falsche Verknüpfung wird man natürlich auflösen müssen. Es ist jene erwähnte ökonomische Bedingung im Seelenleben erfüllt worden, und darum ist man einerseits in so heiterer Stimmung und anderseits so ungehemmt im Tun.

Setzen wir die beiden Andeutungen zusammen, so ergibt sich: In der Manie muß das Ich den Verlust des Objekts (oder die Trauer über den Verlust oder vielleicht das Objekt selbst) überwunden haben, und nun ist der ganze Betrag von Gegenbesetzung, den das schmerzhafte Leiden der Melancholie aus dem Ich an sich gezogen und gebunden hatte, verfügbar geworden. Der Manische demonstriert uns auch unverkennbar seine Befreiung von dem Objekt, an dem er gelitten hatte, indem er wie ein Heißhungriger auf neue Objektbesetzungen ausgeht.

Diese Aufklärung klingt ja plausibel, aber sie ist erstens noch zu wenig bestimmt und läßt zweitens mehr neue Fragen und Zweifel auftauchen, als wir beantworten können. Wir wollen uns der Diskussion derselben nicht entziehen, wenn wir auch nicht erwarten können, durch sie hindurch den Weg zur Klarheit zu finden.

Zunächst: Die normale Trauer überwindet ja auch den Verlust des Objekts und absorbiert gleichfalls während ihres Bestandes alle Energien des Ichs. Warum stellt sich bei ihr die ökonomische Bedingung für eine Phase des Triumphes nach ihrem Ablaufe auch nicht andeutungsweise her? Ich finde es unmöglich, auf diesen Einwand kurzerhand zu antworten. Er macht uns auch darauf aufmerksam, daß wir nicht einmal sagen können, durch welche ökonomischen Mittel die Trauer ihre Aufgabe löst; aber vielleicht kann hier eine Vermutung aushelfen. An jede einzelne der Erinnerungen und Erwartungssituationen, welche die Libido an das verlorene Objekt geknüpft zeigen, bringt die Realität ihr Verdikt heran, daß das Objekt nicht mehr existiere, und das Ich, gleichsam vor die Frage gestellt, ob es dieses Schicksal teilen will, läßt sich durch die Summe der narzißtischen Befriedigungen, am Leben zu sein, bestimmen, seine Bindung an das vernichtete Objekt zu lösen. Man kann sich etwa vorstellen, diese Lösung gehe so langsam und schrittweise vor sich, daß mit der Beendigung der Arbeit auch der für sie erforderliche Aufwand zerstreut ist.[5]

Es ist verlockend, von der Mutmaßung über die Arbeit der Trauer den Weg zu einer Darstellung der melancholischen Arbeit zu suchen. Da kommt uns zuerst eine Unsicherheit in den Weg. Wir haben bisher den topischen Gesichtspunkt bei der Melancholie noch kaum berücksichtigt und die Frage nicht aufgeworfen, in und zwischen welchen psychischen Systemen die Arbeit der Melancholie vor sich geht. Was von den psychischen Vorgängen der Affektion spielt sich noch an den aufgelassenen unbewußten Objektbesetzungen, was an deren Identifizierungsersatz im Ich ab?

Es spricht sich nun rasch aus und schreibt sich leicht nieder, daß die »unbewußte (Ding-) Vorstellung des Objekts von der Libido verlassen wird«. Aber in Wirklichkeit ist diese Vorstellung durch ungezählte Einzeleindrücke (unbewußte Spuren derselben) vertreten, und die Durchführung dieser Libidoabziehung kann nicht ein momentaner Vorgang sein, sondern gewiß wie bei der Trauer ein langwieriger, allmählich fortschreitender Prozeß. Ob er an vielen Stellen gleichzeitig beginnt oder eine irgendwie bestimmte Reihenfolge enthält, läßt sich ja nicht leicht unterscheiden; in den Analysen kann man oft feststellen, daß bald diese, bald jene Erinnerung aktiviert ist, und daß die gleichlautenden, durch ihre Monotonie ermüdenden Klagen doch jedesmal von einer anderen unbewußten Begründung herrühren. Wenn das Objekt keine so große, durch tausendfältige Verknüpfung verstärkte Bedeutung für das Ich hat, so ist sein Verlust auch nicht geeignet, eine Trauer oder eine Melancholie zu verursachen. Der Charakter der Einzeldurchführung der Libidoablösung ist also der Melancholie wie der Trauer in gleicher Weise zuzuschreiben, stützt sich wahrscheinlich auf die gleichen ökonomischen Verhältnisse und dient denselben Tendenzen.

Die Melancholie hat aber, wie wir gehört haben, etwas mehr zum Inhalt als die normale Trauer. Das Verhältnis zum Objekt ist bei ihr kein einfaches, es wird durch den Ambivalenzkonflikt kompliziert. Die Ambivalenz ist entweder konstitutionell, d.h. sie hängt jeder Liebesbeziehung dieses Ichs an, oder sie geht gerade aus den Erlebnissen hervor, welche die Drohung des Objektverlustes mit sich bringen. Die Melancholie kann darum in ihren Veranlassungen weit über die Trauer hinausgehen, welche in der Regel nur durch den Realverlust, den Tod des Objekts, ausgelöst wird. Es spinnt sich also bei der Melancholie eine Unzahl von Einzelkämpfen um das Objekt an, in denen Haß und Liebe miteinander ringen, die eine, um die Libido vom Objekt zu lösen, die andere, um diese Libidoposition gegen den Ansturm zu behaupten. Diese Einzelkämpfe können wir in kein anderes System verlegen, als in das *Ubw,* in das Reich der sachlichen Erinnerungsspuren (im Gegensatz zu den Wortbesetzungen). Ebendort spielen sich auch die Lösungsversuche bei der Trauer ab, aber bei dieser letzteren besteht kein Hindernis dagegen, daß sich diese Vorgänge auf dem normalen Wege durch das *Vbw* zum Bewußtsein fortsetzen. Dieser Weg ist für die melancholische Arbeit gesperrt, vielleicht infolge einer Mehrzahl von Ursachen oder des Zusammenwirkens derselben. Die konstitutive Ambivalenz gehört an und für sich dem Verdrängten an, die traumatischen Erlebnisse mit dem Objekt mögen anderes Verdrängte aktiviert haben. So bleibt alles an diesen Ambivalenzkämpfen dem Bewußtsein entzogen, bis nicht der für die Melancholie charakteristische Ausgang eingetreten ist. Er besteht, wie wir wissen, darin, daß die bedrohte Libidobesetzung endlich das Objekt verläßt, aber nur, um sich auf die Stelle des Ichs, von der sie ausgegangen war, zurückzuziehen. Die Liebe hat sich so durch ihre Flucht ins Ich der Aufhebung entzogen. Nach dieser Regression der Libido kann der Vorgang bewußt werden und repräsentiert sich dem Bewußtsein als ein Konflikt zwischen einem Teil des Ichs und der kritischen Instanz.

Was das Bewußtsein von der melancholischen Arbeit erfährt, ist also nicht das wesentliche Stück derselben, auch nicht jenes, dem wir einen Einfluß auf die Lösung des Leidens zutrauen können. Wir sehen, daß das Ich sich herabwürdigt und gegen sich wütet, und verstehen so wenig wie der Kranke, wozu das führen und wie sich das ändern kann. Dem unbewußten Stück der Arbeit können wir eine solche Leistung eher zuschreiben, weil es nicht schwer fällt, eine wesentliche Analogie zwischen der Arbeit der Melancholie und jener der Trauer herauszufinden. Wie die Trauer das Ich dazu bewegt, auf das Objekt zu verzichten, indem es das Objekt für tot erklärt und dem Ich die Prämie des am Leben Bleibens bietet, so lockert auch jeder einzelne Ambivalenzkampf die Fixierung der Libido an das Objekt, indem er dieses entwertet, herabsetzt, gleichsam auch erschlägt. Es ist die Möglichkeit gegeben, daß der Prozeß im *Ubw* zu Ende komme, sei es nachdem die Wut sich ausgetobt hat, sei es nachdem das Objekt als wertlos aufgegeben wurde. Es fehlt uns der Einblick, welche dieser beiden Möglichkeiten regelmäßig oder vorwiegend häufig der Melancholie ein Ende bereitet, und wie diese Beendigung den weiteren Verlauf des Falles beeinflußt. Das Ich mag dabei die Befriedigung genießen, daß es sich als das Bessere, als dem Objekt überlegen anerkennen darf.

Mögen wir diese Auffassung der melancholischen Arbeit auch annehmen, sie kann uns doch das eine nicht leisten, auf dessen Erklärung wir ausgegangen sind. Unsere Erwartung, die ökonomische Bedingung für das Zustandekommen der Manie nach abgelaufener Melancholie aus der Ambivalenz abzuleiten, welche diese Affektion beherrscht, könnte sich auf Analogien aus verschiedenen anderen Gebieten stützen; aber es gibt eine Tatsache, vor welcher sie sich beugen muß. Von den drei Voraussetzungen der Melancholie: Verlust des Objekts, Ambivalenz und Regression der Libido ins Ich, finden wir die beiden ersten bei den Zwangsvorwürfen nach Todesfällen wieder. Dort ist es die Ambivalenz, die unzweifelhaft die Triebfeder des Konflikts darstellt, und die Beobachtung zeigt, daß nach Ablauf desselben nichts von einem Triumph einer manischen Verfassung erübrigt. Wir werden so auf das dritte Moment als das einzig wirksame hingewiesen. Jene Anhäufung von zunächst gebundener Besetzung, welche nach Beendigung der melancholischen Arbeit frei wird und die Manie ermöglicht, muß mit der Regression der Libido auf den Narzißmus zusammenhängen. Der Konflikt im Ich, den die Melancholie für den Kampf um das Objekt eintauscht, muß ähnlich wie eine schmerzhafte Wunde wirken, die eine außerordentlich hohe Gegenbesetzung in Anspruch nimmt. Aber hier wird es wiederum zweckmäßig sein, Halt zu machen und die weitere Aufklärung der Manie zu verschieben, bis wir Einsicht in die ökonomische Natur zunächst des körperlichen und dann des ihm analogen seelischen *Schmerzes* gewonnen haben. Wir wissen es ja schon, daß der Zusammenhang der verwickelten seelischen Probleme uns nötigt, jede Untersuchung unvollendet abzubrechen, bis ihr die Ergebnisse einer anderen zu Hilfe kommen können.[6]

Eine Kindheitserinnerung aus *Dichtung und Wahrheit*

Freud liebte Goethe und hat in seinen Schriften an vielen Stellen auf sein Werk Bezug genommen. Als er 1930 mit dem Goethe-Preis der Stadt Frankfurt ausgezeichnet wurde, zeigte er sich sehr erfreut. Im Begründungsschreiben an Freud hieß es unter anderem: »Die Ihnen zugedachte Ehrung gilt im gleichen Maße dem Gelehrten wie auch dem Schriftsteller und dem Kämpfer, der in unserer, von brennenden Fragen bewegten Zeit dasteht als ein Hinweis auf eine der lebendigsten Seiten des Goetheschen Wesens.«* Mit solchen Worten konnte sich Freud sehr wohl identifizieren. Die Analyse einer Begebenheit aus Goethes Kindheit von 1917 zeigt, daß Freuds hohe Wertschätzung des großen Dichterfürsten sich durchaus mit der forschenden Einfühlung des Analytikers verträgt. Angestoßen vom Bericht eines Patienten über ein ähnliches Ereignis in seiner Kindheit erinnert sich Freud hier an eine Vignette aus Goethes *Dichtung und Wahrheit,* die ihm ein kleines Problem aufgegeben hatte. Indem er nun Goethes Kinderbegebenheit als *Deckerinnerung* auffaßt – ein Begriff, mit dem er in seiner Arbeit »Über Deckerinnerungen« (1899a) den bewußten Repräsentanten einer verdrängten Vorstellung bezeichnet hat –, gelingt es ihm, dem scheinbar unschuldigen Schabernack des etwa vierjährigen Goethe eine zwar spekulative, aber durchaus nachvollziehbare spezifische Bedeutung zu geben. Damit erhellt Freud zugleich etwas von den komplizierten psychischen Leistungen des Kindes im Umgang mit der Geschwisterrivalität.

* * *

»Wenn man sich erinnern will, was uns in der frühesten Zeit der Kindheit begegnet ist, so kommt man oft in den Fall, dasjenige, was wir von anderen gehört, mit dem zu verwechseln, was wir

* Goethe-Preis 1930d, S. 546 Fußnote.

wirklich aus eigener anschauender Erfahrung besitzen.« Diese Bemerkung macht Goethe auf einem der ersten Blätter der Lebensbeschreibung, die er im Alter von sechzig Jahren aufzuzeichnen begann. Vor ihr stehen nur einige Mitteilungen über seine »am 28. August 1749, mittags mit dem Glockenschlag zwölf« erfolgte Geburt. Die Konstellation der Gestirne war ihm günstig und mag wohl Ursache seiner Erhaltung gewesen sein, denn er kam »für tot« auf die Welt, und nur durch vielfache Bemühungen brachte man es dahin, daß er das Licht erblickte. Nach dieser Bemerkung folgt eine kurze Schilderung des Hauses und der Räumlichkeit, in welcher sich die Kinder – er und seine jüngere Schwester – am liebsten aufhielten. Dann aber erzählt Goethe eigentlich nur eine *einzige* Begebenheit, die man in die »früheste Zeit der Kindheit« (in die Jahre bis vier?) versetzen kann, und an welche er eine eigene Erinnerung bewahrt zu haben scheint.

Der Bericht hierüber lautet: »und mich gewannen drei gegenüber wohnende Brüder von Ochsenstein, hinterlassene Söhne des verstorbenen Schultheißen, gar lieb, und beschäftigten und neckten sich mit mir auf mancherlei Weise.«

»Die Meinigen erzählten gern allerlei Eulenspiegeleien, zu denen mich jene sonst ernsten und einsamen Männer angereizt. Ich führe nur einen von diesen Streichen an. Es war eben Topfmarkt gewesen und man hatte nicht allein die Küche für die nächste Zeit mit solchen Waren versorgt, sondern auch uns Kindern dergleichen Geschirr im kleinen zu spielender Beschäftigung eingekauft. An einem schönen Nachmittag, da alles ruhig im Hause war, trieb ich im Geräms (der erwähnten gegen die Straße gerichteten Örtlichkeit) mit meinen Schüsseln und Töpfen mein Wesen und da weiter nichts dabei herauskommen wollte, warf ich ein Geschirr auf die Straße und freute mich, daß es so lustig zerbrach. Die von Ochsenstein, welche sahen, wie ich mich daran ergötzte, daß ich so gar fröhlich in die Händchen patschte, riefen: Noch mehr! Ich säumte nicht, sogleich einen Topf und auf immer fortwährendes Rufen: Noch mehr! nach und nach sämtliche Schüsselchen, Tiegelchen, Kännchen gegen das Pflaster zu schleudern. Meine Nachbarn fuhren fort, ihren Beifall zu bezeigen und ich war höchlich froh, ihnen Vergnügen zu machen. Mein Vorrat aber war aufgezehrt, und sie riefen immer: Noch mehr! Ich eilte daher stracks in die Küche und holte die irdenen Teller, welche nun freilich im Zerbrechen ein noch lustigeres Schauspiel gaben; und so lief ich hin und wieder, brachte einen Teller nach dem anderen, wie ich sie auf dem Topfbrett der Reihe nach erreichen konnte, und weil sich jene gar nicht zufrieden gaben, so stürzte ich alles, was ich von Geschirr erschleppen konnte, in gleiches Verderben. Nur später erschien jemand zu hindern und zu wehren. Das Unglück war geschehen, und man hatte für so viel zerbrochene Töpferware wenigstens eine lustige Geschichte, an der sich besonders die schalkischen Urheber bis an ihr Lebensende ergötzten.«

Dies konnte man in voranalytischen Zeiten ohne Anlaß zum Verweilen und ohne Anstoß lesen; aber später wurde das analytische Gewissen rege. Man hatte sich ja über Erinnerungen aus der frühesten Kindheit bestimmte Meinungen und Erwartungen gebildet, für die man gerne allgemeine Gültigkeit in Anspruch nahm. Es sollte nicht gleichgültig oder bedeutungslos sein, welche Einzelheit des Kindheitslebens sich dem allgemeinen Vergessen der Kindheit entzogen hatte. Vielmehr durfte man vermuten, daß dies im Gedächtnis Erhaltene auch das Bedeutsamste des ganzen Lebensabschnittes sei, und zwar entweder so, daß es solche Wichtigkeit schon zu seiner Zeit besessen oder anders, daß es sie durch den Einfluß späterer Erlebnisse nachträglich erworben habe.

Allerdings war die hohe Wertigkeit solcher Kindheitserinnerungen nur in seltenen Fällen offensichtlich. Meist erschienen sie gleichgültig, ja nichtig, und es blieb zunächst unverstanden, daß es gerade ihnen gelungen war, der Amnesie zu trotzen; auch wußte derjenige, der sie als sein eigenes Erinnerungsgut seit langen Jahren bewahrt hatte, sie so wenig zu würdigen wie der Fremde, dem er sie erzählte. Um sie in ihrer Bedeutsamkeit zu erkennen, bedurfte es einer gewissen Deutungsarbeit, die entweder nachwies, wie ihr Inhalt durch einen anderen zu ersetzen sei, oder ihre Beziehung zu anderen, unverkennbar wichtigen Erlebnissen aufzeigte, für welche sie als sogenannte *Deckerinnerungen* eingetreten waren.

In jeder psychoanalytischen Bearbeitung einer Lebensgeschichte gelingt es, die Bedeutung der frühesten Kindheitserinnerungen in solcher Weise aufzuklären. Ja, es ergibt sich in der Regel, daß gerade diejenige Erinnerung, die der Analysierte voranstellt, die er zuerst erzählt, mit der er seine Lebensbeichte einleitet, sich als die wichtigste erweise, als diejenige, welche die Schlüssel zu den Geheimfächern seines Seelenlebens in sich birgt. Aber im Falle jener kleinen Kinderbegebenheit, die in »Dichtung und Wahrheit« erzählt wird, kommt unseren Erwartungen zu wenig entgegen. Die Mittel und Wege, die bei unseren Patienten zur Deutung führen, sind uns hier natürlich unzugänglich; der Vorfall an sich scheint einer aufspürbaren Beziehung zu wichtigen Lebenseindrücken späterer Zeit nicht fähig zu sein. Ein Schabernack zum Schaden der häuslichen Wirtschaft, unter fremdem Einfluß verübt, ist sicherlich keine passende Vignette für all das, was Goethe aus seinem reichen Leben mitzuteilen hat. Der Eindruck der vollen Harmlosigkeit und Beziehungslosigkeit will sich für diese Kindererinnerung behaupten, und wir mögen die Mahnung mitnehmen, die Anforderungen der Psychoanalyse nicht zu überspannen oder am ungeeigneten Orte vorzubringen.

So hatte ich denn das kleine Problem längst aus meinen Gedanken fallen lassen, als mir der Zufall einen Patienten zuführte, bei dem sich eine ähnliche Kindheitserinnerung in durchsichtigerem Zusammenhange ergab. Es war ein siebenundzwanzigjähriger, hochgebildeter und begabter Mann, dessen Gegenwart durch einen Konflikt mit seiner Mutter ausgefüllt war, der sich so ziemlich auf alle Interessen des Lebens erstreckte, unter dessen Wirkung die Entwicklung seiner Liebesfähigkeit und seiner selbständigen Lebensführung schwer gelitten hatte. Dieser

Konflikt ging weit in die Kindheit zurück; man kann wohl sagen, bis in sein viertes Lebensjahr. Vorher war er ein sehr schwächliches, immer kränkelndes Kind gewesen, und doch hatten seine Erinnerungen diese üble Zeit zum Paradies verklärt, denn damals besaß er die uneingeschränkte, mit niemandem geteilte Zärtlichkeit der Mutter. Als er noch nicht vier Jahre war, wurde ein – heute noch lebender – Bruder geboren, und in der Reaktion auf diese Störung wandelte er sich zu einem eigensinnigen, unbotmäßigen Jungen, der unausgesetzt die Strenge der Mutter herausforderte. Er kam auch nie mehr in das richtige Geleise.

Als er in meine Behandlung trat, – nicht zum mindesten darum, weil die bigotte Mutter die Psychoanalyse verabscheute – war die Eifersucht auf den nachgeborenen Bruder, die sich seinerzeit selbst in einem Attentat auf den Säugling in der Wiege geäußert hatte, längst vergessen. Er behandelte jetzt seinen jüngeren Bruder sehr rücksichtsvoll, aber sonderbare Zufallshandlungen, durch die er sonst geliebte Tiere wie seinen Jagdhund oder sorgsam von ihm gepflegte Vögel plötzlich zu schwerem Schaden brachte, waren wohl als Nachklänge jener feindseligen Impulse gegen den kleinen Bruder zu verstehen.

Dieser Patient berichtete nun, daß er um die Zeit des Attentats gegen das ihm verhaßte Kind einmal alles ihm erreichbare Geschirr aus dem Fenster des Landhauses auf die Straße geworfen. Also dasselbe, was Goethe in Dichtung und Wahrheit aus seiner Kindheit erzählt! Ich bemerke, daß mein Patient von fremder Nationalität und nicht in deutscher Bildung erzogen war; er hatte Goethes Lebensbeschreibung niemals gelesen.

Diese Mitteilung mußte mir den Versuch nahe legen, die Kindheitserinnerung Goethes in dem Sinne zu deuten, der durch die Geschichte meines Patienten unabweisbar geworden war. Aber waren in der Kindheit des Dichters die für solche Auffassung erforderlichen Bedingungen nachzuweisen? Goethe selbst macht zwar die Aneiferung der Herren von Ochsenstein für seinen Kinderstreich verantwortlich. Aber seine Erzählung selbst läßt erkennen, daß die erwachsenen Nachbarn ihn nur zur Fortsetzung seines Treibens aufgemuntert hatten. Den Anfang dazu hatte er spontan gemacht, und die Motivierung, die er für dies Beginnen gibt: »Da weiter nichts dabei (beim Spiele) herauskommen wollte«, läßt sich wohl ohne Zwang als Geständnis deuten, daß ihm ein wirksames Motiv seines Handelns zur Zeit der Niederschrift und wahrscheinlich auch lange Jahre vorher nicht bekannt war.

Es ist bekannt, daß Joh. Wolfgang und seine Schwester Cornelia die ältesten Überlebenden einer größeren, recht hinfälligen Kinderreihe waren. Dr. Hanns Sachs war so freundlich, mir die Daten zu verschaffen, die sich auf diese früh verstorbenen Geschwister Goethes beziehen.

Geschwister Goethes:

a) Hermann Jakob, getauft Montag, den 27. November 1752, erreichte ein Alter von sechs Jahren und sechs Wochen, beerdigt 13. Jänner 1759.

b) Katharina Elisabetha, getauft Montag, den 9. September 1754, beerdigt Donnerstag, den 22. Dezember 1755 (ein Jahr, vier Monate alt).

c) Johanna Maria, getauft Dienstag, den 29. März 1757 und beerdigt Samstag, den 11. August 1759 (zwei Jahre, vier Monate alt). (Dies war jedenfalls das von ihrem Bruder gerühmte sehr schöne und angenehme Mädchen).

d) Georg Adolph, getauft Sonntag, den 15. Juni 1760; beerdigt, acht Monate alt, Mittwoch, den 18. Februar 1761.

Goethes nächste Schwester, Cornelia Friederica Christiana, war am 7. Dezember 1750 geboren, als er fünfviertel Jahre alt war. Durch diese geringe Altersdifferenz ist sie als Objekt der Eifersucht so gut wie ausgeschlossen. Man weiß, daß Kinder, wenn ihre Leidenschaften erwachen, niemals so heftige Reaktionen gegen die Geschwister entwickeln, welche sie vorfinden, sondern ihre Abneigung gegen die neu Ankommenden richten. Auch ist die Szene, um deren Deutung wir uns bemühen, mit dem zarten Alter Goethes bei oder bald nach der Geburt Cornelias unvereinbar.

Bei der Geburt des ersten Brüderchens Hermann Jakob war Joh. Wolfgang dreieinviertel Jahre alt. Ungefähr zwei Jahre später, als er etwa fünf Jahre alt war, wurde die zweite Schwester geboren. Beide Altersstufen kommen für die Datierung des Geschirrhinauswerfens in Betracht; die erstere verdient vielleicht den Vorzug, sie würde auch die bessere Übereinstimmung mit dem Falle meines Patienten ergeben, der bei der Geburt seines Bruders etwa dreidreiviertel Jahre zählte.

Der Bruder Hermann Jakob, auf den unser Deutungsversuch in solcher Art hingelenkt wird, war übrigens kein so flüchtiger Gast in der Goetheschen Kinderstube wie die späteren Geschwister. Man könnte sich verwundern, daß die Lebensgeschichte seines großen Bruders nicht ein Wörtchen des Gedenkens an ihn bringt.[1] Er wurde über sechs Jahre alt und Joh. Wolfgang war nahe an zehn Jahre, als er starb. Dr. Ed. Hitschmann, der so freundlich war, mir seine Notizen über diesen Stoff zur Verfügung zu stellen, meint:

»*Auch der kleine Goethe hat ein Brüderchen nicht ungern sterben gesehen.* Wenigstens berichtete seine Mutter nach Bettina Brentanos Wiedererzählung folgendes: ›Sonderbar fiel es der Mutter auf, daß er bei dem Tode seines jüngeren Bruders Jakob, der sein Spielkamerad war, keine Träne vergoß, er schien vielmehr eine Art Ärger über die Klagen der Eltern und Geschwister zu haben; da die Mutter nun später den Trotzigen fragte, ob er den Bruder nicht lieb gehabt habe, lief er in seine Kammer, brachte unter dem Bett hervor eine Menge Papiere, die mit Lektionen und Geschichtchen beschrieben waren, er sagte ihr, daß er dies alles gemacht habe, um es dem Bruder zu lehren.‹ Der ältere Bruder hätte also immerhin gern Vater mit dem Jüngeren gespielt und ihm seine Überlegenheit gezeigt.«

Wir könnten uns also die Meinung bilden, das Geschirrhinauswerfen sei eine symbolische, oder sagen wir es richtiger: eine *magische* Handlung, durch welche das Kind (Goethe sowie mein Patient) seinen Wunsch nach Beseitigung des störenden Eindringlings zu kräftigem Ausdruck bringt. Wir brauchen das Vergnügen des Kindes beim Zerschellen der Gegenstände nicht zu bestreiten; wenn eine Handlung bereits an sich lustbringend ist, so ist dies keine Abhaltung, sondern eher eine Verlockung, sie auch im Dienste anderer Absichten zu wiederholen. Aber wir glauben nicht, daß es die Lust am Klirren und Brechen war, welche solchen Kinderstreichen einen dauernden Platz in der Erinnerung des Erwachsenen sichern konnte. Wir sträuben uns auch nicht, die Motivierung der Handlung um einen weiteren Beitrag zu komplizieren. Das Kind, welches das Geschirr zerschlägt, weiß wohl, daß es etwas Schlechtes tut, worüber die Erwachsenen schelten werden, und wenn es sich durch dieses Wissen nicht zurückhalten läßt, so hat es wahrscheinlich einen Groll gegen die Eltern zu befriedigen; es will sich schlimm zeigen.

Der Lust am Zerbrechen und am Zerbrochenen wäre auch Genüge getan, wenn das Kind die gebrechlichen Gegenstände einfach auf den Boden würfe. Die Hinausbeförderung durch das Fenster auf die Straße bliebe dabei ohne Erklärung. Dies *»Hinaus«* scheint aber ein wesentliches Stück der magischen Handlung zu sein und dem verborgenen Sinn derselben zu entstammen. Das neue Kind soll *fortgeschafft* werden, durchs Fenster möglicherweise darum, weil es durchs Fenster gekommen ist. Die ganze Handlung wäre dann gleichwertig jener uns bekannt gewordenen wörtlichen Reaktion eines Kindes, als man ihm mitteilte, daß der Storch ein Geschwisterchen gebracht. »Er soll es wieder mitnehmen«, lautete sein Bescheid.

Indes, wir verhehlen uns nicht, wie mißlich es – von allen inneren Unsicherheiten abgesehen – bleibt, die Deutung einer Kinderhandlung auf eine einzige Analogie zu begründen. Ich hatte darum auch meine Auffassung der kleinen Szene aus »Dichtung und Wahrheit« durch Jahre zurückgehalten. Da bekam ich eines Tages einen Patienten, der seine Analyse mit folgenden, wortgetreu fixierten Sätzen einleitete:

»Ich bin das älteste von acht oder neun Geschwistern.[2] Eine meiner ersten Erinnerungen ist, daß der Vater, in Nachtkleidung auf seinem Bette sitzend, mir lachend erzählt, daß ich einen Bruder bekommen habe. Ich war damals dreidreiviertel Jahre alt; so groß ist der Altersunterschied zwischen mir und meinem nächsten Bruder. Dann weiß ich, daß ich kurze Zeit nachher (oder war es ein Jahr vorher?)[3] einmal verschiedene Gegenstände, Bürsten – oder war es nur eine Bürste? – Schuhe und anderes aus dem Fenster auf die Straße geworfen habe. Ich habe auch noch eine frühere Erinnerung. Als ich zwei Jahre alt war, übernachtete ich mit den Eltern in einem Hotelzimmer in Linz auf der Reise ins Salzkammergut. Ich war damals so unruhig in der Nacht und machte ein solches Geschrei, daß mich der Vater schlagen mußte.«

Vor dieser Aussage ließ ich jeden Zweifel fallen. Wenn bei analytischer Einstellung zwei Dinge unmittelbar nacheinander, wie in einem Atem vorgebracht werden, so sollen wir diese Annäherung auf Zusammenhang umdeuten. Es war also so, als ob der Patient gesagt hätte: *Weil* ich erfahren, daß ich einen Bruder bekommen habe, habe ich einige Zeit nachher jene Gegenstände auf die Straße geworfen. Das Hinauswerfen der Bürsten, Schuhe usw. gibt sich als Reaktion auf die Geburt des Bruders zu erkennen. Es ist auch nicht unerwünscht, daß die fortgeschafften Gegenstände in diesem Falle nicht Geschirr, sondern andere Dinge waren, wahrscheinlich solche, wie sie das Kind eben erreichen konnte … Das Hinausbefördern (durchs Fenster auf die Straße) erweist sich so als das Wesentliche der Handlung, die Lust am Zerbrechen, am Klirren und die Art der Dinge, an denen »die Exekution vollzogen wird«, als inkonstant und unwesentlich.

Natürlich gilt die Forderung des Zusammenhanges auch für die dritte Kindheitserinnerung des Patienten, die, obwohl die früheste, an das Ende der kleinen Reihe gerückt ist. Es ist leicht, sie zu erfüllen. Wir verstehen, daß das zweijährige Kind darum so unruhig war, weil es das Beisammensein von Vater und Mutter im Bette nicht leiden wollte. Auf der Reise war es wohl nicht anders möglich, als das Kind zum Zeugen dieser Gemeinschaft werden zu lassen. Von den Gefühlen, die sich damals in dem kleinen Eifersüchtigen regten, ist ihm die Erbitterung gegen das Weib verblieben, und diese hat eine dauernde Störung seiner Liebesentwicklung zur Folge gehabt.

Als ich nach diesen beiden Erfahrungen im Kreise der psychoanalytischen Gesellschaft die Erwartung äußerte, Vorkommnisse solcher Art dürften bei kleinen Kindern nicht zu den Seltenheiten gehören, stellte mir Frau Dr. v. Hug-Hellmuth zwei weitere Beobachtungen zur Verfügung, die ich hier folgen lasse:

I

Mit zirka dreieinhalb Jahren hatte der kleine Erich »urplötzlich« die Gewohnheit angenommen, alles, was ihm nicht paßte, zum Fenster hinauszuwerfen. Aber er tat es auch mit Gegenständen, die ihm nicht im Wege waren und ihn nichts angingen. Gerade am Geburtstag des Vaters – da zählte er drei Jahre viereinhalb Monate – warf er eine schwere Teigwalze, die er flugs aus der Küche ins Zimmer geschleppt hatte, aus einem Fenster der im dritten Stockwerk gelegenen Wohnung auf die Straße. Einige Tage später ließ er den Mörserstößel, dann ein Paar schwerer Bergschuhe des Vaters, die er erst aus dem Kasten nehmen mußte, folgen.[4]

Damals machte die Mutter im siebenten oder achten Monate ihrer Schwangerschaft eine *fausse couche*, nach der das Kind »wie ausgewechselt brav und zärtlich still« war. Im fünften oder sechsten Monate sagte er wiederholt zur Mutter: »Mutti, ich spring' dir auf den Bauch« oder »Mutti, ich drück' dir den Bauch ein«. Und kurz vor der *fausse couche*, im Oktober: »Wenn ich schon einen Bruder bekommen soll, so wenigstens erst nach dem Christkindl.«

II

Eine junge Dame von neunzehn Jahren gibt spontan als früheste Kindheitserinnerung folgende:

»Ich sehe mich furchtbar ungezogen, zum Hervorkriechen bereit, unter dem Tische im Speisezimmer sitzen. Auf dem Tische steht meine Kaffeeschale – ich sehe noch jetzt deutlich das Muster des Porzellans vor mir, – die ich in dem Augenblick, als Großmama ins Zimmer trat, zum Fenster hinauswerfen wollte.

Es hatte sich nämlich niemand um mich gekümmert, und indessen hatte sich auf dem Kaffee eine »Haut« gebildet, was mir immer fürchterlich war und heute noch ist.

An diesem Tage wurde mein um zweieinhalb Jahre jüngerer Bruder geboren, deshalb hatte niemand Zeit für mich.

Man erzählt mir noch immer, daß ich an diesem Tage unausstehlich war; zu Mittag hatte ich das Lieblingsglas des Papas vom Tische geworfen, tagsüber mehrmals mein Kleidchen beschmutzt und war von früh bis abends übelster Laune. Auch ein Badepüppchen hatte ich in meinem Zorne zertrümmert.«

Diese beiden Fälle bedürfen kaum eines Kommentars. Sie bestätigen ohne weitere analytische Bemühung, daß die Erbitterung des Kindes über das erwartete oder erfolgte Auftreten eines Konkurrenten sich in dem Hinausbefördern von Gegenständen durch das Fenster wie auch durch andere Akte von Schlimmheit und Zerstörungssucht zum Ausdruck bringt. In der ersten Beobachtung symbolisieren wohl die »schweren Gegenstände« die Mutter selbst, gegen welche sich der Zorn des Kindes richtet, solange das neue Kind noch nicht da ist. Der dreieinhalbjährige Knabe weiß um die Schwangerschaft der Mutter und ist nicht im Zweifel darüber, daß sie das Kind in ihrem Leibe beherbergt. Man muß sich hiebei an den »kleinen Hans«[5] erinnern und an seine besondere Angst vor schwer beladenen Wagen.[6] An der zweiten Beobachtung ist das frühe Alter des Kindes, zweieinhalb Jahre, bemerkenswert.

Wenn wir nun zur Kindheitserinnerung Goethes zurückkehren und an ihrer Stelle in »Dichtung und Wahrheit« einsetzen, was wir aus der Beobachtung anderer Kinder erraten zu haben glauben, so stellt sich ein tadelloser Zusammenhang her, den wir sonst nicht entdeckt hätten. Es heißt dann: Ich bin ein Glückskind gewesen; das Schicksal hat mich am Leben erhalten, obwohl ich für tot zur Welt gekommen bin. Meinen Bruder aber hat es beseitigt, so daß ich die Liebe der Mutter nicht mit ihm zu teilen brauchte. Und dann geht der Gedankenweg weiter, zu einer anderen in jener Frühzeit Verstorbenen, der Großmutter, die wie ein freundlicher, stiller Geist in einem anderen Wohnraum hauste.

Ich habe es aber schon an anderer Stelle ausgesprochen: Wenn man der unbestrittene Liebling der Mutter gewesen ist, so behält man fürs Leben jenes Eroberergefühl, jene Zuversicht des Erfolges, welche nicht selten wirklich den Erfolg nach sich zieht. Und eine Bemerkung solcher Art wie: Meine Stärke wurzelt in meinem Verhältnis zur Mutter, hätte Goethe seiner Lebensgeschichte mit Recht voranstellen dürfen.

Der Untergang des Ödipuskomplexes

Zwischen dem Aufsatz über Goethes Kindheitserinnerung und der 1924 veröffentlichten Schrift zum Ödipuskomplex liegen sieben wichtige Jahre, in denen Freud große Arbeiten zur Theorie und Gesellschaftskritik vorlegt. Da ist der umwälzende Essay »Jenseits des Lustprinzips« (1920g), in welchem er neu einen Lebens- und einen Todestrieb als Primärkräfte des menschlichen Seelenlebens postuliert; da ist sein noch heute aufschlußreiches Buch über »Massenpsychologie und Ich-Analyse« (1921c), in dem er wesentliche Merkmale des Individualverhaltens im Hinblick auf das Funktionieren von Großgruppen analysiert; und da ist seine theoretische Arbeit »Das Ich und das Es« (1923b), in der er seinen psychischen Apparat neu gliedert und das Über-Ich einführt als kritisierende Instanz sowie als Erbe einer nun vervollständigten Version des Ödipuskomplexes. Diese letzteren Überlegungen werden hier wieder aufgenommen im Hinblick auf die Frage, welche Rolle die *Kastrationsangst* bei der Beendigung der ödipalen Liebe spielt.

* * *

Immer mehr enthüllt der Ödipuskomplex seine Bedeutung als das zentrale Phänomen der frühkindlichen Sexualperiode. Dann geht er unter, er erliegt der Verdrängung, wie wir sagen, und ihm folgt die Latenzzeit. Es ist aber noch nicht klar geworden, woran er zugrunde geht; die Analysen scheinen zu lehren: an den vorfallenden schmerzhaften Enttäuschungen. Das kleine Mädchen, das sich für die bevorzugte Geliebte des Vaters halten will, muß einmal eine harte Züchtigung durch den Vater erleben und sieht sich aus allen Himmeln gestürzt. Der Knabe, der die Mutter als sein Eigentum betrachtet, macht die Erfahrung, daß sie Liebe und Sorgfalt von ihm weg auf einen neu Angekommenen richtet. Die Überlegung vertieft den Wert dieser Einwirkungen, indem sie betont, daß solche peinliche Erfahrungen, die dem Inhalt des Komplexes widerstreiten, unvermeidlich sind. Auch wo nicht besondere Ereignisse, wie die als Proben erwähnten, vorfallen, muß das Ausbleiben der erhofften Befriedigung, die fortgesetzte Versagung des gewünschten Kindes, es dahin bringen, daß sich der kleine Verliebte von seiner hoffnungslosen Neigung abwendet. Der Ödipuskomplex ginge so zugrunde an seinem Mißerfolg, dem Ergebnis seiner inneren Unmöglichkeit.

Eine andere Auffassung wird sagen, der Ödipuskomplex muß fallen, weil die Zeit für seine Auflösung gekommen ist, wie die Milchzähne ausfallen, wenn die definitiven nachrücken. Wenn der Ödipuskomplex auch von den meisten Menschenkindern individuell durchlebt wird, so ist er doch ein durch die Heredität bestimmtes, von ihr angelegtes Phänomen, welches programmgemäß vergehen muß, wenn die nächste vorherbestimmte Entwicklungsphase einsetzt. Es ist dann ziemlich gleichgültig, auf welche Anlässe hin das geschieht, oder ob solche überhaupt nicht ausfindig zu machen sind.

Beiden Auffassungen kann man ihr Recht nicht abstreiten. Sie vertragen sich aber auch miteinander; es bleibt Raum für die ontogenetische neben der weiter schauenden phylogenetischen. Auch dem ganzen Individuum ist es ja schon bei seiner Geburt bestimmt zu sterben und seine Organanlage enthält vielleicht bereits den Hinweis, woran. Doch bleibt es von Interesse zu verfolgen, wie dies mitgebrachte Programm ausgeführt wird, in welcher Weise zufällige Schädlichkeiten die Disposition ausnützen.

Unser Sinn ist neuerlich für die Wahrnehmung geschärft worden, daß die Sexualentwicklung des Kindes bis zu einer Phase fortschreitet, in der das Genitale bereits die führende Rolle übernommen hat. Aber dies Genitale ist allein das männliche, genauer bezeichnet der Penis, das weibliche ist unentdeckt geblieben. Diese phallische Phase, gleichzeitig die des Ödipuskomplexes, entwickelt sich nicht weiter zur endgültigen Genitalorganisation, sondern sie versinkt und wird von der Latenzzeit abgelöst. Ihr Ausgang vollzieht sich aber in typischer Weise und in Anlehnung an regelmäßig wiederkehrende Geschehnisse.

Wenn das (männliche) Kind sein Interesse dem Genitale zugewendet hat, so verrät es dies auch durch ausgiebige manuelle Beschäftigung mit demselben und muß dann die Erfahrung machen, daß die Erwachsenen mit diesem Tun nicht einverstanden sind. Es tritt mehr oder minder deutlich, mehr oder weniger brutal, die Drohung auf, daß man ihn dieses von ihm hochgeschätzten Teiles berauben werde. Meist sind es Frauen, von denen die Kastrationsdrohung ausgeht, häufig suchen sie ihre Autorität dadurch zu verstärken, daß sie sich auf den Vater oder den Doktor berufen, der nach ihrer Versicherung die Strafe vollziehen wird. In einer Anzahl von Fällen nehmen die Frauen selbst eine symbolische Milderung der Androhung vor, indem sie nicht die Beseitigung des eigentlich passiven Genitales, sondern die der aktiv sündigenden Hand ankündigen. Ganz besonders häufig geschieht es, daß das Knäblein nicht darum von der Kastrationsdrohung betroffen wird, weil es mit der Hand am Penis spielt, sondern weil es allnächtlich sein Lager näßt und nicht rein zu bekommen ist. Die Pflegepersonen benehmen sich so, als wäre diese nächtliche Inkontinenz Folge von und Beweis für allzueifrige Beschäftigung mit dem Penis und haben wahrscheinlich Recht darin. Jedenfalls ist das andauernde Bettnässen der Pollution des Erwachsenen gleichzustellen, ein Ausdruck der nämlichen Genitalerregung, welche das Kind um diese Zeit zur Masturbation gedrängt hat.

Die Behauptung ist nun, daß die phallische Genitalorganisation des Kindes an dieser Kastrationsdrohung zugrunde geht. Allerdings nicht sofort und nicht ohne daß weitere Einwirkungen dazukommen. Denn der Knabe schenkt der Drohung zunächst keinen Glauben und keinen Gehorsam. Die Psychoanalyse hat neuerlichen Wert auf zweierlei Erfahrungen gelegt, die keinem Kinde erspart bleiben und durch die es auf den Verlust wertgeschätzter Körperteile vorbereitet sein sollte, auf die zunächst zeitweilige, später einmal endgültige Entziehung der Mutterbrust und auf die täglich erforderte Abtrennung des Darminhaltes. Aber man merkt nichts davon, daß diese Erfahrungen beim Anlaß der Kastrationsdrohung zur Wirkung kommen würden. Erst nachdem eine neue Erfahrung gemacht worden ist, beginnt das Kind mit der Möglichkeit einer Kastration zu rechnen, auch dann nur zögernd, widerwillig und nicht ohne das Bemühen, die Tragweite der eigenen Beobachtung zu verkleinern.

Die Beobachtung, welche den Unglauben des Kindes endlich bricht, ist die des weiblichen Genitales. Irgend einmal bekommt das auf seinen Penisbesitz stolze Kind die Genitalregion eines kleinen Mädchens zu Gesicht und muß sich von dem Mangel eines Penis bei einem ihm so ähnlichen Wesen überzeugen. Damit ist auch der eigene Penisverlust vorstellbar geworden, die Kastrationsdrohung gelangt nachträglich zur Wirkung.

Wir dürfen nicht so kurzsichtig sein wie die mit der Kastration drohende Pflegeperson und sollen nicht übersehen, daß sich das Sexualleben des Kindes um diese Zeit keineswegs in der Masturbation erschöpft. Es steht nachweisbar in der Ödipuseinstellung zu seinen Eltern, die Masturbation ist nur die genitale Abfuhr der zum Komplex gehörigen Sexualerregung und wird dieser Beziehung ihre Bedeutung für alle späteren Zeiten verdanken. Der Ödipuskomplex bot dem Kinde zwei Möglichkeiten der Befriedigung, eine aktive und eine passive. Es konnte sich in männlicher Weise an die Stelle des Vaters setzen und wie er mit der Mutter verkehren, wobei der Vater bald als Hindernis empfunden wurde, oder es wollte die Mutter ersetzen und sich vom Vater lieben lassen, wobei die Mutter überflüssig wurde. Worin der befriedigende Liebesverkehr bestehe, darüber mochte das Kind nur sehr unbestimmte Vorstellungen haben; gewiß spielte aber der Penis dabei eine Rolle, denn dies bezeugten seine Organgefühle. Zum Zweifel am Penis des Weibes war noch kein Anlaß. Die Annahme der Kastrationsmöglichkeit, die Einsicht, daß das Weib kastriert sei, machte nun beiden Möglichkeiten der Befriedigung aus dem Ödipuskomplex ein Ende. Beide brachten ja den Verlust des Penis mit sich, die eine, männliche, als Straffolge, die andere, weibliche, als Voraussetzung. Wenn die Liebesbefriedigung auf dem Boden des Ödipuskomplexes den Penis kosten soll, so muß es zum Konflikt zwischen dem narzißtischen Interesse an diesem Körperteile und der libidinösen Besetzung der elterlichen Objekte kommen. In diesem Konflikt siegt normalerweise die erstere Macht; das Ich des Kindes wendet sich vom Ödipuskomplex ab.

Ich habe an anderer Stelle ausgeführt, in welcher Weise dies vor sich geht. Die Objektbesetzungen werden aufgegeben und durch Identifizierung ersetzt. Die ins Ich introjizierte Vater- oder Elternautorität bildet dort den Kern des Über-Ichs, welches vom Vater die Strenge entlehnt, sein Inzestverbot perpetuiert und so das Ich gegen die Wiederkehr der libidinösen Objektbesetzung versichert. Die dem Ödipuskomplex zugehörigen libidinösen Strebungen werden zum Teil desexualisiert und sublimiert, was wahrscheinlich bei jeder Umsetzung in Identifizierung geschieht, zum Teil zielgehemmt und in zärtliche Regungen verwandelt. Der ganze Prozeß hat einerseits das Genitale gerettet, die Gefahr des Verlustes von ihm abgewendet, anderseits es lahmgelegt, seine Funktion aufgehoben. Mit ihm setzt die Latenzzeit ein, die nun die Sexualentwicklung des Kindes unterbricht.

Ich sehe keinen Grund, der Abwendung des Ichs vom Ödipuskomplex den Namen einer »Verdrängung« zu versagen, obwohl spätere Verdrängungen meist unter der Beteiligung des Über-Ichs Zustandekommen werden, welches hier erst gebildet wird. Aber der beschriebene Prozeß ist mehr als eine Verdrängung, er kommt, wenn ideal vollzogen, einer Zerstörung und Aufhebung des Komplexes gleich. Es liegt nahe anzunehmen, daß wir hier auf die niemals ganz scharfe Grenzscheide zwischen Normalem und Pathologischem gestoßen sind. Wenn das Ich wirklich nicht viel mehr als eine Verdrängung des Komplexes erreicht hat, dann bleibt dieser im Es unbewußt bestehen und wird später seine pathogene Wirkung äußern.

Solche Zusammenhänge zwischen phallischer Organisation,

Ödipuskomplex, Kastrationsdrohung, Über-Ichbildung und Latenzperiode läßt die analytische Beobachtung erkennen oder erraten. Sie rechtfertigen den Satz, daß der Ödipuskomplex an der Kastrationsdrohung zugrunde geht. Aber damit ist das Problem nicht erledigt, es bleibt Raum für eine theoretische Spekulation, welche das gewonnene Resultat umwerfen oder in ein neues Licht rücken kann. Ehe wir aber diesen Weg beschreiten, müssen wir uns einer Frage zuwenden, welche sich während unserer bisherigen Erörterungen erhoben hat und so lange zur Seite gedrängt wurde. Der beschriebene Vorgang bezieht sich, wie ausdrücklich gesagt, nur auf das männliche Kind. Wie vollzieht sich die entsprechende Entwicklung beim kleinen Mädchen?

Unser Material wird hier – unverständlicherweise – weit dunkler und lückenhafter. Auch das weibliche Geschlecht entwickelt einen Ödipuskomplex, ein Über-Ich und eine Latenzzeit. Kann man ihm auch eine phallische Organisation und einen Kastrationskomplex zusprechen? Die Antwort lautet bejahend, aber es kann nicht dasselbe sein wie beim Knaben. Die feministische Forderung nach Gleichberechtigung der Geschlechter trägt hier nicht weit, der morphologische Unterschied muß sich in Verschiedenheiten der psychischen Entwicklung äußern. Die Anatomie ist das Schicksal, um ein Wort Napoleons zu variieren. Die Klitoris des Mädchens benimmt sich zunächst ganz wie ein Penis, aber das Kind nimmt durch die Vergleichung mit einem männlichen Gespielen wahr, daß es »zu kurz gekommen« ist, und empfindet diese Tatsache als Benachteiligung und Grund zur Minderwertigkeit. Es tröstet sich noch eine Weile mit der Erwartung, später, wenn es heranwächst, ein ebenso großes Anhängsel wie ein Bub zu bekommen. Hier zweigt dann der Männlichkeitskomplex des Weibes ab. Seinen aktuellen Mangel versteht das weibliche Kind aber nicht als Geschlechtscharakter, sondern erklärt ihn durch die Annahme, daß es früher einmal ein ebenso großes Glied besessen und dann durch Kastration verloren hat. Es scheint diesen Schluß nicht von sich auf andere, erwachsene Frauen auszudehnen, sondern diesen, ganz im Sinne der phallischen Phase, ein großes und vollständiges, also männliches, Genitale zuzumuten. Es ergibt sich also der wesentliche Unterschied, daß das Mädchen die Kastration als vollzogene Tatsache akzeptiert, während sich der Knabe vor der Möglichkeit ihrer Vollziehung fürchtet.

Mit der Ausschaltung der Kastrationsangst entfällt auch ein mächtiges Motiv zur Aufrichtung des Über-Ichs und zum Abbruch der infantilen Genitalorganisation. Diese Veränderungen scheinen weit eher als beim Knaben Erfolg der Erziehung, der äußeren Einschüchterung zu sein, die mit dem Verlust des Geliebtwerdens droht. Der Ödipuskomplex des Mädchens ist weit eindeutiger als der des kleinen Penisträgers, er geht nach meiner Erfahrung nur selten über die Substituierung der Mutter und die feminine Einstellung zum Vater hinaus. Der Verzicht auf den Penis wird nicht ohne einen Versuch der Entschädigung vertragen. Das Mädchen gleitet – man möchte sagen: längs einer symbolischen Gleichung – vom Penis auf das Kind hinüber, sein Ödipuskomplex gipfelt in dem lange festgehaltenen Wunsch, vom Vater ein Kind als Geschenk zu erhalten, ihm ein Kind zu gebären. Man hat den Eindruck, daß der Ödipuskomplex dann langsam verlassen wird, weil dieser Wunsch sich nie erfüllt. Die beiden Wünsche nach dem Besitz eines Penis und eines Kindes bleiben im Unbewußten stark besetzt erhalten und helfen dazu, das weibliche Wesen für seine spätere geschlechtliche Rolle bereit zu machen. Die geringere Stärke des sadistischen Beitrages zum Sexualtrieb, die man wohl mit der Verkümmerung des Penis zusammenbringen darf, erleichtert die Verwandlung der direkt sexuellen Strebungen in zielgehemmte zärtliche. Im ganzen muß man aber zugestehen, daß unsere Einsichten in diese Entwicklungsvorgänge beim Mädchen unbefriedigend, lücken- und schattenhaft sind.

Ich zweifle nicht daran, daß die hier beschriebenen zeitlichen und kausalen Beziehungen zwischen Ödipuskomplex, Sexualeinschüchterung (Kastrationsdrohung), Über-Ichbildung und

Eintritt der Latenzzeit von typischer Art sind; ich will aber nicht behaupten, daß dieser Typus der einzig mögliche ist. Abänderungen in der Zeitfolge und in der Verkettung dieser Vorgänge müssen für die Entwicklung des Individuums sehr bedeutungsvoll werden.

Seit der Veröffentlichung von O. Ranks interessanter Studie über das »Trauma der Geburt« kann man auch das Resultat dieser kleinen Untersuchung, der Ödipuskomplex des Knaben gehe an der Kastrationsangst zugrunde, nicht ohne weitere Diskussion hinnehmen. Es erscheint mir aber vorzeitig, heute in diese Diskussion einzugehen, vielleicht auch unzweckmäßig, die Kritik oder Würdigung der Rankschen Auffassung an solcher Stelle zu beginnen.

Der Realitätsverlust bei Neurose und Psychose

Freuds vergleichende Studie von 1924 nimmt eine entscheidende Kategorie, die *Realitätswahrnehmung,* zum Ausgangspunkt, um zwischen Normalität, Neurose und Psychose zu unterscheiden. Man kann sie als Fortsetzung seiner »Formulierungen über die zwei Prinzipien des psychischen Geschehens« (1911b) lesen. Freud hatte dort gezeigt, wie unser Phantasieleben zunehmend ins Unbewußte zurückgedrängt wird, um den Notwendigkeiten der Realitätswahrnehmung Raum zu geben. Und auch in diesem Aufsatz ist es für Freud wieder eine Frage der Gewichtung der Phantasiewelt, der *Innenwahrnehmung,* im Vergleich zur Akzeptanz gerade der Unannehmlichkeiten unseres wirklichen Lebens, der *Realitätswahrnehmung,* die über unsere psychische Gesundheit und darüber entscheiden, wie wir mit den Anforderungen des Lebens umgehen: vermeidend, verleugnend – autoplastisch oder alloplastisch?

* * *

Ich habe kürzlich[1] einen der unterscheidenden Züge zwischen Neurose und Psychose dahin bestimmt, daß bei ersterer das Ich in Abhängigkeit von der Realität ein Stück des Es (Trieblebens) unterdrückt, während sich dasselbe Ich bei der Psychose im Dienste des Es von einem Stück der Realität zurückzieht. Für die Neurose wäre also die Übermacht des Realeinflusses, für die Psychose die des Es maßgebend. Der Realitätsverlust wäre für die Psychose von vorneherein gegeben; für die Neurose, sollte man meinen, wäre er vermieden.

Das stimmt nun aber gar nicht zur Erfahrung, die wir alle machen können, daß jede Neurose das Verhältnis des Kranken zur Realität irgendwie stört, daß sie ihm ein Mittel ist, sich von ihr zurückzuziehen und in ihren schweren Ausbildungen direkt eine Flucht aus dem realen Leben bedeutet. Dieser Widerspruch erscheint bedenklich, allein er ist leicht zu beseitigen und seine

Aufklärung wird unser Verständnis der Neurose nur gefördert haben.

Der Widerspruch besteht nämlich nur so lange, als wir die Eingangssituation der Neurose ins Auge fassen, in welcher das Ich im Dienst der Realität die Verdrängung einer Triebregung vornimmt. Das ist aber noch nicht die Neurose selbst. Diese besteht vielmehr in den Vorgängen, welche dem geschädigten Anteil des Es eine Entschädigung bringen, also in der Reaktion gegen die Verdrängung und im Mißglücken derselben. Die Lokkerung des Verhältnisses zur Realität ist dann die Folge dieses zweiten Schrittes in der Neurosenbildung und es sollte uns nicht verwundern, wenn die Detailuntersuchung zeigte, daß der Realitätsverlust gerade jenes Stück der Realität betrifft, über dessen Anforderung die Triebverdrängung erfolgte.

Die Charakteristik der Neurose als Erfolg einer mißglückten Verdrängung ist nichts Neues. Wir haben es immer so gesagt und nur infolge des neuen Zusammenhanges war es notwendig, es zu wiederholen.

Das nämliche Bedenken wird übrigens in besonders eindrucksvoller Weise wiederauftreten, wenn es sich um einen Fall von Neurose handelt, dessen Veranlassung (»die traumatische Szene«) bekannt ist und an dem man sehen kann, wie sich die Person von einem solchen Erlebnis abwendet und es der Amnesie überantwortet. Ich will zum Beispiel auf einen vor langen Jahren analysierten Fall zurückgreifen,[2] in dem das in ihren Schwager verliebte Mädchen am Totenbett der Schwester durch die Idee erschüttert wird: Nun ist er frei und kann dich heiraten. Diese Szene wird sofort vergessen und damit der Regressionsvorgang eingeleitet, der zu den hysterischen Schmerzen führt. Es ist aber gerade hier lehrreich, zu sehen, auf welchem Wege die Neurose den Konflikt zu erledigen versucht. Sie entwertet die reale Veränderung, indem sie den in Betracht kommenden Triebanspruch, also die Liebe zum Schwager, verdrängt. Die psychotische Reaktion wäre gewesen, die Tatsache des Todes der Schwester zu verleugnen.

Man könnte nun erwarten, daß sich bei der Entstehung der Psychose etwas dem Vorgang bei der Neurose Analoges ereignet, natürlich zwischen anderen Instanzen. Also daß auch bei der Psychose zwei Schritte deutlich werden, von denen der erste das Ich diesmal von der Realität losreißt, der zweite aber den Schaden wieder gutmachen will und nun die Beziehung zur Realität auf Kosten des Es wiederherstellt. Wirklich ist auch etwas Analoges an der Psychose zu beobachten; es gibt auch hier zwei Schritte, von denen der zweite den Charakter der Reparation an sich trägt, aber dann weicht die Analogie einer viel weiter gehenden Gleichsinnigkeit der Vorgänge. Der zweite Schritt der Psychose will auch den Realitätsverlust ausgleichen, aber nicht auf Kosten einer Einschränkung des Es, wie bei der Neurose auf Kosten der Realbeziehung, sondern auf einem anderen, mehr selbstherrlichen Weg durch Schöpfung einer neuen Realität, welche nicht mehr den nämlichen Anstoß bietet wie die verlassene. Der zweite Schritt wird also bei der Neurose wie bei der Psychose von denselben Tendenzen getragen, er dient in beiden Fällen dem Machtbestreben des Es, das sich von der Realität nicht zwingen läßt. Neurose wie Psychose sind also beide Ausdruck der Rebellion des Es gegen die Außenwelt, seiner Unlust oder wenn man will, seiner Unfähigkeit, sich der realen Not, der Ἀνάγκη, anzupassen. Neurose und Psychose unterscheiden sich weit mehr von einander in der ersten einleitenden Reaktion als in dem auf sie folgenden Reparationsversuch.

Der anfängliche Unterschied kommt dann im Endergebnis in der Art zum Ausdruck, daß bei der Neurose ein Stück der Realität fluchtartig vermieden, bei der Psychose aber umgebaut wird. Oder: bei der Psychose folgt auf die anfängliche Flucht eine aktive Phase des Umbaues, bei der Neurose auf den anfänglichen Gehorsam ein nachträglicher Fluchtversuch. Oder noch anders ausgedrückt: Die Neurose verleugnet die Realität nicht, sie will nur nichts von ihr wissen; die Psychose verleugnet sie und sucht sie zu ersetzen. Normal oder »gesund« heißen wir ein Verhalten, welches bestimmte Züge beider Reaktionen vereinigt, die Realität so wenig verleugnet wie die Neurose, sich aber dann wie die Psychose um ihre Abänderung bemüht. Dies zweckmäßige, normale Verhalten führt natürlich zu einer äußeren Arbeitsleistung an der Außenwelt und begnügt sich nicht wie bei der Psychose mit der Herstellung innerer Veränderungen; es ist nicht mehr *autoplastisch,* sondern *alloplastisch.*

Die Umarbeitung der Realität geschieht bei der Psychose an den psychischen Niederschlägen der bisherigen Beziehungen zu ihr, also an den Erinnerungsspuren, Vorstellungen und Urteilen, die man bisher von ihr gewonnen hatte und durch welche sie im Seelenleben vertreten war. Aber diese Beziehung war nie eine abgeschlossene, sie wurde fortlaufend durch neue Wahrnehmungen bereichert und abgeändert. Somit stellt sich auch für die Psychose die Aufgabe her, sich solche Wahrnehmungen zu verschaffen, wie sie der neuen Realität entsprechen würden, was in gründlichster Weise auf dem Wege der Halluzination erreicht wird. Wenn die Erinnerungstäuschungen, Wahnbildungen und Halluzinationen bei so vielen Formen und Fällen von Psychose den peinlichsten Charakter zeigen und mit Angstentwicklung verbunden sind, so ist das wohl ein Anzeichen dafür, daß sich der ganze Umbildungsprozeß gegen heftig widerstrebende Kräfte vollzieht. Man darf sich den Vorgang nach dem uns besser bekannten Vorbild der Neurose konstruieren. Hier sehen wir, daß jedesmal mit Angst reagiert wird, so oft der verdrängte Trieb einen Vorstoß macht, und daß das Ergebnis des Konflikts doch nur ein Kompromiß und als Befriedigung unvollkommen ist. Wahrscheinlich drängt sich bei der Psychose das abgewiesene Stück der Realität immer wieder dem Seelenleben auf, wie bei der Neurose der verdrängte Trieb, und darum sind auch die Folgen in beiden Fällen die gleichen. Die Erörterung der verschiedenen Mechanismen, welche bei den Psychosen die Abwendung von der Realität und den Wiederaufbau einer solchen bewerkstelligen sollen, so wie des Ausmaßes von Erfolg, das sie erzielen können, ist eine noch nicht in Angriff genommene Aufgabe der speziellen Psychiatrie.

Es ist also eine weitere Analogie zwischen Neurose und Psychose, daß bei beiden die Aufgabe, die im zweiten Schritt in Angriff genommen wird, teilweise mißlingt, indem sich der verdrängte Trieb keinen vollen Ersatz schaffen kann (Neurose) und die Realitätsvertretung sich nicht in die befriedigenden Formen umgießen läßt. (Wenigstens nicht bei allen Formen der psychischen Erkrankungen.) Aber die Akzente sind in den zwei Fällen anders verteilt. Bei der Psychose ruht der Akzent ganz auf dem ersten Schritt, der an sich krankhaft ist und nur zu Kranksein führen kann, bei der Neurose hingegen auf dem zweiten, dem Mißlingen der Verdrängung, während der erste Schritt gelingen kann und auch im Rahmen der Gesundheit ungezählte Male gelungen ist, wenn auch nicht ganz ohne Kosten zu machen und Anzeichen des erforderten psychischen Aufwandes zu hinterlassen. Diese Differenzen und vielleicht noch viele andere sind die Folge der topischen Verschiedenheit in der Ausgangssituation des pathogenen Konflikts, ob das Ich darin seiner Anhänglichkeit an die reale Welt oder seiner Abhängigkeit vom Es nachgegeben hat.

Die Neurose begnügt sich in der Regel damit, das betreffende Stück der Realität zu vermeiden und sich gegen das Zusammentreffen mit ihm zu schützen. Der scharfe Unterschied zwischen Neurose und Psychose wird aber dadurch abgeschwächt, daß es auch bei der Neurose an Versuchen nicht fehlt, die unerwünschte Realität durch eine wunschgerechtere zu ersetzen. Die Möglichkeit hiezu gibt die Existenz einer *Phantasiewelt,* eines Gebietes, das seinerzeit bei der Einsetzung des Realitätsprinzips von der realen Außenwelt abgesondert wurde, seither nach Art einer »Schonung« von den Anforderungen der Lebensnotwendigkeit frei gehalten wird und das dem Ich nicht unzugänglich ist, aber ihm nur lose anhängt. Aus dieser Phantasiewelt entnimmt die Neurose das Material für ihre Wunschneubildungen und findet es dort gewöhnlich auf dem Wege der Regression in eine befriedigendere reale Vorzeit.

Es ist kaum zweifelhaft, daß die Phantasiewelt bei der Psychose die nämliche Rolle spielt, daß sie auch hier die Vorratskammer darstellt, aus der der Stoff oder die Muster für den Aufbau der neuen Realität geholt werden. Aber die neue phantastische Außenwelt der Psychose will sich an die Stelle der äußeren Realität setzen, die der Neurose hingegen lehnt sich wie das Kinderspiel gern an ein Stück der Realität an – ein anderes als das, wogegen sie sich wehren mußte, – verleiht ihm eine besondere Bedeutung und einen geheimen Sinn, den wir nicht immer ganz zutreffend einen *symbolischen* heißen. So kommt für beide, Neurose wie Psychose, nicht nur die Frage des *Realitätsverlustes,* sondern auch die eines *Realitätsersatzes* in Betracht.

Einige psychische Folgen des anatomischen Geschlechtsunterschieds

Die Überlegungen dieser Schrift von 1925 werden mit einer gewissen Dringlichkeit und Vorsicht zugleich zur Veröffentlichung gebracht. Freud hält sie einerseits für potentiell wichtig, bekennt andererseits aber auch, daß er sie nicht auf genügend umfangreiches klinisches Material stützen kann. Es ist anrührend, den neunundsechzigjährigen Freud hier im Wissen um die Einschränkungen seines Forschens zu erleben: »Die Zeit vor mir ist begrenzt, sie wird nicht mehr vollständig von der Arbeit ausgenützt; die Gelegenheiten, neue Erfahrungen zu machen, kommen also nicht so reichlich. Wenn ich etwas Neues zu sehen glaube, bleibt es mir unsicher, ob ich die Bestätigung abwarten kann.« Das Neue, das Freud uns trotz dieser Bedenken vorlegt, betrifft den weiblichen Ödipuskomplex. Freud hatte sich über die weibliche Entwicklung bisher eher vage oder in Analogie zum männlichen Ödipus geäußert. Hier nun versucht er, den Ödipuskomplex des kleinen Mädchens einer konzeptionellen Lösung zuzuführen. Daß er mit seinen Überlegungen und insbesondere mit seinem Begriff des *Penisneids* den »Widerspruch der Feministen« erregen würde, war ihm völlig klar.

* * *

Meine und meiner Schüler Arbeiten vertreten mit stetig wachsender Entschiedenheit die Forderung, daß die Analyse der Neurotiker auch die erste Kindheitsperiode, die Zeit der Frühblüte des Sexuallebens, durchdringen müsse. Nur wenn man die ersten Äußerungen der mitgebrachten Triebkonstitution und die Wirkungen der frühesten Lebenseindrücke erforscht, kann man die Triebkräfte der späteren Neurose richtig erkennen und ist gesichert gegen die Irrtümer, zu denen man durch die Umbildungen und Überlagerungen der Reifezeit verlockt würde. Diese Forderung ist nicht nur theoretisch bedeutsam, sie hat auch praktische Wichtigkeit, denn sie scheidet unsere Bemühungen von der Arbeit solcher Ärzte, die, nur therapeutisch orientiert, sich eine Strecke weit analytischer Methoden bedienen. Solch eine Frühzeitanalyse ist langwierig, mühselig und stellt Ansprüche an Arzt und Patient, deren Erfüllung die Praxis nicht immer entgegenkommt. Sie führt ferner in Dunkelheiten, durch welche uns noch immer die Wegweiser fehlen. Ja, ich meine, man darf den Analytikern die Versicherung geben, daß ihrer wissenschaftlichen Arbeit die Gefahr, mechanisiert und damit uninteressant zu werden, auch für die nächsten Jahrzehnte nicht droht.

Im folgenden teile ich ein Ergebnis der analytischen Forschung mit, das sehr wichtig wäre, wenn es sich als allgemein gültig erweisen ließe. Warum schiebe ich die Veröffentlichung nicht auf, bis mir eine reichere Erfahrung diesen Nachweis, wenn er zu erbringen ist, geliefert hat? Weil in meinen Arbeitsbedingungen eine Veränderung eingetreten ist, deren Folgen ich nicht verleugnen kann. Früher einmal gehörte ich nicht zu denen, die eine vermeintliche Neuheit nicht eine Weile bei sich behalten können, bis sie Bekräftigung oder Berichtigung gefunden hat. Die »Traumdeutung« und das »Bruchstück einer Hysterieanalyse« (der Fall Dora) sind, wenn nicht durch neun Jahre nach dem Horazischen Rezept, so doch durch vier bis fünf Jahre von mir unterdrückt worden, ehe ich sie der Öffentlichkeit preisgab. Aber damals dehnte sich die Zeit unabsehbar vor mir aus – *oceans of time,* wie ein liebenswürdiger Dichter sagt – und das Material strömte mir so reichlich zu, daß ich mich der Erfahrungen kaum erwehren konnte. Auch war ich der einzige Arbeiter auf einem neuen Gebiet, meine Zurückhaltung brachte mir keine Gefahr und anderen keinen Schaden.

Das ist nun alles anders geworden. Die Zeit vor mir ist begrenzt, sie wird nicht mehr vollständig von der Arbeit ausgenützt; die Gelegenheiten, neue Erfahrungen zu machen, kommen also nicht so reichlich. Wenn ich etwas Neues zu sehen glaube, bleibt es mir unsicher, ob ich die Bestätigung abwarten kann. Auch ist alles bereits abgeschöpft, was an der Oberfläche dahintrieb; das übrige muß in langsamer Bemühung aus der Tiefe geholt werden. Endlich bin ich nicht mehr allein, eine Schar von eifrigen Mitarbeitern ist bereit, sich auch das Unfertige, unsicher Erkannte zunutze zu machen, ich darf ihnen den Anteil der Arbeit überlassen, den ich sonst selbst besorgt hätte. So fühle ich mich gerechtfertigt, diesmal etwas mitzuteilen, was dringend der Nachprüfung bedarf, ehe es in seinem Wert oder Unwert erkannt werden kann.

Wenn wir die ersten psychischen Gestaltungen des Sexuallebens beim Kinde untersuchten, nahmen wir regelmäßig das männliche Kind, den kleinen Knaben, zum Objekt. Beim kleinen Mädchen, meinten wir, müsse es ähnlich zugehen, aber doch in irgendeiner Weise anders. An welcher Stelle des Entwicklungsganges diese Verschiedenheit zu finden ist, das wollte sich nicht klar ergeben.

Die Situation des Ödipus-Komplexes ist die erste Station, die wir beim Knaben mit Sicherheit erkennen. Sie ist uns leicht verständlich, weil in ihr das Kind an demselben Objekt festhält, das es bereits in der vorhergehenden Säuglings- und Pflegeperiode mit seiner noch nicht genitalen Libido besetzt hatte. Auch daß es dabei den Vater als störenden Rivalen empfindet, den es beseitigen und ersetzen möchte, leitet sich glatt aus den realen Verhältnissen ab. Daß die Ödipus-Einstellung des Knaben der phallischen Phase angehört und an der Kastrationsangst, also am narzißtischen Interesse für das Genitale, zugrunde geht, habe ich an anderer Stelle[1] ausgeführt. Eine Erschwerung des Verständnisses ergibt sich aus der Komplikation, daß der Ödipus-Komplex selbst beim Knaben doppelsinnig angelegt ist, aktiv und passiv, der bisexuellen Anlage entsprechend. Der Knabe will auch als Liebesobjekt des Vaters die Mutter ersetzen, was wir als feminine Einstellung bezeichnen.

An der Vorgeschichte des Ödipus-Komplexes beim Knaben ist uns noch lange nicht alles klar. Wir kennen aus ihr eine Identifizierung mit dem Vater zärtlicher Natur, welcher der Sinn der Rivalität bei der Mutter noch abgeht. Ein anderes Element dieser Vorzeit ist die, wie ich meine, nie ausbleibende masturbatorische Betätigung am Genitale, die frühkindliche Onanie, deren mehr oder minder gewalttätige Unterdrückung von seiten der Pflegepersonen den Kastrationskomplex aktiviert. Wir nehmen an, daß diese Onanie am Ödipus-Komplex hängt und die Abfuhr seiner Sexualerregung bedeutet. Ob sie von Anfang an diese Beziehung hat oder nicht vielmehr spontan als Organbetätigung auftritt und erst später den Anschluß an den Ödipus-Komplex gewinnt, ist unsicher; die letztere Möglichkeit ist die weitaus wahrscheinlichere. Fraglich ist auch noch die Rolle des Bettnässens und seiner Abgewöhnung durch die Eingriffe der Erziehung. Wir bevorzugen die einfache Synthese, das fortgesetzte Bettnässen sei der Erfolg der Onanie, seine Unterdrückung werde vom Knaben wie eine Hemmung der Genitaltätigkeit, also im Sinne einer Kastrationsdrohung gewertet, aber ob wir damit jedesmal recht haben, steht dahin. Endlich läßt uns die Analyse schattenhaft erkennen, wie eine Belauschung des elterlichen Koitus in sehr früher Kinderzeit die erste sexuelle Erregung setzen und durch ihre nachträglichen Wirkungen der Ausgangspunkt für die ganze Sexualentwicklung werden kann. Die Onanie sowie die beiden Einstellungen des Ödipus-Komplexes knüpfen späterhin an den in der Folge gedeuteten Eindruck an. Allein wir können nicht annehmen, daß solche Koitusbeobachtungen ein regelmäßiges Vorkommnis sind, und stoßen hier mit dem Problem der »Urphantasien« zusammen. So vieles ist also auch in der Vorgeschichte des Ödipus-Komplexes beim Knaben noch ungeklärt, harrt der Sichtung und der Entscheidung, ob immer der nämliche Hergang anzunehmen ist, oder ob nicht sehr verschiedenartige Vorstadien zum Treffpunkt der gleichen Endsituation führen.

Der Ödipus-Komplex des kleinen Mädchens birgt ein Problem mehr als der des Knaben. Die Mutter war anfänglich beiden das erste Objekt, wir haben uns nicht zu verwundern, wenn der Knabe es für den Ödipus-Komplex beibehält. Aber wie kommt das Mädchen dazu, es aufzugeben und dafür den Vater zum Objekt zu nehmen? In der Verfolgung dieser Frage habe ich einige Feststellungen machen können, die gerade auf die Vorgeschichte der Ödipus-Relation beim Mädchen Licht werfen können.

Jeder Analytiker hat die Frauen kennengelernt, die mit besonderer Intensität und Zähigkeit an ihrer Vaterbindung festhalten und an dem Wunsch, vom Vater ein Kind zu bekommen, in dem diese gipfelt. Man hat guten Grund anzunehmen, daß diese Wunschphantasie auch die Triebkraft ihrer infantilen Onanie war, und gewinnt leicht den Eindruck, hier vor einer elementaren, nicht weiter auflösbaren Tatsache des kindlichen Sexuallebens zu stehen. Eingehende Analyse gerade dieser Fälle zeigt aber etwas anderes, nämlich daß der Ödipus-Komplex hier eine lange Vorgeschichte hat und eine gewissermaßen sekundäre Bildung ist.

Nach einer Bemerkung des alten Kinderarztes Lindner[2] entdeckt das Kind die lustspendende Genitalzone – Penis oder Klitoris – während des Wonnesaugens (Lutschens). Ich will es dahingestellt sein lassen, ob das Kind diese neugewonnene Lustquelle wirklich zum Ersatz für die kürzlich verlorene Brustwarze der Mutter nimmt, worauf spätere Phantasien (Fellatio) deuten mögen. Kurz, die Genitalzone wird irgendeinmal entdeckt und es scheint unberechtigt, den ersten Betätigungen an ihr einen psychischen Inhalt unterzulegen. Der nächste Schritt in der so beginnenden phallischen Phase ist aber nicht die Verknüpfung dieser Onanie mit den Objektbesetzungen des Ödipus-Komplexes, sondern eine folgenschwere Entdeckung, die dem kleinen Mädchen beschieden ist. Es bemerkt den auffällig sichtbaren, groß angelegten Penis eines Bruders oder Gespielen, erkennt ihn sofort als überlegenes Gegenstück seines eigenen, kleinen und versteckten Organs und ist von da an dem Penisneid verfallen.

Ein interessanter Gegensatz im Verhalten der beiden Geschlechter: Im analogen Falle, wenn der kleine Knabe die Genitalgegend des Mädchens zuerst erblickt, benimmt er sich unschlüssig, zunächst wenig interessiert; er sieht nichts, oder er verleugnet seine Wahrnehmung, schwächt sie ab, sucht nach Auskünften, um sie mit seiner Erwartung in Einklang zu bringen. Erst später, wenn eine Kastrationsdrohung auf ihn Einfluß gewonnen hat, wird diese Beobachtung für ihn bedeutungsvoll werden; ihre Erinnerung oder Erneuerung regt einen fürchterlichen Affektsturm in ihm an und unterwirft ihn dem Glauben an die Wirklichkeit der bisher verlachten Androhung. Zwei Reaktionen werden aus diesem Zusammentreffen hervorgehen, die sich fixieren können und dann jede einzeln oder beide vereint oder zusammen mit anderen Momenten sein Verhältnis zum Weib dauernd bestimmen werden: Abscheu vor dem verstümmelten Geschöpf oder triumphierende Geringschätzung desselben. Aber diese Entwicklungen gehören einer, wenn auch nicht weit entfernten Zukunft an.

Anders das kleine Mädchen. Sie ist im Nu fertig mit ihrem Urteil und ihrem Entschluß. Sie hat es gesehen, weiß, daß sie es nicht hat, und will es haben.[3]

An dieser Stelle zweigt der sogenannte Männlichkeitskomplex des Weibes ab, welcher der vorgezeichneten Entwicklung zur Weiblichkeit eventuell große Schwierigkeiten bereiten wird, wenn es nicht gelingt, ihn bald zu überwinden. Die Hoffnung, doch noch einmal einen Penis zu bekommen und dadurch dem Manne gleich zu werden, kann sich bis in unwahrscheinlich späte Zeiten erhalten und zum Motiv für sonderbare, sonst unverständliche Handlungen werden. Oder es tritt der Vorgang ein, den ich als *Verleugnung* bezeichnen möchte, der im kindlichen Seelenleben weder selten noch sehr gefährlich zu sein scheint, der aber beim Erwachsenen eine Psychose einleiten würde. Das Mädchen verweigert es, die Tatsache ihrer Kastration anzunehmen, versteift sich in der Überzeugung, daß sie doch einen Penis besitzt, und ist gezwungen, sich in der Folge so zu benehmen, als ob sie ein Mann wäre.

Die psychischen Folgen des Penisneides, so weit er nicht in der Reaktionsbildung des Männlichkeitskomplexes aufgeht, sind vielfältige und weittragende. Mit der Anerkennung seiner narzißtischen Wunde stellt sich – gleichsam als Narbe – ein Minderwertigkeitsgefühl beim Weibe her. Nachdem es den ersten Versuch, seinen Penismangel als persönliche Strafe zu erklären, überwunden und die Allgemeinheit dieses Geschlechtscharakters erfaßt hat, beginnt es, die Geringschätzung des Mannes für das in einem entscheidenden Punkt verkürzte Geschlecht zu teilen und hält wenigstens in diesem Urteil an der eigenen Gleichstellung mit dem Manne fest.[4]

Auch wenn der Penisneid auf sein eigentliches Objekt verzichtet hat, hört er nicht auf zu existieren, er lebt in der Charaktereigenschaft der *Eifersucht* mit leichter Verschiebung fort. Gewiß ist die Eifersucht nicht allein einem Geschlecht eigen und begründet sich auf einer breiteren Basis, aber ich meine, daß sie doch im Seelenleben des Weibes eine weitaus größere Rolle spielt, weil sie aus der Quelle des abgelenkten Penisneides eine ungeheure Verstärkung bezieht. Ehe ich noch diese Ableitung der Eifersucht kannte, hatte ich für die bei Mädchen so häufige Onaniephantasie »Ein Kind wird geschlagen« eine erste Phase konstruiert, in der sie die Bedeutung hat, ein anderes Kind, auf das man als Rivalen eifersüchtig ist, soll geschlagen werden.[5] Diese Phantasie scheint ein Relikt aus der phallischen Periode der Mädchen; die eigentümliche Starrheit, die mir an der monotonen Formel: Ein Kind wird geschlagen, auffiel, läßt wahrscheinlich noch eine besondere Deutung zu. Das Kind, das da geschlagen – geliebkost wird, mag im Grunde nichts anderes sein, als die Klitoris selbst, so daß die Aussage zu allertiefst das Eingeständnis der Masturbation enthält, die sich vom Anfang in der phallischen Phase bis in späte Zeiten an den Inhalt der Formel knüpft.

Eine dritte Abfolge des Penisneides scheint die Lockerung des zärtlichen Verhältnisses zum Mutterobjekt. Man versteht den Zusammenhang nicht sehr gut, überzeugt sich aber, daß am Ende fast immer die Mutter für den Penismangel verantwortlich gemacht wird, die das Kind mit so ungenügender Ausrüstung in die Welt geschickt hat. Der historische Hergang ist oft der, daß bald nach der Entdeckung der Benachteiligung am Genitale Eifersucht gegen ein anderes Kind auftritt, das von der Mutter angeblich mehr geliebt wird, wodurch eine Motivierung für die Lösung von der Mutterbindung gewonnen ist. Dazu stimmt es dann, wenn dies von der Mutter bevorzugte Kind das erste Objekt der in Masturbation auslaufenden Schlagephantasie wird.

Eine andere überraschende Wirkung des Penisneides – oder der Entdeckung der Minderwertigkeit der Klitoris – ist gewiß die wichtigste von allen. Ich hatte oftmals vorher den Eindruck gewonnen, daß das Weib im allgemeinen die Masturbation schlechter verträgt als der Mann, sich öfter gegen sie sträubt und außerstande ist, sich ihrer zu bedienen, wo der Mann unter gleichen Verhältnissen unbedenklich zu diesem Auskunftsmittel gegriffen hätte. Es ist begreiflich, daß die Erfahrung ungezählte Ausnahmen von diesem Satz aufweisen würde, wenn man ihn als Regel aufstellen wollte. Die Reaktionen der menschlichen Individuen beiderlei Geschlechts sind ja aus männlichen und weiblichen Zügen gemengt. Aber es blieb doch der Anschein übrig, daß der Natur des Weibes die Masturbation ferner liege, und man konnte zur Lösung des angenommenen Problems die Erwägung heranziehen, daß wenigstens die Masturbation an der Klitoris eine männliche Betätigung sei, und daß die Entfaltung der Weiblichkeit die Wegschaffung der Klitorissexualität zur Bedingung habe. Die Analysen der phallischen Vorzeit haben mich nun gelehrt, daß beim Mädchen bald nach den Anzeichen des Penisneides eine intensive Gegenströmung gegen die Onanie auftritt, die nicht allein auf den Einfluß der erziehenden Pflegeperson zurückgeführt werden kann. Diese Regung ist offenbar ein Vorbote jenes Verdrängungsschubes, der zur Zeit der Pubertät ein großes Stück der männlichen Sexualität beseitigen wird, um Raum für die Entwicklung der Weiblichkeit zu schaffen. Es mag sein, daß diese erste Opposition gegen die autoerotische Betätigung ihr Ziel nicht erreicht. So war es auch in den von mir analysierten Fällen. Der Konflikt setzte sich dann fort und das

Mädchen tat damals wie später alles, um sich vom Zwang zur Onanie zu befreien. Manche späteren Äußerungen des Sexuallebens beim Weibe bleiben unverständlich, wenn man dies starke Motiv nicht erkennt.

Ich kann mir diese Auflehnung des kleinen Mädchens gegen die phallische Onanie nicht anders als durch die Annahme erklären, daß ihm diese lustbringende Betätigung durch ein nebenher gehendes Moment arg verleidet wird. Dieses Moment brauchte man dann nicht weit weg zu suchen; es müßte die mit dem Penisneid verknüpfte narzißtische Kränkung sein, die Mahnung, daß man es in diesem Punkte doch nicht mit dem Knaben aufnehmen kann und darum die Konkurrenz mit ihm am besten unterläßt. In solcher Weise drängt die Erkenntnis des anatomischen Geschlechtsunterschieds das kleine Mädchen von der Männlichkeit und von der männlichen Onanie weg in neue Bahnen, die zur Entfaltung der Weiblichkeit führen.

Vom Ödipus-Komplex war bisher nicht die Rede, er hatte auch soweit keine Rolle gespielt. Nun aber gleitet die Libido des Mädchens – man kann nur sagen: längs der vorgezeichneten symbolischen Gleichung Penis = Kind – in eine neue Position. Es gibt den Wunsch nach dem Penis auf, um den Wunsch nach einem Kinde an die Stelle zu setzen, und nimmt *in dieser Absicht* den Vater zum Liebesobjekt. Die Mutter wird zum Objekt der Eifersucht, aus dem Mädchen ist ein kleines Weib geworden. Wenn ich einer vereinzelten analytischen Erhebung glauben darf, kann es in dieser neuen Situation zu körperlichen Sensationen kommen, die als vorzeitiges Erwachen des weiblichen Genitalapparates zu beurteilen sind. Wenn diese Vaterbindung später als verunglückt aufgegeben werden muß, kann sie einer Vateridentifizierung weichen, mit der das Mädchen zum Männlichkeitskomplex zurückkehrt und sich eventuell an ihm fixiert.

Ich habe nun das Wesentliche gesagt, das ich zu sagen hatte, und mache halt, um das Ergebnis zu überblicken. Wir haben Einsicht in die Vorgeschichte des Ödipus-Komplexes beim Mädchen bekommen. Das Entsprechende beim Knaben ist ziemlich unbekannt. Beim Mädchen ist der Ödipus-Komplex eine sekundäre Bildung. Die Auswirkungen des Kastrationskomplexes gehen ihm vorher und bereiten ihn vor. Für das Verhältnis zwischen Ödipus- und Kastrationskomplex stellt sich ein fundamentaler Gegensatz der beiden Geschlechter her. *Während der Ödipus-Komplex des Knaben am Kastrationskomplex zugrunde geht,*[6] wird der des Mädchens durch den Kastrationskomplex ermöglicht und eingeleitet. Dieser Widerspruch erhält seine Aufklärung, wenn man erwägt, daß der Kastrationskomplex dabei immer im Sinne seines Inhaltes wirkt, hemmend und einschränkend für die Männlichkeit, befördernd auf die Weiblichkeit. Die Differenz in diesem Stück der Sexualentwicklung beim Mann und Weib ist eine begreifliche Folge der anatomischen Verschiedenheit der Genitalien und der damit verknüpften psychischen Situation, sie entspricht dem Unterschied von vollzogener und bloß angedrohter Kastration. Unser Ergebnis ist also im Grunde eine Selbstverständlichkeit, die man hätte vorhersehen können.

Indes der Ödipus-Komplex ist etwas so Bedeutsames, daß es auch nicht folgenlos bleiben kann, auf welche Weise man in ihn hineingeraten und von ihm losgekommen ist. Beim Knaben – so habe ich in der letzterwähnten Publikation ausgeführt, an die ich hier überhaupt anknüpfe – wird der Komplex nicht einfach verdrängt, er zerschellt förmlich unter dem Schock der Kastrationsdrohung. Seine libidinösen Besetzungen werden aufgegeben, desexualisiert und zum Teil sublimiert, seine Objekte dem Ich einverleibt, wo sie den Kern des Über-Ichs bilden und dieser Neuformation charakteristische Eigenschaften verleihen. Im normalen, besser gesagt: im idealen Falle besteht dann auch im Unbewußten kein Ödipus-Komplex mehr, das Über-Ich ist sein Erbe geworden. Da der Penis – im Sinne Ferenczis – seine außerordentlich hohe narzißtische Besetzung seiner organischen Bedeutung für die Fortsetzung der Art verdankt, kann man die Katastrophe des Ödipus-Komplexes – die Abwendung vom Inzest, die Einsetzung von Gewissen und Moral – als einen Sieg der Generation über das Individuum auffassen. Ein interessanter

Gesichtspunkt, wenn man erwägt, daß die Neurose auf einem Sträuben des Ichs gegen den Anspruch der Sexualfunktion beruht. Aber das Verlassen des Standpunktes der individuellen Psychologie führt zunächst nicht zur Klärung der verschlungenen Beziehungen.

Beim Mädchen entfällt das Motiv für die Zertrümmerung des Ödipus-Komplexes. Die Kastration hat ihre Wirkung bereits früher getan und diese bestand darin, das Kind in die Situation des Ödipus-Komplexes zu drängen. Dieser entgeht darum dem Schicksal, das ihm beim Knaben bereitet wird, er kann langsam verlassen, durch Verdrängung erledigt werden, seine Wirkungen weit in das für das Weib normale Seelenleben verschieben. Man zögert es auszusprechen, kann sich aber doch der Idee nicht erwehren, daß das Niveau des sittlich Normalen für das Weib ein anderes wird. Das Über-Ich wird niemals so unerbittlich, so unpersönlich, so unabhängig von seinen affektiven Ursprüngen, wie wir es vom Manne fordern. Charakterzüge, die die Kritik seit jeher dem Weibe vorgehalten hat, daß es weniger Rechtsgefühl zeigt als der Mann, weniger Neigung zur Unterwerfung unter die großen Notwendigkeiten des Lebens, sich öfter in seinen Entscheidungen von zärtlichen und feindseligen Gefühlen leiten läßt, fänden in der oben abgeleiteten Modifikation der Über-Ichbildung eine ausreichende Begründung. Durch den Widerspruch der Feministen, die uns eine völlige Gleichstellung und Gleichschätzung der Geschlechter aufdrängen wollen, wird man sich in solchen Urteilen nicht beirren lassen, wohl aber bereitwillig zugestehen, daß auch die Mehrzahl der Männer weit hinter dem männlichen Ideal zurückbleibt, und daß alle menschlichen Individuen infolge ihrer bisexuellen Anlage und der gekreuzten Vererbung männliche und weibliche Charaktere in sich vereinigen, so daß die reine Männlichkeit und Weiblichkeit theoretische Konstruktionen bleiben mit ungesichertem Inhalt.

Ich bin geneigt, den hier vorgebrachten Ausführungen über die psychischen Folgen des anatomischen Geschlechtsunterschieds Wert beizulegen, aber ich weiß, daß diese Schätzung nur aufrechtzuhalten ist, wenn sich die an einer Handvoll Fällen gemachten Funde allgemein bestätigen und als typisch herausstellen. Sonst bliebe es eben ein Beitrag zur Kenntnis der mannigfaltigen Wege in der Entwicklung des Sexuallebens.

In den schätzenswerten und inhaltreichen Arbeiten über den Männlichkeits- und Kastrationskomplex des Weibes von Abraham (Äußerungsformen des weiblichen Kastrationskomplexes, Int. Zschr. f. PsA., Bd. VII), Horney (Zur Genese des weiblichen Kastrationskomplexes, ebendort, Bd. IX), Helene Deutsch (Psychoanalyse der weiblichen Sexualfunktionen, Neue Arb. z. ärztl. PsA., Nr. V) findet sich vieles, was nahe an meine Darstellung rührt, nichts, was sich ganz mit ihr deckt, so daß ich diese Veröffentlichung auch in dieser Hinsicht rechtfertigen möchte.

Notiz über den »Wunderblock«

Wie funktioniert unser Gedächtnis? Über diese Frage haben Philosophen, Kognitionspsychologen und Neurowissenschaftler viele gelehrte Abhandlungen geschrieben. Kein Wunder, daß es diese kurze »Notiz über den ›Wunderblock‹« von 1925 in sich hat. Sie nimmt ein kleines Gerät, das man gelegentlich noch als Antiquität zu sehen bekommt, den *Wunderblock,* als Modell, um die Unbegrenztheit unserer Aufnahmefähigkeit bei gleichzeitiger Dauerhaftigkeit unseres Gedächtnisses vorstellbar zu machen. Freuds abschließend gleichsam nur hingetupfte Hypothese über die Dynamik der Wahrnehmungsprozesse und die Entstehung der Zeitvorstellung ist auch heute noch geeignet, interessante Forschungsprojekte anzustoßen.

* * *

Wenn ich meinem Gedächtnis mißtraue, – der Neurotiker tut dies bekanntlich in auffälligem Ausmaße, aber auch der Normale hat allen Grund dazu – so kann ich dessen Funktion ergänzen und versichern, indem ich mir eine schriftliche Aufzeichnung mache. Die Fläche, welche diese Aufzeichnung bewahrt, die Schreibtafel oder das Blatt Papier, ist dann gleichsam ein materialisiertes Stück des Erinnerungsapparates, den ich sonst unsichtbar in mir trage. Wenn ich mir nur den Ort merke, an dem die so fixierte »Erinnerung« untergebracht ist, so kann ich sie jederzeit nach Belieben »reproduzieren« und bin sicher, daß sie unverändert geblieben, also den Entstellungen entgangen ist, die sie vielleicht in meinem Gedächtnis erfahren hätte.

Wenn ich mich dieser Technik zur Verbesserung meiner Gedächtnisfunktion in ausgiebiger Weise bedienen will, bemerke ich, daß mir zwei verschiedene Verfahren zu Gebote stehen. Ich kann erstens eine Schreibfläche wählen, welche die ihr anvertraute Notiz unbestimmt lange unversehrt bewahrt, also ein Blatt Papier, das ich mit Tinte beschreibe. Ich erhalte dann eine

»dauerhafte Erinnerungsspur«. Der Nachteil dieses Verfahrens besteht darin, daß die Aufnahmsfähigkeit der Schreibfläche sich bald erschöpft. Das Blatt ist vollgeschrieben, hat keinen Raum für neue Aufzeichnungen, und ich sehe mich genötigt, ein anderes noch unbeschriebenes Blatt in Verwendung zu nehmen. Auch kann der Vorzug dieses Verfahrens, das eine »Dauerspur« liefert, seinen Wert für mich verlieren, nämlich wenn mein Interesse an der Notiz nach einiger Zeit erloschen ist und ich sie nicht mehr »im Gedächtnis behalten« will. Das andere Verfahren ist von beiden Mängeln frei. Wenn ich zum Beispiel mit Kreide auf eine Schiefertafel schreibe, so habe ich eine Aufnahmsfläche, die unbegrenzt lange aufnahmsfähig bleibt und deren Aufzeichnungen ich zerstören kann, sobald sie mich nicht mehr interessieren, ohne die Schreibfläche selbst verwerfen zu müssen. Der Nachteil ist hier, daß ich eine Dauerspur nicht erhalten kann. Will ich neue Notizen auf die Tafel bringen, so muß ich die, mit denen sie bereits bedeckt ist, wegwischen. Unbegrenzte Aufnahmsfähigkeit und Erhaltung von Dauerspuren scheinen sich also für die Vorrichtungen, mit denen wir unser Gedächtnis substituieren, auszuschließen, es muß entweder die aufnehmende Fläche erneut oder die Aufzeichnung vernichtet werden.

Die Hilfsapparate, welche wir zur Verbesserung oder Verstärkung unserer Sinnesfunktionen erfunden haben, sind alle so gebaut wie das Sinnesorgan selbst oder Teile desselben (Brille, photographische Kamera, Hörrohr usw.). An diesem Maß gemessen, scheinen die Hilfsvorrichtungen für unser Gedächtnis besonders mangelhaft zu sein, denn unser seelischer Apparat leistet gerade das, was diese nicht können; er ist in unbegrenzter Weise aufnahmsfähig für immer neue Wahrnehmungen und schafft doch dauerhafte – wenn auch nicht unveränderliche – Erinnerungsspuren von ihnen. Ich habe schon in der »Traumdeutung« 1900 die Vermutung ausgesprochen, daß diese ungewöhnliche Fähigkeit auf die Leistung zweier verschiedener Systeme (Organe des seelischen Apparates) aufzuteilen sei. Wir besäßen ein System *W-Bw,* welches die Wahrnehmungen aufnimmt, aber keine Dauerspur von ihnen bewahrt, so daß es sich gegen jede neue Wahrnehmung wie ein unbeschriebenes Blatt verhalten kann. Die Dauerspuren der aufgenommenen Erregungen kämen in dahinter gelegenen »Erinnerungssystemen« zustande. Später (»Jenseits des Lustprinzips«) habe ich die Bemerkung hinzugefügt, das unerklärliche Phänomen des Bewußtseins entstehe im Wahrnehmungssystem *an Stelle* der Dauerspuren.

Vor einiger Zeit ist nun unter dem Namen *Wunderblock* ein kleines Gerät in den Handel gekommen, das mehr zu leisten verspricht als das Blatt Papier oder die Schiefertafel. Es will nicht mehr sein als eine Schreibtafel, von der man die Aufzeichnungen mit einer bequemen Hantierung entfernen kann. Untersucht man es aber näher, so findet man in seiner Konstruktion eine bemerkenswerte Übereinstimmung mit dem von mir supponierten Bau unseres Wahrnehmungsapparats und überzeugt sich, daß es wirklich beides liefern kann, eine immer bereite Aufnahmsfläche und Dauerspuren der aufgenommenen Aufzeichnungen.

Der Wunderblock ist eine in einen Papierrand gefaßte Tafel aus dunkelbräunlicher Harz- oder Wachsmasse, über welche ein dünnes, durchscheinendes Blatt gelegt ist, am oberen Ende an der Wachstafel fest haftend, am unteren ihr frei anliegend. Dieses Blatt ist der interessantere Anteil des kleinen Apparats. Es besteht selbst aus zwei Schichten, die außer an den beiden queren Rändern von einander abgehoben werden können. Die obere Schicht ist eine durchsichtige Zelluloidplatte, die untere ein dünnes, also durchscheinendes Wachspapier. Wenn der Apparat nicht gebraucht wird, klebt die untere Fläche des Wachspapiers der oberen Fläche der Wachstafel leicht an.

Man gebraucht diesen Wunderblock, indem man die Aufschreibung auf der Zelluloidplatte des die Wachstafel deckenden Blattes ausführt. Dazu bedarf es keines Bleistifts oder einer Kreide, denn das Schreiben beruht nicht darauf, daß Material an die aufnehmende Fläche abgegeben wird. Es ist eine Rückkehr zur Art, wie die Alten auf Ton- und Wachstäfelchen schrieben. Ein spitzer Stilus ritzt die Oberfläche, deren Vertiefungen die

»Schrift« ergeben. Beim Wunderblock geschieht dieses Ritzen nicht direkt, sondern unter Vermittlung des darüber liegenden Deckblattes. Der Stilus drückt an den von ihm berührten Stellen die Unterfläche des Wachspapiers an die Wachstafel an und diese Furchen werden an der sonst glatten weißlichgrauen Oberfläche des Zelluloids als dunkle Schrift sichtbar. Will man die Aufschreibung zerstören, so genügt es, das zusammengesetzte Deckblatt von seinem freien unteren Rand her mit leichtem Griff von der Wachstafel abzuheben. Der innige Kontakt zwischen Wachspapier und Wachstafel an den geritzten Stellen, auf dem das Sichtbarwerden der Schrift beruhte, wird damit gelöst und stellt sich auch nicht her, wenn die beiden einander wieder berühren. Der Wunderblock ist nun schriftfrei und bereit, neue Aufzeichnungen aufzunehmen.

Die kleinen Unvollkommenheiten des Geräts haben für uns natürlich kein Interesse, da wir nur dessen Annäherung an die Struktur des seelischen Wahrnehmungsapparats verfolgen wollen.

Wenn man, während der Wunderblock beschrieben ist, die Zelluloidplatte vorsichtig vom Wachspapier abhebt, so sieht man die Schrift ebenso deutlich auf der Oberfläche des letzteren und kann die Frage stellen, wozu die Zelluloidplatte des Deckblattes überhaupt notwendig ist. Der Versuch zeigt dann, daß das dünne Papier sehr leicht in Falten gezogen oder zerrissen werden würde, wenn man es direkt mit dem Stilus beschriebe. Das Zelluloidblatt ist also eine schützende Hülle für das Wachspapier, die schädigende Einwirkungen von außen abhalten soll. Das Zelluloid ist ein »Reizschutz«; die eigentlich reizaufnehmende Schicht ist das Papier. Ich darf nun darauf hinweisen, daß ich im »Jenseits des Lustprinzips« ausgeführt habe, unser seelischer Wahrnehmungsapparat bestehe aus zwei Schichten, einem äußeren Reizschutz, der die Größe der ankommenden Erregungen herabsetzen soll, und aus der reizaufnehmenden Oberfläche dahinter, dem System *W-Bw.*

Die Analogie hätte nicht viel Wert, wenn sie sich nicht weiter verfolgen ließe. Hebt man das ganze Deckblatt – Zelluloid und Wachspapier – von der Wachstafel ab, so verschwindet die Schrift und stellt sich, wie erwähnt, auch später nicht wieder her. Die Oberfläche des Wunderblocks ist schriftfrei und von neuem aufnahmsfähig. Es ist aber leicht festzustellen, daß die Dauerspur des Geschriebenen auf der Wachstafel selbst erhalten bleibt und bei geeigneter Belichtung lesbar ist. Der Block liefert also nicht nur eine immer von neuem verwendbare Aufnahmsfläche wie die Schiefertafel, sondern auch Dauerspuren der Aufschreibung wie der gewöhnliche Papierblock; er löst das Problem, die beiden Leistungen zu vereinigen, indem er sie *auf zwei gesonderte, mit einander verbundene Bestandteile – Systeme – verteilt.* Das ist aber ganz die gleiche Art, wie nach meiner oben erwähnten Annahme unser seelischer Apparat die Wahrnehmungsfunktion erledigt. Die reizaufnehmende Schicht – das System *W-Bw* – bildet keine Dauerspuren, die Grundlagen der Erinnerung kommen in anderen, anstoßenden Systemen zustande.

Es braucht uns dabei nicht zu stören, daß die Dauerspuren der empfangenen Aufzeichnungen beim Wunderblock nicht verwertet werden; es genügt, daß sie vorhanden sind. Irgendwo muß ja die Analogie eines solchen Hilfsapparats mit dem vorbildlichen Organ ein Ende finden. Der Wunderblock kann ja auch nicht die einmal verlöschte Schrift von innen her wieder »reproduzieren«; er wäre wirklich ein Wunderblock, wenn er das wie unser Gedächtnis vollbringen könnte. Immerhin erscheint es mir jetzt nicht allzu gewagt, das aus Zelluloid und Wachspapier bestehende Deckblatt mit dem System *W-Bw* und seinem Reizschutz, die Wachstafel mit dem Unbewußten dahinter, das Sichtbarwerden der Schrift und ihr Verschwinden mit dem Aufleuchten und Vergehen des Bewußtseins bei der Wahrnehmung gleichzustellen. Ich gestehe aber, daß ich geneigt bin, die Vergleichung noch weiter zu treiben.

Beim Wunderblock verschwindet die Schrift jedesmal, wenn der innige Kontakt zwischen dem den Reiz empfangenden Papier und der den Eindruck bewahrenden Wachstafel aufgehoben wird. Das trifft mit einer Vorstellung zusammen, die ich mir längst über die Funktionsweise des seelischen Wahrnehmungsapparats gemacht, aber bisher für mich behalten habe. Ich habe angenommen, daß Besetzungsinnervationen in raschen periodischen Stößen aus dem Inneren in das völlig durchlässige System *W-Bw* geschickt und wieder zurückgezogen werden. Solange das System in solcher Weise besetzt ist, empfängt es die von Bewußtsein begleiteten Wahrnehmungen und leitet die Erregung weiter in die unbewußten Erinnerungssysteme; sobald die Besetzung zurückgezogen wird, erlischt das Bewußtsein und die Leistung des Systems ist sistiert. Es wäre so, als ob das Unbewußte mittels des Systems *W-Bw* der Außenwelt Fühler entgegenstrecken würde, die rasch zurückgezogen werden, nachdem sie deren Erregungen verkostet haben. Ich ließ also die Unterbrechungen, die beim Wunderblock von außen her geschehen, durch die Diskontinuität der Innervationsströmung zustande kommen, und an Stelle einer wirklichen Kontaktaufhebung stand in meiner Annahme die periodisch eintretende Unerregbarkeit des Wahrnehmungssystems. Ich vermutete ferner, daß diese diskontinuierliche Arbeitsweise des Systems *W-Bw* der Entstehung der Zeitvorstellung zugrunde liegt.

Denkt man sich, daß während eine Hand die Oberfläche des Wunderblocks beschreibt, eine andere periodisch das Deckblatt desselben von der Wachstafel abhebt, so wäre das eine Versinnlichung der Art, wie ich mir die Funktion unseres seelischen Wahrnehmungsapparats vorstellen wollte.

Die Verneinung

Auf den wenigen Seiten dieser 1925 veröffentlichten Schrift über die *Verneinung* entwickelt Freud seine Überlegungen über das Denken und Urteilen sowie über das Subjektive im Gegensatz zum Objektiven noch ein Stück weiter. Was spezifisch für seinen psychoanalytischen Zugriff auf die Arbeitsweise des Intellekts ist und sich von anderen psychologischen Theorien deutlich unterscheidet, ist seine Verbindung der höchstentwickelten kognitiven Leistungen mit den basalen – in diesem Falle den oralen – Triebbedürfnissen, denen zufolge eine Idee an- oder aufgenommen werden kann, wofür das *Ja* steht, oder abgelehnt beziehungsweise ausgespuckt wird, was dem *Nein* entspricht. Freud zieht hier nicht nur die Grenze zwischen Innenwelt und Außenwelt, sondern zeigt auch, daß das Unbewußte beziehungsweise das Es für unser bewußtes Ich ebenfalls eine Außenwelt darstellt, die wir rasch bereit sind abzulehnen. Ein so harmlos klingender Ausruf wie: »Daran hätte ich nie gedacht!« kann Zeugnis von einer solchen Verneinung ablegen.

* * *

Die Art, wie unsere Patienten ihre Einfälle während der analytischen Arbeit vorbringen, gibt uns Anlaß zu einigen interessanten Beobachtungen. »Sie werden jetzt denken, ich will etwas Beleidigendes sagen, aber ich habe wirklich nicht diese Absicht.« Wir verstehen, das ist die Abweisung eines eben auftauchenden Einfalles durch Projektion. Oder »Sie fragen, wer diese Person im Traum sein kann. Die Mutter ist es *nicht.«* Wir berichtigen: Also ist es die Mutter. Wir nehmen uns die Freiheit, bei der Deutung von der Verneinung abzusehen und den reinen Inhalt des Einfalls herauszugreifen. Es ist so, als ob der Patient gesagt hätte: »Mir ist zwar die Mutter zu dieser Person eingefallen, aber ich habe keine Lust, diesen Einfall gelten zu lassen.«

Gelegentlich kann man sich eine gesuchte Aufklärung über

das unbewußte Verdrängte auf eine sehr bequeme Weise verschaffen. Man fragt: Was halten Sie wohl für das Allerunwahrscheinlichste in jener Situation? Was, meinen Sie, ist Ihnen damals am fernsten gelegen? Geht der Patient in die Falle und nennt das, woran er am wenigsten glauben kann, so hat er damit fast immer das Richtige zugestanden. Ein hübsches Gegenstück zu diesem Versuch stellt sich oft beim Zwangsneurotiker her, der bereits in das Verständnis seiner Symptome eingeführt worden ist. »Ich habe eine neue Zwangsvorstellung bekommen. Mir ist sofort dazu eingefallen, sie könnte dies Bestimmte bedeuten. Aber nein, das kann ja nicht wahr sein, sonst hätte es mir nicht einfallen können.« Was er mit dieser der Kur abgelauschten Begründung verwirft, ist natürlich der richtige Sinn der neuen Zwangsvorstellung.

Ein verdrängter Vorstellungs- oder Gedankeninhalt kann also zum Bewußtsein durchdringen, unter der Bedingung, daß er sich *verneinen* läßt. Die Verneinung ist eine Art, das Verdrängte zur Kenntnis zu nehmen, eigentlich schon eine Aufhebung der Verdrängung, aber freilich keine Annahme des Verdrängten. Man sieht, wie sich hier die intellektuelle Funktion vom affektiven Vorgang scheidet. Mit Hilfe der Verneinung wird nur die eine Folge des Verdrängungsvorganges rückgängig gemacht, daß dessen Vorstellungsinhalt nicht zum Bewußtsein gelangt. Es resultiert daraus eine Art von intellektueller Annahme des Verdrängten bei Fortbestand des Wesentlichen an der Verdrängung.[1] Im Verlauf der analytischen Arbeit schaffen wir oft eine andere, sehr wichtige und ziemlich befremdende Abänderung derselben Situation. Es gelingt uns, auch die Verneinung zu besiegen und die volle intellektuelle Annahme des Verdrängten durchzusetzen, – der Verdrängungsvorgang selbst ist damit noch nicht aufgehoben.

Da es die Aufgabe der intellektuellen Urteilsfunktion ist, Gedankeninhalte zu bejahen oder zu verneinen, haben uns die vorstehenden Bemerkungen zum psychologischen Ursprung dieser Funktion geführt. Etwas im Urteil verneinen, heißt im Grunde:

das ist etwas, was ich am liebsten verdrängen möchte. Die Verurteilung ist der intellektuelle Ersatz der Verdrängung, ihr Nein ein Merkzeichen derselben, ein Ursprungszertifikat etwa wie das »made in Germany«. Vermittels des Verneinungssymbols macht sich das Denken von den Einschränkungen der Verdrängung frei und bereichert sich um Inhalte, deren es für seine Leistung nicht entbehren kann.

Die Urteilsfunktion hat im wesentlichen zwei Entscheidungen zu treffen. Sie soll einem Ding eine Eigenschaft zu- oder absprechen, und sie soll einer Vorstellung die Existenz in der Realität zugestehen oder bestreiten. Die Eigenschaft, über die entschieden werden soll, könnte ursprünglich gut oder schlecht, nützlich oder schädlich gewesen sein. In der Sprache der ältesten, oralen Triebregungen ausgedrückt: das will ich essen oder will es ausspucken, und in weitergehender Übertragung: das will ich in mich einführen und das aus mir ausschließen. Also: es soll in mir oder außer mir sein. Das ursprüngliche Lust-Ich will, wie ich an anderer Stelle ausgeführt habe, alles Gute sich introjizieren, alles Schlechte von sich werfen. Das Schlechte, das dem Ich Fremde, das Außenbefindliche, ist ihm zunächst identisch.[2]

Die andere der Entscheidungen der Urteilsfunktion, die über die reale Existenz eines vorgestellten Dinges, ist ein Interesse des endgültigen Real-Ichs, das sich aus dem anfänglichen Lust-Ich entwickelt. (Realitätsprüfung.) Nun handelt es sich nicht mehr darum, ob etwas Wahrgenommenes (ein Ding) ins Ich aufgenommen werden soll oder nicht, sondern ob etwas im Ich als Vorstellung Vorhandenes auch in der Wahrnehmung (Realität) wiedergefunden werden kann. Es ist, wie man sieht, wieder eine Frage des *Außen und Innen.* Das Nichtreale, bloß Vorgestellte, Subjektive, ist nur innen; das andere, Reale, auch im *Draußen* vorhanden. In dieser Entwicklung ist die Rücksicht auf das Lustprinzip beiseite gesetzt worden. Die Erfahrung hat gelehrt, es ist nicht nur wichtig, ob ein Ding (Befriedigungsobjekt) die »gute« Eigenschaft besitzt, also die Aufnahme ins Ich verdient, sondern auch, ob es in der Außenwelt da ist, so daß man sich seiner nach Bedürfnis bemächtigen kann. Um diesen Fortschritt zu verstehen, muß man sich daran erinnern, daß alle Vorstellungen von Wahrnehmungen stammen, Wiederholungen derselben sind. Ursprünglich ist also schon die Existenz der Vorstellung eine Bürgschaft für die Realität des Vorgestellten. Der Gegensatz zwischen Subjektivem und Objektivem besteht nicht von Anfang an. Er stellt sich erst dadurch her, daß das Denken die Fähigkeit besitzt, etwas einmal Wahrgenommenes durch Reproduktion in der Vorstellung wieder gegenwärtig zu machen, während das Objekt draußen nicht mehr vorhanden zu sein braucht. Der erste und nächste Zweck der Realitätsprüfung ist also nicht, ein dem Vorgestellten entsprechendes Objekt in der realen Wahrnehmung zu finden, sondern es *wiederzufinden*, sich zu überzeugen, daß es noch vorhanden ist. Ein weiterer Beitrag zur Entfremdung zwischen dem Subjektiven und dem Objektiven rührt von einer anderen Fähigkeit des Denkvermögens her. Die Reproduktion der Wahrnehmung in der Vorstellung ist nicht immer deren getreue Wiederholung; sie kann durch Weglassungen modifiziert, durch Verschmelzungen verschiedener Elemente verändert sein. Die Realitätsprüfung hat dann zu kontrollieren, wie weit diese Entstellungen reichen. Man erkennt aber als Bedingung für die Einsetzung der Realitätsprüfung, daß Objekte verloren gegangen sind, die einst reale Befriedigung gebracht hatten.

Das Urteilen ist die intellektuelle Aktion, die über die Wahl der motorischen Aktion entscheidet, dem Denkaufschub ein Ende setzt und vom Denken zum Handeln überleitet. Auch über den Denkaufschub habe ich bereits an anderer Stelle gehandelt. Er ist als eine Probeaktion zu betrachten, ein motorisches Tasten mit geringen Abfuhraufwänden. Besinnen wir uns: wo hatte das Ich ein solches Tasten vorher geübt, an welcher Stelle die Technik erlernt, die es jetzt bei den Denkvorgängen anwendet? Dies geschah am sensorischen Ende des seelischen Apparats, bei den Sinneswahrnehmungen. Nach unserer Annahme ist ja die Wahrnehmung kein rein passiver Vorgang, sondern das

Ich schickt periodisch kleine Besetzungsmengen in das Wahrnehmungssystem, mittels deren es die äußeren Reize verkostet, um sich nach jedem solchen tastenden Vorstoß wieder zurückzuziehen.

Das Studium des Urteils eröffnet uns vielleicht zum erstenmal die Einsicht in die Entstehung einer intellektuellen Funktion aus dem Spiel der primären Triebregungen. Das Urteilen ist die zweckmäßige Fortentwicklung der ursprünglich nach dem Lustprinzip erfolgten Einbeziehung ins Ich oder Ausstoßung aus dem Ich. Seine Polarität scheint der Gegensätzlichkeit der beiden von uns angenommenen Triebgruppen zu entsprechen. Die Bejahung – als Ersatz der Vereinigung – gehört dem Eros an, die Verneinung – Nachfolge der Ausstoßung – dem Destruktionstrieb. Die allgemeine Verneinungslust, der Negativismus mancher Psychotiker ist wahrscheinlich als Anzeichen der Triebentmischung durch Abzug der libidinösen Komponenten zu verstehen. Die Leistung der Urteilsfunktion wird aber erst dadurch ermöglicht, daß die Schöpfung des Verneinungssymbols dem Denken einen ersten Grad von Unabhängigkeit von den Erfolgen der Verdrängung und somit auch vom Zwang des Lustprinzips gestattet hat.

Zu dieser Auffassung der Verneinung stimmt es sehr gut, daß man in der Analyse kein »Nein« aus dem Unbewußten auffindet, und daß die Anerkennung des Unbewußten von seiten des Ichs sich in einer negativen Formel ausdrückt. Kein stärkerer Beweis für die gelungene Aufdeckung des Unbewußten, als wenn der Analysierte mit dem Satze: *Das habe ich nicht gedacht,* oder: *Daran habe ich nicht (nie) gedacht,* darauf reagiert.

Fetischismus

Freuds Überlegungen über Wahrnehmen, Urteilen, Denken und Gedächtnis richten sich immer zum einen auf die normalen psychischen Abläufe, zum anderen aber auf die Abweichungen von der Normalität wie zum Beispiel in den leichteren Verschiebungen der Bedeutungszuschreibung in den Übertragungen und Neurosen oder in den schwereren Verzerrungen der Psychosen. In diesen 1927 publizierten Anmerkungen über den Fetischismus wendet Freud nach der *Verleugnung* und *Verneinung* den Abwehrmechanismus der *Spaltung* auf einen bestimmten Aspekt des männlichen Ödipuskomplexes an, die Kastrationsangst. Der Fetisch, so erkennt Freud, entspricht einer Wunschvorstellung, die vor der vollständigen Akzeptanz einer traumatischen Wahrnehmung schützen soll und darum neben und abgespalten von dieser als ein Denkmal einstiger Unversehrbarkeit hochbesetzt wird.

* * *

In den letzten Jahren hatte ich Gelegenheit, eine Anzahl von Männern, deren Objektwahl von einem Fetisch beherrscht war, analytisch zu studieren. Man braucht nicht zu erwarten, daß diese Personen des Fetisch wegen die Analyse aufgesucht hatten, denn der Fetisch wird wohl von seinen Anhängern als eine Abnormität erkannt, aber nur selten als ein Leidenssymptom empfunden; meist sind sie mit ihm recht zufrieden oder loben sogar die Erleichterungen, die er ihrem Liebesleben bietet. Der Fetisch spielte also in der Regel die Rolle eines Nebenbefundes.

Die Einzelheiten dieser Fälle entziehen sich aus naheliegenden Gründen der Veröffentlichung. Ich kann darum auch nicht zeigen, in welcher Weise zufällige Umstände zur Auswahl des Fetisch beigetragen haben. Am merkwürdigsten erschien ein Fall, in dem ein junger Mann einen gewissen »Glanz auf der Nase« zur fetischistischen Bedingung erhoben hatte. Das fand seine überraschende Aufklärung durch die Tatsache, daß der Patient eine englische Kinderstube gehabt hatte, dann aber nach Deutschland gekommen war, wo er seine Muttersprache fast vollkommen vergaß. Der aus den ersten Kinderzeiten stammende Fetisch war nicht deutsch, sondern englisch zu lesen, der »Glanz auf der Nase« war eigentlich ein »Blick auf die Nase« (*glance* = Blick), die Nase war also der Fetisch, dem er übrigens nach seinem Belieben jenes besondere Glanzlicht verlieh, das andere nicht wahrnehmen konnten.

Die Auskunft, welche die Analyse über Sinn und Absicht des Fetisch gab, war in allen Fällen die nämliche. Sie ergab sich so ungezwungen und erschien mir so zwingend, daß ich bereit bin, dieselbe Lösung allgemein für alle Fälle von Fetischismus zu erwarten. Wenn ich nun mitteile, der Fetisch ist ein Penisersatz, so werde ich gewiß Enttäuschung hervorrufen. Ich beeile mich darum hinzuzufügen, nicht der Ersatz eines beliebigen, sondern eines bestimmten, ganz besonderen Penis, der in frühen Kinderjahren eine große Bedeutung hat, aber später verloren geht. Das heißt: er sollte normalerweise aufgegeben werden, aber gerade der Fetisch ist dazu bestimmt, ihn vor dem Untergang zu behüten. Um es klarer zu sagen, der Fetisch ist der Ersatz für den Phallus des Weibes (der Mutter), an den das Knäblein geglaubt hat und auf den es – wir wissen warum – nicht verzichten will.[1]

Der Hergang war also der, daß der Knabe sich geweigert hat, die Tatsache seiner Wahrnehmung, daß das Weib keinen Penis besitzt, zur Kenntnis zu nehmen. Nein, das kann nicht wahr sein, denn wenn das Weib kastriert ist, ist sein eigener Penisbesitz bedroht, und dagegen sträubt sich das Stück Narzißmus, mit dem die Natur vorsorglich gerade dieses Organ ausgestattet hat. Eine ähnliche Panik wird vielleicht der Erwachsene später erleben, wenn der Schrei ausgegeben wird, Thron und Altar sind in Gefahr, und sie wird zu ähnlich unlogischen Konsequenzen führen. Wenn ich nicht irre, würde Laforgue in diesem Falle sagen, der Knabe »skotomisiert« die Wahrnehmung des Penismangels beim Weibe.[2] Ein neuer Terminus ist dann berechtigt, wenn er einen neuen Tatbestand beschreibt oder heraushebt. Das liegt hier nicht vor; das älteste Stück unserer psychoanalytischen Terminologie, das Wort »Verdrängung«, bezieht sich bereits auf diesen pathologischen Vorgang. Will man in ihm das Schicksal der Vorstellung von dem des Affekts schärfer trennen, den Ausdruck »Verdrängung« für den Affekt reservieren, so wäre für das Schicksal der Vorstellung »Verleugnung« die richtige deutsche Bezeichnung. »Skotomisation« scheint mir besonders ungeeignet, denn es weckt die Idee, als wäre die Wahrnehmung glatt weggewischt worden, so daß das Ergebnis dasselbe wäre, wie wenn ein Gesichtseindruck auf den blinden Fleck der Netzhaut fiele. Aber unsere Situation zeigt im Gegenteil, daß die Wahrnehmung geblieben ist und daß eine sehr energische Aktion unternommen wurde, ihre Verleugnung aufrecht zu halten. Es ist nicht richtig, daß das Kind sich nach seiner Beobachtung am Weibe den Glauben an den Phallus des Weibes unverändert gerettet hat. Es hat ihn bewahrt, aber auch aufgegeben; im Konflikt zwischen dem Gewicht der unerwünschten Wahrnehmung und der Stärke des Gegenwunsches ist es zu einem Kompromiß gekommen, wie es nur unter der Herrschaft der unbewußten Denkgesetze – der Primärvorgänge – möglich ist. Ja, das Weib hat im Psychischen dennoch einen Penis, aber dieser Penis ist nicht mehr dasselbe, das er früher war. Etwas anderes ist an seine Stelle getreten, ist sozusagen zu seinem Ersatz ernannt worden und ist nun der Erbe des Interesses, das sich dem früheren zugewendet hatte. Dies Interesse erfährt aber noch eine außerordentliche Steigerung, weil der Abscheu vor der Kastration sich in der Schaffung dieses Ersatzes ein Denkmal gesetzt hat. Als *stigma indelebile* der stattgehabten Verdrängung bleibt auch die Entfremdung gegen das wirkliche weibliche Genitale, die man bei keinem Fetischisten vermißt. Man überblickt jetzt, was der Fetisch leistet und wodurch er gehalten wird. Er bleibt das Zeichen des Triumphes über die Kastrationsdrohung und der Schutz gegen sie, er erspart es dem Fetischisten auch, ein Homosexueller zu werden, indem er dem Weib jenen Charakter verleiht, durch den es als Sexualobjekt erträglich wird. Im späteren Leben glaubt der Fetischist noch einen anderen Vorteil seines Genitalersatzes zu genießen. Der Fetisch wird von anderen nicht in seiner Bedeutung erkannt, darum auch nicht verweigert, er ist leicht zugänglich, die an ihn gebundene sexuelle Befriedigung ist bequem zu haben. Um was andere Männer werben und sich mühen müssen, das macht dem Fetischisten keine Beschwerde.

Der Kastrationsschreck beim Anblick des weiblichen Genitales bleibt wahrscheinlich keinem männlichen Wesen erspart. Warum die einen infolge dieses Eindruckes homosexuell werden, die anderen ihn durch die Schöpfung eines Fetisches abwehren und die übergroße Mehrzahl ihn überwindet, das wissen wir freilich nicht zu erklären Möglich, daß wir unter der Anzahl der zusammenwirkenden Bedingungen diejenigen noch nicht kennen, welche für die seltenen pathologischen Ausgänge maßgebend sind; im übrigen müssen wir zufrieden sein, wenn wir erklären können, was geschehen ist, und dürfen die Aufgabe, zu erklären, warum etwas nicht geschehen ist, vorläufig von uns weisen.

Es liegt nahe, zu erwarten, daß zum Ersatz des vermißten weiblichen Phallus solche Organe oder Objekte gewählt werden, die auch sonst als Symbole den Penis vertreten. Das mag oft genug stattfinden, ist aber gewiß nicht entscheidend. Bei der Einsetzung des Fetisch scheint vielmehr ein Vorgang eingehalten zu werden, der an das Haltmachen der Erinnerung bei traumatischer Amnesie gemahnt. Auch hier bleibt das Interesse wie unterwegs stehen, wird etwa der letzte Eindruck vor dem unheimlichen, traumatischen, als Fetisch festgehalten. So verdankt der Fuß oder Schuh seine Bevorzugung als Fetisch – oder ein Stück derselben – dem Umstand, daß die Neugierde des Knaben von unten, von den Beinen her nach dem weiblichen Genitale gespäht hat; Pelz und Samt fixieren – wie längst vermutet wurde – den Anblick der Genitalbehaarung, auf den der ersehnte des weiblichen Gliedes hätte folgen sollen; die so häufig zum Fetisch erkorenen Wäschestücke halten den Moment der Entkleidung fest, den letzten, in dem man das Weib noch für phallisch halten durfte. Ich will aber nicht behaupten, daß man die Determinierung des Fetisch jedesmal mit Sicherheit durchschaut. Die Untersuchung des Fetischismus ist all denen dringend zu empfehlen, die noch an der Existenz des Kastrationskomplexes zweifeln oder die meinen können, der Schreck vor dem weiblichen Genitale habe einen anderen Grund, leite sich z.B. von der supponierten Erinnerung an das Trauma der Geburt ab. Für mich hatte die Aufklärung des Fetisch noch ein anderes theoretisches Interesse.

Ich habe kürzlich auf rein spekulativem Wege den Satz gefunden, der wesentliche Unterschied zwischen Neurose und Psychose liege darin, daß bei ersterer das Ich im Dienste der Realität ein Stück des Es unterdrücke, während es sich bei der Psychose vom Es fortreißen lasse, sich von einem Stück der Realität zu lösen; ich bin auch später noch einmal auf dasselbe Thema zurückgekommen.[3] Aber bald darauf bekam ich Anlaß, zu bedauern, daß ich mich so weit vorgewagt hatte. Aus der Analyse zweier junger Männer erfuhr ich, daß sie beide den Tod des geliebten Vaters im zweiten und im zehnten Jahr nicht zur Kenntnis genommen, »skotomisiert« hatten – und doch hatte keiner von beiden eine Psychose entwickelt. Da war also ein gewiß bedeutsames Stück der Realität vom Ich verleugnet worden, ähnlich wie beim Fetischisten die unliebsame Tatsache der Kastration des Weibes. Ich begann auch zu ahnen, daß analoge Vorkommnisse im Kinderleben keineswegs selten sind, und konnte mich des Irrtums in der Charakteristik von Neurose und Psychose für überführt halten. Es blieb zwar eine Auskunft offen; meine Formel brauchte sich erst bei einem höheren Grad von Differenzierung im psychischen Apparat zu bewähren; dem Kind konnte gestattet sein, was sich beim Erwachsenen durch schwere Schädigung strafen mußte. Aber weitere Untersuchungen führten zu einer anderen Lösung des Widerspruchs.

Es stellte sich nämlich heraus, daß die beiden jungen Männer den Tod des Vaters ebensowenig »skotomisiert« hatten wie die

Fetischisten die Kastration des Weibes. Es war nur eine Strömung in ihrem Seelenleben, welche den Tod des Vaters nicht anerkannt hatte; es gab auch eine andere, die dieser Tatsache vollkommen Rechnung trug; die wunschgerechte wie die realitätsgerechte Einstellung bestanden nebeneinander. Bei dem einen meiner beiden Fälle war diese Spaltung die Grundlage einer mittelschweren Zwangsneurose geworden; in allen Lebenslagen schwankte er zwischen zwei Voraussetzungen, der einen, daß der Vater noch am Leben sei und seine Tätigkeit behindere, und der entgegengesetzten, daß er das Recht habe, sich als den Nachfolger des verstorbenen Vaters zu betrachten. Ich kann also die Erwartung festhalten, daß im Fall der Psychose die eine, die realitätsgerechte Strömung, wirklich vermißt werden würde.

Wenn ich zur Beschreibung des Fetischismus zurückkehre, habe ich anzuführen, daß es noch zahlreiche und gewichtige Beweise für die zwiespältige Einstellung des Fetischisten zur Frage der Kastration des Weibes gibt. In ganz raffinierten Fällen ist es der Fetisch selbst, in dessen Aufbau sowohl die Verleugnung wie die Behauptung der Kastration Eingang gefunden haben. So war es bei einem Manne, dessen Fetisch in einem Schamgürtel bestand, wie er auch als Schwimmhose getragen werden kann. Dieses Gewandstück verdeckte überhaupt die Genitalien und den Unterschied der Genitalien. Nach dem Ausweis der Analyse bedeutete es sowohl, daß das Weib kastriert sei, als auch, daß es nicht kastriert sei, und ließ überdies die Annahme der Kastration des Mannes zu, denn alle diese Möglichkeiten konnten sich hinter dem Gürtel, dessen erster Ansatz in der Kindheit das Feigenblatt einer Statue gewesen war, gleich gut verbergen. Ein solcher Fetisch, aus Gegensätzen doppelt geknüpft, hält natürlich besonders gut. In anderen zeigt sich die Zwiespältigkeit an dem, was der Fetischist – in der Wirklichkeit oder in der Phantasie – an seinem Fetisch vornimmt. Es ist nicht erschöpfend, wenn man hervorhebt, daß er den Fetisch verehrt; in vielen Fällen behandelt er ihn in einer Weise, die offenbar einer Darstellung der Kastration gleichkommt. Dies geschieht besonders dann, wenn sich eine starke Vateridentifizierung entwickelt hat, in der Rolle des Vaters, denn diesem hatte das Kind die Kastration des Weibes zugeschrieben. Die Zärtlichkeit und die Feindseligkeit in der Behandlung des Fetisch, die der Verleugnung und der Anerkennung der Kastration gleichlaufen, vermengen sich bei verschiedenen Fällen in ungleichem Maße, so daß das eine oder das andere deutlicher kenntlich wird. Von hier aus glaubt man, wenn auch aus der Ferne, das Benehmen des Zopfabschneiders zu verstehen, bei dem sich das Bedürfnis, die geleugnete Kastration auszuführen, vorgedrängt hat. Seine Handlung vereinigt in sich die beiden miteinander unverträglichen Behauptungen: das Weib hat seinen Penis behalten und der Vater hat das Weib kastriert. Eine andere Variante, aber auch eine völkerpsychologische Parallele zum Fetischismus möchte man in der Sitte der Chinesen erblicken, den weiblichen Fuß zuerst zu verstümmeln und den verstümmelten dann wie einen Fetisch zu verehren. Man könnte meinen, der chinesische Mann will es dem Weibe danken, daß es sich der Kastration unterworfen hat.

Schließlich darf man es aussprechen, das Normalvorbild des Fetisch ist der Penis des Mannes, wie das des minderwertigen Organs der reale kleine Penis des Weibes, die Klitoris.

Der Humor

Intuitiv ist uns klar, daß es einen Unterschied zwischen dem *Witz* und dem *Humor* gibt. Doch worin besteht er? Freud denkt über diese Frage nach und beantwortet sie 1927 mit dieser kleinen Schrift, die gleichsam als ein Ergänzungsbeitrag zu seinem Buch »Der Witz und seine Beziehung zum Unbewußten« (1905c) gelesen werden kann. Ist es beim Witz der Einschuß des Unbewußten, der einer sexuellen oder aggressiven Regung einen kurzen, lustvollen Durchbruch erlaubt, so ist es beim Humor die elterliche Sprache des Über-Ichs, die liebevoll, tröstlich und mit einer gewissen Würde dem als eingeschüchtert dargestellten Ich einen momentanen Triumph über die Ungunst der realen Verhältnisse zuspricht. Indem Freud die *Abwehr der Leidensmöglichkeit* als die spezifische Funktion des Humors erkennt, fügt er hier einen weiteren Mosaikstein in sein vom Lustprinzip organisiertes Bild der Psyche ein.

* * *

In meiner Schrift über den »Witz und seine Beziehung zum Unbewußten« (1905) habe ich den Humor eigentlich nur vom ökonomischen Gesichtspunkt behandelt. Es lag mir daran, die Quelle der Lust am Humor zu finden, und ich meine, ich habe gezeigt, daß der humoristische Lustgewinn aus erspartem Gefühlsaufwand hervorgeht.

Der humoristische Vorgang kann sich in zweierlei Weisen vollziehen, entweder an einer einzigen Person, die selbst die humoristische Einstellung einnimmt, während der zweiten Person die Rolle des Zuschauers und Nutznießers zufällt, oder zwischen zwei Personen, von denen die eine am humoristischen Vorgang gar keinen Anteil hat, die zweite aber diese Person zum Objekt ihrer humoristischen Betrachtung macht. Wenn, um beim gröbsten Beispiel zu verweilen, der Delinquent, der am Montag zum Galgen geführt wird, die Äußerung tut: »Na, die Woche fängt gut an«, so entwickelt er selbst den Humor, der humoristische Vorgang vollendet sich an seiner Person und trägt ihm offenbar eine gewisse Genugtuung ein. Mich, den unbeteiligten Zuhörer, trifft gewissermaßen eine Fernwirkung der humoristischen Leistung des Verbrechers; ich verspüre, vielleicht ähnlich wie er, den humoristischen Lustgewinn.

Der zweite Fall liegt vor, wenn z.B. ein Dichter oder Schilderer das Gehaben von realen oder erfundenen Personen in humoristischer Weise beschreibt. Diese Personen brauchen selbst keinen Humor zu zeigen, die humoristische Einstellung ist allein Sache dessen, der sie zum Objekt nimmt und der Leser oder Zuhörer wird wiederum wie im vorigen Falle des Genusses am Humor teilhaftig. Zusammenfassend kann man also sagen, man kann die humoristische Einstellung – worin immer diese bestehen mag – gegen die eigene oder gegen fremde Personen wenden; es ist anzunehmen, daß sie dem, der es tut, einen Lustgewinn bringt; ein ähnlicher Lustgewinn fällt dem – unbeteiligten – Zuhörer zu.

Die Genese des humoristischen Lustgewinns erfassen wir am besten, wenn wir uns dem Vorgang beim Zuhörer zuwenden, vor dem ein anderer Humor entwickelt. Er sieht diesen anderen in einer Situation, die es erwarten läßt, daß er die Anzeichen eines Affekts produzieren wird; er wird sich ärgern, klagen, Schmerz äußern, sich schrecken, grausen, vielleicht selbst verzweifeln, und der Zuschauer-Zuhörer ist bereit, ihm darin zu folgen, die gleichen Gefühlsregungen bei sich entstehen zu lassen. Aber diese Gefühlsbereitschaft wird enttäuscht, der andere äußert keinen Affekt, sondern macht einen Scherz; aus dem ersparten Gefühlsaufwand wird nun beim Zuhörer die humoristische Lust.

So weit kommt man leicht, aber man sagt sich auch bald, daß es der Vorgang beim anderen, beim »Humoristen« ist, der die größere Aufmerksamkeit verdient. Kein Zweifel, das Wesen des Humors besteht darin, daß man sich die Affekte erspart, zu denen die Situation Anlaß gäbe, und sich mit einem Scherz über die Möglichkeit solcher Gefühlsäußerungen hinaussetzt. Insofern muß der Vorgang beim Humoristen mit dem beim Zuhörer übereinstimmen, richtiger gesagt, der Vorgang beim Zuhörer muß den beim Humoristen kopiert haben. Aber wie bringt der Humorist jene psychische Einstellung zustande, die ihm die Affektentbindung überflüssig macht, was geht bei »der humoristischen Einstellung« dynamisch in ihm vor? Offenbar ist die Lösung des Problems beim Humoristen zu suchen, beim Zuhörer ist nur ein Nachklang, eine Kopie dieses unbekannten Prozesses anzunehmen.

Es ist Zeit, daß wir uns mit einigen Charakteren des Humors vertraut machen. Der Humor hat nicht nur etwas Befreiendes wie der Witz und die Komik, sondern auch etwas Großartiges und Erhebendes, welche Züge an den beiden anderen Arten des Lustgewinns aus intellektueller Tätigkeit nicht gefunden werden. Das Großartige liegt offenbar im Triumph des Narzißmus, in der siegreich behaupteten Unverletzlichkeit des Ichs. Das Ich verweigert es, sich durch die Veranlassungen aus der Realität kränken, zum Leiden nötigen zu lassen, es beharrt dabei, daß ihm die Traumen der Außenwelt nicht nahe gehen können, ja es zeigt, daß sie ihm nur Anlässe zu Lustgewinn sind. Dieser letzte Zug ist für den Humor durchaus wesentlich. Nehmen wir an, der am Montag zur Hinrichtung geführte Verbrecher hätte gesagt: Ich mach' mir nichts daraus, was liegt denn daran, wenn ein Kerl wie ich aufgehängt wird, die Welt wird darum nicht zugrunde gehen, – so müßten wir urteilen, diese Rede enthält zwar diese großartige Überlegenheit über die reale Situation, sie ist weise und berechtigt, aber sie verrät auch nicht die Spur von Humor, ja sie ruht auf einer Einschätzung der Realität, die der des Humors direkt zuwiderläuft. Der Humor ist nicht resigniert, er ist trotzig, er bedeutet nicht nur den Triumph des Ichs, sondern auch den des Lustprinzips, das sich hier gegen die Ungunst der realen Verhältnisse zu behaupten vermag.

Durch diese beiden letzten Züge, die Abweisung des Anspruchs der Realität und die Durchsetzung des Lustprinzips nähert sich der Humor den regressiven oder reaktionären Prozessen, die uns in der Psychopathologie so ausgiebig beschäftigen. Mit seiner Abwehr der Leidensmöglichkeit nimmt er einen Platz ein in der großen Reihe jener Methoden, die das menschliche Seelenleben ausgebildet hat, um sich dem Zwang des Leidens zu entziehen, einer Reihe, die mit der Neurose anhebt, im Wahnsinn gipfelt, und in die der Rausch, die Selbstversenkung, die Ekstase einbezogen sind. Der Humor dankt diesem Zusammenhange eine Würde, die z.B. dem Witze völlig abgeht, denn dieser dient entweder nur dem Lustgewinn oder er stellt den Lustgewinn in den Dienst der Aggression. Worin besteht nun die humoristische Einstellung, durch die man sich dem Leiden verweigert, die Unüberwindlichkeit des Ichs durch die reale Welt betont, das Lustprinzip siegreich behauptet, all dies aber, ohne wie andere Verfahren gleicher Absicht den Boden seelischer Gesundheit aufzugeben? Die beiden Leistungen scheinen doch unvereinbar miteinander.

Wenn wir uns an die Situation wenden, daß sich jemand gegen andere humoristisch einstellt, so liegt die Auffassung nahe, die ich auch bereits im Buch über den Witz zaghaft angedeutet habe, er benehme sich gegen sie wie der Erwachsene gegen das Kind, indem er die Interessen und Leiden, die diesem groß erscheinen, in ihrer Nichtigkeit erkenne und belächle. Der Humorist gewinne also seine Überlegenheit daher, daß er sich in die Rolle des Erwachsenen, gewissermaßen in die Vateridentifizierung begebe und die anderen zu Kindern herabdrücke. Diese Annahme deckt wohl den Sachverhalt, aber sie erscheint kaum zwingend. Man fragt sich, wie kommt der Humorist dazu, sich diese Rolle anzumaßen.

Aber man erinnert sich an die andere, wahrscheinlich ursprünglichere und bedeutsamere Situation des Humors, daß jemand die humoristische Einstellung gegen seine eigene Person richtet, um sich solcherart seiner Leidensmöglichkeiten zu erwehren. Hat es einen Sinn zu sagen, jemand behandle sich selbst wie ein Kind und spiele gleichzeitig gegen dies Kind die Rolle des überlegenen Erwachsenen?

Ich meine, wir geben dieser wenig plausiblen Vorstellung einen starken Rückhalt, wenn wir in Betracht ziehen, was wir aus pathologischen Erfahrungen über die Struktur unseres Ichs gelernt haben. Dieses Ich ist nichts Einfaches, sondern beherbergt als seinen Kern eine besondere Instanz, das Über-Ich, mit dem es manchmal zusammenfließt, so daß wir die beiden nicht zu unterscheiden vermögen, während es sich in anderen Verhältnissen scharf von ihm sondert. Das Über-Ich ist genetisch Erbe der Elterninstanz, es hält das Ich oft in strenger Abhängigkeit, behandelt es wirklich noch wie einst in frühen Jahren die Eltern – oder der Vater – das Kind behandelt haben. Wir erhalten also eine dynamische Aufklärung der humoristischen Einstellung, wenn wir annehmen, sie bestehe darin, daß die Person des Humoristen den psychischen Akzent von ihrem Ich abgezogen und auf ihr Über-Ich verlegt habe. Diesem so geschwellten Über-Ich kann nun das Ich winzig klein erscheinen, alle seine Interessen geringfügig, und es mag dem Über-Ich bei dieser neuen Energieverteilung leicht werden, die Reaktionsmöglichkeiten des Ichs zu unterdrücken.

Unserer gewohnten Ausdrucksweise treu, werden wir anstatt Verlegung des psychischen Akzents zu sagen haben: Verschiebung großer Besetzungsmengen. Es fragt sich dann, ob wir uns solche ausgiebige Verschiebungen von einer Instanz des seelischen Apparats auf eine andere vorstellen dürfen. Es sieht wie eine neue *ad hoc* gemachte Annahme aus, doch dürfen wir uns erinnern, daß wir wiederholt, wenn auch nicht oft genug, bei unseren Versuchen einer metapsychologischen Vorstellung des seelischen Geschehens mit einem solchen Faktor gerechnet haben. So nahmen wir z. B. an, der Unterschied zwischen einer gewöhnlichen erotischen Objektbesetzung und dem Zustand einer Verliebtheit bestehe darin, daß in letzterem Falle ungleich mehr Besetzung auf das Objekt übergeht, das Ich sich gleichsam nach dem Objekt entleert. Beim Studium einiger Fälle von Paranoia konnte ich feststellen, daß die Verfolgungsideen frühzeitig gebildet werden und lange Zeit bestehen, ohne eine merkliche

Wirkung zu äußern, bis sie dann auf einen bestimmten Anlaß hin die Besetzungsgrößen erhalten, die sie dominant werden lassen. Auch die Heilung solcher paranoischer Anfälle dürfte weniger in einer Auflösung und Korrektur der Wahnideen als in der Entziehung der ihnen verliehenen Besetzung bestehen. Die Abwechslung von Melancholie und Manie, von grausamer Unterdrückung des Ichs durch das Über-Ich und von Befreiung des Ichs nach solchem Druck hat uns den Eindruck eines solchen Besetzungswandels gemacht, den man übrigens auch zur Erklärung einer ganzen Reihe von Erscheinungen des normalen Seelenlebens heranziehen müßte. Wenn dies bisher in so geringem Ausmaß geschehen ist, so liegt der Grund dafür in der von uns geübten, eher lobenswerten Zurückhaltung. Das Gebiet, auf dem wir uns sicher fühlen, ist das der Pathologie des Seelenlebens; hier machen wir unsere Beobachtungen, erwerben wir unsere Überzeugungen. Eines Urteils über das Normale getrauen wir uns vorläufig insoweit, als wir in den Isolierungen und Verzerrungen des Krankhaften das Normale erraten. Wenn diese Scheu einmal überwunden ist, werden wir erkennen, eine wie große Rolle für das Verständnis der seelischen Vorgänge den statischen Verhältnissen wie dem dynamischen Wechsel in der Quantität der Energiebesetzung zukommt.

Ich meine also, die hier vorgeschlagene Möglichkeit, daß die Person in einer bestimmten Lage plötzlich ihr Über-Ich überbesetzt und nun von diesem aus die Reaktionen des Ichs abändert, verdient es festgehalten zu werden. Was ich für den Humor vermute, findet auch eine bemerkenswerte Analogie auf dem verwandten Gebiet des Witzes. Als die Entstehung des Witzes mußte ich annehmen, daß ein vorbewußter Gedanke für einen Moment der unbewußten Bearbeitung überlassen wird, der Witz sei also der Beitrag zur Komik, den das Unbewußte leiste. Ganz ähnlich wäre *der Humor der Beitrag zur Komik durch die Vermittlung des Über-Ichs.*

Wir kennen das Über-Ich sonst als einen gestrengen Herrn. Man wird sagen, es stimmt schlecht zu diesem Charakter, daß es sich herbeiläßt, dem Ich einen kleinen Lustgewinn zu ermöglichen. Es ist richtig, daß die humoristische Lust nie die Intensität der Lust am Komischen oder am Witz erreicht, sich niemals im herzhaften Lachen ausgibt; es ist auch wahr, daß das Über-Ich, wenn es die humoristische Einstellung herbeiführt, eigentlich die Realität abweist und einer Illusion dient. Aber dieser wenig intensiven Lust schreiben wir – ohne recht zu wissen warum – einen hochwertigen Charakter zu, wir empfinden sie als besonders befreiend und erhebend. Der Scherz, den der Humor macht, ist ja auch nicht das Wesentliche, er hat nur den Wert einer Probe; die Hauptsache ist die Absicht, welche der Humor ausführt, ob er sich nun an der eigenen oder an fremden Personen betätigt. Er will sagen: Sieh' her, das ist nun die Welt, die so gefährlich aussieht. Ein Kinderspiel, gerade gut, einen Scherz darüber zu machen!

Wenn es wirklich das Über-Ich ist, das im Humor so liebevoll tröstlich zum eingeschüchterten Ich spricht, so wollen wir daran gemahnt sein, daß wir über das Wesen des Über-Ichs noch allerlei zu lernen haben. Übrigens sind nicht alle Menschen der humoristischen Einstellung fähig, es ist eine köstliche und seltene Begabung und vielen fehlt selbst die Fähigkeit, die ihnen vermittelte humoristische Lust zu genießen. Und endlich, wenn das Über-Ich durch den Humor das Ich zu trösten und vor Leiden zu bewahren strebt, hat es damit seiner Abkunft von der Elterninstanz nicht widersprochen.

Zur Gewinnung des Feuers

Zwei große Werke zur Psychoanalyse der Religion und Kultur entstehen in den nächsten Jahren, »Die Zukunft einer Illusion« (1927c) und »Das Unbehagen in der Kultur« (1930a). In letzterer Schrift arbeitet Freud die These aus, daß Kultur Triebverzicht bedeute und von daher immer mit latenten Ressentiments zu kämpfen habe. Zum Beispiel setze die Erhaltung des Feuers einen Verzicht auf die infantile Lust voraus, die Flamme mit dem Harnstrahl zu löschen. Da der züngelnden Flamme in der Kunst ein phallischer Charakter zugeordnet werde, so überlegt Freud, könne das Feuerlöschen etwas gewesen sein »wie ein sexueller Akt mit einem Mann, ein Genuß der männlichen Potenz im homosexuellen Wettkampf. Wer zuerst auf diese Lust verzichtete, das Feuer verschonte, konnte es mit sich forttragen und in seinen Dienst zwingen. Dadurch, daß er das Feuer seiner eigenen sexuellen Erregung dämpfte, hatte er die Naturkraft des Feuers gezähmt. Diese große kulturelle Eroberung wäre also der Lohn für einen Triebverzicht.«* Freud bringt nun in dieser kleinen Schrift von 1932 weitere Überlegungen zugunsten dieser These vor, wobei sich natürlich eine Analyse der Prometheussage geradezu aufdrängt.

* * *

In einer Anmerkung meiner Schrift »Das Unbehagen in der Kultur« habe ich – eher beiläufig – erwähnt, welche Vermutung über die Gewinnung des Feuers durch den Urmenschen man sich auf Grund des psychoanalytischen Materials bilden könnte. Der Widerspruch von Albrecht Schaeffer (»Die Psychoanalytische Bewegung«, Jahrgang II, 1930, S. 251) und der überraschende Hinweis in vorstehender Mitteilung von Erlenmeyer[1] über das mongolische Verbot, auf Asche zu pissen[2], veranlassen mich, das Thema wieder aufzunehmen.[3]

* Das Unbehagen in der Kultur. 1930a, S. 449, Fußnote 1.

Ich meine nämlich, daß meine Annahme, die Vorbedingung der Bemächtigung des Feuers sei der Verzicht auf die homosexuell betonte Lust gewesen, es durch den Harnstrahl zu löschen, lasse sich durch die Deutung der griechischen Prometheussage bestätigen, wenn man die zu erwartenden Entstellungen von der Tatsache bis zum Inhalt des Mythus in Betracht zieht. Diese Entstellungen sind von derselben Art und nicht ärger als jene, die wir alltäglich anerkennen, wenn wir aus den Träumen von Patienten ihre verdrängten, doch so überaus bedeutsamen Kindheitserlebnisse rekonstruieren. Die dabei verwendeten Mechanismen sind die Darstellung durch Symbole und die Verwandlung ins Gegenteil. Ich kann es nicht wagen, alle Züge des Mythus in solcher Art zu erklären; außer dem ursprünglichen Sachverhalt mögen andere und spätere Vorgänge zu seinem Inhalt beigetragen haben. Aber die Elemente, die eine analytische Deutung zulassen, sind doch die auffälligsten und wichtigsten, nämlich die Art, wie Prometheus das Feuer transportiert, der Charakter der Tat (Frevel, Diebstahl, Betrug an den Göttern) und der Sinn seiner Bestrafung.

Der Titane Prometheus, ein noch göttlicher Kulturheros,[4] vielleicht selbst ursprünglich ein Demiurg und Menschenschöpfer, bringt also den Menschen das Feuer, das er den Göttern entwendet hat, versteckt in einem hohlen Stock, Fenchelrohr. Einen solchen Gegenstand würden wir in einer Traumdeutung gern als Penissymbol verstehen wollen, wenngleich die nicht gewöhnliche Betonung der Höhlung uns dabei stört. Aber wie bringen wir dieses Penisrohr mit der Aufbewahrung des Feuers zusammen? Das scheint aussichtslos, bis wir uns an den im Traum so häufigen Vorgang der Verkehrung, Verwandlung ins Gegenteil, Umkehrung der Beziehungen erinnern, der uns so oft den Sinn des Traumes verbirgt. Nicht das Feuer beherbergt der Mensch in seinem Penisrohr, sondern im Gegenteil das Mittel, um das Feuer zu löschen, das Wasser seines Harnstrahls. An diese Beziehung zwischen Feuer und Wasser knüpft dann reiches, wohlbekanntes analytisches Material an.

Zweitens, der Erwerb des Feuers ist ein Frevel, es wird durch Raub oder Diebstahl gewonnen. Dies ist ein konstanter Zug aller Sagen über die Gewinnung des Feuers, er findet sich bei den verschiedensten und entlegensten Völkern, nicht nur in der griechischen Sage vom Feuerbringer Prometheus. Hier muß also der wesentliche Inhalt der entstellten Menschheitsreminiszenz enthalten sein. Aber warum ist die Feuergewinnung untrennbar mit der Vorstellung eines Frevels verknüpft? Wer ist dabei der Geschädigte, Betrogene? Die Sage bei Hesiod gibt eine direkte Antwort, indem sie in einer anderen Erzählung, die nicht direkt mit dem Feuer zusammenhängt, Prometheus bei der Einrichtung der Opfer Zeus zugunsten der Menschen übervorteilen läßt. Also die Götter sind die Betrogenen! Den Göttern teilt der Mythus bekanntlich die Befriedigung aller Gelüste zu, auf die das Menschenkind verzichten muß, wie wir es vom Inzest her kennen. Wir würden in analytischer Ausdrucksweise sagen, das Triebleben, das Es, sei der durch die Feuerlöschentsagung betrogene Gott, ein menschliches Gelüste ist in der Sage in ein göttliches Vorrecht umgewandelt. Aber die Gottheit hat in der Sage nichts vom Charakter eines Über-Ichs, sie ist noch Repräsentant des übermächtigen Trieblebens.

Die Umwandlung ins Gegenteil ist am gründlichsten in einem dritten Zug der Sage, in der Bestrafung des Feuerbringers. Prometheus wird an einen Felsen geschmiedet, ein Geier frißt täglich an seiner Leber. Auch in den Feuersagen anderer Völker spielt ein Vogel eine Rolle, er muß etwas mit der Sache zu tun haben, ich enthalte mich zunächst der Deutung. Dagegen fühlen wir uns auf sicherem Boden, wenn es sich um die Erklärung handelt, warum die Leber zum Ort der Bestrafung gewählt ist. Die Leber galt den Alten als der Sitz aller Leidenschaften und Begierden; eine Strafe wie die des Prometheus war also das Richtige für einen triebhaften Verbrecher, der gefrevelt hatte unter dem Antrieb böser Gelüste. Das genaue Gegenteil trifft aber für den Feuerbringer zu; er hatte Triebverzicht geübt und gezeigt, wie wohltätig, aber auch wie unerläßlich ein solcher Triebverzicht in kultureller Absicht ist. Und warum mußte eine solche kulturelle Wohltat überhaupt von der Sage als strafwürdiges Verbrechen behandelt werden? Nun, wenn sie durch alle Entstellungen durchschimmern läßt, daß die Gewinnung des Feuers einen Triebverzicht zur Voraussetzung hatte, so drückt sie doch unverhohlen den Groll aus, den die triebhafte Menschheit gegen den Kulturheros verspüren mußte. Und das stimmt zu unseren Einsichten und Erwartungen. Wir wissen, daß die Aufforderung zum Triebverzicht und die Durchsetzung desselben Feindseligkeit und Aggressionslust hervorruft, die sich erst in einer späteren Phase der psychischen Entwicklung in Schuldgefühl umsetzt.

Die Undurchsichtigkeit der Prometheussage wie anderer Feuermythen wird durch den Umstand gesteigert, daß das Feuer dem Primitiven als etwas der verliebten Leidenschaft Analoges – wir würden sagen: als Symbol der Libido – erscheinen mußte. Die Wärme, die das Feuer ausstrahlt, ruft dieselbe Empfindung hervor, die den Zustand sexueller Erregtheit begleitet, und die Flamme mahnt in Form und Bewegungen an den tätigen Phallus. Daß die Flamme dem mythischen Sinn als Phallus erschien, kann nicht zweifelhaft sein, noch die Abkunftsage des römischen Königs Servius Tullius zeugt dafür. Wenn wir selbst von dem zehrenden Feuer der Leidenschaft und von den züngelnden Flammen reden, also die Flamme einer Zunge vergleichen, haben wir uns vom Denken unserer primitiven Ahnen nicht so sehr weit entfernt. In unserer Herleitung der Feuergewinnung war ja auch die Voraussetzung enthalten, daß dem Urmenschen der Versuch, das Feuer durch sein eigenes Wasser zu löschen, ein lustvolles Ringen mit einem anderen Phallus bedeutete.

Auf dem Wege dieser symbolischen Angleichung mögen also auch andere, rein phantastische Elemente in den Mythus eingedrungen und in ihm mit den historischen verwebt worden sein. Man kann sich ja kaum der Idee erwehren, daß, wenn die Leber der Sitz der Leidenschaft ist, sie symbolisch dasselbe bedeutet wie das Feuer selbst und daß dann ihre tägliche Aufzehrung und

Erneuerung eine zutreffende Schilderung von dem Verhalten der Liebesgelüste ist, die, täglich befriedigt, sich täglich wiederherstellen. Dem Vogel, der sich an der Leber sättigt, fiele dabei die Bedeutung des Penis zu, die ihm auch sonst nicht fremd ist, wie Sagen, Träume, Sprachgebrauch und plastische Darstellungen aus dem Altertum erkennen lassen. Ein kleiner Schritt weiter führt zum Vogel Phönix, der aus jedem seiner Feuertode neu verjüngt hervorgeht, und der wahrscheinlich eher und früher den nach seiner Erschlaffung neu belebten Phallus gemeint hat als die im Abendrot untergehende und dann wieder aufgehende Sonne.

Man darf die Frage aufwerfen, ob man es der mythenbildenden Tätigkeit zumuten darf, sich – gleichsam spielerisch – in der verkleideten Darstellung allgemeinbekannter, wenn auch höchst interessanter seelischer Vorgänge mit körperlicher Äußerung zu versuchen ohne anderes Motiv als bloße Darstellungslust. Darauf kann man gewiß keine sichere Antwort geben, ohne das Wesen des Mythus verstanden zu haben, aber für unsere beiden Fälle ist es leicht, den nämlichen Inhalt und damit eine bestimmte Tendenz zu erkennen. Sie beschreiben die Wiederherstellung der libidinösen Gelüste nach ihrem Erlöschen durch eine Sättigung, also ihre Unzerstörbarkeit, und diese Hervorhebung ist als Trost durchaus an ihrem Platz, wenn der historische Kern des Mythus eine Niederlage des Trieblebens, einen notwendig gewordenen Triebverzicht behandelt. Es ist wie das zweite Stück der begreiflichen Reaktion des in seinem Triebleben gekränkten Urmenschen; nach der Bestrafung des Frevlers die Versicherung, daß er im Grunde doch nichts ausgerichtet hat.

An unerwarteter Stelle begegnen wir der Verkehrung ins Gegenteil in einem anderen Mythus, der anscheinend sehr wenig mit dem Feuermythus zu tun hat. Die lernäische Hydra mit ihren zahllosen züngelnden Schlangenköpfen – unter ihnen ein unsterblicher – ist nach dem Zeugnis ihres Namens ein Wasserdrache. Der Kulturheros Herakles bekämpft sie, indem er ihre

Köpfe abhaut, aber die wachsen immer nach, und er wird des Untiers erst Herr, nachdem er den unsterblichen Kopf mit Feuer ausgebrannt hat. Ein Wasserdrache, der durch das Feuer gebändigt wird – das ergibt doch keinen Sinn. Wohl aber, wie in so vielen Träumen, die Umkehrung des manifesten Inhalts. Dann ist die Hydra ein Brand, die züngelnden Schlangenköpfe sind die Flammen des Brandes, und als Beweis ihrer libidinösen Natur zeigen sie wie die Leber des Prometheus wieder das Phänomen des Nachwachsens, der Erneuerung nach der versuchten Zerstörung. Herakles löscht nun diesen Brand durch – Wasser. (Der unsterbliche Kopf ist wohl der Phallus selbst, seine Vernichtung die Kastration.) Herakles ist aber auch der Befreier des Prometheus, der den an der Leber fressenden Vogel tötet. Sollte man nicht einen tieferen Zusammenhang zwischen beiden Mythen erraten? Es ist ja so, als ob die Tat des einen Heros durch den anderen gutgemacht würde. Prometheus hatte die Löschung des Feuers verboten, – wie das Gesetz des Mongolen, – Herakles sie für den Fall des Unheil drohenden Brandes freigegeben. Der zweite Mythus scheint der Reaktion einer späteren Kulturzeit auf den Anlaß der Feuergewinnung zu entsprechen. Man gewinnt den Eindruck, daß man von hier aus ein ganzes Stück weit in die Geheimnisse des Mythus eindringen könnte, aber freilich wird man nur für eine kurze Strecke vom Gefühl der Sicherheit begleitet.

Für den Gegensatz von Feuer und Wasser, der das ganze Gebiet dieser Mythen beherrscht, ist außer dem historischen und dem symbolisch-phantastischen noch ein drittes Moment aufzeigbar, eine physiologische Tatsache, die der Dichter in den Zeilen beschreibt:

> »Was dem Menschen dient zum Seichen,
> Damit schafft er Seinesgleichen.« (Heine).

Das Glied des Mannes hat zwei Funktionen, deren Beisammensein manchem ein Ärgernis ist. Es besorgt die Entleerung des Harnes und es führt den Liebesakt aus, der das Sehnen der genitalen Libido stillt. Das Kind glaubt noch, die beiden Funktionen vereinen zu können; nach seiner Theorie kommen die Kinder dadurch zustande, daß der Mann in den Leib des Weibes uriniert. Aber der Erwachsene weiß, daß die beiden Akte in Wirklichkeit unverträglich miteinander sind – so unverträglich wie Feuer und Wasser. Wenn das Glied in jenen Zustand von Erregung gerät, der ihm die Gleichstellung mit dem Vogel eingetragen hat, und während jene Empfindungen verspürt werden, die an die Wärme des Feuers mahnen, ist das Urinieren unmöglich; und umgekehrt, wenn das Glied der Entleerung des Körperwassers dient, scheinen alle seine Beziehungen zur Genitalfunktion erloschen. Der Gegensatz der beiden Funktionen könnte uns veranlassen zu sagen, daß der Mensch sein eigenes Feuer durch sein eigenes Wasser löscht. Und der Urmensch, der darauf angewiesen war, die Außenwelt mit Hilfe seiner eigenen Körperempfindungen und Körperverhältnisse zu begreifen, dürfte die Analogien, die ihm das Verhalten des Feuers zeigte, nicht unbemerkt und ungenützt gelassen haben.

Warum Krieg?

Im Jahr 1932 – Freud ist jetzt 76 Jahre alt – lädt Albert Einstein ihn zu einem öffentlichen Briefwechsel ein. Seine Frage ist: »Gibt es eine Möglichkeit, die psychische Entwicklung der Menschen so zu leiten, daß sie den Psychosen des Hasses und des Vernichtens gegenüber widerstandsfähiger werden?«* Freud antwortet ganz im Rahmen seiner späten Triebtheorie, welche einem alles erhaltenden *Eros* einen *Aggressions-* oder *Destruktionstrieb (Todestrieb)* gegenüberstellt. Seine Analyse der Dynamik von Macht und Gewalt in der Ausarbeitung von gesellschaftlichen Interessenkonflikten ist auch heute noch gültig. Hat man Freuds nüchterne Analyse gelesen, dann mag es überraschen, daß er seinen Brief mit einer positiven Wendung beschließt: »vielleicht ist es keine utopische Hoffnung, daß der Einfluß dieser beiden Momente, der kulturellen Einstellung und der berechtigten Angst vor den Wirkungen eines Zukunftskrieges, dem Kriegführen in absehbarer Zeit ein Ende setzen wird.« – Diese zuversichtlichen Worte, am Vorabend des Zweiten Weltkrieges geschrieben und heute, im Rückblick auf viele Jahrzehnte voll kriegerischer Auseinandersetzungen gelesen, scheinen gründlich widerlegt. Jedoch Vertrauen in die Möglichkeiten der Aufklärung und Geduld gehörten immer zu Freuds Stärken, und so sind auch seine kulturkritischen Perspektiven weitreichend und langfristig zu verstehen. »Die Stimme des Intellekts ist leise«, schreibt er in »Die Zukunft einer Illusion«, »aber sie ruht nicht, ehe sie sich Gehör geschafft hat. Am Ende, nach unzählig oft wiederholten Abweisungen, findet sie es doch. Dies ist einer der wenigen Punkte, in denen man für die Zukunft der Menschheit optimistisch sein darf ... Der Primat des Intellekts liegt gewiß in weiter, weiter, aber doch nicht in unendlicher Ferne.«**

* * *

* Warum Krieg? 1933b, Editorische Vorbemerkung S. 12.

** Die Zukunft einer Illusion, 1927c, S. 377.

Wien, im September 1932

Lieber Herr Einstein!
Als ich hörte, daß Sie die Absicht haben, mich zum Gedankenaustausch über ein Thema aufzufordern, dem Sie Ihr Interesse schenken und das Ihnen auch des Interesses Anderer würdig erscheint, stimmte ich bereitwillig zu. Ich erwartete, Sie würden ein Problem an der Grenze des heute Wißbaren wählen, zu dem ein jeder von uns, der Physiker wie der Psycholog, sich seinen besonderen Zugang bahnen könnte, so daß sie sich von verschiedenen Seiten her auf demselben Boden träfen. Sie haben mich dann durch die Fragestellung überrascht, was man tun könne, um das Verhängnis des Krieges von den Menschen abzuwehren. Ich erschrak zunächst unter dem Eindruck meiner – fast hätte ich gesagt: unserer – Inkompetenz, denn das erschien mir als eine praktische Aufgabe, die den Staatsmännern zufällt. Ich verstand dann aber, daß Sie die Frage nicht als Naturforscher und Physiker erhoben haben, sondern als Menschenfreund, der den Anregungen des Völkerbunds gefolgt war, ähnlich wie der Polarforscher *Fridtjof Nansen* es auf sich genommen hatte, den Hungernden und den heimatlosen Opfern des Weltkrieges Hilfe zu bringen. Ich besann mich auch, daß mir nicht zugemutet wird, praktische Vorschläge zu machen, sondern daß ich nur angeben soll, wie sich das Problem der Kriegsverhütung einer psychologischen Betrachtung darstellt. Aber auch hierüber haben Sie in Ihrem Schreiben das meiste gesagt. Sie haben mir gleichsam den Wind aus den Segeln genommen, aber ich fahre gern in Ihrem Kielwasser und bescheide mich damit, alles zu bestätigen, was Sie vorbringen, indem ich es nach meinem besten Wissen – oder Vermuten – breiter ausführe.

Sie beginnen mit dem Verhältnis von Recht und Macht. Das ist gewiß der richtige Ausgangspunkt für unsere Untersuchung. Darf ich das Wort »Macht« durch das grellere, härtere Wort »Gewalt« ersetzen? Recht und Gewalt sind uns heute Gegensätze. Es ist leicht zu zeigen, daß sich das eine aus dem anderen entwickelt hat, und wenn wir auf die Uranfänge zurückgehen un hen, wie das zuerst geschehen ist, so fällt uns die Lösu blems mühelos zu. Entschuldigen Sie mich aber, wenn ich i genden allgemein Bekanntes und Anerkanntes erzähle, als o neu wäre; der Zusammenhang nötigt mich dazu.

Interessenkonflikte unter den Menschen werden also prinzipiell durch die Anwendung von Gewalt entschieden. So ist es im ganzen Tierreich, von dem der Mensch sich nicht ausschließen sollte; für den Menschen kommen allerdings noch Meinungskonflikte hinzu, die bis zu den höchsten Höhen der Abstraktion reichen und eine andere Technik der Entscheidung zu fordern scheinen. Aber das ist eine spätere Komplikation. Anfänglich, in einer kleinen Menschenhorde, entschied die stärkere Muskelkraft darüber, wem etwas gehören oder wessen Wille zur Ausführung gebracht werden sollte. Muskelkraft verstärkt und ersetzt sich bald durch den Gebrauch von Werkzeugen; es siegt, wer die besseren Waffen hat oder sie geschickter verwendet. Mit der Einführung der Waffe beginnt bereits die geistige Überlegenheit die Stelle der rohen Muskelkraft einzunehmen; die Endabsicht des Kampfes bleibt die nämliche, der eine Teil soll durch die Schädigung, die er erfährt, und durch die Lähmung seiner Kräfte gezwungen werden, seinen Anspruch oder Widerspruch aufzugeben. Dies wird am gründlichsten erreicht, wenn die Gewalt den Gegner dauernd beseitigt, also tötet. Es hat zwei Vorteile, daß er seine Gegnerschaft nicht ein andermal wieder aufnehmen kann und daß sein Schicksal andere abschreckt, seinem Beispiel zu folgen. Außerdem befriedigt die Tötung des Feindes eine triebhafte Neigung, die später erwähnt werden muß. Der Tötungsabsicht kann sich die Erwägung widersetzen, daß der Feind zu nützlichen Dienstleistungen verwendet werden kann, wenn man ihn eingeschüchtert am Leben läßt. Dann begnügt sich also die Gewalt damit, ihn zu unterwerfen, anstatt ihn zu töten. Es ist der Anfang der Schonung des Feindes, aber der Sieger hat von nun an mit der lauernden Rachsucht des Besiegten zu rechnen, gibt ein Stück seiner eigenen Sicherheit auf.

Das ist also der ursprüngliche Zustand, die Herrschaft der größeren Macht, der rohen oder intellektuell gestützten Gewalt. Wir wissen, dies Regime ist im Laufe der Entwicklung abgeändert worden, es führte ein Weg von der Gewalt zum Recht, aber welcher? Nur ein einziger, meine ich. Er führte über die Tatsache, daß die größere Stärke des Einen wettgemacht werden konnte durch die Vereinigung mehrerer Schwachen. »L'union fait la force.« Gewalt wird gebrochen durch Einigung, die Macht dieser Geeinigten stellt nun das Recht dar im Gegensatz zur Gewalt des Einzelnen. Wir sehen, das Recht ist die Macht einer Gemeinschaft. Es ist noch immer Gewalt, bereit sich gegen jeden Einzelnen zu wenden, der sich ihr widersetzt, arbeitet mit denselben Mitteln, verfolgt dieselben Zwecke; der Unterschied liegt wirklich nur darin, daß es nicht mehr die Gewalt eines Einzelnen ist, die sich durchsetzt, sondern die der Gemeinschaft. Aber damit sich dieser Übergang von der Gewalt zum neuen Recht vollziehe, muß eine psychologische Bedingung erfüllt werden. Die Einigung der Mehreren muß eine beständige, dauerhafte sein. Stellte sie sich nur zum Zweck der Bekämpfung des einen Übermächtigen her und zerfiele nach seiner Überwältigung, so wäre nichts erreicht. Der nächste, der sich für stärker hält, würde wiederum eine Gewaltherrschaft anstreben, und das Spiel würde sich endlos wiederholen. Die Gemeinschaft muß permanent erhalten werden, sich organisieren, Vorschriften schaffen, die den gefürchteten Auflehnungen vorbeugen, Organe bestimmen, die über die Einhaltung der Vorschriften – Gesetze – wachen und die Ausführung der rechtmäßigen Gewaltakte besorgen. In der Anerkennung einer solchen Interessengemeinschaft stellen sich unter den Mitgliedern einer geeinigten Menschengruppe Gefühlsbindungen her, Gemeinschaftsgefühle, in denen ihre eigentliche Stärke beruht.

Damit, denke ich, ist alles Wesentliche bereits gegeben: die Überwindung der Gewalt durch Übertragung der Macht an eine größere Einheit, die durch Gefühlsbindungen ihrer Mitglieder zusammengehalten wird. Alles Weitere sind Ausführungen und

Wiederholungen. Die Verhältnisse sind einfach, solange die Gemeinschaft nur aus einer Anzahl gleich starker Individuen besteht. Die Gesetze dieser Vereinigung bestimmen dann, auf welches Maß von persönlicher Freiheit, seine Kraft als Gewalt anzuwenden, der Einzelne verzichten muß, um ein gesichertes Zusammenleben zu ermöglichen. Aber ein solcher Ruhezustand ist nur theoretisch denkbar, in Wirklichkeit kompliziert sich der Sachverhalt dadurch, daß die Gemeinschaft von Anfang an ungleich mächtige Elemente umfaßt, Männer und Frauen, Eltern und Kinder, und bald infolge von Krieg und Unterwerfung Siegreiche und Besiegte, die sich in Herren und Sklaven umsetzen. Das Recht der Gemeinschaft wird dann zum Ausdruck der ungleichen Machtverhältnisse in ihrer Mitte, die Gesetze werden von und für die Herrschenden gemacht werden und den Unterworfenen wenig Rechte einräumen. Von da an gibt es in der Gemeinschaft zwei Quellen von Rechtsunruhe, aber auch von Rechtsfortbildung. Erstens die Versuche Einzelner unter den Herren, sich über die für alle gültigen Einschränkungen zu erheben, also von der Rechtsherrschaft auf die Gewaltherrschaft zurückzugreifen, zweitens die ständigen Bestrebungen der Unterdrückten, sich mehr Macht zu verschaffen und diese Änderungen im Gesetz anerkannt zu sehen, also im Gegenteil vom ungleichen Recht zum gleichen Recht für alle vorzudringen. Diese letztere Strömung wird besonders bedeutsam werden, wenn sich im Inneren des Gemeinwesens wirklich Verschiebungen der Machtverhältnisse ergeben, wie es infolge mannigfacher historischer Momente geschehen kann. Das Recht kann sich dann allmählich den neuen Machtverhältnissen anpassen, oder, was häufiger geschieht, die herrschende Klasse ist nicht bereit, dieser Änderung Rechnung zu tragen, es kommt zu Auflehnung, Bürgerkrieg, also zur zeitweiligen Aufhebung des Rechts und zu neuen Gewaltproben, nach deren Ausgang eine neue Rechtsordnung eingesetzt wird. Es gibt noch eine andere Quelle der Rechtsänderung, die sich nur in friedlicher Weise äußert, das ist die kulturelle Wandlung der Mitglieder des Gemeinwesens, aber die gehört in einen Zusammenhang, der erst später berücksichtigt werden kann.

Wir sehen also, auch innerhalb eines Gemeinwesens ist die gewaltsame Erledigung von Interessenkonflikten nicht vermieden worden. Aber die Notwendigkeiten und Gemeinsamkeiten, die sich aus dem Zusammenleben auf demselben Boden ableiten, sind einer raschen Beendigung solcher Kämpfe günstig und die Wahrscheinlichkeit friedlicher Lösungen unter diesen Bedingungen nimmt stetig zu. Ein Blick in die Menschheitsgeschichte zeigt uns aber eine unaufhörliche Reihe von Konflikten zwischen einem Gemeinwesen und einem oder mehreren anderen, zwischen größeren und kleineren Einheiten, Stadtgebieten, Landschaften, Stämmen, Völkern, Reichen, die fast immer durch die Kraftprobe des Krieges entschieden werden. Solche Kriege gehen entweder in Beraubung oder in volle Unterwerfung, Eroberung des einen Teils, aus. Man kann die Eroberungskriege nicht einheitlich beurteilen. Manche, wie die der Mongolen und Türken, haben nur Unheil gebracht, andere im Gegenteil zur Umwandlung von Gewalt in Recht beigetragen, indem sie größere Einheiten herstellten, innerhalb deren nun die Möglichkeit der Gewaltanwendung aufgehört hatte und eine neue Rechtsordnung die Konflikte schlichtete. So haben die Eroberungen der Römer den Mittelmeerländern die kostbare pax romana gegeben. Die Vergrößerungslust der französischen Könige hat ein friedlich geeinigtes, blühendes Frankreich geschaffen. So paradox es klingt, man muß doch zugestehen, der Krieg wäre kein ungeeignetes Mittel zur Herstellung des ersehnten »ewigen« Friedens, weil er imstande ist, jene großen Einheiten zu schaffen, innerhalb deren eine starke Zentralgewalt weitere Kriege unmöglich macht. Aber er taugt doch nicht dazu, denn die Erfolge der Eroberung sind in der Regel nicht dauerhaft; die neu geschaffenen Einheiten zerfallen wieder, meist infolge des mangelnden Zusammenhalts der gewaltsam geeinigten Teile. Und außerdem konnte die Eroberung bisher nur partielle Einigungen, wenn auch von größerem Umfang, schaffen, deren Konflikte die gewaltsame Entscheidung erst recht herausforderten. So ergab sich als die Folge all dieser kriegerischen Anstrengungen nur, daß die Menschheit zahlreiche, ja unaufhörliche Kleinkriege gegen seltene, aber umsomehr verheerende Großkriege eintauschte.

Auf unsere Gegenwart angewendet, ergibt sich das gleiche Resultat, zu dem Sie auf kürzerem Weg gelangt sind. Eine sichere Verhütung der Kriege ist nur möglich, wenn sich die Menschen zur Einsetzung einer Zentralgewalt einigen, welcher der Richtspruch in allen Interessenkonflikten übertragen wird. Hier sind offenbar zwei Forderungen vereinigt, daß eine solche übergeordnete Instanz geschaffen und daß ihr die erforderliche Macht gegeben werde. Das eine allein würde nicht nützen. Nun ist der Völkerbund als solche Instanz gedacht, aber die andere Bedingung ist nicht erfüllt; der Völkerbund hat keine eigene Macht und kann sie nur bekommen, wenn die Mitglieder der neuen Einigung, die einzelnen Staaten, sie ihm abtreten. Dazu scheint aber derzeit wenig Aussicht vorhanden. Man stünde der Institution des Völkerbundes nun ganz ohne Verständnis gegenüber, wenn man nicht wüßte, daß hier ein Versuch vorliegt, der in der Geschichte der Menschheit nicht oft – vielleicht noch nie in diesem Maß – gewagt worden ist. Es ist der Versuch, die Autorität, – d.i. den zwingenden Einfluß, – die sonst auf dem Besitz der Macht ruht, durch die Berufung auf bestimmte ideelle Einstellungen zu erwerben. Wir haben gehört, was eine Gemeinschaft zusammenhält, sind zwei Dinge: der Zwang der Gewalt und die Gefühlsbindungen – Identifizierungen heißt man sie technisch – der Mitglieder. Fällt das eine Moment weg, so kann möglicherweise das andere die Gemeinschaft aufrecht halten. Jene Ideen haben natürlich nur dann eine Bedeutung, wenn sie wichtigen Gemeinsamkeiten der Mitglieder Ausdruck geben. Es fragt sich dann, wie stark sie sind. Die Geschichte lehrt, daß sie in der Tat ihre Wirkung geübt haben. Die panhellenische Idee z.B., das Bewußtsein, daß man etwas Besseres sei als die umwohnenden Barbaren, das in den Amphiktyonien, den Orakeln und Festspielen so kräftigen Ausdruck fand, war stark genug, um die Sitten der Kriegsführung unter Griechen zu mildern, aber selbstverständlich nicht imstande, kriegerische Streitigkeiten zwischen den Partikeln des Griechenvolkes zu verhüten, ja nicht einmal, um eine Stadt oder einen Städtebund abzuhalten, sich zum Schaden eines Rivalen mit dem Perserfeind zu verbünden. Ebensowenig hat das christliche Gemeingefühl, das doch mächtig genug war, im Renaissancezeitalter christliche Klein- und Großstaaten daran gehindert, in ihren Kriegen miteinander um die Hilfe des Sultans zu werben. Auch in unserer Zeit gibt es keine Idee, der man eine solche einigende Autorität zumuten könnte. Daß die heute die Völker beherrschenden nationalen Ideale zu einer gegenteiligen Wirkung drängen, ist ja allzu deutlich. Es gibt Personen, die vorhersagen, erst das allgemeine Durchdringen der bolschewistischen Denkungsart werde den Kriegen ein Ende machen können, aber von solchem Ziel sind wir heute jedenfalls weit entfernt, und vielleicht wäre es nur nach schrecklichen Bürgerkriegen erreichbar. So scheint es also, daß der Versuch, reale Macht durch die Macht der Ideen zu ersetzen, heute noch zum Fehlschlagen verurteilt ist. Es ist ein Fehler in der Rechnung, wenn man nicht berücksichtigt, daß Recht ursprünglich rohe Gewalt war und noch heute der Stützung durch die Gewalt nicht entbehren kann.

Ich kann nun daran gehen, einen anderen Ihrer Sätze zu glossieren. Sie verwundern sich darüber, daß es so leicht ist, die Menschen für den Krieg zu begeistern, und vermuten, daß etwas in ihnen wirksam ist, ein Trieb zum Hassen und Vernichten, der solcher Verhetzung entgegenkommt. Wiederum kann ich Ihnen nur uneingeschränkt beistimmen. Wir glauben an die Existenz eines solchen Triebes und haben uns gerade in den letzten Jahren bemüht, seine Äußerungen zu studieren. Darf ich Ihnen aus diesem Anlaß ein Stück der Trieblehre vortragen, zu der wir in der Psychoanalyse nach vielem Tasten und Schwanken gekommen sind? Wir nehmen an, daß die Triebe des Menschen nur von zweierlei Art sind, entweder solche, die erhalten und vereinigen wollen, – wir heißen sie erotische, ganz im Sinne des Eros im Symposion Piatos, oder sexuelle mit bewußter Überdehnung des populären Begriffs von Sexualität, – und andere, die zerstören und töten wollen; wir fassen diese als Aggressionstrieb oder Destruktionstrieb zusammen. Sie sehen, das ist eigentlich nur die theoretische Verklärung des weltbekannten Gegensatzes von Lieben und Hassen, der vielleicht zu der Polarität von Anziehung und Abstoßung eine Urbeziehung unterhält, die auf Ihrem Gebiet eine Rolle spielt. Nun lassen Sie uns nicht zu rasch mit den Wertungen von Gut und Böse einsetzen. Der eine dieser Triebe ist ebenso unerläßlich wie der andere, aus dem Zusammen- und Gegeneinanderwirken der Beiden gehen die Erscheinungen des Lebens hervor. Nun scheint es, daß kaum jemals ein Trieb der einen Art sich isoliert betätigen kann, er ist immer mit einem gewissen Betrag von der anderen Seite verbunden, wie wir sagen: legiert, der sein Ziel modifiziert oder ihm unter Umständen dessen Erreichung erst möglich macht. So ist z.B. der Selbsterhaltungstrieb gewiß erotischer Natur, aber gerade er bedarf der Verfügung über die Aggression, wenn er seine Absicht durchsetzen soll. Ebenso benötigt der auf Objekte gerichtete Liebestrieb eines Zusatzes vom Bemächtigungstrieb, wenn er seines Objekts überhaupt habhaft werden soll. Die Schwierigkeit, die beiden Triebarten in ihren Äußerungen zu isolieren, hat uns ja solange in ihrer Erkenntnis behindert.

Wenn Sie mit mir ein Stück weitergehen wollen, so hören Sie, daß die menschlichen Handlungen noch eine Komplikation von anderer Art erkennen lassen. Ganz selten ist die Handlung das Werk einer einzigen Triebregung, die an und für sich bereits aus Eros und Destruktion zusammengesetzt sein muß. In der Regel müssen mehrere in der gleichen Weise aufgebaute Motive zusammentreffen, um die Handlung zu ermöglichen. Einer Ihrer Fachgenossen hat das bereits gewußt, ein Prof. G. Ch. Lichtenberg, der zur Zeit unserer Klassiker in Göttingen Physik lehrte; aber vielleicht war er als Psycholog noch bedeutender denn als Physiker. Er erfand die Motivenrose, indem er sagte: »Die

Bewegungsgründe[1] woraus man etwas tut, könnten so wie die 32 Winde geordnet und ihre Namen auf eine ähnliche Art formiert werden, z.B. Brot – Brot – Ruhm oder Ruhm – Ruhm – Brot«. Wenn also die Menschen zum Krieg aufgefordert werden, so mögen eine ganze Anzahl von Motiven in ihnen zustimmend antworten, edle und gemeine, solche, von denen man laut spricht, und andere, die man beschweigt. Wir haben keinen Anlaß sie alle bloßzulegen. Die Lust an der Aggression und Destruktion ist gewiß darunter; ungezählte Grausamkeiten der Geschichte und des Alltags bekräftigen ihre Existenz und ihre Stärke. Die Verquickung dieser destruktiven Strebungen mit anderen, erotischen und ideellen, erleichtert natürlich deren Befriedigung. Manchmal haben wir, wenn wir von den Greueltaten der Geschichte hören, den Eindruck, die ideellen Motive hätten den destruktiven Gelüsten nur als Vorwände gedient, andere Male, z.B. bei den Grausamkeiten der heiligen Inquisition, meinen wir, die ideellen Motive hätten sich im Bewußtsein vorgedrängt, die destruktiven ihnen eine unbewußte Verstärkung gebracht. Beides ist möglich.

Ich habe Bedenken, Ihr Interesse zu mißbrauchen, das ja der Kriegsverhütung gilt, nicht unseren Theorien. Doch möchte ich noch einen Augenblick bei unserem Destruktionstrieb verweilen, dessen Beliebtheit keineswegs Schritt hält mit seiner Bedeutung. Mit etwas Aufwand von Spekulation sind wir nämlich zu der Auffassung gelangt, daß dieser Trieb innerhalb jedes lebenden Wesens arbeitet und dann das Bestreben hat, es zum Zerfall zu bringen, das Leben zum Zustand der unbelebten Materie zurückzuführen. Er verdiente in allem Ernst den Namen eines Todestriebes, während die erotischen Triebe die Bestrebungen zum Leben repräsentieren. Der Todestrieb wird zum Destruktionstrieb, indem er mit Hilfe besonderer Organe nach außen, gegen die Objekte, gewendet wird. Das Lebewesen bewahrt sozusagen sein eigenes Leben dadurch, daß es fremdes zerstört. Ein Anteil des Todestriebes verbleibt aber im Innern des Lebewesens tätig, und wir haben versucht, eine ganze Anzahl von normalen und pathologischen Phänomenen von dieser Verinnerlichung des Destruktionstriebes abzuleiten. Wir haben sogar die Ketzerei begangen, die Entstehung unseres Gewissens durch eine solche Wendung der Aggression nach innen zu erklären. Sie merken, es ist gar nicht so unbedenklich, wenn sich dieser Vorgang in allzu großem Ausmaß vollzieht, es ist direkt ungesund, während die Wendung dieser Triebkräfte zur Destruktion in der Außenwelt das Lebewesen entlastet, wohltuend wirken muß. Das diene zur biologischen Entschuldigung all der häßlichen und gefährlichen Strebungen, gegen die wir ankämpfen. Man muß zugeben, sie sind der Natur näher als unser Widerstand dagegen, für den wir auch noch eine Erklärung finden müssen. Vielleicht haben Sie den Eindruck, unsere Theorien seien eine Art von Mythologie, nicht einmal eine erfreuliche in diesem Fall. Aber läuft nicht jede Naturwissenschaft auf eine solche Art von Mythologie hinaus? Geht es Ihnen heute in der Physik anders?

Aus dem Vorstehenden entnehmen wir für unsere nächsten Zwecke soviel, daß es keine Aussicht hat, die aggressiven Neigungen der Menschen abschaffen zu wollen. Es soll in glücklichen Gegenden der Erde, wo die Natur alles, was der Mensch braucht, überreichlich zur Verfügung stellt, Völkerstämme geben, deren Leben in Sanftmut verläuft, bei denen Zwang und Aggression unbekannt sind. Ich kann es kaum glauben, möchte gern mehr über diese Glücklichen erfahren. Auch die Bolschewisten hoffen, daß sie die menschliche Aggression zum Verschwinden bringen können dadurch, daß sie die Befriedigung der materiellen Bedürfnisse verbürgen und sonst Gleichheit unter den Teilnehmern an der Gemeinschaft herstellen. Ich halte das für eine Illusion. Vorläufig sind sie auf das sorgfältigste bewaffnet und halten ihre Anhänger nicht zum mindesten durch den Haß gegen alle Außenstehenden zusammen. Übrigens handelt es sich, wie Sie selbst bemerken, nicht darum, die menschliche Aggressionsneigung völlig zu beseitigen; man kann versuchen, sie so weit abzulenken, daß sie nicht ihren Ausdruck im Kriege finden muß.

Von unserer mythologischen Trieblehre her finden wir leicht eine Formel für die indirekten Wege zur Bekämpfung des Krieges. Wenn die Bereitwilligkeit zum Krieg ein Ausfluß des Destruktionstriebs ist, so liegt es nahe, gegen sie den Gegenspieler dieses Triebes, den Eros, anzurufen. Alles, was Gefühlsbindungen unter den Menschen herstellt, muß dem Krieg entgegenwirken. Diese Bindungen können von zweierlei Art sein. Erstens Beziehungen wie zu einem Liebesobjekt, wenn auch ohne sexuelle Ziele. Die Psychoanalyse braucht sich nicht zu schämen, wenn sie hier von Liebe spricht, denn die Religion sagt dasselbe: Liebe Deinen Nächsten wie Dich selbst. Das ist nun leicht gefordert, aber schwer zu erfüllen. Die andere Art von Gefühlsbindung ist die durch Identifizierung. Alles was bedeutsame Gemeinsamkeiten unter den Menschen herstellt, ruft solche Gemeingefühle, Identifizierungen, hervor. Auf ihnen ruht zum guten Teil der Aufbau der menschlichen Gesellschaft.

Einer Klage von Ihnen über den Mißbrauch der Autorität entnehme ich einen zweiten Wink zur indirekten Bekämpfung der Kriegsneigung. Es ist ein Stück der angeborenen und nicht zu beseitigenden Ungleichheit der Menschen, daß sie in Führer und in Abhängige zerfallen. Die letzteren sind die übergroße Mehrheit, sie bedürfen einer Autorität, welche für sie Entscheidungen fällt, denen sie sich meist bedingungslos unterwerfen. Hier wäre anzuknüpfen, man müßte mehr Sorge als bisher aufwenden, um eine Oberschicht selbständig denkender, der Einschüchterung unzugänglicher, nach Wahrheit ringender Menschen zu erziehen, denen die Lenkung der unselbständigen Massen zufallen würde. Daß die Übergriffe der Staatsgewalten und das Denkverbot der Kirche einer solchen Aufzucht nicht günstig sind, bedarf keines Beweises. Der ideale Zustand wäre natürlich eine Gemeinschaft von Menschen, die ihr Triebleben der Diktatur der Vernunft unterworfen haben. Nichts anderes könnte eine so vollkommene und widerstandsfähige Einigung der Menschen hervorrufen, selbst unter Verzicht auf die Gefühlsbindungen zwischen ihnen. Aber das ist höchst wahrscheinlich eine utopische Hoffnung. Die anderen Wege einer indirekten Verhinderung des Krieges sind gewiß eher gangbar, aber sie versprechen keinen raschen Erfolg. Ungern denkt man an Mühlen, die so langsam mahlen, daß man verhungern könnte, ehe man das Mehl bekommt.

Sie sehen, es kommt nicht viel dabei heraus, wenn man bei dringenden praktischen Aufgaben den weltfremden Theoretiker zu Rate zieht. Besser, man bemüht sich in jedem einzelnen Fall, der Gefahr zu begegnen mit den Mitteln, die eben zur Hand sind. Ich möchte aber noch eine Frage behandeln, die Sie in Ihrem Schreiben nicht aufwerfen und die mich besonders interessiert. Warum empören wir uns so sehr gegen den Krieg, Sie und Ich und so viele andere, warum nehmen wir ihn nicht hin wie eine andere der vielen peinlichen Notlagen des Lebens? Er scheint doch naturgemäß, biologisch wohl begründet, praktisch kaum vermeidbar. Entsetzen Sie sich nicht über meine Fragestellung. Zum Zweck einer Untersuchung darf man vielleicht die Maske einer Überlegenheit vornehmen, über die man in Wirklichkeit nicht verfügt. Die Antwort wird lauten, weil jeder Mensch ein Recht auf sein eigenes Leben hat, weil der Krieg hoffnungsvolle Menschenleben vernichtet, den einzelnen Menschen in Lagen bringt, die ihn entwürdigen, ihn zwingt, andere zu morden, was er nicht will, kostbare materielle Werte, Ergebnis von Menschenarbeit, zerstört, und anderes mehr. Auch daß der Krieg in seiner gegenwärtigen Gestaltung keine Gelegenheit mehr gibt, das alte heldische Ideal zu erfüllen, und daß ein zukünftiger Krieg infolge der Vervollkommnung der Zerstörungsmittel die Ausrottung eines oder vielleicht beider Gegner bedeuten würde. Das ist alles wahr und scheint so unbestreitbar, daß man sich nur verwundert, wenn das Kriegführen noch nicht durch allgemeine menschliche Übereinkunft verworfen worden ist. Man kann zwar über einzelne dieser Punkte diskutieren. Es ist fraglich, ob die Gemeinschaft nicht auch ein Recht auf das Leben des Einzelnen haben soll; man kann nicht alle Arten von Krieg in gleichem Maß verdammen; solange es Reiche und Nationen gibt, die zur rücksichtslosen Vernichtung anderer bereit sind, müssen diese anderen zum Krieg gerüstet sein. Aber wir wollen über all das rasch hinweggehen, das ist nicht die Diskussion, zu der Sie mich aufgefordert haben. Ich ziele auf etwas anderes hin; ich glaube, der Hauptgrund, weshalb wir uns gegen den Krieg empören, ist, daß wir nicht anders können. Wir sind Pazifisten, weil wir es aus organischen Gründen sein müssen. Wir haben es dann leicht, unsere Einstellung durch Argumente zu rechtfertigen.

Das ist wohl ohne Erklärung nicht zu verstehen. Ich meine das Folgende: Seit unvordenklichen Zeiten zieht sich über die Menschheit der Prozeß der Kulturentwicklung hin. (Ich weiß, andere heißen ihn lieber: Zivilisation.) Diesem Prozeß verdanken wir das Beste, was wir geworden sind, und ein gut Teil von dem, woran wir leiden. Seine Anlässe und Anfänge sind dunkel, sein Ausgang ungewiß, einige seiner Charaktere leicht ersichtlich. Vielleicht führt er zum Erlöschen der Menschenart, denn er beeinträchtigt die Sexualfunktion in mehr als einer Weise, und schon heute vermehren sich unkultivierte Rassen und zurückgebliebene Schichten der Bevölkerung stärker als hochkultivierte. Vielleicht ist dieser Prozeß mit der Domestikation gewisser Tierarten vergleichbar; ohne Zweifel bringt er körperliche Veränderungen mit sich; man hat sich noch nicht mit der Vorstellung vertraut gemacht, daß die Kulturentwicklung ein solcher organischer Prozeß sei. Die mit dem Kulturprozeß einhergehenden psychischen Veränderungen sind auffällig und unzweideutig. Sie bestehen in einer fortschreitenden Verschiebung der Triebziele und Einschränkung der Triebregungen. Sensationen, die unseren Vorahnen lustvoll waren, sind für uns indifferent oder selbst unleidlich geworden; es hat organische Begründungen, wenn unsere ethischen und ästhetischen Idealforderungen sich geändert haben. Von den psychologischen Charakteren der Kultur scheinen zwei die wichtigsten: die Erstarkung des Intellekts, der das Triebleben zu beherrschen beginnt, und die Verinnerlichung der Aggressionsneigung mit all ihren vorteilhaften und gefährlichen Folgen. Den psychischen Einstellungen, die uns der Kulturprozeß aufnötigt, widerspricht nun der Krieg in der grellsten Weise, darum müssen wir uns gegen ihn empören, wir vertragen ihn einfach nicht mehr, es ist nicht bloß eine intellektuelle und affektive Ablehnung, es ist bei uns Pazifisten eine konstitutionelle Intoleranz, eine Idiosynkrasie gleichsam in äußerster Vergrößerung. Und zwar scheint es, daß die ästhetischen Erniedrigungen des Krieges nicht viel weniger Anteil an unserer Auflehnung haben als seine Grausamkeiten.

Wie lange müssen wir nun warten, bis auch die Anderen Pazifisten werden? Es ist nicht zu sagen, aber vielleicht ist es keine utopische Hoffnung, daß der Einfluß dieser beiden Momente, der kulturellen Einstellung und der berechtigten Angst vor den Wirkungen eines Zukunftskrieges, dem Kriegführen in absehbarer Zeit ein Ende setzen wird. Auf welchen Wegen oder Umwegen, können wir nicht erraten. Unterdes dürfen wir uns sagen: Alles, was die Kulturentwicklung fördert, arbeitet auch gegen den Krieg.

Ich grüße Sie herzlich und bitte Sie um Verzeihung, wenn meine Ausführungen Sie enttäuscht haben.

Ihr
Sigm. Freud

ANHANG

Anmerkungen

Ein Fall von hypnotischer Heilung

1 Zwischen Abfassung und Korrektur dieser Zeilen ist mir eine Schrift von H. Kaan zugekommen (Der neurasthenische Angstaffekt bei Zwangsvorstellungen etc., Wien 1895), welche analoge Ausführungen enthält.

2 Vgl. die gleichzeitig erscheinende vorläufige Mitteilung von J. Breuer und S. Freud über den psychischen Mechanismus hysterischer Phänomene in Mendels Zentralblatt Nr. 1 und 2, 1893.

3 Ich deute hier nur an, daß es lohnend sein dürfte, der Objektivierung des Gegenwillens auch außerhalb der Hysterie und des Tic nachzuspüren, wo sie im Rahmen der Norm so häufig vorkommt.

Die Abwehr-Neuropsychosen

1 Etat mental des hystériques. Paris 1893 und 1894. – Quelques définitions récentes de l'hystérie. Arch. de Neurol. 1893. XXXV–VI.

2 Über den psychischen Mechanismus hysterischer Phänomene. Neurologisches Zentralblatt, 1893, Nr. 1 und 2.

3 Vgl. unsere gemeinsame Mitteilung.

4 Diese Beispiele sind der noch nicht veröffentlichten ausführlichen Arbeit von Breuer und mir über den psychischen Mechanismus der Hysterie entnommen. [»Studien über Hysterie«.]

5 Oppenheim: Die Hysterie ist ein gesteigerter Ausdruck der Gemütsbewegung. Der »Ausdruck der Gemütsbewegung« stellt aber jenen Betrag psychischer Erregung dar, der normalerweise eine Konversion erfährt.

6 Strümpell: Die Störung der Hysterie liegt im Psychophysischen, dort, wo Körperliches und Seelisches miteinander zusammenhängen.

7 Janet hat im zweiten Abschnitt seines geistvollen Aufsatzes »Quelques définitions etc.« den Einwand, daß die Bewußtseinsspaltung auch den Psychosen und der sogenannten Psychasthenie zukommt, selbst behandelt, aber nach meinem Ermessen nicht befriedigend gelöst. Dieser Einwand ist es wesentlich, der ihn dazu drängt, die Hysterie für eine Degenerationsform zu erklären. Er kann aber die hysterische Bewußtseinsspaltung durch keine Charakteristik genügend von der psychotischen u.dgl. sondern.

8 Die Gruppe von typischen Phobien, für welche die *Agoraphobie* Vorbild ist, läßt sich nicht auf den oben entwickelten psychischen Mechanismus zurückführen, vielmehr weicht der Mechanismus der Agoraphobie von dem der echten Zwangsvorstellungen und der auf solche reduzierbaren Phobien in *einem* entscheidenden Punkte ab. Es findet sich hier keine verdrängte Vorstellung, von welcher der Angstaffekt abgetrennt wäre. Die Angst dieser Phobien hat einen anderen Ursprung.

Katharina

1 Ich will den Fall hier anführen, in welchem ich dies kausale Verhältnis zuerst erkannte. Ich behandelte eine junge Frau an einer komplizierten Neurose, die wieder einmal nicht zugeben wollte, daß sie sich ihr Leiden in ihrem ehelichen Leben geholt hatte. Sie wandte ein, daß sie schon als Mädchen an Anfällen von Angst gelitten habe, die in Ohnmacht ausgingen. Ich blieb standhaft. Als wir besser bekannt geworden waren, sagte sie mir plötzlich eines Tages: »Jetzt will ich Ihnen auch berichten, woher meine Angstzustände als junges Mädchen gekommen sind. Ich habe damals in einem Zimmer neben dem meiner Eltern geschlafen, die Tür war offen und ein Nachtlicht brannte auf dem Tische. Da habe ich denn einige Male gesehen, wie der Vater zur Mutter ins Bett gegangen ist, und habe etwas gehört, was mich sehr aufgeregt hat. Darauf bekam ich dann meine Anfälle.«

2 [*Zusatz 1924:*] Nach so vielen Jahren getraue ich mich die damals beobachtete Diskretion aufzuheben und anzugeben, daß Katharina nicht die Nichte, sondern die Tochter der Wirtin war, das Mädchen war also unter den sexuellen Versuchungen erkrankt, die vom eigenen Vater ausgingen. Eine Entstellung wie die an diesem Falle von mir vorgenommene sollte in einer Krankengeschichte durchaus vermieden werden. Sie ist natürlich nicht so belanglos für das Verständnis wie etwa die Verlegung des Schauplatzes von einem Berge auf einen anderen.

Zum psychischen Mechanismus der Vergeßlichkeit

1 Auch nicht durch das etwaige Unlustgefühl des Gehemmtseins in einer psychischen Aktion.

2 Der erste dieser Namen mir sehr vertraut, der zweite dagegen kaum geläufig.

3 Man wird sagen: eine »gesuchte, gezwungene« Erklärung! Indes muß dieser Eindruck zustande kommen, weil das unterdrückte Thema die Verbindung mit dem nicht unterdrückten mit allen Mitteln herzustellen strebt und dabei auch den Weg der äußerlichen Assoziation nicht verschmäht. Eine ähnliche Zwangslage wie beim Reimeschmieden.

4 Es wäre irrig zu glauben, daß der oben aufgedeckte Mechanismus nur für seltene Fälle gilt. Er ist vielmehr ein sehr häufiger, z.B.: während ich einmal dieselbe kleine Begebenheit einem Kollegen erzählen will, entfällt mir plötzlich der Name meines Gewährsmannes für die Geschichten aus Bosnien. Lösung: Ich hatte unmittelbar vorher Karten gespielt. Der Gewährsmann heißt *Pick; Pick* und *Herz* sind zwei der vier im Spiel vorkommenden Farbennamen, überdies durch eine kleine Anekdote verbunden, in welcher der Betreffende auf sich zeigt und dann sagt: Ich heiße ja nicht Herz, ich heiße Pick. *Herz* findet sich wieder im Namen *Herze*gowina; das *Herz* als krankes Organ spielt selbst eine Rolle in den von mir als verdrängt bezeichneten Gedanken.

Typische Träume

1 Der Satz, daß unsere Methode der Traumdeutung unanwendbar wird, wenn wir nicht über das Assoziationsmaterial des Träumers verfügen, fordert die Ergänzung, daß unsere Deutungsarbeit in einem Falle von diesen Assoziationen unabhängig ist, nämlich dann, wenn der Träumer *symbolische* Elemente im Trauminhalt verwendet hat. Wir bedienen uns dann, streng genommen, einer zweiten, *auxiliären,* Methode der Traumdeutung. (S. u.)

2 Das Kind tritt aber auch im Märchen auf, denn dort ruft plötzlich ein kleines Kind: »Aber er hat ja gar nichts an.«

3 Eine Anzahl interessanter Nacktheitsträume bei Frauen, die sich ohne Schwierigkeiten auf die infantile Exhibitionslust zurückführen ließen, aber in manchen Zügen von dem oben behandelten »typischen« Nacktheitstraum abweichen, hat Ferenczi mitgeteilt.

4 Dasselbe bedeutet, aus begreiflichen Gründen, im Traume die Anwesenheit der »ganzen Familie«.

5 Eine Überdeutung dieses Traumes: Auf der Treppe spucken, das führte, da »Spuken« eine Tätigkeit der Geister ist, bei loser Übersetzung zum *»esprit d'escalier«.* Treppenwitz heißt soviel als Mangel an Schlagfertigkeit. Den habe ich mir wirklich vorzuwerfen. Ob aber die Kinderfrau es an *»Schlagfertigkeit«* hat fehlen lassen?

6 Vgl. hiezu »Analyse der Phobie eines fünfjährigen Knaben« im Jahrbuch

für psychoanalytische und psychopathologische Forschungen, Bd. I, 1909 (Ges. Werke, Bd. VII), und »Über infantile Sexualtheorien« in »Sammlung kleiner Schriften zur Neurosenlehre«, zweite Folge (Ges. Werke, Bd. VII).

7 Der 3½ jährige Hans, dessen Phobie Gegenstand der Analyse in der vorhin erwähnten Veröffentlichung ist, ruft im Fieber kurz nach der Geburt einer Schwester: »Ich will aber kein Schwesterchen haben.« In seiner Neurose, 1½ Jahre später, gesteht er den Wunsch, daß die Mutter das Kleine beim Baden in die Wanne fallen lassen möge, damit es sterbe, unumwunden ein. Dabei ist Hans ein gutartiges, zärtliches Kind, welches bald auch diese Schwester liebgewinnt und sie besonders gern protegiert.

8 Solche in der Kindheit erlebte Sterbefälle mögen in der Familie bald vergessen worden sein, die psychoanalytische Erforschung zeigt doch, daß sie für die spätere Neurose sehr bedeutungsvoll geworden sind.

9 Beobachtungen, die sich auf das ursprünglich feindselige Verhalten von Kindern gegen Geschwister und einen Elternteil beziehen, sind seither in großer Anzahl gemacht und in der psychoanalytischen Literatur niedergelegt worden. Besonders echt und naiv hat der Dichter Spitteier diese typische kindliche Einstellung aus seiner frühesten Kindheit geschildert: »Übrigens war noch ein zweiter Adolf da. Ein kleines Geschöpf, von dem man behauptete, er wäre mein Bruder, von dem ich aber nicht begriff, wozu er nützlich sei; noch weniger, weswegen man solch ein Wesen aus ihm mache wie von mir selber. Ich genügte für mein Bedürfnis, was brauchte ich einen Bruder? Und nicht bloß unnütz war er, sondern mitunter sogar hinderlich. Wenn ich die Großmutter belästigte, wollte er sie ebenfalls belästigen, wenn ich im Kinderwagen gefahren wurde, saß er gegenüber und nahm mir die Hälfte Platz weg, so daß wir uns mit den Füßen stoßen mußten.«

10 In die nämlichen Worte kleidet der dreieinhalbjährige Hans die vernichtende Kritik seiner Schwester (1. c). Er nimmt an, daß sie wegen des Mangels der Zähne nicht sprechen kann.

11 Von einem hochbegabten zehnjährigen Knaben hörte ich nach dem plötzlichen Tod seines Vaters zu meinem Erstaunen folgende Äußerung: Daß der Vater gestorben ist, verstehe ich, aber warum er nicht zum Nachtmahl nach Hause kommt, kann ich mir nicht erklären. – Weiteres Material zu diesem Thema findet sich in der von Frau Dr. v. Hug-Hellmuth redigierten Rubrik »Kinderseele« von *»Imago«*, Zeitschrift für Anwendung der Psychoanalyse auf die Geisteswissenschaften, Bd. I–V, 1912–1918.

12 Die Beobachtung eines psychoanalytisch geschulten Vaters erhascht auch den Moment, in dem sein geistig hochentwickeltes vierjähriges

Töchterchen den Unterschied zwischen »fortsein« und »totsein« anerkennt. Das Kind machte Schwierigkeiten beim Essen und fühlte sich von einer der Aufwärterinnen in der Pension unfreundlich beobachtet. »Die Josefine soll tot sein«, äußerte sie darum gegen den Vater. »Warum gerade tot sein?« fragte der Vater beschwichtigend. »Ist es nicht genug, wenn sie weggeht?« »Nein«, antwortete das Kind, »dann kommt sie wieder.« Für die uneingeschränkte Eigenliebe (den Narzißmus) des Kindes ist jede Störung ein *crimen laesae majestatis*, und wie die drakonische Gesetzgebung setzt das Gefühl des Kindes auf alle solche Vergehen nur die eine nicht dosierbare Strafe.

13 Der Sachverhalt wird häufig durch das Auftreten einer Straftendenz verhüllt, welche in moralischer Reaktion mit dem Verlust des geliebten Elternteils droht.

14 Wenigstens in einigen mythologischen Darstellungen. Nach anderen wird die Entmannung nur von Kronos an seinem Vater Uranos vollzogen.
Über die mythologische Bedeutung dieses Motivs vgl. Otto Rank, »Der Mythus von der Geburt des Helden«, 5. Heft der »Schriften zur angew. Seelenkunde«, 1909, und »Das Inzestmotiv in Dichtung und Sage«, 1912, Kap. IX, 2.

15 Keine der Ermittlungen der psychoanalytischen Forschung hat so erbitterten Widerspruch, ein so grimmiges Sträuben und – so ergötzliche Verrenkungen der Kritik hervorgerufen wie dieser Hinweis auf die kindlichen, im Unbewußten erhalten gebliebenen Inzestneigungen. Die letzte Zeit hat selbst einen Versuch gebracht, den Inzest, allen Erfahrungen trotzend, nur als »symbolisch« gelten zu lassen. Eine geistreiche Überdeutung des Ö*dipus*mythus gibt, auf einer Briefstelle Schopenhauers fußend, Ferenczi in der *»Imago«* I, 1912. – Der hier zuerst in der »Traumdeutung« berührte »Ödipuskomplex« hat durch weitere Studien eine ungeahnt große Bedeutung für das Verständnis der Menschheitsgeschichte und der Entwicklung von Religion und Sittlichkeit gewonnen. (S. Totem und Tabu, 1913, Ges. Werke, Bd. IX.)

16 Die obenstehenden Andeutungen zum analytischen Verständnis des Hamlet hat dann E. Jones vervollständigt und gegen andere in der Literatur niedergelegte Auffassungen verteidigt. (Das Problem des Hamlet und der Ödipuskomplex, 1911.) An der oben gemachten Voraussetzung, daß der Autor der Werke Shakespeares der Mann aus Stratford war, bin ich seither allerdings irre geworden. – Weitere Bemühungen um die Analyse des Macbeth in meinem Aufsatze »Einige Charaktertypen aus der psychoanalytischen Arbeit«, Imago IV, 1916 (Ges. Werke, Bd. X), und bei L. Jekels, »Shakespeares Macbeth«, Imago, V, 1918.

17 Auch das Große, Überreiche, Übermäßige und Übertriebene der

Träume könnte ein Kindheitscharakter sein. Das Kind kennt keinen sehnlicheren Wunsch als groß zu werden, von allem so viel zu bekommen wie die Großen; es ist schwer zu befriedigen, kennt kein Genug, verlangt unersättlich nach Wiederholung dessen, was ihm gefallen oder geschmeckt hat. *Maß halten,* sich bescheiden, resignieren lernt es erst durch die Kultur der Erziehung. Bekanntlich neigt auch der Neurotiker zur Maßlosigkeit und Unmäßigkeit.

18 Als Ernest Jones in einem wissenschaftlichen Vortrag vor einer amerikanischen Gesellschaft vom Egoismus der Träume sprach, erhob eine gelehrte Dame gegen diese unwissenschaftliche Verallgemeinerung den Einwand, der Autor könne doch nur über die Träume von Österreichern urteilen und dürfe über die Träume von Amerikanern nichts aussagen. Sie sei für ihre Person sicher, daß alle ihre Träume streng altruistische seien.

Zur Entschuldigung dieser rassestolzen Dame sei übrigens bemerkt, daß man den Satz, die Träume seien durchaus egoistisch, nicht mißverstehen darf. Da alles, was überhaupt im vorbewußten Denken vorkommt, in den Traum (Inhalt wie latente Traumgedanken) übertreten kann, ist diese Möglichkeit auch den altruistischen Regungen offen. In derselben Weise wird eine zärtliche oder verliebte Regung für eine andere Person, die im Unbewußten vorhanden ist, im Traume erscheinen können. Das Richtige an obigem Satz schränkt sich also auf die Tatsache ein, daß man unter den unbewußten Anregungen des Traumes sehr häufig egoistische Tendenzen findet, die im Wachleben überwunden scheinen.

19 Die analytische Untersuchung hat uns erraten lassen, daß an der Vorliebe der Kinder für gymnastische Darstellungen und an deren Wiederholung im hysterischen Anfall außer der Organlust noch ein anderes Moment beteiligt ist, das (oft unbewußte) Erinnerungsbild des (an Menschen oder Tieren) beobachteten Sexualverkehrs.

20 Ein junger, von Nervosität völlig freier Kollege teilt mir hiezu mit: »Ich weiß aus eigener Erfahrung, daß ich früher beim Schaukeln, und zwar in dem Moment, wo die Abwärtsbewegung die größte Wucht hat, ein eigentümliches Gefühl in den Genitalien bekam, das ich, obwohl es mir eigentlich nicht angenehm war, doch als Lustgefühl bezeichnen muß.« – Von Patienten habe ich oftmals gehört, daß die ersten Erektionen mit Lustgefühl, die sie erinnern, in der Knabenzeit beim Klettern aufgetreten sind. – Aus den Psychoanalysen ergibt sich mit aller Sicherheit, daß häufig die ersten sexuellen Regungen in den Rauf- und Ringspielen der Kinderjahre wurzeln.

Zwangshandlungen und Religionsübungen

1 Vgl. Löwenfeld: Die psychischen Zwangserscheinungen, 1904.
2 Vgl. Freud: Sammlung kleiner Schriften zur Neurosenlehre. Wien 1906. (3. Aufl., 1920.) [Ges. Werke, Bd. I.]
3 Vgl. Freud: Die Traumdeutung, 1900. [Ges. Werke, Bd. II/III.]

Charakter und Analerotik

1 Drei Abhandlungen zur Sexualtheorie, II, p. 41, 1905; 5. Aufl., 1922. [Ges. Werke, Bd. V.]
2 Da gerade die Bemerkungen über die Analerotik des Säuglings in den »Drei Abhandlungen zur Sexualtheorie« bei unverständigen Lesern besonderen Anstoß erregt haben, gestatte ich mir an dieser Stelle die Einschaltung einer Beobachtung, die ich einem sehr intelligenten Patienten verdanke: »Ein Bekannter, der die Abhandlung über ›Sexualtheorie‹ gelesen hat, spricht über das Buch, erkennt es vollkommen an, nur *eine* Stelle darin sei ihm – obwohl er auch diese inhaltlich natürlich billige und begreife – so grotesk und komisch vorgekommen, daß er sich hingesetzt und eine Viertelstunde darüber gelacht habe. Diese Stelle lautet: ›Es ist eines der besten Vorzeichen späterer Absonderlichkeit oder Nervosität, wenn ein Säugling sich hartnäckig weigert, den Darm zu entleeren, wenn er auf den Topf gesetzt wird, also wenn es dem Pfleger beliebt, sondern diese Funktion seinem eigenen Belieben vorbehält. Es kommt ihm natürlich nicht darauf an, sein Lager schmutzig zu machen; er sorgt nur, daß ihm der Lustnebengewinn bei der Defäkation nicht entgehe.‹ Die Vorstellung dieses auf dem Topfe sitzenden Säuglings, der überlege, ob er sich eine derartige Einschränkung seiner persönlichen Willensfreiheit gefallen lassen solle, und der außerdem sorge, daß ihm der Lustgewinn bei der Defäkation nicht entgehe, habe seine ausgiebige Heiterkeit erregt. – Etwa zwanzig Minuten später, bei der Jause, beginnt mein Bekannter plötzlich gänzlich unvermittelt: ›Du, mir fällt da gerade, weil ich den Kakao vor mir sehe, eine Idee ein, die ich als Kind immer gehabt habe. Da habe ich mir immer vorgestellt, ich bin der Kakaofabrikant Van Houten (er sprach ›Van Hauten‹ aus), und ich habe ein großartiges Geheimnis zur Bereitung dieses Kakaos, und nun bemühen sich alle Leute, mir dieses weltbeglückende Geheimnis zu entreißen, das ich sorgsam hüte. Warum ich gerade auf Van Houten verfallen bin, weiß ich nicht. Wahrscheinlich hat mir seine Reklame am meisten imponiert.‹ Lachend, und ohne noch eigentlich so recht eine tiefere Absicht damit zu verbin-

den, meinte ich: ›*Wann haut'n* die Mutter?!‹ Erst eine Weile später erkannte ich, daß mein Wortwitz tatsächlich den Schlüssel zu dieser ganzen, plötzlich aufgetauchten Kindheitserinnerung enthielt, die ich nun als glänzendes Beispiel einer Deckphantasie begriff, welche unter Beibehaltung des eigentlich Tatsächlichen (Nahrungsprozeß) und auf Grund phonetischer Assoziationen (›*Kakao*‹, ›*Wann haut'n* –‹) das Schuldbewußtsein durch eine *komplette Umwertung* des Erinnerungsinhaltes beruhigt. (Verlegung von rückwärts nach vorne, Nahrungsabgabe wird zur Nahrungsaufnahme, der beschämende und zu verdeckende Inhalt zum weltbeglückenden Geheimnisse.) Interessant war mir, wie hier auf eine Abwehr hin, die freilich die mildere Form formaler Beanstandung annahm, dem Betreffenden ohne seinen Willen eine Viertelstunde später der schlagendste Beweis aus dem eigenen Unbewußten heraufgereicht wurde.«

3 Vergleiche die hysterische Besessenheit und die dämonischen Epidemien.

4 Jeremias, Das Alte Testament im Lichte des alten Orients, 2. Aufl., 1906, p. 216, und Babylonisches im Neuen Testament, 1906, p. 96, »*Mamon (Mammon)* ist babylonisch *man-man*, ein Beiname Nergals, des Gottes der Unterwelt. Das Gold ist nach orientalischem Mythus, der in die Sagen und Märchen der Völker übergegangen ist, Dreck der Hölle; siehe: Monotheistische Strömungen innerhalb der babylonischen Religion, S. 16, Anm. 1.«

Über infantile Sexualtheorien

1 Vgl. hiezu die Analyse des fünfjährigen Knaben im Jahrbuch für psychoanalytische und psychopathologische Forschungen. 1. Halbbd. 1909.

2 In dem 1794 veröffentlichten, autobiographischen Buche »Monsieur Nicolas« bestätigt Restif de la Brétonne dieses sadistische Mißverständnis des Koitus in der Erzählung eines Eindruckes aus seinem vierten Lebensjahre.

3 Die für die spätere Neurose bedeutsamsten Kinderspiele sind das »Doktorspiel« und »Papa- und Mama«-Spielen.

Der Dichter und das Phantasieren

1 Vgl. des Verfassers »Traumdeutung«, 1900. [Ges. Werke, Bd. II/III.]

Der Familienroman der Neurotiker

1 Vgl. darüber Freud: »Hysterische Phantasien und ihre Beziehung zur Bisexualität«, wo auch auf die Literatur zu diesem Thema verwiesen ist. [Ges. Werke, Bd. VII.]

2 Traumdeutung, 8. Aufl., S. 242 (Ges. Werke, Bd. II/III).

Beiträge zur Psychologie des Liebeslebens

1 O. Rank, Der Mythus von der Geburt des Helden, 1909. (Schriften zur angewandten Seelenkunde, Heft 5.) 2. Auflage 1922.

2 M. Steiner: Die funktionelle Impotenz des Mannes und ihre Behandlung, 1907. – W. Stekel: In »Nervöse Angstzustände und ihre Behandlung«, Wien 1908 (IL Auflage 1912). – Ferenczi: Analytische Deutung und Behandlung der psychosexuellen Impotenz beim Manne. (Psychiat.-neurol. Wochenschrift, 1908.)

3 W. Steckel: 1. c, S. 191ff.

4 S. 73ff.

5 Wobei gerne zugestanden sein soll, daß die Frigidität der Frau ein komplexes, auch von anderer Seite her zugängliches Thema ist.

6 G. Floerke: Zehn Jahre mit Böcklin. 2. Aufl. 1902, S. 16.

Das Interesse an der Psychoanalyse

1 Über Psychoanalyse, 6. Aufl. 1922. [Enthalten in diesem Bande der Gesamtausgabe.]

2 Zur Psychopathologie des Alltagslebens. [10. Aufl., 1924. Enthalten in Band IV dieser Gesamtausgabe.] Dazu Arbeiten von Maeder, A. A. Brill, E. Jones, O. Rank u.a.

3 Die Traumdeutung [7. Aufl. 1922; enthalten im Band II und III dieser Gesamtausgabe]. Dazu die kleinere Schrift: Über den Traum [3. Aufl. 1921; enthalten im Band II/III dieser Gesamtausgabe]. Andere Publika-

tionen von O. Rank, W. Stekel, E. Jones, H. Silberer, A. A. Brill, A. Maeder, K. Abraham, S. Ferenczi u.a.

4 Eine Beziehung dieser psychischen Topik auf anatomische Lagerung oder histologische Schichtung wird von der Psychoanalyse derzeit zurückgewiesen.

5 Vgl. Abel, Über den Gegensinn der Urworte. Referat im »Jahrbuch für psychoanalytische und psychopathologische Forschungen«, II. Bd., 1910. (Enthalten in diesem Bande.)

6 »Über den Einfluß sexueller Momente auf Entstehung und Entwicklung der Sprache« (Imago I, 1912).

7 Abraham, Spielrein, Jung.

8 Abraham, Rank, Jung.

9 Ansätze hiezu bei Jung, Wandlungen und Symbole der Libido, 1912, und Freud, Übereinstimmungen im Seelenleben der Wilden und der Neurotiker. Imago, I u. II. [Totem und Tabu.]

10 Ferenczi, Entwicklungsstufen des Wirklichkeitssinnes. Intern. Zeitschr. f. ärztl. Psychoanalyse I, 1913. – Freud, Animismus, Magie und Allmacht der Gedanken. Imago, II, 1913. [Totem und Tabu.]

11 Vgl. O. Rank, Der Künstler, Wien 1907.

12 Siehe O. Rank, Das Inzestmotiv in Dichtung und Sage. Wien 1912. – Auch für die Anwendung auf ästhetische Probleme: Freud, Der Witz und seine Beziehung zum Unbewußten, 1905.

Märchenstoffe in Träumen

1 Bis auf das Detail kurzgeschnittener Haare, während der Schwiegervater das Haar lang trägt.

2 Holz wie bekannt häufig weibliches, mütterliches Symbol (*materia, Madeira* usw.).

3 Tisch und Bett repräsentieren ja die Ehe.

4 S. »Aus der Geschichte einer infantilen Neurose« in Band XII d. Ges. Werke.

5 Vgl. die von O. Rank hervorgehobene Ähnlichkeit dieser beiden Märchen mit dem Mythus von Kronos. (Völkerpsychologische Parallelen zu den infantilen Sexualtheorien; Zentralblatt für Psychoanalyse, II, 1912.)

Das Motiv der Kästchenwahl

1 G. Brandes, William Shakespeare, 1896.
2 Ed. Stucken, Astralmythen, p. 655, Leipzig 1907.
3 O. Rank, Der Mythus von der Geburt des Helden, 1909, p. 8ff.
4 Den Hinweis auf diese Übereinstimmungen verdanke ich Dr. O. Rank.
5 In der Schlegelschen Übersetzung geht diese Anspielung ganz verloren, ja sie wird zur Gegenseite gewendet: Dein schlichtes Wesen spricht beredt mich an.
6 Auch in Stekels »Sprache des Traumes«, 1911, unter den Todessymbolen angeführt (S. 351).
7 Stekel, 1. c.
8 S. 50 der Reclamausgabe, I. Bd.
9 Das folgende nach Roschers Lexikon der griechischen und römischen Mythologie unter den entsprechenden Titeln.
10 J. Roscher nach Preller-Robert, Griechische Mythologie.
11 Auch die Psyche des Apulejus hat reichlich Züge bewahrt, welche an ihre Beziehung zum Tode mahnen. Ihre Hochzeit wird gerüstet wie eine Leichenfeier, sie muß in die Unterwelt hinabsteigen und versinkt nachher in einen totenähnlichen Schlaf (O. Rank).
Über die Bedeutung der Psyche als Frühlingsgottheit und als »Braut des Todes« siehe A. Zinzow: »Psyche und Eros« (Halle 1881).
In einem anderen Grimmschen Märchen (Nr. 179, Die Gänsehirtin am Brunnen) findet sich wie beim Aschenputtel die Abwechslung von schöner und häßlicher Gestalt der dritten Tochter, in der man wohl eine Andeutung von deren Doppelnatur – vor und nach der Ersetzung – erblikken darf. Diese dritte wird von ihrem Vater nach einer Probe verstoßen, welche mit der im König Lear fast zusammenfällt. Sie soll wie die anderen Schwestern angeben, wie lieb sie den Vater hat, findet aber keinen anderen Ausdruck ihrer Liebe als den Vergleich mit dem Salze. (Freundliche Mitteilung von Dr. Hanns Sachs.)

Der Moses des Michelangelo

1 Vielleicht 1602 zuerst gespielt.
2 Nach Henry Thode ist die Statue in den Jahren 1512 bis 1516 ausgeführt worden.
3 Henry Thode: Michelangelo, Kritische Untersuchungen über seine Werke, I. Bd., 1908.

4 Thode, l. c., p. 197.
5 Vom Grabdenkmal des Papstes nämlich.
6 Es ist zu bemerken, daß die sorgfältige Anordnung des Mantels um die Beine der sitzenden Gestalt dieses erste Stück der Auslegung Justis unhaltbar macht. Man müßte vielmehr annehmen, es sei dargestellt, wie Moses im ruhigen erwartungslosen Dasitzen durch eine plötzliche Wahrnehmung aufgeschreckt werde.
7 Obwohl der linke Fuß des ruhig sitzenden Giuliano in der Medicikapelle ähnlich abgehoben ist.
8 Siehe die Beilage.
9 Siehe das Detail Figur D.
10 W. Watkiss Lloyd, The Moses of Michelangelo. London, Williams and Norgate, 1863.
11 *But he is not rising or preparing to rise; the bust is fully upright, not thrown forward for the alteration of balance preparatory for such a movement* ... (p. 10).
12 *Such a description is altogether erroneous; the fillets of the beard are detained by the right hand, but they are not held, nor grasped, enclosed or taken hold of. They are even detained but momentarily – momentarily engaged, they are on the point of being free for disengagement* (p. 11).

Bemerkungen über die Übertragungsliebe

1 Zur Geschichte der psychoanalytischen Bewegung (1914).
2 Daß die Übertragung sich in anderen und minder zärtlichen Gefühlen äußern kann, ist bekannt und soll in diesem Aufsatze nicht behandelt werden.

Trauer und Melancholie

1 Auch Abraham, dem wir die bedeutsamste unter den wenigen analytischen Studien über den Gegenstand verdanken, ist von dieser Vergleichung ausgegangen. (Zentralblatt für Psychoanalyse, II, 6, 1912.)
2 *Use every man after his desert, and who should scape whipping?* Hamlet, II, 2.
3 Intern. Zeitschr. für ärztl. Psychoanalyse, II, 1914.
4 Über deren Unterscheidung siehe den Aufsatz über »Triebe und Triebschicksale«.

5 Der ökonomische Gesichtspunkt ist bisher in psychoanalytischen Arbeiten wenig berücksichtigt worden. Als Ausnahme sei der Aufsatz von V. Tausk, Entwertung des Verdrängungsmotives durch Rekompense (Intern. Zeitschr. für ärztl. Psychoanalyse, I, 1913) hervorgehoben.

6 Siehe die weitere Fortsetzung des Problems der Manie in »Massenpsychologie und Ich-Analyse«. [Ges. Werke, Bd. XIII.]

Eine Kindheitserinnerung aus *Dichtung und Wahrheit*

1 [Zusatz 1924:] Ich bediene mich dieser Gelegenheit, um eine unrichtige Behauptung, die nicht hätte vorfallen sollen, zurückzunehmen. An einer späteren Stelle dieses ersten Buches wird der jüngere Bruder doch erwähnt und geschildert. Es geschieht bei der Erinnerung an die lästigen Kinderkrankheiten, unter denen auch dieser Bruder »nicht wenig litt«. »Er war von zarter Natur, still und eigensinnig und wir hatten niemals ein eigentliches Verhältnis zusammen. Auch überlebte er kaum die Kinderjahre.«

2 Ein flüchtiger Irrtum auffälliger Natur. Es ist nicht abzuweisen, daß er bereits durch die Beseitigungstendenz gegen den Bruder induziert ist. (Vgl. Ferenczi: Über passagere Symptombildungen während der Analyse. Zentralbl. f. Psychoanalyse II, 1912.)

3 Dieser den wesentlichen Punkt der Mitteilung als Widerstand annagende Zweifel wurde vom Patienten bald nachher selbständig zurückgezogen.

4 Immer wählte er schwere Gegenstände.

5 Analyse der Phobie eines fünfjährigen Knaben [Ges. Werke, Bd. VII].

6 Für diese Symbolik der Schwangerschaft hat mir vor einiger Zeit eine mehr als fünfzigjährige Dame eine weitere Bestätigung erbracht. Es war ihr wiederholt erzählt worden, daß sie als kleines Kind, das kaum sprechen konnte, den Vater aufgeregt zum Fenster zu ziehen pflegte, wenn ein schwerer Möbelwagen auf der Straße vorbeifuhr. Mit Rücksicht auf ihre Wohnungserinnerungen läßt sich feststellen, daß sie damals jünger war als zweidreiviertel Jahre. Um diese Zeit wurde ihr nächster Bruder geboren und infolge dieses Zuwachses die Wohnung gewechselt. Ungefähr gleichzeitig hatte sie oft vor dem Einschlafen die ängstliche Empfindung von etwas unheimlich Großem, das auf sie zukam, und dabei »wurden ihr die Hände so dick«.

Der Realitätsverlust bei Neurose und Psychose

1 Neurose und Psychose. Internat. Zschr. f. PsA. X (1924), Heft 1. [Ges. Werke, Bd. XIII.]
2 In den »Studien über Hysterie«, 1895. [Ges. Werke, Bd. I.]

Einige psychische Folgen des anatomischen Geschlechtsunterschieds

1 Der Untergang des Ödipuskomplexes. [Bd. XIII dieser Gesamtausgabe.]
2 Siehe: Drei Abhandlungen zur Sexualtheorie. (Bd. V dieser Gesamtausgabe.)
3 Hier ist der Anlaß, eine Behauptung zu berichtigen, die ich vor Jahren aufgestellt habe. Ich meinte, das Sexualinteresse der Kinder werde nicht wie das der Heranreifenden durch den Geschlechtsunterschied geweckt, sondern entzünde sich an dem Problem, woher die Kinder kommen. Das trifft also wenigstens für das Mädchen gewiß nicht zu. Beim Knaben wird es wohl das eine Mal so, das andere Mal anders zugehen können, oder bei beiden Geschlechtern werden die zufälligen Anlässe des Lebens darüber entscheiden.
4 Ich habe schon in meiner ersten kritischen Äußerung »Zur Geschichte der psychoanalytischen Bewegung« (1913) erkannt, daß dies der Wahrheitskern der Adlerschen Lehre ist, die kein Bedenken trägt, die ganze Welt aus diesem einen Punkte (Organminderwertigkeit – männlicher Protest – Abrücken von der weiblichen Linie) zu erklären und sich dabei rühmt, die Sexualität zugunsten des Machtstrebens ihrer Bedeutung beraubt zu haben! Das einzige »minderwertige« Organ, das ohne Zweideutigkeit diesen Namen verdient, wäre also die Klitoris. Anderseits hört man, daß Analytiker sich rühmen, trotz jahrzehntelanger Bemühung nichts von der Existenz eines Kastrationskomplexes wahrgenommen zu haben. Man muß sich vor der Größe dieser Leistung in Bewunderung beugen, wenn es auch nur eine negative Leistung, ein Kunststück im Übersehen und Verkennen ist. Die beiden Lehren ergeben ein interessantes Gegensatzpaar: Hier keine Spur von einem Kastrationskomplex, dort nichts anderes als Folgen desselben.
5 »Ein Kind wird geschlagen.« (1919)
6 Siehe: Der Untergang des Ödipuskomplexes (1924).

Die Verneinung

1 Derselbe Vorgang liegt dem bekannten Vorgang des »Berufens« zugrunde. »Wie schön, daß ich meine Migräne so lange nicht gehabt habe!« Das ist aber die erste Ankündigung des Anfalls, dessen Herannahen man bereits verspürt, aber noch nicht glauben will.

2 Vgl. hiezu die Ausführungen in »Triebe und Triebschicksale« (1925).

Fetischismus

1 Diese Deutung ist bereits 1910 in meiner Schrift »Eine Kindheitserinnerung des Leonardo da Vinci« ohne Begründung mitgeteilt worden.

2 Ich berichtige mich aber selbst, indem ich hinzufüge, daß ich die besten Gründe habe, anzunehmen, Laforgue würde dies überhaupt nicht sagen. Nach seinen eigenen Ausführungen ist »Skotomisation« ein Terminus, der aus der Deskription der Dementia praecox stammt, nicht durch die Übertragung psychoanalytischer Auffassung auf die Psychosen entstanden ist und auf die Vorgänge der Entwicklung und Neurosenbildung keine Anwendung hat. Die Darstellung im Text bemüht sich, diese Unverträglichkeit deutlich zu machen.

3 »Neurose und Psychose« (1924) und »Der Realitätsverlust bei Neurose und Psychose« (1924).

Zur Gewinnung des Feuers

1 E. H. Erlenmeyer, Notiz zur Freudschen Hypothese über die Zähmung des Feuers. Imago, XVIII, 1932.

2 Wohl auf heiße Asche, aus der man noch Feuer gewinnen kann, nicht auf erloschene.

3 Der Widerspruch von Lorenz in »Chaos und Ritus« (Imago, XVII, 1931, S. 433ff.) geht von der Voraussetzung aus, daß die Zähmung des Feuers überhaupt erst mit der Entdeckung begonnen habe, man sei imstande, es durch irgendeine Manipulation willkürlich hervorzurufen. – Dagegen verweist mich Dr. J. Hárnik auf eine Äußerung von Dr. Richard Lasch (in Georg Buschans Sammelwerk »Illustrierte Völkerkunde«, Stuttgart 1922, Bd. I, S. 24): »Vermutlich ist die Kunst der *Feuererhaltung* der Feuererzeugung lange vorausgegangen; einen entsprechenden Beweis hiefür liefert die Tatsache, daß die heutigen pyg-

mäenartigen Urbewohner der Andamanen wohl das Feuer besitzen und bewahren, eine autochthone Methode der Feuererzeugung aber nicht kennen.«

4 Herakles ist dann halbgöttlich, Theseus ganz menschlich.

Warum Krieg?

1 Wir sagen heute: Beweggründe.

Zitierte Werke von Sigmund Freud

Nachstehend sind ausschließlich die Freud-Titel nachgewiesen, die i Einleitungstexten und den Fußnoten genannt werden. Die Angabe sprechen der *Freud-Bibliographie mit Werkkonkordanz,* bearbeitet v geborg Meyer-Palmedo und Gerhard Fichtner, 1989, S. Fischer V Frankfurt. Die Abkürzung *G. W.* bezieht sich auf Sigmund Freud, G melte Werke. Chronologisch geordnet, S. Fischer Verlag, Frankfurt; bezieht sich auf Sigmund Freud, Studienausgabe, S. Fischer Verlag, F furt.

(1892–93a) Ein Fall von hypnotischer Heilung nebst Bemerkungen die Entstehung hysterischer Symptome durch den »Gegenwillen«. G *Bd.* 1, S. 3–17.

(1893b) *Zur Kenntnis der cerebralen Diplegien des Kindesalters (im schluß an die Little'sche Krankheit).* Wien 1893, Beiträge zur Kinderh kunde, N. F., Heft 3.

(1894a) Die Abwehr-Neuropsychosen. Versuch einer psychologische Theorie der acquerierten Hysterie, vieler Phobien und Zwangsvorstellungen und gewisser hallucinatorischer Psychosen. *G. W., Bd.* 1, S. 59–74.

(1895d) (Zusammen mit Breuer, Josef) *Studien über Hysterie. G. W.,* Bd. 1, S. 75–312; *S. A.* Erg., S. 37, 49–97.

(1898b) Zum psychischen Mechanismus der Vergeßlichkeit. *G. W.,* Bd. 1, S. 519–527.

(1899a) Über Deckerinnerungen. *G. W.,* Bd. 1, S. 531–554.

(1900a) *Die Traumdeutung. G. W.,* Bd. 2/3; S. *A.,* Bd. 2.

(1901b) *Zur Psychopathologie des Alltagslebens (Über Vergessen, Versprechen, Vergreifen, Aberglaube und Irrtum). G. W.,* Bd. 4.

(1905c) *Der Witz und seine Beziehung zum Unbewußten. G. W.,* Bd. 6; *S. A.,* Bd. 4, S. 9, 13–219.

(1905d) *Drei Abhandlungen zur Sexualtheorie. G. W.,* Bd. 5, S. 27, 33–145; *S. A.,* Bd. 5, S. 37, 47–145.

(1905e) Bruchstück einer Hysterie-Analyse. *G. W.,* Bd. 5, S. 161–286; *S. A.,* Bd. 6, S. 83, 87–186.

(1907b) Zwangshandlungen und Religionsübungen. *G. W.,* Bd. 7, S. 129–139; *S. A.,* Bd. 7, S. 11, 13–21.

(1908a) Hysterische Phantasien und ihre Beziehung zur Bisexualität. *G. W.*, Bd. 7, S. 191–199; *S. A.*, Bd. 6, S. 187, 189–195.

(1908b) Charakter und Analerotik. *G. W.*, Bd. 7, S. 203–209; *S. A.*, Bd. 7, S. 11, 13–21.

(1908c) Über infantile Sexualtheorien. *G. W.*, Bd. 7, S. 171–188; *S. A.*, Bd. 5, S. 169, 171–184.

(1908e) Der Dichter und das Phantasieren. *G. W.*, Bd. 7, S. 213–223; *S. A.*, Bd. 10, S. 169, 171–179.

(1909b) Analyse der Phobie eines fünfjährigen Knaben [»Der kleine Hans«]. *G W.*, Bd. 7, S. 241–377; *S. A.*, Bd. 8, S. 9, 13–122.

(1909c) Der Familienroman der Neurotiker. *G. W.*, Bd. 7, S. 227–231; *S. A.*, Bd. 4, S. 221, 223–226.

(1909d) Bemerkungen über einen Fall von Zwangsneurose [Der »Rattenmann«]. *G. W.*, Bd. 7, S. 379–463; *S.A.*, Bd. 7, S. 31, 35–103.

(1910a) *Über Psychoanalyse.* Fünf Vorlesungen, gehalten zur 20-jährigen Gründungsfeier der Clark University in Worcester, Mass. September 1909. *G. W.*, Bd. 8, S. 1–60.

(1910c) Eine Kindheitserinnerung des Leonardo da Vinci. *G. W.*, Bd. 8, S. 127–211; *SA*, Bd. 10, S. 87, 91–159

(1910e) Über den Gegensinn der Urworte. *G. W.*, Bd. 8. S. 214–221; *S.A.*, Bd. 4, S. 227, 229–234.

(1910h) Über einen besonderen Typus der Objektwahl beim Manne (Beiträge zur Psychologie des Liebeslebens, I). *G. W.*, Bd. 8, S. 66–77; *S.A.*, Bd. 5, S. 185; 187–195.

(1911b) Formulierungen über die zwei Prinzipien des psychischen Geschehens. *G. W.*, Bd. 8, S. 230–238; *S. A.*, Bd. 3, S. 13, 17–24.

(1911c) Psychoanalytische Bemerkungen über einen autobiographisch beschriebenen Fall von Paranoia (Dementia paranoides) [Schreber]. *G. W.*, Bd. 8, S. 239–316; *S.A.*, Bd. 7, S. 133, 139–200.

(1912d) Über die allgemeinste Erniedrigung des Liebeslebens (Beiträge zur Psychologie des Liebeslebens, II). *G. W.*, Bd. 8, S. 78–91; *S.A.*, Bd. 5, S. 197, 199–209.

(1912g) Einige Bemerkungen über den Begriff des Unbewußten in der Psychoanalyse. *G. W.*, Bd. *8*, S. 430–439; S. *A.*, Bd. 3, S. 25, 29–36.

(1912–13a) *Totem und Tabu. G. W.*, Bd. 9; *S. A.*, Bd. 9, S. 287, 291f., 295–444.

(1913d) Märchenstoffe in Träumen. *G. W.*, Bd. 10, S. 2–9.

(1913f) Das Motiv der Kästchenwahl. *G. W.*, Bd. 10, S. 24–37; *S. A.*, Bc
S. 181, 183–193.

(1913j) Das Interesse an der Psychoanalyse. *G W.*, Bd. 8, S. 389–420.

(1914b) Der Moses des Michelangelo. *G. W.*, Bd. 10, S. 172–201; *S.A.*, Bd. 10, S. 195, 197–220.

(1914c) Zur Einführung des Narzißmus. *G. W.*, Bd. 10, S. 137–170; *S. A.*, *Bd.* 3, S. 37, 41–68.

(1914d) Zur Geschichte der psychanalytischen Bewegung *G. W.*, Bd. 10, S. 43–113.

(1915a) Bemerkungen über die Übertragungsliebe. *G. TV,* Bd. 10, S. 306–321; *S.A.*, Erg., S. 217, 219–230.

(1915c) Triebe und Triebschicksale. *G. TV,* Bd. 10, S. 210–232; *S.A.*, Bd. 3, S. 75, 81–102.

(1915f) Mitteilung eines der psychoanalytischen Theorie widersprechenden Falles von Paranoia. *G. W.*, Bd. 10, S. 234–246; *S. A.*, Bd. 7, S. 205, 207–216.

(1916–17a) *Vorlesungen zur Einführung in die Psychoanalyse. G. W.*, Bd. 11; *S.A.*, Bd. 1, S. 33, 37–445.

(1916–17g) Trauer und Melancholie. *G. W.*, Bd. 10, S. 428–446; *S. A.*,Bd. 3, S. 193, 197–212.

(1917b) Eine Kindheitserinnerung aus *Dichtung und Wahrheit. G. W.*, Bd. 12, S. 15–26; *S. A.*, Bd. 10, S. 255, 257–266.

(1918b) Das Tabu der Virginität. *G. W.*, Bd. 12, S. 159–180; *S. A.*, Bd. 5, S. 211, 213–228.

(1918b) Aus der Geschichte einer infantilen Neurose [Der »Wolfsmann«]. *G. W.*, Bd. 12, S. 27–157; *S. A.*, Bd. 8, S. 125, 129–231.

(1919e) »Ein Kind wird geschlagen«. Beitrag zur Kenntnis der Entstehung sexueller Perversionen. *G. W.*, Bd. 12, S. 197–226; *S. A.*, Bd. 7, S. 229, 231–254.

(1920g) Jenseits des Lustprinzips. *G. W.*, Bd. 13, S. 1–69; *S. A.*, Bd. 3, S. 213, 217–272.

(1921c) *Massenpsychologie und Ich-Analyse. G. W.*, Bd. 13, S. 71–161; *S. A.*, Bd. 9, S. 61, 65–134.

(1924b) Neurose und Psychose, *G.W.*, Bd. 13, S. 387–391; *S. A.*, S. 331, 333–337.

(1924d) Der Untergang des Ödipuskomplexes. *G. W.*, Bd. 13, S. 395–402; *S. A.*, Bd. 5, S. 243, 245–251.

(1924e) Der Realitätsverlust bei Neurose und Psychose. *G. W.*, Bd. 13, S. 363–368; *S. A.*, Bd. 3, S. 355, 357–361.

(1925a) Notiz über den »Wunderblock«. *G. W.*, Bd. 14, S. 3–8; *S. A.*, Bd. 3, S. 363, 365–369.

(1925h) Die Verneinung. *G. W.*, Bd. 14, S. 11–15; *S. A.*, Bd. 3, S. 371, 373–377.

(1925j) Einige psychische Folgen des anatomischen Geschlechtsunterschieds. *G. W.*, Bd. 14, S. 19–30; *S. A.*, Bd. 5, S. 253, 257–266.

(1927c) *Die Zukunft einer Illusion. G. W.*, Bd. 14, S. 325–380; *S. A.*, Bd. 9, S. 135, 139–189.

(1927d) Der Humor. *G. W.*, Bd. 14, S. 383–389; *S. A.*, Bd. 4, S. 275, 277–282.

(1927e) Fetischismus. *G. W.*, Bd. 14, S. 311–317; *S. A.*, Bd. 3, S. 379, 383–388.

(1930a) Das Unbehagen in der Kultur. *G. W.*, Bd. 14, S. 419–506; *S. A.*, Bd. 9, S. 191, 197–270.

(1930d) Goethe-Preis 1930. *G. W.*, Bd. 14, S. 545 f.; *S. A.*, Bd. 10, S. 291.

(1932a) Zur Gewinnung des Feuers. *G. W.*, Bd. 16, S. 3–9; *S. A.*, Bd. 9, S. 449–454.

(1933a) *Neue Folge der Vorlesungen zur Einführung in die Psychoanalyse. G. W.*, Bd. 15; *S. A.*, Bd. 1, S. 447, 449–608.

(1933b) Warum Krieg? *G. W.*, Bd. 16, S. 13–27; *S. A.*, Bd. 9, S. 271, 275–286.

(1939a) *Der Mann Moses und die monotheistische Religion: Drei Abhandlungen. G. W.*, Bd. 16, S. 103–246; *S. A.*, Bd. 9, S. 455, 459–581.

(1940a) *Abriß der Psychoanalyse. G. W.*, Bd. 17, S. 63–138; *S. A.*, Erg., S. 407, 411–421.

Daten zu Leben und Werk

1856
6. Mai: Sigmund Freud wird als Sigismund Schlomo Freud in Freiberg/Mähren als Sohn des jüdischen Textilhändlers Jakob Freud und dessen Frau Amalia, geb. Nathansohn, geboren. Seine Geschwister sind außer den sehr viel älteren Halbbrüdern aus der ersten Ehe des Vaters, Emanuel und Philipp, Julius (geb. 1857, bereits 1858 gestorben), Anna (geb. 1858), Rosa (geb. 1860), Maria (geb. 1861), Adolfine (geb. 1862), Pauline (geb. 1864) und Alexander (geb. 1866).
13. Mai: Beschneidung durch Rabbi Samson Frankel aus Mährisch-Ostrau.

1859
Jakob Freud muss aufgrund von wirtschaftlichen Schwierigkeiten sein Geschäft aufgeben. Umzug der Familie nach Wien, nachdem die Stadt Leipzig ein Aufenthaltsgesuch abgelehnt hat.

1865
September: Eintritt Freuds ins Leopoldstädter Realgymnasium; er ist ein ausgezeichneter Schüler.

1873
Juni/Juli: Freud legt die Matura ab.
Oktober: Immatrikulation an der medizinischen Fakultät der Universität Wien. Ab 1874 Förderung durch den Zoologieprofessor Carl Claus.

1875
Englandreise.

1876–1882
Forschungsarbeiten am Physiologischen Institut unter der Leitung von Ernst Wilhelm von Brücke.

1878
Freud ändert seinen Vornamen zu Sigmund.

1880
Einjähriger Militärdienst.

1881
31. März: Erlangung des medizinischen Doktorgrads.

1882
April: Bekanntschaft mit Martha Bernays.
17. Juni: Freud verlobt sich heimlich mit ihr.

1882/83
Assistenzarzt im Wiener Allgemeinen Krankenhaus bei dem Gehirnpathologen Theodor Meynert.

1884
Assistent in der neurologischen Abteilung. Freud ist an der Entdeckung der anästhetischen Eigenschaften von Kokain beteiligt.

1885
Freud wird Privatdozent in Neuropathologie.
Ab Oktober: Mehrmonatiger Studienaufenthalt in Paris an der Salpêtrière bei Jean Marie Charcot.

1886
Charcots *Neue Vorlesungen über die Krankheiten des Nerven-Systems, insbesondere über Hysterie* erscheinen in der Übersetzung von Freud.
März: Freud arbeitet nach der Rückkehr aus Paris für vier Wochen an einem Kinderkrankenhaus.
25. April: Niederlassung als Arzt mit einer medizinischen Privatpraxis für Nervenkrankheiten. Bis 1897 leitet Freud auch die neurologische Abteilung am I. Öffentlichen Kinder-Krankeninstitut von Max Kassowitz in Wien.

August: Freud arbeitet als Armeechirurg bei Manövern der Landwehr in Olmütz.
13. September: Freud heiratet Martha Bernays im Rathaus von Wandsbek.
14. September: Jüdische Trauung in Hamburg.
15. bis 29. September: Hochzeitsreise über Lübeck, Travemünde, Berlin Dresden und Brünn nach Wien.

1887
Geburt der Tochter Mathilde.
Beginn des Briefwechsels mit dem Berliner Hals-Nasen-Ohren-Arzt Wilhelm Fließ.

1889
Geburt des Sohns Jean Martin.

1891
Geburt des Sohns Oliver.
September: Freud zieht mit seiner Familie in die Berggasse 19, wo er bis zu seiner Emigration im Juni 1938 wohnt.

1892
Geburt des Sohns Ernst August.

1893
Geburt der Tochter Sophie.
Zusammen mit Josef Breuer Publikation der Abhandlung *Über den psychischen Mechanismus hysterischer Phänomene*.

1895
Geburt der Tochter Anna.
Die zusammen mit Josef Breuer verfassten *Studien über Hysterie* erscheinen, darin Vorstellung der »kathartischen Methode« als Alternative zur Hypnose bei Behandlung von Hysterie.
Freud deutet erstmals einen eigenen Traum.

1896
Freud verwendet erstmals den Begriff »Psychoanalyse«.
23. Oktober: Tod des Vaters.

1897
Beginn der Selbstanalyse Freuds.
Oktober: Freud stellt in einem Brief an Fließ die These vom »Ödipuskomplex« erstmals dar.

1899
4. November: *Die Traumdeutung* erscheint, vordatiert auf das Jahr 1900.

1901
Zur Psychopathologie des Alltagslebens erscheint als Vorabdruck (endgültige Veröffentlichung 1904); Freud stellt darin die Bedeutung von alltäglichen psychischen Fehlleistungen dar.
Freud fasst in *Über den Traum und seine Deutung* die wichtigsten Aspekte von *Die Traumdeutung* zusammen.
September: Reise nach Rom mit seinem Bruder Alexander; Freud sieht dort erstmals die Moses-Statue von Michelangelo.

1902
Neapelreise mit seinem Bruder Alexander.
1. April: Ernennung zum außerordentlichen Professor an der Universität Wien.
Oktober: Gründung der »Psychologischen Mittwochs-Gesellschaft« (Alfred Adler, Max Kahane, Rudolf Reitler, Wilhelm Stekel), die sich regelmäßig in Freuds Wartezimmer trifft und aus der 1908 die Wiener Psychoanalytische Vereinigung hervorgeht.

1903
Letztes Treffen von Wilhelm Fließ und Freud in Wien.

1904
Bekanntschaft mit Eugen Bleuler.
September: Athenreise mit seinem Bruder Alexander.

1905
Freud publiziert *Der Witz und seine Beziehung zum Unbewussten* und *Drei Abhandlungen zur Sexualtheorie* sowie *Bruchstück einer Hysterie-Analyse*.
Italienreise mit Schwägerin Minna Bernays.

1906
Beginn des Briefwechsels Freud mit C.G. Jung.

1907
Der Wahn und die Träume in W. Jensens ›Gradiva‹ erscheint.
März: Erstes Zusammentreffen von Freud und Jung.
Reise nach Florenz und Rom mit Schwägerin Minna Bernays.

1908
Februar: Der ungarische Arzt Sándor Ferenczi besucht Freud.
April: Erster Kongress für Psychoanalyse in Salzburg.
September: Englandreise, auf der Rückfahrt Besuch bei Jung in Zürich.

1909 bis 1914
Freud und Bleuler geben das *Jahrbuch für psychoanalytische und psychopathologische Forschungen* heraus, Redakteur ist C. G. Jung.

1909
September: Amerikareise mit Jung und Ferenczi, Konferenz an der Clark University, Worcester.

1910
April: Kongress in Nürnberg, Gründung der Internationalen Psychoanalytischen Vereinigung, deren Präsident C. G. Jung wird (bis 1914).
Juni: Publikation von *Eine Kindheitserinnerung des Leonardo da Vinci*.

1911
Juni: Bruch mit Adler und seinen Anhängern, Adler verlässt die Wiener Psychoanalytische Vereinigung.
Psychoanalytische Bemerkungen über einen autobiographisch beschriebenen Fall von Paranoia erscheint.

1912
Beginn des Briefwechsels mit Lou Andreas-Salomé.
September: Romreise mit Ferenczi.
Oktober: Bruch mit Stekel.

1913
Bruch mit Jung.
Totem und Tabu erscheint.
März: Venedigreise mit Tochter Anna.
September: Romreise mit Schwägerin Minna Bernays.

1914
Freud publiziert *Der Moses des Michelangelo* sowie *Zur Geschichte der psychoanalytischen Bewegung*.

1915
Triebe und Triebschicksale sowie *Zeitgemäßes über Krieg und Tod* erscheinen.

1917
Erscheinen von *Vorlesungen zur Einführung in die Psychoanalyse*. Im Wintersemester 1916/17 hält Freud zum letzten Mal Vorlesungen zur Psychoanalyse.
Beginn des Briefwechsels mit Georg Groddeck.

1919
Gründung des Internationalen Psychoanalytischen Verlags in Wien, in dem Freud bis zu seiner Emigration seine Werke veröffentlicht.

1920
Januar: Freuds Tochter Sophie stirbt.
September: VI. Internationaler Psychoanalytischer Kongress in Den Haag. Freud hält einen Vortrag mit dem Titel *Ergänzungen zur Traumlehre*.
Jenseits des Lustprinzips erscheint.

1921
Massen-Psychologie und Ich-Analyse.

1922
Juni: Besuch Arthur Schnitzlers bei Freud.
September: VII. Internationaler Psychoanalytischer Kongress in Berlin. Freud hält einen Vortrag mit dem Titel *Etwas zum Unbewußten*. Dies ist sein letzter Vortrag auf einem Kongress.

1923
April und Oktober: Erste Operationen wegen Mundhöhlenkrebs.
Publikation von *Das Ich und das Es* und *Eine Teufelsneurose im Siebzehnten Jahrhundert*.

1924
Freuds *Gesammelte Schriften* beginnen zu erscheinen.

1926
Oktober: Freud trifft Rabindranath Tagore.
Dezember: Freud trifft Einstein in Berlin.
Hemmung, Symptom und Angst sowie *Die Frage der Laienanalyse* erscheinen.

1927
Die Zukunft einer Illusion.

1929
Herbst: Weitere Behandlung seiner Krebserkrankung in Berlin.
Ferenczi löst sich von Freud.

1930
Aufgrund eines Herzanfalls muss Freud das Rauchen aufgeben.
Das Unbehagen in der Kultur erscheint.
August: Freud bekommt den Goethe-Preis der Stadt Frankfurt verliehen. Antisemitische Organisationen protestieren gegen die Verleihung an einen Juden.
September: Tod der Mutter.

1932
Treffen mit Thomas Mann.
September: Freud verfasst zusammen mit Albert Einstein die Schrift *Warum Krieg?*

1933
Neue Folge der Vorlesungen zur Einführung in die Psychoanalyse erscheint, um den vor dem Bankrott stehenden Internationalen Psychoanalytischen Verlag zu unterstützen.
10. Mai: Bei nationalsozialistischen Bücherverbrennungen werden auch Freuds Werke verbrannt.

1935
Freud wird zum Ehrenmitglied der British Royal Society of Medicine ernannt.
Besuch des amerikanischen Schriftstellers Thornton Wilder bei Freud.

1936
8. Mai: Thomas Mann hält die Festrede *Freud und die Zukunft* zur Feier von Freuds 80. Geburtstag im Konzerthaus Wien.

1937
Die endliche und die unendliche Analyse.

1938
4. Juni: Freud verlässt Wien und fährt über Paris nach London, wo er zwei Tage später eintrifft.

1939
Der Mann Moses und die monotheistische Religion.
1. August: Aufgabe seiner Praxis.
23. September: Freud stirbt in London.

Wilhelm Busch

Das große Lesebuch

Band 90050

»Ach, was muß man oft von bösen
Kindern hören oder lesen !!
Wie zum Beispiel hier von diesen,
Welche Max und Moritz hießen.«

Diese Lausbuben sind in jedem Kinderzimmer zuhause. Wo sie hinkommen, richten sie Unheil an. Witwe Bolte, Lehrer Lämpel, Schneider Böck – »Wieder tönt es:

›Meck, meck, meck!‹
Plums! Da ist der Schneider weg!«

Und niemand kommt ungestraft davon, wenn es heißt:

»Dieses war der erste Streich …«

Fischer Taschenbuch Verlag

fi 90050 / 1

Christoph Martin Wieland

Das große Lesebuch

Band 90089

Christoph Martin Wieland ist nicht nur ein großer Aufklärer und Vorläufer der Weimarer Klassik gewesen. Er ist über seinen Klassikerstatus hinaus auch ein Zeitgenosse des 21. Jahrhunderts, den es unbedingt wiederzuentdecken gilt: Seine menschenfreundliche Ironie, sein radikaler Kosmopolitismus mitten in der Provinz, seine atemberaubende Fähigkeit zum Dialog – alles das macht seine Prosa zu einem bis heute wirksamen Gegengift gegen jede Form des Fundamentalismus. ›Das große Lesebuch‹ bietet einen umfassenden Überblick über Wielands beeindruckendes Gesamtwerk.

Fischer Taschenbuch Verlag

fi 90089 / 1